涉外民事法律
｜適用法｜

李後政/著

二版序

　　涉外民事法律適用法（國際私法）於99年4月30日修正公布，於100年5月26日施行，本書在新法施行之前出版，未幾即告因缺書再刷，作者深感榮幸，亦感謝讀者諸君的厚愛。

　　以台灣係一個資源缺乏，依賴國際貿易生存的國家而言，國際私法應該非常重要才是。惟國際私法之重要性似乎與實際情形未合，在重要的國家考試（例如司法官考試、律師考試）的配分，真的可以「微不足道」形容，致在大學法律學系，國際私法僅係選修科目或只佔非常少的學分。導致國際私法的學術著作或教科書之近年來的印行較之對岸大陸遠遠不及。本書能有第二版，應該感謝五南圖書出版公司願意繼續出版國際私法這樣的冷門書。

　　作者從1980年代即開始從事國際私法之研究，迄今已歷近30寒暑。作為一個國際私法學者即使面對國際私法在考試上失去其重要性的情境，仍應一本研究初衷，繼續更新本書內容，俾國際私法的研究得以繼續。

　　本書第二版除校正第一版書的錯誤遺漏外，在體例上亦作若干調整，俾利於閱讀。書後附錄「涉外民事法律適用法總說明暨修文對照表」為本版書所增加。其內容除取材立法資料外，主要是備註部分，係作者就涉外民事法律適用法之修正，提出若干評論。尤其是涉外民事法律適用法之修正理由，論者有質疑其中有若干明顯的疏誤者，作者均參照各國的立法資料予以校正，並提出評論，敬請讀者諸君諒察。

李後政

序於紗帽山下・磺溪畔

自 序

　　從1984年「論涉外民事事件決定管轄法院之方法」，獲得東吳大學法學碩士學位，1994年「國際私法選法理論之新趨勢」，獲得台大法學博士學位，1998年擔任司法院涉外民事法律適用法研修委員會「三人小組」、2000年東吳大學法律學系兼任副教授，講授國際私法，2003年擔任律師高考國際私法典試委員，2007年國際民事訴訟法論出版，經歷了20餘寒暑。直至今天才有「涉外民事法律適用法」出版，也不知是慢是快。

　　從2000年開始講授國際私法，一直是以案例（最高法院等法院之裁判等）作爲教材。通常上學期講授國際私法概論（國際私法總論與國際民事訴訟法），下學期由同學分組報告，再隨堂作口頭補充。同學在沒有教科書之情形下，抄寫筆記等工作均甚爲辛苦，又不易完整，對於同學總是抱歉再抱歉。今天涉外民事法律適用法出版，應該可以稍減我的罪愆。也希望與前述國際民事訴訟法論一併參閱，更能明瞭筆者之見解。

　　國際私法好不好唸？當然是見人見智。其實，法律學每一科目都是如此，就是要建立體系與清楚的概念，用這個方法是無往而不利。請讀者諸君細察之。

李後政

於九思堂書齋2010年8月21日

二版序　　　　　　　　　　　　　　　　　　　　　　　　i

自　序　　　　　　　　　　　　　　　　　　　　　　　iii

序　章　國際私法與國際民事訴訟法概說　　　　　　　001
　　第一節　涉外民事事件及其處理流程　　　　　　　001
　　第二節　國際私法之概念　　　　　　　　　　　　004
　　第三節　國際私法與國際民事訴訟法之課題　　　　005
　　第四節　現行涉外民事法制概說　　　　　　　　　006

第一篇　總論　　　　　　　　　　　　　　　　　　　013

第一章　國際私法之選法規則　　　　　　　　　　　015
　　第一節　概說　　　　　　　　　　　　　　　　　015
　　第二節　選法規則之種類　　　　　　　　　　　　017
　　第三節　選法規則之構成　　　　　　　　　　　　020
　　第四節　選法規則之特徵　　　　　　　　　　　　020

第二章　定性　　　　　　　　　　　　　　　　　　023
　　第一節　概說　　　　　　　　　　　　　　　　　023
　　第二節　民事訴訟法訴訟標的理論與定性　　　　　024
　　第三節　定性之對象與定性問題之範圍　　　　　　027
　　第四節　定性的基準　　　　　　　　　　　　　　029

第三章　連繫因素　　　　　　　　　　　　　　　　043
　　第一節　連繫因素之意義與種類　　　　　　　　　043
　　第二節　連繫因素與準據法之決定　　　　　　　　045
　　第三節　連繫因素與時間因素　　　　　　　　　　050

第四節　連繫因素與選法詐欺 　056

第四章　準據法 　059
第一節　準據法之概念 　059
第二節　外國法之意義 　059
第三節　外國法之性質 　060
第四節　外國法之舉證責任 　062
第五節　外國法不明的處理 　064
第六節　外國法適用錯誤與判決違背法令 　065
第七節　準據法與國家承認、政府承認 　067
第八節　不統一法國與準據法 　067
第九節　複數法與準據法 　068

第五章　反致 　071
第一節　概說 　071
第二節　反致之種類 　071
第三節　反致理論 　074
第四節　我國涉外民事法律適用法關於反致之規定 　080

第六章　公序良俗 　085
第一節　概說 　085
第二節　公序良俗條款之立法體例 　086
第三節　外國法適用之限制與排除 　087
第四節　外國法適用限制之困難 　089
第五節　外國法適用限制之救濟 　091
第六節　公序良俗條款之功能與評價 　094
第七節　機能的公序論 　096
第八節　即刻適用法 　099

第七章　先決問題　103

第一節　概說　104

第二節　國際私法選法規則相互間的關係　105

第三節　先決問題之準據法　106

第四節　案例解析（前述最高法院46年度台上字第947號
民事判決）　113

第八章　調整問題（適應問題）　117

第一節　概說　117

第二節　調整問題與類似概念之異同　118

第三節　調整問題之意義與解決方法　123

第四節　小結　128

第二篇　各論　131

第一章　程序依法院地法　133

第二章　屬人法論　135

第一節　屬人法之意義與根據　135

第二節　屬人法之決定基準　136

第三節　本國法主義之問題　137

第四節　住所地法主義之問題　145

第五節　慣常居所地法主義之興起　147

第三章　自然人與法人　151

第一節　自然人之權利能力　151

第二節　自然人之行為能力　153

第三節　法人之國際私法問題　160

第四章　監護宣告，輔助宣告（禁治產宣告）與死亡宣告　169

第一節　監護宣告，輔助宣告之國際私法問題　169

第二節　死亡宣告之國際私法問題　175

第五章　法律行為之準據法　181

第一節　概說　181

第二節　法律行為方式之準據法　182

第三節　法律行為實質之準據法　186

第四節　法律行為代理之準據法　187

第六章　因法律行為而生之債　191

第一節　概說　191

第二節　契約實質準據法之立法主義　192

第三節　當事人意思自治原則　196

第四節　當事人意思自治原則的限制　200

第五節　涉外民事法律適用法之其他規定　213

第七章　無因管理　215

第一節　概說　215

第二節　無因管理準據法之立法主義　216

第三節　無因管理準據法之適用　218

第四節　海難救助　219

第八章　不當得利　223

第一節　不當得利之概念　223

第二節　不當得利準據法之立法主義　223

第三節　涉外民事法律適用法之規定與適用　225

第九章　侵權行為 231

　　第一節　概說 231

　　第二節　侵權行為之準據法 231

　　第三節　涉外民事法律適用法之規定與適用 235

　　第四節　比較法關於侵權行為之規定 238

　　第五節　商品製作人責任 242

　　第六節　交通事故責任之準據法 246

　　第七節　違法競爭之侵權行為準據法 247

　　第八節　因媒體之侵權行為之準據法 248

第十章　債法總論 251

　　第一節　概說 251

　　第二節　金錢之債之準據法 251

　　第三節　債之效力之準據法 252

　　第四節　債權讓與之準據法 253

　　第五節　債務承擔之準據法 259

　　第六節　債之消滅之準據法 261

　　第七節　多數債權人與債務人間法律關係之準據法 263

第十一章　物權 267

　　第一節　概說 267

　　第二節　物權關係準據法之立法主義 267

　　第三節　涉外民事法律適用法之規定及適用 268

　　第四節　物權準據法之適用範圍 275

第十二章　智慧財產權 283

　　第一節　概說 283

　　第二節　智慧財產權本身之準據法 284

第三節　權利侵害的準據法　　285

第四節　權利讓與的準據法　　287

第五節　受僱人與智慧財產權　　287

第十三章　訂婚與結婚　　289

第一節　訂婚　　289

第二節　婚姻成立要件之準據法　　290

第三節　婚姻之身分效力　　295

第四節　婚姻之財產效力（夫妻財產制）　　299

第十四章　離婚　　305

第一節　概說　　305

第二節　離婚之一般管轄權　　305

第三節　離婚準據法之決定　　307

第四節　涉外民事法律適用法之規定與適用　　309

第十五章　親子關係　　315

第一節　婚生子女　　315

第二節　非婚生子女（認領、準正）　　320

第三節　收養　　325

第四節　父母與子女間之法律關係　　328

第十六章　扶養　　333

第十七章　監護　　341

第一節　概說　　341

第二節　監護事件之一般管轄權　　341

第三節　監護之準據法　　343

第四節　涉外民事法律適用法之規定及其適用　　344

第十八章　繼承 　　　　　　　　　　　　　　**349**

　　第一節　繼承　　　　　　　　　　　　　　　349

　　第二節　遺囑之準據法　　　　　　　　　　　356

附　錄　涉外民事法律適用法修正草案總說明 　　**363**

　　壹、第一章「通則」　　　　　　　　　　　　364

　　貳、第二章「權利主體」　　　　　　　　　　366

　　參、第三章「法律行為之方式及代理」　　　　368

　　肆、第四章「債」　　　　　　　　　　　　　370

　　伍、第五章「物權」　　　　　　　　　　　　376

　　陸、第六章「親屬」　　　　　　　　　　　　378

　　柒、第七章「繼承」　　　　　　　　　　　　382

　　捌、第八章「附則」　　　　　　　　　　　　383

序章
國際私法與國際民事訴訟法概說

【關鍵字】

- 民事事件
- 涉外因素
- 國際民事訴訟法
- 涉外事件
- 國際私法管轄權

【案例1】

甲男與乙女同時具有中華民國國籍和美國國籍,在美國依當地法律結婚後,返回台灣定居。嗣乙根據中華民國法律向台灣台北地方法院提起婚姻無效之訴,問:此案件是否為涉外民事事件?理由安在?

第一節　涉外民事事件及其處理流程

一、涉外民事事件與純粹的內國事件

涉外民事事件與純粹內國民事事件之處理,有所不同。處理純粹內國事件,只需適用民法或其特別法即可。處理涉外民事事件,其方法之一須依據國際私法為之,涉外民事事件因而成為國際私法之適用對象。

所謂涉外民事事件,即係具有涉外成分之民事事件。由於民事事件無論係純粹內國事件或涉外民事事件,均是指民事法律關係,而法律關係之構成又包括:

1. 法律關係之主體:包括自然人和法人。

2. 法律關係之客體：主要是以物爲主，另外亦包括人（例如：身分權、人格權）；權利（例如：權利質權、準物權）以及人的智慧創作物（例如：專利權、商標權）

3. 法律關係變動之事實：包括法律行爲、事實行爲、其他事實等。

所謂的涉外成分，係指在法院的觀點，該事件中之當事人、標的物之所在地、事實發生地、行爲地等連繫因素涉及法院地以外的國家，若不涉及法院地以外之國家，則屬純粹內國民事事件。「涉外成分」簡單加以分析，有以下幾類：

1. 法律關係之主體：民事事件之一方或雙方是外國人或無國籍之人或其住所或居所在外國。

2. 法律關係之客體：標的物在外國之涉外民事事件。

3. 法律關係之變動事實：如事實發生地、侵權行爲地、契約訂立地、契約履行地在外國者屬之。

【解析】

　　甲男與乙女同時具有中華民國國籍和美國國籍，此爲積極國籍衝突中之內外國國籍衝突。舊涉外民事法律適用法第26條但書規定：「但依中華民國國籍法，應認爲中華民國國民者，依中華民國法律。」[1]是故，應認甲男、乙女爲中華民國人。本案就法律關係主體而言，不具涉外成分。又，甲、乙兩人在美國依當地的法律結婚，牽涉到外國地，因此本案具有涉外成分，爲一涉外事件。

二、涉外民事事件之處理程序

　　關於涉外事件之處理，大致上有下列幾種方法：

1. 當事人和解或調解：當事人得循和解或調解之方式解決其爭議。

2. 仲裁：當事人有交付仲裁的約定，仲裁機構不當然適用法律解決當事人間之爭議，例如，仲裁機構得運用衡平、公允善良等原則。

3. 法院依據法律或法理解決當事人間之爭議。

---

[1]　依涉外民事法律適用法之第2條：「依本法應適用當事人本國法，而當事人有多數國籍時，依其關係最切之國籍定其本國法。」未必認定爲中華民國國民。

　　涉外民事事件如以法院訴訟之方式解決當事人間之爭議，則其處理程序如下：

1. 先確定系爭事件是否為涉外事件。
2. 確定該涉外民事事件具備訴訟合法要件（參看民事訴訟法第249條），訴訟要件之審查包括：
(1) 受訴法院有無國際私法上之管轄權。
(2) 當事人間有無外國法院之合意管轄。
(3) 當事人間有無仲裁協議。
(4) 外國當事人有無當事人能力及訴訟能力，如無訴訟能力，其法定代理是否合法。
(5) 當事人是否適格。
(6) 同一事件在外國法院是否已繫屬。
(7) 同一事件是否經外國法院判決確定。
(8) 是否欠缺其他訴訟要件。
3. 適用國際私法決定涉外民事事件所應適用的法律，即準據法。於此一階段，應注意幾個重要步驟：
(1) 定性：藉此決定所應適用之國際私法選法規則。
(2) 連繫因素：根據國際私法選法規則所規定之連繫因素，確定該涉外民事事件之連繫因素為何。於此一階段，應注意：選法詐欺（規避法律）、一國數法、屬人法二大原則與國籍及住所之衝突、各個連繫因素之意義與確定等問題。
(3) 決定準據法：於此一階段應注意外國法本身及其適用問題，包括外國法之適用根據、外國法之性質、外國法之舉證責任及外國法適用錯誤與判決違背法令問題。其次，外國法之範圍（程序法與實體法之區別；公法與私法之區別），包括國際私法上之反致問題以及外國法有無違反公序良俗條款的問題。
(4) 適用準據法，解決系爭涉外民事事件之爭議：於此應注意調整問題（適應問題）及先決問題（附隨問題）。

第二節　國際私法之概念

國際私法是處理涉外民事事件之主要依據之一，惟對於國際私法的概念爲何，各家見解不一，茲分述如下。

一、國際私法係決定各國私法適用之法律

此說認爲國際私法係指就內外國之私法，決定其適用範圍之法律。依此說，各國私法之適用範圍如何，其本身並不能決定，而應適用國際私法決定之，故不僅涉外的私法法律關係，應適用國際私法，即純粹內國之私法之法律關係，亦應適用國際私法，只是後者，因往往適用之法律爲內國法，故一般較未意識其應適用國際私法。

惟此說並不正確，蓋該說稱內國實體法之適用範圍如何並不明確。對於內國人於外國發生之私法關係，或外國人於內國發生之私法關係，是否有內國實體法之適用，固有疑義，但對於內國人於內國發生之私法關係亦有適用內國實體法與否之疑義，則顯與立法者之意思相違背。

二、國際私法決定涉外民事事件應適用之外國法

此說認爲國際私法係以涉外民事事件爲其對象，依此說，則國際私法與純粹內國民事事件無關，純粹內國民事事件只適用內國之實體法，而涉外民事事件則應依國際私法決定其所應適用之法律。

一般言之，一國之私法對於純粹內國之私法關係及涉外民事事件均有適用，但就涉外民事事件而言，如貫徹此一立場，基於涉外民事事件之性質，將有所不便，故對於大部分之涉外民事事件，於一定場合，不再適用內國法而承認外國私法之適用。承認外國私法適用者乃國際私法，故國際私法亦可謂係內國法適用範圍之限制。

三、國際私法決定涉外民事事件應適用內國法或外國法

此說認爲內國實體法係以純粹的內國私法關係爲對象，而國際私法係就涉

外民事事件，定其應適用內國或外國私法之法律。依此說，則一國私法原本係以純粹的內國私法關係為其對象，而涉外民事事件則否，但若將涉外民事事件置於法的規整範圍外，將阻害國際的私法關係之建立，故設國際私法，使涉外民事事件，有適用內國法，有適用外國法。因此，一國之私法秩序遂由適用於純粹的內國私法關係之內國實體法與適用於涉外民事事件之國際私法所構成。

第三節　國際私法與國際民事訴訟法之課題

　　國際私法的研究課題，學者所見不一，其著作所論述之範圍亦有不同。以我國早期國際私法著作而言，多只及於國際私法選法規則，間有以國籍為論述對象者。但晚近國際私法之著作則遠遠超過傳統國際私法選法規則之範圍。[2]

　　以學問角度觀之，國際私法研究課題，是否應將國際民事訴訟法納入，誠有爭議。晚近各國之發展，似有將兩者區別之現象。

　　由於國際民事訴訟法並未如國際私法有其獨自之法典，因此，國際民事訴訟法究何所指，不無疑義。據筆者所信，國際民事訴訟法係指包括：一般管轄權（國際裁判管轄權，裁判管轄權）、國際的多重民事訴訟繫屬（國際民事訴訟之重複繫屬，國際的民事訴訟競合）、外國人之當事人能力與訴訟能力、涉外事件之當事人適格問題、外國仲裁協議與妨訴抗辯、涉外破產之域外效力等。

2　國際私法之研究範圍，包括法律衝突（狹義國際私法）（指私法衝突，早期包括公法衝突，但現在公法衝突已獨立作為國際刑法與國際行政法之研究範疇）、國籍、準國際私法（區際私法、區際衝突法）、外國人之地位（指內國法中關於外國人法律地位之規定，例如，訴訟權、不動產所有權等，一般稱之為外國人法）、國際民事訴訟法、國際貿易法等。參閱，山田鐐一，國際私法（第3版），頁16～17，有斐閣，東京，2004年。

第四節　現行涉外民事法制概說[3]

一、涉外民事法律適用法

我國以涉外民事法律適用法名國際私法，按其特徵，有以下三點：

1. 涉外關係：即涉外民事法律適用法所欲解決者，爲各種具涉外性質之法律問題；
2. 民事關係：即涉外民事法律適用法所規定之涉外法律關係，原則上以民事關係者爲限，例如行爲能力、死亡宣告、債權、物權、親屬、繼承等法律關係均屬之；
3. 法律適用：涉外之民事法律問題，與內外國人之權利義務有密切關係，爲謀合理解決，非只以適用內國法爲已足，有時尚須斟酌內外國法律，擇其實際者，予以適用。

涉外民事法律適用法42年制定時原共計31條，第1至24條屬於各個法律關係之選法規則，係針對涉外法律關係，直接規定應適用之法規。第25至31條爲選法規則之總則或通則之規定，其非直接對涉外民事案件規定其應適用之準據法，而是用來輔助解決適用各個選法規則所生之問題。嗣於99年5月26日修正公布，共分8章63條，於修正公布後一年即100年5月26日施行。

二、民事訴訟法

國際私法選法規則承認涉外民事事件得適用外國法作爲準據法，係對於外國立法權及其行使之承認，外國法院確定判決之承認與執行，則是對於外國司法權及其行使之承認。關於外國法院確定判決之承認與執行，可見於民事訴訟法第402條及強制執行法第4條之1。

民事訴訟法第402條規定：「外國法院之確定判決，有下列各款情形之一者，不認其效力：一、依中華民國之法律，外國法院無管轄權者。二、敗訴之被告未應訴者。但開始訴訟之通知或命令已於相當時期在該國合法送達，或依中華民國法律上之協助送達者，不在此限。三、判決之內容或訴訟程序，有背

3　此涉及國際私法之法源，一般而言，包括成文法、國際公約、條約（多邊條約與雙邊條約）、習慣法、判例法、法理。參閱，山田鐐一，前揭書（第3版），頁20～22。

中華民國之公共秩序或善良風俗者。四、無相互之承認者。前項規定，於外國法院之確定裁定準用之。」根據本條規定，可知外國法院之確定判決，原則上與我國法院之確定判決，具有相同之效力，除非有本條所列之情形，始否認其效力。[4]

　　強制執行法第4條之1第1項則規定：「依外國法院確定判決聲請執行者，以該判決無民事訴訟法第四百零二條各款情形之一，並經中華民國法院以判決宣示許可其執行者爲限，得爲強制執行。」可見外國法院之判決經我國承認後，必須經我國有管轄權之法院以判決宣示許可，始能執行。[5]

　　另，關於涉外民事事件之重覆繫屬，民事訴訟法第182條之2規定：「當事人就已繫屬於外國法院之事件更行起訴，如有相當理由足認該事件之外國法院判決在中華民國有承認其效力之可能，並於被告在外國應訴無重大不便者，法院得在外國法院判決確定前，以裁定停止訴訟程序。但兩造合意願由中華民國法院裁判者，不在此限。法院爲前項裁定前，應使當事人有陳述意見之機會。」與民事訴訟法第253條爲不同之規定：「當事人不得就已起訴之事件，於訴訟繫屬中，更行起訴。」因民事訴訟法第253條，依目前之實務見解，即最高法院67年台再字第49號判例：「民事訴訟法第253條所謂已起訴之事件，係指已向中華民國法院起訴之訴訟事件而言，如已在外國法院起訴，則無該條之適用。」不適用於涉外民事事件之重覆繫屬，因而另立民事訴訟法第182條之2，且採取所謂停止訴訟說之見解。[6]

三、破產法

　　破產事件和社會公共秩序非常有關係，其程序屬強制性的，因此，關於破產事件，國內法律將之列爲專屬管轄[7]。關於外國破產的效力，破產法第4條規定：「和解在外國成立或破產在外國宣告者，對於債務人或破產人在中國之財產，不生效力。」本條的立法具有濃厚的屬地主義，在這種立法下，只有債務人的住所地法院才有管轄權。外國的破產宣告對債務人在內國的財產也不生效

[4]　參閱馬漢寶著，國際私法（總論各論），頁212。
[5]　參閱馬漢寶著，國際私法（總論各論），頁213。
[6]　涉外民事訴訟之重覆繫屬問題，參看拙著，國際民事訴訟法論，頁131以下，五南圖書公司。96年第2版。
[7]　參照我國破產法第2條之規定。

力。內國破產效力是否及於在外國的財產，未明文規定，此仍應透過公約或條約解決之。

　　破產法修正草案[8]為因應經濟活動國際化之需求，增訂第五章，規定外國法院之和解與破產在中華民國之承認程序。該部分規定，外國法院之和解與破產，原則上除非經中華民國之承認，否則不生效力。至於中華民國法院之破產裁定，在外國效力如何，則非破產法所能規定，至為灼然。

四、仲裁法

　　仲裁法第4條規定：「仲裁協議，如一方不遵守，另行提起訴訟時，法院應依他方聲請裁定停止訴訟程序，並命原告於一定期間內提付仲裁。但被告已為本案之言詞辯論者，不在此限。原告逾前項期間未提付仲裁者，法院應以裁定駁回其訴。第一項之訴訟，經法院裁定停止訴訟程序後，如仲裁成立，視為於仲裁庭作成判斷時撤回起訴。」此一規定，係仲裁法前身商務仲裁條例於87年修正為仲裁法時所訂立之規定。商務仲裁條例第1條原規定：「凡有關商務上現在或將來之爭議，當事人得依本條例訂立仲裁契約，約定仲裁人一人或單數之數人仲裁之。前項契約，應以書面為之。」依最高法院81年度第3次民事庭會議決議，得類推適用於涉外事件之外國仲裁協議（最高法院使用涉外仲裁協議之用語）。修正為仲裁法第4條之後，依最高法院92年第8次民事庭會議決議，採直接適用說。[9]

五、台灣地區與大陸地區人民關係條例

　　1992年7月31日，台灣地區制定「台灣地區與大陸地區人民關係條例」，並於同年9月18日施行，共計96條，茲就與涉外民事法律有關者，說明如下[10]：
　　1. 本條例在第三章「民事」章，採逐條式、細密性之規範原則，分別就總則性、公序良俗及分則性之行為能力、債權、物權、親屬、繼承等，逐條規定其準據法。

8　司法院93年5月6日院台廳民2字第0930012286號函。

9　參看拙著，國際民事訴訟法論，頁249以下。

10　參閱賴來焜著，基礎國際私法學，三民書局，頁91。

2. 就立法形式而言，本條例採單面法則的規定不少，例如第45條、第53條、第66條、第67條等等。

3. 就屬人法連繫因素方面，捨棄國籍做為連繫因素，而以設籍地為連繫因素，以「設籍地區法」為準據法。

4. 就大陸地區民事判決商務仲裁判斷之承認與執行而言，第74條採「相互承認」之互惠說，即以台灣地區做成之民事確定裁判、民事仲裁判斷，得聲請大陸地區裁定認可或為執行名義，始適用之。

六、香港澳門關係條例

1997年4月2日公布香港澳門關係條例，共計62條，其中就「民事」這章，有以下幾點值得說明：

1. 本條例捨棄台灣地區與大陸地區人民關係條例中逐條式、細密性之規範原則，而改採一條概括式立法。香港澳門關係條例第38條規定：「民事事件，涉及香港或澳門者，類推涉外民事法律適用法。涉外民事法律適用法未規定者，適用與民事法律關係最重要牽連關係地法律。」[11]

2. 為了維持法律適用的安定及保障既得權的意旨，本條例乃明訂港、澳居民在英、葡結束治理前，取得華僑身分者及其符合中華民國國籍取得要件之配偶或子女，在本條例施行前之固有權利，應予維護。[12]

3. 港澳法院之裁判與仲裁判斷之承認和執行，在回歸以前原適用國際私法解決之，但回歸以後仍應比照外國裁判和仲裁判斷的情形。[13]

問題研究：法院應否依職權適用國際私法？

首先參看幾則最高法院判例要旨[14]。最高法院認為，按涉外性之認定，係涉外民事事件之處理方法有別於純粹內國民事事件之前提，問題在於涉外性之

---

[11] 參閱賴來焜著，基礎國際私法學，三民書局，頁92。

[12] 參閱劉鐵錚、陳榮傳著，國際私法論，修訂4版，三民書局，頁698～699。

[13] 參閱劉鐵錚、陳榮傳著，國際私法論，修訂4版，三民書局，頁702。

[14] 最高法院87年度臺上字第1203號判決略稱：本件運送契約之運送人及簽發載貨證券之人均為外國法人，應屬涉外民事訴訟事件，原審未依涉外民事法律適用法之規定確定其準據法，逕行適用我國法律而為上訴人敗訴之判決，自有疏略。另最高法院87年度臺上字第363號判決亦認為：被上訴人為外國公司，本件應屬涉外事件，原審未依我國涉外民事法律適用法第6條規定確定其準據法，遽依我國法律為上訴人不利之判決，自有可議。

認定，涉及涉外成分（事實）之認定，應適用職權探知主義或辯論主義？按涉外民事事件法律關係原則上應適用辯論主義，其所涉及之事實，自應適用辯論主義，如當事人不爭執，則法院應受該當事人主張之限制，不得為不同事實之認定。「民事訴訟法採辯論主義，舉凡法院判決之範圍及為判決基礎之訴訟資料，均應以當事人之所聲明及所主張者為限。審判長之闡明義務或闡明權之行使，亦應限於辯論主義之範疇，不得任加逾越，否則即屬違背法令，故審判長尚無闡明令當事人提出新訴訟資料之義務。」（最高法院71年度台上字第2808號判例）。

　　如法律已特別就涉外民事事件基於其公益之性質，不適用辯論主義者，當事人雖無爭執，法院仍應依職權適用涉外民事法律適用法之指示，適用特定國家之法律。例如，民事訴訟法第574條第2項規定關於訴訟上自認及不爭執事實之效力之規定，在撤銷婚姻、離婚或夫妻同居之訴，於撤銷婚姻、離婚或拒絕同居之原因事實，不適用之。（最高法院86年度台上字第2108號判例）

　　如從法律適用之角度觀之，如當事人不主張其係涉外民事事件，應適用國際私法進而適用國際私法，法院是否受當事人主張之拘束，即依據當事人之主張，適用法院地法？

　　柯澤東先生[15]引述最高法院二件判決：

1. 最高法院69年度台上字第3085號民事判決

　　涉外民事法律適用法第6條第1項及第2項前段規定，法律行為發生債之關係者，其成立要件及效力，依當事人意思定其應適用之法律，當事人意思不明時，同國籍者，依其本國法，國籍不同者，依行為地法，上訴人係屬美國人，在美國與同國籍之J．S國際公司訂立運送契約，被上訴人又主張其係依照海商法第5條適用民法第644條繼受取得託運人因運送契約所生之權利而為請求，無論應予適用同國籍之本國法或不同國籍之行為地法，均應適用美國法律無疑。原審仍依我國法律為判決，顯有法規適用不當之違法情形。

2. 最高法院69年度台上字第1728號

　　本件兩造當事人均為日本國營利法人，在我國就涉外法律關係發生訟爭，自應依涉外民事法律適用法定其應適用之法律。涉外民事法律適用法第6

15　柯澤東先生，前揭書，頁153以下。

條第1項及第2項分別規定：「法律行為發生債之關係者，其成立要件及效力，依當事人意思表示定其應適用之法律」，「當事人意思不明時，同國籍者依其本國法（下略）」云云。原審未依此項規定定本件應適用之法遽依我國法律為上訴人不利之判決，顯有違背法令之情形。

　　柯澤東先生認為此一問題涉及涉外民事法律適用法是否為強行法之問題。如屬於強行法，法院應受拘束，應職權適用。如不屬於強行法則除非當事人主張適用涉外民事法律適用法，否則法院得逕行適用法院地法解決當事人之爭議。依據各國實踐，似應採取：

1. 如該涉外民事事件之法律關係，得由當事人自由處分者，則除當事人主張應適用涉外民事法律適用法外，法院得不受涉外民事法律適用法之限制，直接適用法院地法。因為此等權利發生糾紛時，既得由當事人自由處理，當事人當然得選擇法院地法之適用。而國際私法選法規則之存在目的，係為服務實體法，此類請求權之性質對於當事人而言，應可許其選擇法院地法之適用。國際私法選法規則原則上應為強行性，惟如以立法方法，於立法時加以確定，或依判例確定何種權利應許當事人自由處分，則該選法規則不再具有強行性。

2. 如該涉外民事事件之法律關係非當事人得自由處分者，則法院應依涉外民事法律適用法之指示，適用特定國家之法律。

第一篇

總　論

第一章
國際私法之選法規則

【關鍵字】

■ 選法規則	■ 最重要牽連關係理論	■ 單面選法規則
■ 準據法	■ 非選法理論	■ 雙面選法規則
■ 傳統選法模式	■ 即刻適用法	■ 隱藏的國際私法

第一節　概　說

一、選法規則之概念

　　涉外民事事件並不當然適用國際私法及其選定之準據法解決當事人之爭議。詳言之，如有下列的情形之一，即不適用選法規則，亦非如即刻適用法般，直接適用某一國家之法律。

（一）另有國際實體法公約的情形

　　因已統一各國實體法，並無法律衝突而有選法必要，因而不適用選法規則，其情形可分為以下兩種類型：

1. 世界法型公約

　　此係借用日本學者田中耕太郎「世界法之理論」之用語。即關於公約所規範之對象，排除任何國家實體法之適用，一概適用該實體法之公約。例如，1930年之關於匯票、本票之統一公約；1931年關於支票之統一公約；1883年關於工業所有權保護之巴黎公約；1886年關於文學、美術著作物保護之伯恩公約。

2. 萬民法型公約

此係借用羅馬法時代之用語。在羅馬帝國時代，羅馬市民相互間適用羅馬法，羅馬市民與羅馬市民以外之人，及羅馬市民以外之人相互間均適用萬民法。萬民法型之統一實體法，即係涉外民事事件部分涉及公約所規範之對象時，僅適用公約之規定。例如，1910年關於海難救助之統一公約、1924年關於載貨證券之統一公約、1929年關於國際航空運送之統一公約。

（二）另有國際商業習慣

關於涉外民事事件之特定事項，如有通行已久之國際商業習慣，往往捨選法規則，而以國際商業習慣作為「法理」而適用，例如，信用狀統一慣例、FOB等國際貿易條件等。

如無前述情事，即可適用國際私法及其選定之準據法解決當事人之爭議。

國際私法的主要功能係對於涉外民事事件，就內外國之法律，決定其應適用的法律（準據法）。選定該涉外民事事件之準據法所應適用的法則，即稱為選法規則。

有關選法規則之理論，除了「傳統選法模式」以外，在20世紀60年代，亦興起了所謂「最重要牽連關係理論」。而在選法規則理論之外，亦有學者提出所謂的「非選法理論」之模式。本章茲就前述理論分述之：

所謂傳統選法模式，又稱為「狹義之國際私法」，此模式是在準據法選擇方面，以預設之連繫因素，指向某一法律之適用。在立法架構上，就是透過「選法規則通則規定」和「選法規則分則規定」之適用，決定具體涉外民事事件應適用之準據法。所謂「選法規則分則規定」，即針對涉外法律關係，直接規定應適用之法規，即準據法的法規，而涉外民事法律適用法第9條到第61條的規定（舊法第1條至第24條），即為選法規則分則規定。選法規則通則規定，非直接對涉外民事事件規定其應適用之準據法，而是用來輔助解決適用選法規則通則規定，例如涉外民事法律適用法第1至第8條（舊法第25條至第31條），即為選法規則通則規定[1]。

1　參閱劉鐵錚、陳榮傳著，國際私法論，三民書局，頁257。關於選法規則之通則規定，有稱之為非自足的選法規則或輔助的選法規則，關於選法規則之分則規定，有稱之為自足的選

　　最重要牽連關係理論原是為了解決侵權行為選法規則中，因侵權行為地法主義之呆板、機械性所造成的不合理現象[2]，而後這個理論慢慢被擴張至其他類型之涉外民事事件。依此理論，對於某一涉外民事事件所發生之權利、義務問題，以與系爭生活事實或與當事人間具最重要牽連關係之因素，決定其準據法。

　　「非選法理論」和「選法理論」並不一樣，其不須經過選法程序，而就某些法律關係，直接適用法院地或某一國之法律，即刻適用法即為一例。即刻適用法之所以排除衝突法之適用，其理由是該法律對於法庭地而言具有排他性和絕對性，勞動基準法和反托拉斯法，即為即刻適用法。

第二節　選法規則之種類

　　關於國際私法之選法規則，從各國的立法例觀之，大致可分為單面選法規則和雙面選法規則兩種類型：

一、單面選法規則

（一）概念

　　所謂單面選法規則，係指就某一涉外民事事件之法律適用問題，僅直接規定應適用內國法，而未提及外國法之適用[3]。而單面選法規則之規範原理，在於本國對於單面選法規則所適用之規範對象，具有絕對、排他性之利益。

（二）我國涉外民事法律適用法中之規定

　　例如，涉外民事法律適用法第11條：「凡在中華民國有住所或居所之外國人失蹤時，就其在中華民國之財產或應依中華民國法律而定之法律關係，得依

　　法規則或主要選法規則，參閱，山田鐐一，前揭書（第3版），頁39。
[2]　參閱柯澤東著，國際私法，元照出版公司，2006年9月最新版，頁230～234。
[3]　參閱馬漢寶，國際私法，頁63。

中華民國法律為死亡之宣告。前項失蹤之外國人，其配偶或直系血親為中華民國國民，而現在中華民國有住所或居所者，得因其聲請依中華民國法律為死亡之宣告，不受前項之限制。前二項死亡之宣告，其效力依中華民國法律。」；第12條規定：「凡在中華民國有住所或居所之外國人，依其本國及中華民國法律同有受監護、輔助宣告之原因者，得為監護、輔助宣告。前項監護、輔助宣告，其效力依中華民國法律。」第48條規定：「夫妻財產制，夫妻以書面合意適用其一方之本國法或住所地法者，依其合意所定之法律。夫妻無前項之合意或其合意依前項之法律無效時，其夫妻財產制依夫妻共同之本國法；無共同之本國法時，依共同之住所地法；無共同之住所地法時，依與夫妻婚姻關係最切地之法律。前二項之規定，關於夫妻之不動產，如依其所在地法，應從特別規定者，不適用之。」第49條規定：「夫妻財產制應適用外國法，而夫妻就其在中華民國之財產與善意第三人為法律行為者，關於其夫妻財產制對該善意第三人之效力，依中華民國法律。」

（三）缺點

　　單面選法規則之缺點在於掛一漏萬，例如前述之舊涉外民事法律適用法第13條規定：「夫妻財產制，依結婚時夫所屬國之法。但依中華民國法律訂立財產制者，亦為有效。外國人為中華民國國民之贅夫者，其夫妻財產制，依中華民國法律。前二項之規定，關於夫妻之不動產，如依其所在地法，應從特別規定者，不適用之。」但若今之情形是中國人為外國人之贅夫，則法官應適用何國法律解決系爭夫妻財產制之問題？[4]

二、雙面選法規則

（一）概念

　　屬於雙面選法規則類型之條文，對於某一涉外民事事件，非僅規定內國法之適用，而係以法律關係中之連繫因素為基礎，用抽象之方式，就該涉外民事

---

[4]　參閱劉鐵錚、陳榮傳著，國際私法論，三民書局，頁258。

事件應適用之法律，不分內外，通通給予指示。[5]

（二）我國涉外民事法律適用法中之規定

例如，涉外民事法律適用法第9條規定：「人之權利能力，依其本國法。」第10條第1項規定：「人之行為能力，依其本國法。」；第38條第1項規定：「關於物權依物之所在地法。」；第51條規定：「子女之身分，依出生時該子女、其母或其母之夫之本國法為婚生子女者，為婚生子女。但婚姻關係於子女出生前已消滅者，依出生時孩子女之本國法、婚姻關係消滅時其母或其母之夫之本國法為婚生子女者，為婚生子女。」

（三）優點

1. 較能符合制定國際私法之宗旨，因為國際私法之制定，乃是為依據案件之性質，決定其應適用之法律。
2. 雙面選法規則係對於有關事項之準據法，不分內外，通通給予指示，可避免法官於適用法律時，有無所適從之感。[6]

補充　隱藏的國際私法

國際私法性之規定，無論其體系如何，固多匯集於一處，但亦有散見於其他私法內者。例如，關於外國人權利能力、訴訟能力等問題，規定於民法總則施行法第2條、第11條至第15條、公司法第7章以及民事訴訟法第46條；民法第202規定：「以外國通用貨幣定給付額者，債務人得按給付時，給付地之市價，以中華民國通用貨幣給付之。但訂明應以外國通用貨幣為給付者，不在此限。」亦為一例。關於外國法院判決之效力問題則規定於民事訴訟法第402條及強制執行法第4之1條。此種規定，學者或稱其為「隱藏性國際私法」，以別於明顯匯集於一處之國際私法。[7]

5　參閱馬漢寶，國際私法，頁64～66；劉鐵錚、陳榮傳著，國際私法論，三民書局，頁258。

6　參閱劉鐵錚、陳榮傳著，國際私法論，三民書局，頁259。

7　馬漢寶先生，國際私法（總論、各論），頁41、66。

第三節　選法規則之構成

　　如前文所述，傳統之選法模式（又稱為狹義之國際私法），在立法架構上，就是透過「選法規則通則規定」和「選法規則分則規定」之適用，決定具體涉外民事事件應適用之準據法。而「選法規則分則規定」又可分為兩個部分，第一部分是規定特定類型之法律關係，第二部分則是關於其法律效果。茲舉涉外民事法律適用法第10條第1項之規定說明之：

　　涉外民事法律適用法第10條第1項規定：「人之行為能力，依其本國法。」其中「人之行為能力」即為特定類型之法律關係，而「依其本國法」就是屬於其法律效果。

第四節　選法規則之特徵

　　選法規則具有下列特徵：

　　首先，選法規則係國內法。關於國際私法之選法規則固然有相當多數之國際私法公約，但還是以國內法之涉外民事法律適用法為主。

　　其次，國際私法選法規則係適用法、間接法，亦即，涉外民事法律適用法使用適用法之名稱，即在於表示其適用法之性質。涉外民事法律適用法本身並不直接決定當事人間實體權利義務之內容，而係決定某一涉外民事事件應適用之法律（準據法、實體法）因此，有稱之為間接法者，涉外民事法律適用法與實體法並非同一層面之法律，因而有稱之為「上位法」。法律上有稱為時際法或施行法者，本身亦不決定當事人實體權利義務之內容，而係決定該民事事件應適用新法或舊法。因而與涉外民事法律適用法有類似之性質。另，與涉外民事法律適用法、時際法、施行法性質類似者乃人際法。人際法係指某一國家之內，因其種族不同而適用不同之實體法（準據法）。如有涉及兩個不同種族之民事事件時，即應適用人際法解決其應適用之問題。涉外民事法律適用法對於人際法問題並未規定，惟新法修正時，於第5條規定：「依本法適用當事人本國法時，如其國內法律因地域或其他因素有不同者，依該國關於法律適用之規定，定其應適用之法律；該國關於法律適用之規定不明者，適用該國與當事人關係最切之法律。」其中其他因素即包括人際法在內。

　　第三，國際私法選法規則並不重視準據法之內容，亦即，準據法內容的問題係在準據法決定之後才發生，在準據法決定之前，並不發生準據法內容問題。如準據法內容發生問題，多以國內之公序良俗處理。

　　第四，國際私法選法規則可稱之為價值中立的。國際私法之選法規則並不重視準據法之內容，因此，在準據法決定階段，並不就準據法之內容為價值判斷，而係就連繫因素本身為價值判斷。例如，夫之本國或父之本國優先於妻之本國或母之本國，即發生違憲爭議而改採夫妻共通本國或父母共通本國。又例如，關於法律行為之方式採選擇適用，則寓有使法律行為不因方式欠缺而不生效力之價值判斷。[8]

8　國際私法與實體法不同，雖然兩者均以實現正義為其目的，但實體法重視的是各別的權利義務正義之實現，國際私法卻重視各選法規則之正義之實現，所謂國際私法之正義係指依據選法規則指定之準據法，是否係各該法律關係之「本據」、「關係最切」，或選法規則對於當事人均屬平等。參閱，山田鐐一，前揭書（第三版），頁42～43。

第二章
定　性

【關鍵字】

- 定性
- 準據法
- 訴訟標的理論
- 定性之對象
- 定性之範圍
- 法院地法說
- 階段定性說
- 事件準據法說
- 多重定性說
- 比較法說

第一節　概　說

　　從國際私法選法規則加以分析，在現行國際私法選法規則之結構，第一部分即所謂歸類概念，即所謂法律關係，具體涉外民事事件，如何定其所應適用之準據法，應先決定其所應適用涉外民事法律適用法之法條，而如何決定所應適用涉外民事法律適用法之法條，則需借助於定性工作。[1]

　　涉外民事事件適用涉外民事法律適用法之過程可分為二，其一為準據法之決定，其二為準據法之適用，並分別以涉外民事法律適用法第46條前段規定：「婚姻之成立，依各該當事人之本國法。」為例而記述為：[2]

	準據法的決定	準據法之適用
大前提	婚姻之成立，依各該當事人之本國法	不得重婚，否則後婚無效
小前提	系爭爭訟為婚姻成立要件之爭訟，其當事人之本國為中華民國與日本	某甲之婚姻為重婚
結論	系爭婚姻成立要件爭訟之準據法為中華民國法與日本法	某甲之婚姻無效

1　參閱拙著，涉外民事問題案例淺釋，涉外財產事件，永然出版公司，民國82年6月，頁18以下。

2　同前註。

　　因此，所謂定性即是在於確定法律適用之大前提，至於如何確定，則有爭
議，主要在於受訴法院與當事人間扮演之角色，詳言之，從民事訴訟之角度觀
之，法院係就當事人之主張，即訴之聲明與訴訟標的為裁判，例如，在常見之
給付訴訟中，原告主張其訴有理由，不外主張其所主張之事實存在，而依涉外
民事法律適用法之規定，該事實應適用某國之實體法，且依該國實體法之規
定，其給付請求權可以獲得肯定；被告則作相反主張，其理由則不外原告主張
事實不存在，或該事實存在，但不適用原告所主張應適用某一涉外民事法律適
用法或某國之實體法，而應適用另一涉外民事法律適用法或另一國家之實體
法，則依該涉外民事法律適用法或該實體法之規定，原告主張之請求權因而不
存在。此際，法院應就兩造所主張事實是否存在，依證據加以認定，如有原告
主張事實存在，則該事實是否適用原告主張涉外民事法律適用法或準據法，則
有待進一步確定。至於如何確定，特別是在則決定涉外民事法律適用法適用法
條上，非運用定性不可，且與民事訴訟法上訴訟標的理論有關。[3]

第二節　民事訴訟法訴訟標的理論與定性

　　前述定性或涉外民事法律適用法之適用與民事訴訟法訴訟標的有關，茲再
就涉外民事事件訴訟標的之問題說明之。

　　訴訟標的在民事訴訟法，具有相當意義與重要性。就訴訟程序而言，最重
要者乃：非同一涉外民事事件確定判決效力所及，及同一涉外民事事件繫屬於
數國法院，非重覆訴訟繫屬。是否同一涉外民事事件，除當事人相同或地位相
反、訴之聲明相同或可互相代替者外，最重要者乃訴訟標的是否相同。

　　就實體法而言，訴訟標的是否相同之認定，會影響所謂當事人主張是否為
訴之變更、追加或合併問題之結論。如訴訟標的不同，即有訴之變更、追加或
合併的問題，反之則否。

　　關於訴訟標的之理論，有舊實體法說、訴之聲明及事實理由合併說、訴之
聲明說、新實體法說、統一概念否認說等不同見解，茲分別加以說明。

---

[3]　關於涉外民事事件訴訟標的之簡要說明，參閱田中徹著：涉外事件訴訟物。國際私法爭
　　點，頁145～146，增刊，昭和55年，有斐閣出版。

一、舊實體法說

依此說，訴訟標的乃原告在訴訟上之具體權利主張。訴訟標的之異同，即以原告之主張在實體法上是否爲同一之實體法上之權利或法律關係爲準，訴訟標的之個數，亦以實體法上之權利或法律關係之個數爲準。因此，同一事實關係，在實體法上依據不同的權利之構成要件，有多數的實體法上之權利產生，每一權利均構成訴訟標的，而不問各該權利之目的是否相同。[4]

二、訴之聲明與事實理由合併說（二分肢說）

此說認爲訴訟標的內容，可以由原告主張之事實及理由與訴之聲明加以認定，凡事實理由與訴之聲明有多數之情形，即構成多數之訴訟標的。

三、訴之聲明說（一分肢說）

此說認爲，訴訟標的是否相同之認定，應以訴之聲明爲準，而不及於支持聲明有理由之事實與理由。故，如原告之聲明與訴之目的相同，即構成相同之訴訟標的。

四、新實體法說

依此說，本於同一事實關係發生以同一給付爲目的之數實體法上之權利，不應將之視爲數請求權之競合。亦即，僅可稱爲請求權規範基礎之競合。至於請求權競合，僅指基於不同事實所發生之數請求權，而其給付之目的相同而言，此乃眞正的請求權之競合。例如，基於買賣關係請求價金，與基於買賣所受領之票據不兌現請求給付票款，因買賣價金請求權與票款請求權互相獨立

---

[4] 參閱陳榮宗著，訴訟標的理論，收於民事訴訟法與訴訟標的之理論，頁336～337，356～358，民國69年，作者自版。吾國實務見解採之。參閱，最高法院42年台上字第1352號判例：「被上訴人前對於上訴人請求返還系爭土地之訴訟，係以上訴人無權占有，本於所有物返還請求權爲其訴訟標的。本件訴訟則主張該土地租賃契約已經終止，本於租賃物返還請求權爲訴訟標的，前後兩訴之訴訟標的既不同，自不在民事訴訟法第400條第1項規定之列。」

且不同，雖給付目的相同，仍構成不同的訴訟標的。[5]

五、統一概念否認說

此說認為以統一概念處理訴訟標的之問題，各家所見均未能完整周延，因此，有必要區分各種情形加以說明。

訴訟標的可以分為訴訟上之訴訟標的與本案之訴訟標的。訴訟上之訴訟標的係指原告之訴，不具備訴訟要件之場合，法院以訴訟判決駁回原告之訴時之訴訟標的；本案之訴訟標的則係指法院就訴有無理由判決時之訴訟標的，且依訴訟種類之不同而有不同之訴訟標的。在給付訴訟之場合，以給付是否相同，作為判斷訴訟標的是否相同之標準，如給付相同，即構成相同之訴訟標的；在確認之訴的情況，依據原告主張存在或不存在之法律關係決定訴訟標的。在形成之訴，則係依據原告主張而將由法院以判決形成之法律關係決定訴訟標的。

基於前述，吾人可知，民事訴訟法上訴訟標的理論，爭論殊多，尚難有定論。惟各家所述，對於國際私法上定性問題之處理，是否有所助益，仍不無檢討之餘地。

首先，在討論訴訟標的之前，有一應先予注意之問題，即當事人與法院間之關係究竟如何，不無疑義，有認為為三面關係者，即原告向法院主張、陳述事實，被告加以爭執，法院則認事用法，判定當事人間之權利與義務。因此，訴訟標的即係原告向法院之審判之請求；有認為僅生原告與被告之當事人間之雙面關係，原告主張某一法律關係存在或不存在，被告則加以爭執，因此，訴訟標的即係原告對於被告之權利主張。本章認為雖然三面關係說為多數學說所採，但此用以說明訴訟標的不免失當，詳言之，所謂三面關係，係指訴訟而言，原告起訴，被告抗辯，法院則之於中間客觀之立場與地位據以裁判，原告起訴，法院即應裁判，但不必一定就實體裁判，如原告之訴不具備訴訟要件，而以訴訟判決或裁定駁回，並無不可。當事人間所爭執者，應以實體上權利義務為其核心，訴訟之目的亦以實體上問題之解決為要，法院應為裁判者亦應就當事人間實體法上權利義務為之，勿待贅言。就此而言，謂其二面關係或三面關係，僅觀察角度不同而已。現行民事訴訟法既已區別訴訟要件與訴訟標的，則不可再將訴訟要件或訴訟標的再加混淆，故訴訟標的應與實體法相關。

---

[5]　參閱，陳榮宗著，前揭文，頁344～350。

其次，應注意者乃權利與權利主張是否應加以區別之問題。在訴訟標的之討論上，有認為訴訟標的為原告之權利主張，亦有認為訴訟標的為權利者。從民事訴訟實務之角度觀察，在判決確定之前，原告與被告所主張或抗辯者，均屬一種假設，並非實際存在之權利，故可謂係一種權利主張，並非權利，因此，訴訟標的應為權利主張。

第三，訴訟標的既係一種權利主張，則原告之主張如與法律之適用有關，是否拘束法院，則有疑義。如認為不能拘束法院，則訴訟標的之認定完全取決於法院之見解，在國際私法之適用上，僅生法院如何適用涉外民事法律適用法選法規則之問題。惟如認為可拘束法院，在國際私法之適用上，則生法院如何判斷原告關於如何適用涉外民事法律適用法選法規則之主張，是否有理由之問題。判斷當事人主張之事實應如何適用涉外民事法律適用法，及判斷原告主張之涉外民事法律適用法之適用是否有理由之問題，均有賴定性問題之解決。

第三節　定性之對象與定性問題之範圍

一、定性之對象

如前所述，定性係涉外民事事件適用涉外民事法律適用法過程中所不可免之困難問題，而定性之對象如何，各學者之見解歧異甚大，由於涉及國際私法之基本概念，有必要略予敘述。

有認為定性之對象為法規，亦即其認為國際私法並非就具體之涉外民事事件所涉及之多數國家之法律之如何適用，予以決定，而係抽象的就各國家法律之適用範圍予以劃分，因此，定性之對象即是法規。

有認為定性之對象為法律關係，亦即，此說認為定性之對象為涉外民事事件之法律關係，國際私法係依據系爭涉外民事事件法律關係之性質，探求其所屬或固有之法域，即該法律關係之本據，而以該法域之法律適用。[6]

6　薩維尼主張現代各國形成一相互往來之國際團體，彼此互相承認其法律，內外國法律因而形成法律共同體，各國法律均為均等，而無優劣之分，因此，當內外國人民交往而生法律關係，欲定其所應適用之法律，只應依據法律關係之性質以為取捨，而無庸顧應或計較究為內國法或外國法，內外國法律均屬平等，自得支配其法域內之一切法律關係，是故某一

　　亦有認爲定性之對象爲生活關係（生活事實），由於特定社會事實是否爲法律關係，尚待該社會事實所應適用之準據法確定之後，始能確定，而定性之目的原在於確定該社會事實所應適用之準據法，準據法既未確定，自不能稱定性之對象爲法律關係，因此，生活關係說即認爲定性之對象爲生活關係。[7]

　　依本章所見，國際私法係決定涉外民事事件所應適用之準據法之法律[8]，依據此一觀點，則定性之對象並非法規。至於屬於法律關係或生活關係，則涉及訴訟標的理論，尚難斷言。詳言之，如前所述，關於訴訟標的理論，因當事人之法律上之主張是否受容許？是否拘束法院？影響訴訟標的之理論，亦即，如當事人之法律上主張不被容許，或雖容許當事人爲法律上之主張，但法院不受當事人法律上主張之拘束，則定性對象，係當事人主張之生活事實；如當事人得爲法律上之主張且拘束法院，則定性之對象即依據當事人主張之國際私法選法規則所形成之法律關係，此一國際私法選法規則，乃當事人所主張或假設的，並非法院認定或最後確定的。

二、定性問題之範圍

　　定性問題之範圍，即關於定性所擬處理問題之範圍如何，似有爭議，有認爲僅以關於國際私法選法規則歸類概念之確定爲限；有認爲包括連繫因素意義之確定在內，有認爲尚包括準據法之範圍在內。[9]

　　法律關係欲定其應受何種法律支配，則應先就該法律關係之性質，探討其應屬於何種法域，即其本據爲何。自此之後，國際私法研究之對象，乃由法則改爲法律關係。國際私法即在於確定各種法律關係之本據。參閱，馬漢寶教授著，前揭書，頁261～262。

[7]　有認爲生活關係，係實體法之規範對象，而非國際私法規範之對象，蓋在國際私法之性質中有所謂間接規範之性質，國際私法並非規定當事人間之權利義務之得、喪、變更，而係規定準據法如何決定，即關於特定法秩序之適用問題，因此，國際私法面對的並非單純的事實，而係經由一定法的評價之事實。例如，國際私法面對的並非單純的出生之事實，而係出生者是否爲婚生子女之事實，因此，生活關係說並非妥適。參見，桑田三郎著，國際私法規定の構造，收於國際私法の諸相，頁15以下。

[8]　參閱馬漢寶教授著，前揭書，頁1。

[9]　吾國國際私法學者中，多採取第三種見解，參見劉鐵錚教授著：國際私法上定性問題之研究，收於氏著，國際私法論叢，頁233以下，馬漢寶教授著，前揭書，頁226，雖認爲定性之對象包括歸類概念與連繫因素，但主要在討論歸類概念，並及於準據法之範圍。陳隆修先生則認爲包括三者在內，但主要討論歸類概念之問題。參見氏著，比較國際私法，頁16～18。日本學者則將三者區分，例如山田鐐一著，國際私法，昭和57年，筑摩書房出版，頁45以下討論歸類概念，頁86以下討論連繫因素之決定，並於頁54～55認爲初步定性

依本章所見，應以第一種見解爲妥。亦即，依本章所見，欲達成判決之具體妥當性，各種國際私法上之問題與技巧均有其特殊之功能與限制，爲便於釐清各個問題，宜分別加以處理爲妥。

第四節　定性的基準

如前所述，定性不但是國際私法選法規則適用範圍之問題，亦係國際私法選法規則結構第一部分歸類概念之解釋問題，或在未規定時，如何補充之問題，亦係具體的涉外民事事件，如何決定其所應適用之國際私法選法規則之問題，惟以上問題，如何解決不外與定性之基準有關，對此，爭論尤多，以下分別說明。

一、法院地法說

（一）理由

此說認爲國際私法之歸類概念應以內國實體法之法律概念確定之。其立論之主要理由，或在於國際私法並非國際法而係國內法，立法者既然有權限規範涉外私法關係，則其對於規範該涉外私法關係法律概念，當然有權限解釋或認定，因此，內國實體法與內國國際私法上之法律概念應爲一致。涉外民事事件具有如何性質，應涵攝於如何之法律概念，應如何適用國際私法之規定，完全以法院地實體法之概念定之。

（二）優點

1. 簡易與穩定：因爲法院完全以自己所熟悉之法院地法之法律結構與概念操作定性程序，自屬簡易，而當事人在起訴之前即可確知定性結果及所應適用之法律，自可以達成穩定之要求。

與次步定性問題，即準據法之適用範圍，不適於與歸類概念之問題一併討論。池原季雄著，國際私法總論，頁100～101，亦採取採取相同見解。

2. 無喪失自主權之虞。[10]

（三）缺點

　　法院地法說主要的問題，在於依法院地國際私法之規定所適用之準據法，只以與法院地實體法法律概念內容相同之外國之實體法為限，若內容不同即無適用餘地。然而，國際私法係以內外國實體法之不同為其存在基礎，如一定以與法院地之國際私法或實體法之法律概念相同內容之外國實體法始有適用餘地，則國際私法之功能將受到相當程度之限制。[11、12]

---

[10] 參閱陳隆修著，前揭書，頁7。參見井之上宜信著，前揭文(二)，頁42～43。

[11] 井之上宜信，前揭文(二)，頁43。另劉鐵錚教授著，前揭書，頁231，亦認為採取法院地法說，將有三個缺失：其一，可能發生本應適用外國法而拒絕予以適用，或本應拒絕適用外國法而予以適用，致發生竄改外國法之情形。其二，在法院地法欠缺外國法規的制度時，將無從解決定性問題，或顯然導致有失公平之結果。其三，採法院地法說僅能解決法律適用問題，對於判決一致之國際私法學理想，無任何助益。陳隆修著，前揭書，頁7以下，亦認為採取法院地法說，有三個缺失，其一為法院可能在完全無外國法之性質之情形下，而拒絕引用本應適用之外國法，或者法院可能引用一外國法，而該外國法本身不應被加以引用。此結果自然造成外國法被曲解，而被引用之法律既非為法院地法亦非為任何國家之法律。其一，當法院地法無外國法之類似法規時，以法院地法為定性之基準自然會構成困難。其三，即使於法院地法與外國法有著相類似之法規與制度，採用法院地法為定性之基準，亦可能造成獨斷之決定。施啟揚教授於其所著前揭文，頁363以下，則認為外國的某項制度為內國所無，且無法與內國制度作本質上的比較時，以如果予以適用，將視為放棄主權之行為，而依公序良俗排斥該制度之適用之主張未免過分，而未能正確決定，某種法律制度在該國中之性質與地位，尤其在法院地法欠缺外國法規的制度時，更無法解決定性問題，而易發生竄改所應適用的外國法之結果。其說均可供參考。又法院地法說認為法院地國際私法之歸類概念，除包括與該歸類概念完全相同之他國實體法之法律概念，尚包括與該歸類概念機能相同之他國之歸類概念，則其理論依據係建立於二個以上國家法律制度機能類似性之基礎上，而此種論點，將使具有與法院地實體法類似機能之他國實體法，始可經由法院地國際私法之規定，成為準據法，若不具有類似性或不為法院地所知或非法院地所有之他國實體法之法律制度，是否有任何適用可能性，非無檢討餘地。若認為不具有類似性，即無適用餘地，則國際私法準據法選擇範圍，將受到相當限制。若認為即使不具有類似性亦有適用餘地，則其方法為何，則不無疑義，且與此說主張不同。又，是否在法院地國際私法歸類概念之內，並不以他國實體法用語是否與法院地國際私法之用語一致與否為準，亦即，即使，用語一致，但其機能不同，則亦無適用餘地。反之，若用語不同，但具有相同之機能，則仍在適用之範圍。因此，法院地國際私法與其實體法之法律概念，範圍未必一致，甚至，可以肯定法院地國際私法之歸類概念範圍比法院地實體法之法律概念範圍為廣，以實體法之法律概念解釋國際私法之歸類概念即無任何實益。另請參見井之上宜信著：前揭文(二)，頁44～46。

二、階段定性說（初步及次步定性說）

　　階段的性質決定說，是將定性工作分為二階段，第一階段之定性採法院地法說，第二階段之定性採準據法說。[13]

---

[12] 法院地法說之特點在於以法院地法就國際私法之歸類概念定性，而其立論之基礎，則在於國際私法本身亦係法院地法之一部，係由同一立法者所作成，為同質或一體的法律秩序之一部，因此，立法者在立法時，莫不將兩者所使用之法律概念是同一的，常存在於腦中，則可確定。而在實際適用過程中，將與國際私法不同概念之外國實體法完全排斥不用，或將外國法律制度中具有相同機能者，納入國際私法之歸類概念中，使兩者異其範圍，但，無論如何，國際私法之歸類概念，係以法院地法之法律概念作為核心而形成，則不能否認。則法院地法說係法院地國際私法與實體法具有事實上之同一性為其前提。此一前提是否妥適，不無檢討餘地。參見，井之上宜信著：前揭文(二)，頁46～48。

[13] 參閱馬漢寶教授著，前揭書，頁232。井之上宜信著，前揭文(二)，頁53～54。劉鐵錚教授著，前揭書，頁232。另，江守權著，論國際私法上之次步定性，頁425，原載於東吳法律學報，二卷一期，收於國際私法論文選輯（上），頁421以下，認為定性之步驟有三，其一為訟爭問題法律性質之定性，其二為適當的連繫因素之決定，其三為決定準據法之適用範圍。初步定性與次步定性說，認為第一步驟之定性為初步定性，第三步驟為次步定性。在初步定性可採取法院地法說，在次步定性則可採取準據法說。惟關於次步定性，亦有認為應採取法院地法說者，或兼採法院地法說與準據法說者，亦有認為應採取基於法院地法說而又偏於比較法說者。其說可供參考。另，英國國際私法學者Cheshire關於初步定性說與次步定性說，起先認為在初步定性，應採取法院地法，毫無例外，在次步定性，則原則上採取準據法說，但承認例外，即如依據外國法之準據法定性結果，如有侵害法院地法之英國程序法之虞時，例外的不以準據法定性，而改採法院地法定性。例如，法國人A與B在法國訂婚，並以口頭為A對於B為五千英磅之支付之約定。嗣後，B在美國法院起訴請求A給付五千英磅，A依據英國法詐欺條款抗辯該關於五千英磅給付之約定，因未具備書面而為無效，依據英國國際私法之規定，契約之準據法為法國法，關於程序則適用法院地法之英國法，在法國法關於該五千英磅給付之約定，並未規定需具備書面，如有規定需具備書面則係關於法律行為方式之規定，但英國法則認為詐欺條款為程序規定且如未具備書面，該五千英磅給付之約定即為無效。該事件之準據法雖為法國法，其關於書面之規定，因屬於法律行為之方式，依準據法定性結果，原應適用，但如此一來，則英國法之詐欺條款之規定將因而失去作用，並不妥適，故應例外的以法院地法定性，適用英國法之詐欺條款。嗣後，Cheshire改變見解，即關於初步定性除維持法院地法說之見解外，另再承認例外。即相關國家法律之初步定性結果如果相同，而與法院地不同，則應以各該國家法律之定性結果為準，不再採取法院地法說。惟初步定性與次步定性說，如後所述招受很大批評，而顯現其缺失，Cheshire亦於其Private International Law第四版以後，不再使用初步定性與次定性之用語，並認為英國法院在處理涉外民事事件之過程可分為四，其一，英國法院之裁判管轄權有無，其二，訴訟原因之分類，其三，該法律關係準據法之選擇，其四，該法律關係準據法之適用，而與初步定性與次步定性有關之論述，原在於準據法之適用階段討論，現則改於準據法選擇階段中討論，不用再認為係準據法之適用時所生之問題。其詳，請參閱，山田鐐一著，第二次法性決定，收於氏著國際私法の研究，頁10～11、32。

（一）理由

在第一階段採取法院地法說之理由在於，就現狀而言，國際私法既係各國國內法之一部，自應以該國之法律概念就其歸類概念定性。而且，各國之立法者，在制定其國際私法時，莫不以該國之法律概念爲念，故該國國際私法自應以該國之法律概念定性。[14]

在第二階段之定性，雖已決定所應適用之準據法，但法律概念之運用仍有必要，因所決定適用之法律或爲內國法，或爲外國法，且在於決定各該準據法在該國全體法秩序之地位，而原先使用之法律概念，既已決定所應適用之準據法，應已完成其任務，不再具有重要性，因此，應依據所應適用之準據法，就此之法律概念定性，要之，在第二階段之定性採取準據法說。[15]

（二）優點

能妥適的解決規範欠缺問題。

（三）缺點

階段定性說亦不無缺失，批評者之主要理由有：[16]

1. 初步定性與次步定性之區別係不實際的、人爲的，其實，定性求其採取非機械的方法與過程。

2. 初步定性與次步定性間之區別基準，學者間，甚至學者個人前後所持見解均可能不一致。

3. 混淆定性問題與準據法之範圍問題：定性之作用原在於選定系爭涉外民事事件所應適用之國際私法選法規則，進而決定所應適用之準據法，如已選定國際私法選法規則及所應適用之準據法，則定性之工作已完成，所剩的問題僅在於外國法之正確適用而已。[17]

14　井之上宜信著，前揭文(二)，頁55～56。

15　井之上宜信著，前揭文(二)，頁56。

16　參閱山田鐐一著，前揭文，頁26～28。

17　參閱馬漢寶教授著，前揭書，頁232～233。

三、事件準據法說

　　事件準據法說認爲國際私法選法規則歸類概念之決定，應依該涉外民事事件所可能適用之準據法定之。

（一）理由

　　本說之立論之在於某一國家之實體法對於該國全體法秩序，具有如何之地位，應予重視之故。[18]且，某一涉外民事事件內國國際私法既指定應適用某外國法作爲準據法，則若不依該外國法定性，則與不適用該外國法作爲準據法幾乎相同。

　　再者，以準據法定性，可以正確依該事件所應適用之國家之法律，來決定該法律關係在該國法規中之性質與地位，且其性質不致因受訴法院之不同而發生不同的定性結果。[19]

（二）優點

　　事件準據法說主要之優點，在於能正確依據該涉外民事事件所應適用國家之法律，來決定該法律關係在該國中之性質及地位，不致違反該外國法精神，且其性質不因國家之不同而發生不同的定性結果，否則，適用某個國家之法律而不依該外國法定性，無異於不適用該外國法。

（三）缺點

1. 有論者批評事件準據法說，犯了論理上之循環論證之謬誤（前提未定之謬誤），亦即，事件準據法係在決定國際私法歸類概念後，決定該事件所應適用之國際私法選法規則之後，始能決定，而在決定該歸類概念之意義時，準據法尚未能決定，則如何以準據法作爲決定歸類概

---

[18]　井之上宜信著，前揭文(二)，頁68。

[19]　參閱劉鐵錚教授著，前揭書，頁231。

念之意義？[20]且若該國際私法指定之準據法有二個以上，如何選擇其一而排斥其他，作爲定性之標準？

2. 案件如有二以上可能適用之外國法時，法庭地採其一而捨其他作爲定性標準，若非出於武斷，也難爲合理之說明。

四、多重定性說

此說認爲定性係就該生活關係，得出可能適用之國際私法選法規則，再依據該選法規則得出所可能適用之準據法，再將國際私法選法規則之歸類概念與該準據法之實體法概念加以比較，如果一致，則可確定該生活關係所應適用之國際私法選法規則。[21]

（一）理由

多重的定性說主要是爲迴避事件準據法說所生之循環論斷及準據法衝突之缺失而產生。採此說的理由在於，國際私法立法者並非將全部之權利請求分割爲數個群組，並將此等權利請求定性爲某一群組，而係採取不同方式，亦即將全部法規分爲數個群組，而立法者對於法官所提出之具體的權利請求，是否應依世界上那一國家之法律予以承認之調查，得對於法官予以指示，亦得在承認該權利請求之關係法規所屬法規群，依國際私法規定，於對於該國爲指定之連繫因素存在時，自該國法秩序取出時，對於法官應准許此權利請求，予以指示。[22]

（二）與事件準據法說之比較

多重的定性說與事件準據法說乍看之下，頗爲相似，但仍有不同，亦即，對於與國際私法歸類概念所涵蓋之概念範疇相對應之準據法規範範疇如何

---

[20] 參閱，井之上宜信者：前揭文(一)，頁68～69。馬漢寶教授著，前揭書，頁233。劉鐵錚教授著，前揭書，頁231。施啓揚教授著，前揭文，頁375～376。陳隆修著，前揭文，頁10。

[21] 井之上宜信著：前揭文(三)，頁78。

[22] 井之上宜信著：前揭文(三)，頁76～77。

劃定之問題上，兩說並不相同，事件準據法說認爲準據法規範，係指與內國國際私法之歸類概念體系名稱相同概念範疇所指之實體規範，即僅作形式的確認即可，而多重的定性說則認爲準據法應具備國際私法歸類概念相同機能特性之實體規範，即內國國際私法歸類概念在該國所意圖之法律制度，與準據法所形成之法律制度間應具有等價性，即需作實質的確認。[23]

（三）缺點與疑義

1. 如前所述，多重定性說之提出旨在避免準據法說之陷於循環論斷之。但是否可以避免循環論斷，則不無疑義。蓋依據何種理論，致能在不特定之法域，進行定性，若未能澄清，將仍不免於循環論斷之批評。按該說之意旨，似以法院地法作爲中心而選定A國法或B國法，再就法院地法與A國法或B國法進行比較，如屬同一概念範圍，再加上連繫因素之指向，則以之爲準據法。因此，法院地法概念形成自極爲重要。

2. 依此說，規範欠缺之情形，固可以避免，但規範累積之情形則應不在少數，此種情形特別容易發生於請求權競合與評價矛盾之情形，如何解決不能無疑。[24]

3. 多重定性說所生之法規範累積除請求權競合外，尚有所謂評價矛盾之情形。所謂評價矛盾即係多重定性結果，有二個以上之國際私法選法規則及其所指定之準據法可以適用，而此二準據法間發生衝突與矛盾之現象。此際，如何解決不能無疑，或以爲應以較具有實現可能性者或適用較能實現正義之準據法爲優先，或依個案之不同而自由的形成解決方法[25]，但是否妥適，仍有待檢討。

23　井之上宜信著：前揭文(三)，頁78～79。

24　井之上宜信著：前揭文(三)，頁83～84。

25　參閱，井之上宜信著，前揭文(三)，頁87～88。

五、比較法說（又稱為分析法理學及比較法說）

（一）理由

　　國際私法選法規則，原在解決內容不同之內外國法間與外國法彼此間之問題，亦即，在適用國際私法選法規則之際，吾人所面對的不是與內國法律體系不適合之多數外國法，即係與內國法精神不同之多數外國法律，為達成此項任務，國際私法於適用時必需能顧到各種法制上之規則及其制度之性質，定性不外是處理具體事件時對於國際私法選法規則之一種解釋與適用，故國際私法選法規則之概念，必需屬於絕對一般性質之概念，而此種概念係基於普遍適用之一般原則，故不能從任何一種法系之內國法得之，而必需在分析法理學中得知。

（二）優點

　　比較法說的優點在於借助於比較法研究，可以將內國法並未包括在內之法律制度涵蓋在使用同一用語之國際私法法律概念內，形成世界各國一致之法律概念，而可以獲致判決一致。

（三）缺點

此學說並非完全沒有缺點，而最大的問題有以下幾點：
1. 所謂比較的方法不過是一過程，並非解決實際問題之方法，即使具有價值，亦係在遙遠的將來始具有價值。又，在實際上並不能解決現在的問題，即使能解決，亦僅能解決較為單純的、具有輔助性質的問題。
2. 不同的法律秩序，對於不同之概念賦予不同的內容，而其內容並無在壓倒性多數法秩序中獲得相同內容之理由，此際如何進行該概念之比較法的解釋？不無疑義。[26]且對於歸類概念之判斷素材是否應以同一法系或語系之國家為限，抑或應擴及其他法系或語系之國家？亦有疑

---

[26]　參閱，井之上宜信著，前揭文(一)，頁126～127。陳隆修著，前揭文，頁11。

義。[27]且對於歸類概念意義之確定，委之於比較法方法，無異於其國際私法解釋，空白委任於其他國家，並且，服從其共同意見或多數意見，則該國立法者於制定國際私法時，作為目標之立法政策之判斷能否實現，更有疑義。[28]

3. 如採取比較法說，法院在依據不同法律而有不同定性結果時，必需就許多有關或無關的法律制度進行研究，以便尋找最妥適之定性法則，則法院之負擔未免過於沈重。

六、最高法院關於定性之相關判決（節錄）

（一）最高法院85年度台上字第1207號民事判決

按離婚之效力，依夫之本國法。為外國人妻未喪失中華民國國籍或外國人為中華民國國民之贅夫者，其離婚之效力依中華民國法律，為我國涉外民事法律適用法第15條所明定。此之所謂離婚之效力包括離婚後子女之監護，而關於離婚後子女監護人之更易，性質上仍屬夫妻於離婚後應由何人對未成年子女行使監護（親權）事項，自屬離婚之效力之範圍。準此，兩造離婚後，其女楊○○監護人之更易乃兩造離婚之效力之範圍，原審見未及此，竟認此係被上訴人與楊○○間之親子關係，依同法第19條規定，應適用被上訴人之本國法，據以援引伊朗國民法第1170條規定，而為被上訴人勝訴之判決，所持法律上之見解，自有違誤。

（二）最高法院92年度台再字第22號民事判決（伊朗國防部控彰銀案）

涉外民事訴訟事件，管轄法院須以原告起訴主張之事實為基礎，先依法庭地法或其他相關國家之法律為「國際私法上之定性」，以確定原告起訴事實究屬何種法律類型，再依涉外民事法律適用法定其準據法。本件依再審原告在前訴訟程序所起訴之事實，既主張系爭電匯款為第三人利益契約，該法律類型屬

---

[27] 井之上宜信著，前揭文(一)，頁128。

[28] 井之上宜信著，前揭文(一)，頁128。

「法律行爲發生債之關係」，則兩造合意以中華民國法律爲準據法，亦無錯誤適用涉外民事法律適用法第6條第1項規定之情事。再審原告將訴訟爭議法律類型之形式定性，誤解爲訴訟爭議之實體判決，並據以提起再審之訴，求予廢棄原確定判決，不能認爲有理由。

（三）最高法院82年度台上字第1888號

1. 關於判決離婚後酌定及改任監護人之訴，均屬離婚效力之一部分，其涉外事件所應適用之準據法自應依我國涉外民事法律適用法第15條規定決之。

2. 判決離婚後關於未成年子女之監護權如何分配及其分配之方法如何，係附隨離婚而生之效果，自應依離婚效力之準據法決定之。所謂關於未成年子女之監護權如何分配，不僅指夫妻經法院判決離婚後，對於其未成年子女所爲應由何方監護之酌定而言，嗣後因情事變更而聲請變更任監護之人即改定監護人者，亦包含在內。至於監護人指定後，監護人與受監護人之法律關係，則屬監護問題，應依受監護人之本國法決定之。上訴論旨，謂改定監護人非屬離婚效力之問題，而係有關監護之範圍，應依我國涉外民事法律適用法第20條規定，以受監護人之本國法爲準據法云云，不無誤解。又法院爲准許離婚之判決時，對於未成年子女之監護人雖已爲酌定，但嗣後情事有變更者，當事人非不得聲請法院變更任監護之人，此就我國民法第1055條但書規定觀之，應爲當然之解釋。

七、分割問題的概念

　　涉外民事法律關係往往具有複雜、多元之連繫因素，倘該涉外民事事件係由數個不同之次法律關係組成其主法律關係，若僅適用其中單一之衝突法則以決定準據法，即欠缺具體妥當性。爲避免法院機械性的適用選法規則而造成不公平的結果，因此有學者即揭出分割問題（Dépeçage）的概念，亦即就同一法律關係從不同的面向加以劃分，並分別適用不同之法律規定。

　　舉例以明之，A爲德國人，依德國之法律，其尚未成年，爲限制行爲能力人。A家境富裕，又由於父親工作的關係，因此常旅居世界各地。某日，A與

法國之公司在英國訂立買賣契約，買賣位於瑞士的房屋。在這個案例當中，關於A之行爲能力問題，應適用德國法（行爲能力依當事人之本國法）；買賣契約之方式應依英國法（契約方式依行爲地法）；買賣契約之效力，應依法國法（契約效力實質依法國契約準據法）；而物權移轉及公示方式應依瑞士國法（物權行爲方式應依物之所在地法）。[29]

八、民事判決最高法院97年度台上字第1838號（節錄）

上訴人：統益科技股份有限公司
被上訴人：阮氏秋賢
判決主文：

原判決關於駁回上訴人就命其給付減少勞動能力損害新台幣1,627,619元本息之上訴及該訴訟費用部分廢棄，發回台灣高等法院高雄分院。其他上訴駁回。

被上訴人主張：

伊自民國91年8月30日起受僱於上訴人，擔任中空成型機（下稱系爭機器）操作員，每月薪資新台幣15,840元。93年1月28日，因該機器之紅外線感應及安全門裝置均無法發揮作用，且上訴人從未依法對伊實施從事工作及預防災變所必需之安全衛生教育訓練並提供必要之安全衛生設備，違反保護他人法律之規定，致伊操作系爭機器時，左手掌遭模具壓碎後被截肢（下稱系爭事故），經醫院審定爲第7級殘廢，減少勞動能力60%，而受有減少勞動能力、增加生活上支出即裝置義肢、精神慰撫金，合計2,478,979元之損害。

上訴人主張：

伊提供系爭機器之法定必要安全設備僅爲安全門，並無缺失。且伊曾對被上訴人實施安全衛生教育，被上訴人操作不當致生系爭事故，伊即無侵權行爲或債務不履行之損害賠償責任。縱認伊應負賠償責任，然被上訴人係越南國人，其請求減少勞動能力之損害，除得在台灣工作期間之損害外，應以其在該國薪資可能獲取之年所得爲計算基礎，始屬公允。其請求之精神慰撫金亦嫌過高。又被上訴人對於系爭損害之發生與有過失，應按其所負之70%責任，據以減輕伊之賠償金額並扣除其向勞保局所領取之職業災害補償殘廢金。

---

[29] 本例題引用自柯澤東先生著，國際私法，台大法學叢書，1999年10月出版。

判決理由（有關分割問題的部分）：

　　民事事件之主法律關係，常由數個不同之次法律關係組合而成，其中涉外民事法律關係本具有複雜多元之聯繫因素，倘該涉外民事事件係由數個不同之次法律關係組成其主法律關係，若僅適用其中單一之衝突法則以決定準據法，即欠缺具體妥當性。在此情形下，自宜就主法律關係可能分割之數個次法律關係，分別適用不同之衝突法則以決定其準據法，始能獲致具體個案裁判之妥當性。本件被上訴人係越南國人，其因系爭事故受傷，得請求上訴人賠償減少勞動能力損害部分，並非侵權行為（主要法律關係）不可分割之必然構成部分，當無一體適用單一之衝突法則決定其準據法之必要。是以關於上訴人應否負侵權行為損害賠償責任之法律關係部分，固應依涉外民事法律適用法第9條第1項規定以侵權行為地法即我國法為其準據法，然屬於損害賠償責任確定後，需定其賠償範圍之減少勞動能力損害部分，既非侵權行為不可分割之必然構成部分，則此部分之計算準據如被上訴人之本國（越南國）法律規定與我國法律所規定者未盡相同，而其得請求之年限實際上又分段跨越於兩國之間，即應視其可得請求之期間究在我國內或國外（本國）之情形而分別適用我國法或其本國法為計算損害賠償範圍之準據法，不宜一體適用我國之法律，始符公平、適當原則。本案之一、二審判決（一審：台灣高雄地方法院94年勞訴字第71號判決；二審：台灣高等法院高雄分院96年勞上字第3號判決）均認為：「涉外案件關於由侵權行為而生之債權，依侵權行為地法，為涉外法第9條第1項前段所明定。是以原告本於侵權行為損害賠償法律關係，請求被告（統益公司負責人）與統益公司負連帶損害賠償責任，其準據法既應適用我國實體法，則有關損害賠償法定要件、賠償範圍或計算賠償依據等，自均應適用我國法律，不得再予割裂適用。」即不分割成「賠償責任成立」及「賠償項目範圍」，概括適用單一的準據法。然而，最高法院並不做如是觀，其認為「本件被上訴人係越南國人，其因系爭事故受傷，得請求上訴人賠償減少勞動能力損害部分，並非侵權行為（主要法律關係）不可分割之必然構成部分，當無一體適用單一之衝突法則決定其準據法之必要。」因而將侵權行為（主要法律關係）分割成「賠償責任成立」及「賠償項目範圍」兩部分處理之。筆者以為，最高法院的見解是值得讚許的，因為就侵權責任成立與否，多數國家的國際私法均認為應依侵權行為地法判斷之，此部分固無問題；然而，就賠償項目範圍的部分，是否應一體適用侵權行為地法則有疑義，以本案為例，越南的勞動所得、生活水平和法律規定都和我國不一樣，若一概以我國法（即侵權行為地法）判斷賠償的項

目和範圍並不合適，亦欠缺具體妥當性。但可惜的是，本案的最後結論卻是將「賠償責任成立」及「賠償項目範圍」一併適用中華民國法律為其準據法（即先依我國就業服務法規定說明被害人在台灣得工作之年限，以之計算其在通常情形下可能取得收入之標準，其次再以被害人之能力於越南國內可能取得之收入為準，計算其所得請求勞動力減損之賠償範圍），其中不但無「分別適用不同之衝突法則」，最終實質法適用的結果亦未構成「分割問題」[30]。

九、學者對分割問題之批評

「分割問題」的概念提出之後，遭到一些學者的批評，其理由主要有以下幾點：

1. 對同一法律關係從不同的面向加以劃分是困難的，如此將使國際私法的選法變得更為複雜；
2. 分割問題會破壞法律適用的穩定性，因為若法院對分割問題之認定標準不同，將使同一案件在不同的法院審判會產生不同的結果，難以達到判決一致；
3. 無論從經濟或法律的觀點，契約都是一個整體，不應該分割成數個準據法[31][32]。考量到這些原因，在認定是否分割主要法律關係時，不應對歸類的概念做過分的解釋，以避免涉外案件被分割的七零八落。

重要實務見解

最高法院96年度台上字第1804號民事判決

按某一民商法律關係（下稱主法律關係）往往由數個不同之次法律關係組合而成，因涉外民商法之關係極為複雜多樣而具有多元之聯繫因素，倘由數個不同之次法律關係所組合成之主法律關係，僅適用單一之衝突法則決定其準據法，恐有違具體妥當性之要求，故不妨分割該主要法律關係為數個平行之次法

30　參閱林恩瑋著「國際私法上「分割爭點（issue-by-issue）」方法之適用－以最高法院兩則先驅性判決為中心」。

31　參閱賴來焜先生著之「當代國際私法學之基礎理論」，自版，2001年第一版，頁718。

32　參閱賴來焜先生著之「當代國際私法立法最新趨勢之研究」，玄奘法律學報第二期，頁12。

律關係，以適用不同之衝突法則來決定準據法，用以追求個案具體之妥當性。次按侵權行為法之理想，在給予被害人迅速及合理之賠償，務使其能獲得通常在其住所地可得到之保障及賠償。本件因被害人譚嘉茵是否對於上訴人負有法定扶養義務，並非侵權行為（主要法律關係）不可分割之必然構成部分，並無一體適用單一之衝突法則決定其準據法之必要，是以關於被上訴人應否負侵權行為損害賠償責任部分，應依涉外民事法律適用法第9條第1項規定以侵權行為地法（即我國法）為其準據法；關於損害賠償事項，即被害人譚嘉茵是否對上訴人負有扶養義務部分，既非侵權行為不可分割之必然構成部分，且對於扶養義務之歸屬，各國法律有迥然不同之規定，故就此部分應依涉外民事法律適用法第21條規定，以扶養義務人之本國法（即香港法）為其準據法。查依香港法律規定，子女對於父母並無扶養義務，上訴人受香港政府扶養之權利，不因其女譚嘉茵死亡而喪失。故上訴人縱未受扶養費之賠償亦難謂其未受合理之賠償。況如依我國法判決給予扶養費之賠償，則上訴人就扶養費部分將受有雙重利益，已逾損害賠償之目的。從而原審就上訴人請求賠償扶養費部分為其敗訴之判決，理由雖有未盡，結果並無二致，仍非不可維持。

相關考題

一、處理國際私法案件，法院何時必須適用法院地法？又何時得適用法院地法？分別舉例說明之。【78年司法官】

二、定性之標準有幾？試分別說明並加論述。【85年司法官】

三、甲為A國國民，住所在B國，乙是我國籍女子。甲乙雙方結婚後，乙取得A國國籍，住所地也設在B國，但仍保留中華民國國籍。甲乙育有B國籍而住所在B國的丙，後來應感情不睦，經B國法院裁判離婚，並由甲行使對丙的監護權，乙則將住所遷回台中。乙後來趁甲不在B國期間，前往探視丙，並未經甲同意，將丙帶回台中養育。甲數度要求將丙返B國就學未果，在台中地方法院訴請返還被監護人，乙則以甲已再婚生子為理由，請求台中地院改定其為行使親權之人，雙方並就本案究應如何定性及應適用何國法律的問題，發生爭執。問：

(1)如關於本案之爭議，A國法院認定是離婚案件，B國法院認為是監護問題，台中法院就本案應如何定性？

(2)台中地方法院應適用何國法律？【94年司法官】

第三章
連繫因素

【關鍵字】

- 連繫因素
- 準據法之確定
- 單純適用
- 累積適用
- 分配適用
- 併行適用
- 階段適用
- 時間因素
- 連繫因素的變更主義和不變更主義
- 選法詐欺

第一節　連繫因素之意義與種類

　　國際私法之功用，在於為涉外事件決定其應適用的法律。此一程序，即在使涉外民事事件與一國之實體法發生連繫。而連繫因素則係在涉外民事事件與特定國家法律間，作一連繫，故稱為連繫因素。[1]連繫因素得為種種分類。[2]

---

[1]　關於連繫因素之問題概說，可參閱下列資料：

　　馬漢寶教授著：國際私法總論，頁58～64。

　　池原季雄著：國際私法總論、各論，頁120～124。

　　山田鐐一著：國際私法（第3版），頁97～128。

　　江川英文著：連結點的確定，國際私法講座，頁159～186。

[2]　參閱，馬漢寶教授著，前揭書，頁59～60。另，據賴淳良之研究，連繫因素尚可分為：直接之連繫因素（例如，涉外民事法律適用法第20條之當事人意思）與間接之連繫因素（例如，涉外民事法律適用法第16條之該行為所應適用之法律）；主觀之連繫因素（例如，當事人之意思，可由當事人意思加以改變者）與客觀之連繫因素（例如，行為地、事實發生地、當事人之國籍與住所等無法因當事人意思而變更者）；屬人之連繫因素（例如，與當事人有關之國籍、住所等連繫因素）與屬物之連繫因素（例如，與物或事件有關之物之所在地、損害發生地等連繫因素）；空間之連繫因素（例如，國籍等特定國家有關之連繫因素）與點之連繫因素（例如，損害發生地、侵權行為地等與特定地點有關之連繫因素）；事實之連繫因素（例如，物之所在地等），其確定不需再經法律判斷之連繫因素）與需經法律確定之連繫因素（例如契約訂立地等需再經法律判斷之連繫因素）；固定之連繫因素（例如，國籍等涉外民事法律適用法上所使用之連繫因素是）與彈性之連繫因素（例如，現代美國國際私法理論上之最重要牽連之連繫因素）參閱氏著，從國際私法之規則及其適用上之相關問題，談國際私法之特性，輔仁大學法律研究所碩士論文（民國75年），頁

連繫因素依其內容，可區分為以下幾種類型：

1. **與人有關的連繫因素**：係指與當事人即主體有關的連繫因素，例如，自然人國籍、住所與居所等。

2. **與物有關之連繫因素**：係指與行為客體有關之連繫因素，例如物之所在地。

3. **與行為有關連繫因素**：例如，契約訂立地、侵權行為地與事實發生地等。

4. **與當事人意思有關連繫因素**：例如，當事人之意思。

又，連繫因素依其性質有屬於事實概念連繫因素，亦有屬於法律概念連繫因素[3]：

1. **事實概念連繫因素**：係指僅需作事實認定即可者，例如，事實發生地，物之所在地等。

2. **法律概念連繫因素**：係指尚需作法律評價者，例如，國籍、住所等。

86～91。其說可供參考。惟應注意者，以上分類中，直接之連繫因素與間接之連繫因素，僅係從國際私法之規定型式所為之區分，並無學理上之區別實益。又，主觀之連繫因素與客觀之連繫因素，在定義上並不精確。蓋例如當事人之國籍、住所等均能因當事人意思而變更，如將之區別為與當事人意思有關之連繫因素，或與當事人意思無關之連繫因素較妥。亦可與契約準據法上之主觀主義與客觀主義相契合。關於契約準據法之主觀主義與客觀主義，參閱山田鐐一著，國際私法（第3版），頁313以下。另，晚近國際私法立法，有逐漸擴大承認主觀主義之趨勢，例如，在侵權行為、夫妻財產制之準據法均有承認當事人意思自主原則之適用者。涉外民事法律適用法第31條：「非因法律行為而生之債，其當事人於中華民國法院起訴後合意適用中華民國法律者，適用中華民國法律。」；第48條：「夫妻財產制，夫妻以書面合意適用其一方之本國法或住所地法者，依其合意所定之法律。夫妻無前項之合意或其合意依前項之法律無效時，其夫妻財產制依夫妻共同之本國法；無共同之本國法時，依共同之住所地法；無共同之住所地法時，依與夫妻婚姻關係最切地之法律。前二項之規定，關於夫妻之不動產，如依其所在地法，應從特別規定者，不適用之。」可供參考。

3　參閱，山田鐐一著，前揭書（第3版），頁77。但有反對此種分類者，認為物之所在地固可認為事實概念之連繫因素，但移動中之物之所在地，仍屬於法律概念之連繫因素，故此種分類並無意義。例如，山田鐐一、澤木敬郎合編，國際私法講義，昭和46年，有斐閣出版，頁52。

第二節　連繫因素與準據法之決定

連繫因素之規定與準據法之適用型態亦有相當之關連。詳言之，在傳統國際私法之選法規則上，連繫因素之單複及規定型態與準據法之適用有關，而連繫因素固以單數為常，但亦不乏複數者，此於準據法之決定有相當之影響，而有數種之涉外民事法律適用法之適用形態，即單純適用、累積適用、分配適用、選擇適用及階段適用五種，茲分別說明如下：[4]

---

[4] 舊涉外民事法律適用法第14條之立法理由稱：「原條例第11條對於離婚所應適用之法律，規定應以事實發生地為準，惟按歐洲德國、波蘭等立法先例，均認為離婚原則上應適用當事人現時之本國法，頗可取法。蓋離婚事項與公序良俗有關，各國多設強制規定，尤以離婚之原因為然。此等重要事項，設若不顧及當事人現時之本國法，揆諸法理，即欠允洽，故本項改訂依起訴時為準。至於離婚之原因，仍采原條例之精神，規定以夫之本國法及中國法所許者，方得宣告離婚，惟配偶之一方為中國人時，即不必兼備兩國法律所定之原因，如依中國法合於離婚條件，無背於內國公益，自無不許其離婚之理，故又增設但書之規定。」則涉外民事法律適用法對於采離婚原因改採當事人本國法主義，係因與當事人之本國之公序良俗有關，而非因該法律與事件具有最密切之關係之故。又，但書之立法理由部分，雖亦提及公序良俗一語，但實係因當事人之一方為中國人，故亦係當事人本國法之適用，且係與當事人本國之公序良俗有關。按諸各國法例當事人本國法之適用，均係因其與事件具有最密切之關係之故，而法院地法之適用，則係基於法院地公序良俗之維護之故。涉外民事法律適用法之立法理由，就此點而言，並非適當。其詳可參閱山田鐐一，國際私法，頁386、374。又，舊涉外民事法律適用法第9條之立法理由稱：「侵權行為應以何法為其準據法，立法例及學說亦不一致，有主張採法庭地主義者，以為侵權行為之法規，均與公序良俗有關，適用法庭地法，即所以維持法庭地之公安，亦有主張採事實發生地法主義者，以為行為是否構成侵權行為及其效果，均應依行為地之法律而為決定。以上兩說各有所偏，故近世立法例，多採折衷主義，認為行為之是否合法，應依侵權行為地法，但同時亦須法庭地法亦認其行為構成侵權行為，然後始於認許之範圍內，發生損害賠償或其他請求之債權。原條例第25條採此主義，本草案從之，僅於文字酌加修正。」對於為何適用侵權行為地法，固未更進一步說明，但亦已指出法院地法之適用，係在維護法院地之公序良俗，足供參考。又，關於侵權行為地法與法院地法之累積適用，旨在維護法院地之公序良俗，亦即，依舊涉外民事法律適用法第9條第1項之規定：「關於由侵權行為而生之債，依侵權行為地法。但中華民國法律不認為侵權行為者，不適用之。」關於侵權行為之成立要件，累積適用侵權行為地法與法院地之中華民國法律，旨在維護法院地之公序良俗。又同條第2項之規定：「侵權行為之損害賠償及其他處分之請求，以中華民國法律認許者為限。」在解釋上雖有僅指關於侵權行為之賠償方法及除賠償方法外，尚包括賠償數額之爭議，但亦係法院地公序良俗之維護而累積適用法院地法，要之，本條第1項與第2項之規定，可謂係涉外民事法律適用法第25條之特別規定。其詳，可參閱：山田鐐一，前揭書，頁314～316。又關於禁治產宣告（監護宣告、輔助宣告），舊涉外民事法律適用法第3條之規定：「凡在中華民國有住所或居所之外國人，依其本國法及中華民國法律同有禁治產之原因者，得宣告禁治產。前項禁治產之宣告，其效力依中華民國法律。」其立法理由稱：「禁治產之宣告，原則上應由禁治產人之本國法院管轄，惟例外亦得由其居住地法院

一、單純適用

　　國際私法就各種法律關係，分別規定其應適用之法律，例如，無因管理，依事實發生地法（涉外民事法律適用法第23條）；侵權行為，依侵權行為地法（涉外民事法律適用法第25條）；物權，依物之所在地法（涉外民事法律適用法第38條第1項）。而這種僅選定一國之法律為應適用之法律者，稱為單純適用。

二、累積適用

　　例如，舊涉外民事法律適用法第14條規定：「離婚依起訴時夫之本國法及中華民國法律，均認其事實為離婚原因者，得宣告之。」係同時以起訴時夫之本國法及中華民國法律為準據法，應累積適用[5]。舊涉外民事法律適用法第3

　　管轄，本項規定即係例外，其目的蓋在保護居住地之公安，及外國私人利益。至於禁治產之原因，究應依何國法律而定，向有本國法說及法庭地法說之分，依理論言，內國對外國人宣告禁治產，與對內國人宣告之情形究有不同，該外國人之本國法與內國法自應同時並重，以保護居住國之社會公安及外國人之法益，故規定應依法庭地法與外國人之本國法同有宣告之原因時，始得為之。本（第2項）規定禁治產宣告之效力依中國法，即宣告國法，係採學者之通說。蓋內國對於外國人既認有宣告禁治產之必要，則其宣告之效果，必須使之與內國人受禁治產宣告者完全相同，始足以維護公益，而策交易之安全。原條例對於外國人在內國宣告禁治產之效力，未加規定，不免疏漏，故增列本項。又原條例第7條規定準禁治產宣告，但現行民法，並無準禁治產制度，該條自應予刪除。」足供參考。另在學說上承認一種累積適用之型態者，乃法定擔保物權，認為其準據法應累積適用該物權之準據法即物之所在地法與被擔保之債權之準據法，如其中之一，不認為可成立該法定擔保物權，則擔保物權不能成立。其詳可參閱：松岡博，前揭書，頁253；折茂豐，國際私法各論，頁109～110。又關於婚姻關係之侵權行為，原本有定性為婚姻之身分上效力與侵權行為之爭執。不過，另有學者認為婚姻關係之侵害，應具有婚姻之身分上效力與侵權行為兩種性質，故應累積適用婚姻之身分上效力與侵權行為之準據法，其詳，可參閱澤木敬郎著涉外判例研究，載於ジュリスト第655號，頁39以下（昭和53年）。

5　涉外民事法律適用法第50條規定：「離婚及其效力，依協議時或起訴時夫妻共同之本國法；無共同之本國法時，依共同之住所地法；無共同之住所地法時，依與夫妻婚姻關係最切地之法律。」已變更舊法之規定。其理由在於「關於離婚及其效力應適用之法律，原條文並未兼顧夫妻雙方之連結因素或連繫因素，與兩性平等原則及當前立法趨勢，均難謂合。爰修正決定準據法之原則，以各相關法律與夫妻婚姻關係密切之程度為主要衡酌標準，並規定夫妻之兩願離婚及裁判離婚，應分別依協議時及起訴時夫妻共同之本國法，無共同之本國法時，依共同之住所地法，無共同之住所地法時，依與夫妻婚姻關係最切地之法律。」

條[6]、第9條[7]之規定亦同，故累積適用可謂係二個以上準據法之同時適用，而比較常見之型態則是法院地法與另一準據法之累積適用，藉此以維護法院地之公序良俗。[8]

三、分配適用

例如涉外民事法律適用法第46條規定：「婚姻之成立，依各該當事人之本國法。但結婚之方式，依當事人一方之本國法或依舉行地法者，亦為有效。」就婚姻之成立要件而言，係將之分為一方要件（一方之障礙事由）及雙方要件（雙方之障礙事由）分別定其所適用之準據法，亦即，如屬一方要件，則依其

---

[6] 涉外民事法律適用法第12條規定：「凡在中華民國有住所或居所之外國人，依其本國及中華民國法律同有受監護、輔助宣告之原因者，得為監護、輔助宣告。前項監護、輔助宣告，其效力依中華民國法律。」並未修改舊法之規定，僅變動其條次。

[7] 涉外民事法律適用法第25條規定：「關於由侵權行為而生之債，依侵權行為地法。但另有關係最切之法律者，依該法律。」已變更舊法之規定。其理由在於「原條文就由侵權行為而生之債，原則上採侵權行為地法主義，有時發生不合理之結果。爰參考奧地利國際私法第48條第1項、德國民法施行法第41條等立法例之精神，酌採最重要牽連關係理論，於但書規定另有關係最切之法律者，依該法律，以濟其窮。此外，本法對因特殊侵權行為而生之債，於第26條至第28條規定其應適用之法律，其內容即屬本條但書所稱之關係最切之法律，故應優先適用之。涉外侵權行為之被害人，於我國法院對於侵權行為人，請求損害賠償及其他處分時，其準據法之決定既已考量各法律之牽連關係之程度，中華民國法律之適用利益及認許範圍，亦當已於同一過程充分衡酌，無須再受中華民國法律認許範圍之限制，爰刪除原條文第2項。」

[8] 舊涉外民事法律適用法第11條之立法理由稱：「婚姻成立之要件，有形式要件與實質要件之分，關於後者之準據法，各國立法例有採婚姻舉行地法，有採夫之屬人法主義，有採當事人雙方本國法主義，我國向採末一主義，本草案從之。基此規定，婚姻成立之實質要件，以結婚時各該當事人之本國法為準。」對於為何採雙方當事人之本國法，且係分配適用，並未為詳明之解說。同樣的，舊涉外民事法律適用法第17條之立法理由稱：「認領係確定非婚生子女與生父之身分關係，依通例均應以當事人之本國法為準據法。本草案從之，規定認領之成立要件，應依各該認領人被認領人認領時之本國法，以期雙方之利益可以兼顧。至認領之效力，則依認領人之本國法，蓋因認領乃行為而生，自應以認領人之本國法為準，方屬切當也。」同法第18條立法理由稱：「本條係仿自日本法例第19條，其立法理由，蓋以收養之成立乃擬制血親關係之開始，而收養中止，又為此種關係之消滅，性質重要，為兼顧雙方利益，宜依當事人各該本國法，方屬允當。至於在收養存續中，基於親子關係而生之各種法律效果，例如養子女是否取得養親之國籍，是否改從養親之姓氏，以及對養親之遺產如何繼承等問題，均以養親為主體，其應依照養親之本國法，亦屬理所當然。」則提及兼顧雙方當事人之利益為採各該當事人本國法之分配適用之立法理由。學說上亦有認為除兼顧雙方當事人之利益外，尚因認領與各該當事人之本國法之公益有密切之關係也。參見山田鐐一著，國際私法（第3版），頁357。

係何方當事人方面之要件，決定其應適用何方當事人之本國法，如係雙方要件，則適用雙方當事人之本國法。涉外民事法律適用法第54條關於收養要件之規定亦同，故分配適用可謂係國際私法視情況一方爲要件或雙方要件，而分別適用一方當事人或雙方當事人之本國法，此比較常見於關於行爲要件之準據法。[9]

9　關於法律行爲之方式，舊涉外民事法律適用法第5條立法理由稱：「第一項：本項所謂『該行爲所應適用之法律』，指法律行爲實質所應適用之法律而言，亦即法律行爲之方式，應依法律行爲之實質所應適用之準據法，斯爲原則。原條例第26條第1項規定，法律行爲之方式依行爲地法，而適用規定行爲效力之法律所定之方式者亦爲有效。其立法精神，與本項頗有出入，且在理論上亦未盡妥適，蓋因法律行爲之方式與實質，表裡相依，關係密切。在通常情形下，法律行爲之方式，依照其實質所適用之法律，匪特較便於行爲人，且按諸法理，本應如是。至於法律行爲之方式依照行爲地法，按「場所支配原則」即一般法律行爲方式應適用行爲地法之原則，雖未始不可認爲有效，要屬例外情形，祇可列爲補充規定，故本項特予改訂如正文。又本項乃規定一般法律行爲所應適用之準據法，至於某種法律行爲方式有適用特別準據法之必要者，本項以下各條另有規定，應當優先適用，不復援用本項之規定，原條例所列『除有特別規定外』一語似無必要，擬刪。第二項：本項所定『處分物權之法律行爲』，係別於債權行爲而言，凡物權之移轉及設定負擔等均屬之，依照屬物法則，物之法律關係，應適用所在地法，關於處分物權行爲之方式，自亦不能例外，應專依物之所在地法，以保護所在地之公安或國策。第三項：行使或保全票據上權利之法律行爲，與行爲地之法律有特別關係，其方式應專依行爲地法，是亦爲對於本條第一項之例外規定。」指出便於當事人乃採選擇適用之理由，足供參考。至於同法第11條之立法理由稱：「至於婚姻之形式要件，原條例第九條未加分別規定，在過去實例上，均解爲應一併依照雙方當事人之本國法，論者每病其違反「場所支配原則」之通例，且不便於適用，故本草案特增設但書規定，關於婚姻之方式，無論依照當事人一方或雙方之本國法，或舉行地法，均爲有效。」並未明確指出採當事人一方或雙方之本國法或舉行地法之選擇適用，旨在使婚姻易於成立。有關之理論說明，可參閱山田鐐一著，國際私法（第3版），頁282；折茂豐著，國際私法各論，頁69以下；松岡博著，前揭書，頁255；另，關於遺囑，雖舊涉外民事法律適用法第24條規定：「遺囑之成立要件及效力，依成立時遺囑人之本國法。遺囑之撤銷，依撤銷時遺囑人之本國法。」並未特別針對遺囑之方式作規定，不過，在解釋上，仍適用同法第5條之規定，即遺囑人之本國法與行爲地法之選擇適用，亦旨在便於遺囑之成立有效。又關於非婚生子女之母子關係之成立，在民法上因採擬制之規定，故舊涉外民事法律適用法第17條規定：「非婚生子女認領之成立要件，依各該認領人、被認領人認領時之本國法。」同條之立法理由則稱：「認領係確定非婚生子女與生父之身分關係，依通例均以當事人之本國法爲準據法，本草案從之，規定認領成立要件，應依各該認領人與被認領人認領時之本國法，以期雙方之利益可以兼顧。」雖係針對生父與非婚生子女而規定，不及於生母與非婚生子女間之關係，惟外國之立法，未必與吾國同，因而有依涉外民事法律適用法選定生母與非婚生子女間之法律關係之準據法之必要，且學者有認爲使母子關係易於成立，宜選擇適用母與子之本國法。其詳，可參閱松岡博著，親子關係之存在—母子關係，涉外判例百選第二版，昭和六十一年，有斐閣出版，頁134以下。又關於非婚生子女之保護、勞動者之保護、消費者之保護、被害人之救濟等已逐漸形成立法趨勢，在準據法之決定上，亦有以較有利於非婚生子女、勞動者、消費者、被害者等法律之選擇適用之國際私法立法出現。

四、選擇適用

例如涉外民事法律適用法第16條規定：「法律行爲之方式，依該行爲所應適用之法律。但依行爲地法所定之方式者，亦爲有效；行爲地不同時，依任一行爲地法所定之方式者，皆爲有效。」法律行爲之方式之準據法有二，其一乃依涉外民事法律適用法第20條之規定，某法律行爲所應適用之準據法，如當事人意思所定之法律。其二則係依所謂場所支配原則，適用行爲地法。如法律行爲合於其中之一關於方式所定之要件，即爲有效，二準據法間並無優劣先後之分，舊涉外民事法律適用法第11條之規定亦同。此比較常見於關於方式之準據法，藉此使行爲避免因方式之欠缺而陷於無效或具有得撤銷之事由。[10]

五、階段適用

如涉外民事法律適用法第47條規定：「婚姻之效力，依夫妻共同之本國法；無共同之本國法時，依共同之住所地法；無共同之住所地法時，依與夫妻婚姻關係最切地之法律。」[11]則關於婚姻之效力，其準據法依序爲當事人共同

---

[10] 舊涉外民事法律適用法第6條之立法理由稱：「第1項：近代各國之國際私法，多承認當事人得自由決定關於債之準據法，是爲「當事人意思自主之原則」，本項與原條例第23條第1項同，係依此原則而爲規定，即凡足以發生債之關係之法律行爲，無論其爲契約，抑爲單獨行爲，關於成立要件及效力，均准許當事人依自己之意思，定其應適用之法律。第2項：本項係規定當事人意思不明時，所應適用之準據法。按各國立法例，雖多數規定在當事人意思不明時，應即適用法律行爲地之法律，亦不免有窒礙之處，蓋外國人間之法律行爲發生債之關係，係因旅經某地，而偶然爲之者，不乏其例，其主觀上甚或不知行爲地法爲何物，若強以行爲地法爲準，實難期公允，故本項與原條例相同，規定當事人意思不明時，應先適用其本國法，萬一當事人國籍又不相同，各該當事人之本國可能發生歧異，始適用行爲地法以爲決定。本項後段規定行爲地不同云云，係專指契約行爲地而言，蓋法律行爲發生債之關係者，不外單獨行爲與契約行爲兩種，在單獨行爲祇需有單獨的意思表示，其行爲即告成立，不致發生行爲地不同之情形，至於契約，必待行爲人雙方意思表示一致，始告成立，設行爲人處於不同之法域，而隔地訂約，其行爲地不同，即生問題，故本項後段乃有另定行爲地標準之必要，原條例第23條於要約地與承諾地不同之外，於第三項規定：「行爲地不同者，以發通知地爲行爲地。」其意似謂除契約以外，其他發生債之關係之法律行爲，尚有不同行爲地之情形，然基於以上說明，此種情形殊不可能，該項之設，近於贅文，故予刪除。」在當事人意思自主、當事人之本國法、行爲地法等各準據法間，區別其先後優劣，依序指定爲準據法，可供參考。

[11] 關於因法律行爲而生之債，舊涉外民事法律適用法第6條規定：「法律行爲發生債之關係者，其成立要件及效力，依當事人意思，定其應適用之法律。當事人意思不明時，同國籍者依其本國法；國籍不同者，依行爲地法；行爲地不同者，以發要約通知地爲行爲地；如

本國法、共同住所地法、關係最切地之法律。若無前者始有後者之適用。階段適用比較常見於準據法之補充上，亦即指定一準據法，並規定若無該準據法，則適用另一準據法，準據法間或連繫因素間有先後優劣，較先或較優者爲原則之準據法，較劣後者則作爲補充之準據法。[12]

　　國際私法選法規則關於連繫因素之規定，既使國際私法之適用有以上各種不同之型態，而此等適用型態間之優劣如何？自有加以探討之必要。詳言之，在累積適用，大多數情形是關於法院地法與另一準據法之累積適用，其目的在增加法院地法之適用機會，以維護法院地之公共秩序善良風俗，有如前述，但易致準據法間之歧異矛盾，是其缺陷所在。在分配適用，如將某一爭點認係雙方要件，其缺失與累積適用無異，而某一爭點究係一方要件或雙方要件，亦生定性之困難。在選擇適用，因多用於法律行爲或結婚等之方式，固有助益於法律關係之成立，但方式與成立要件間如何區別，亦係困難的定性問題。至於在階段適用，如何定各準據法間之先後優劣，亦係困難的問題。要之，連繫因素之規定如何，既影響涉外民事法律適用法之適用，亦影響準據法之決定，自極爲重要，亦不無困難。

第三節　連繫因素與時間因素

　　國際私法主要是就某一涉外事件，決定其應適用之法律。國際私法所表現出來的，不外是地域上之法律衝突，但時間上之法律衝突，在國際私法的問題

相對人於承諾時不知其發要約通知地者，以要約人之住所地視爲行爲地。」則因法律行爲而生之債，其準據法依序爲當事人意思所定之法律、當事人共通本國法、行爲地法、發要約通知地法、要約人住所地法、履行地法。若無前者始有後者之適用。階段適用比較常見於準據法之補充上，亦即指定一準據法，並規定若無該準據法，則適用另一準據法，準據法間或連繫因素間有先後優劣，較先或較優者爲原則之準據法，較劣後者則作爲補充之準據法。涉外民事法律適用法第20條：「法律行爲發生債之關係者，其成立及效力，依當事人意思定其應適用之法律。當事人無明示之意思或其明示之意思依所定應適用之法律無效時，依關係最切之法律。法律行爲所生之債務中有足爲該法律行爲之特徵者，負擔該債務之當事人行爲時之住所地法，推定爲關係最切之法律。但就不動產所爲之法律行爲，其所在地法推定爲關係最切之法律。」與舊法規定不同，但仍採階段適用之準據法決定形式。

[12]　參閱松岡博著，前揭書，頁254，認爲累積適用易使婚姻關係等難於成立。三浦正人著：非嫡出親子關係成立的準據法，民商法雜誌53卷4號，頁530以下（昭和41年），亦採相同看法。

上，亦不容小覷。

　　所謂時間上的法律衝突，係指某一法律關係產生後，由於一個在不同時間內，先後頒布的規範同一類社會關係之法律在內容上不一致而產生的法律衝突，即新法與舊法、前法與後法的衝突。[13]關於這部分，本章茲分成「衝突法與施行法」、「連繫因素之時間因素」、「連繫因素與變更主義或不變更主義」說明之。

一、衝突法與施行法

（一）法庭地國際私法變更之情形

　　若法庭地國際私法有所變更，則發生於法律變更前之涉外民事法律事件應適何時之國際私法？關於這個問題，學說有下列幾種不同的看法[14]：

1. 以法庭地之施行法決定之，通常包括法律不溯及既往原則。
   本說為目前之通說，因就制定法而言，本說具有公平、方便之優點。
2. 適用新國際私法，承認其溯及效力。
   本說認為國際私法具有公法性質，因此認為法律不溯及既往原則，於國際私法無適用的餘地。
3. 適用新國際私法，承認其溯及效力，但有例外。
   本說認為國際私法在性質上類似於程序法，與一般實體法不同，故原則上應承認其溯及效力。但如依舊國際私法，案件應適用之法律為法庭地法時，則應適用舊國際私法。
   若承認新國際私法有溯及效力，則勢必是將當事人因適用舊國際私法指定之準據法所享有之權利義務棄之不顧，如此有違當事人之利益或正當期待之保護。是故，應採第一說為是。涉外民事法律適用法第62條規定：「涉外民事，在本法修正施行前發生者，不適用本法修正施行後之規定。但其法律效果於本法修正施行後始發生者，就該部分之法律效果，適用本法修正施行後之規定。」其立法理由稱：「以法律事實發生日為準，原則上不溯及既往。爰於本章規定涉外民事，在本

13　參閱賴來焜著，基礎國際私法學，三民出版社，頁97。

14　參閱劉鐵錚、陳榮傳著，國際私法論，頁561～563。

法修正施行前發生者，不適用本法修正施行後之規定。例如，因法律行為或侵權行為而生之涉外民事法律關係，即應以該法律行為之成立日或侵權行為之實施日等為準，其在本法修正施行前發生者，原則上即不適用本法修正施行後之規定。對於持續發生法律效果之涉外民事法律關係，例如夫妻在本法修正施行前結婚者，其結婚之效力，或子女在本法修正施行前出生者，其父母子女間之法律關係等，即使其原因法律事實發生在本法修正施行之前，亦不宜一律適用本法修正施行前之規定。此等法律關係，應以系爭法律效果發生時為準，就其於本法修正施行後始發生之法律效果，適用本法修正施行後之規定，其於此前所發生之法律效果，始適用本法修正施行前之規定。」

（二）準據法變更之情形

當準據法變更，特別是有溯及效力時，法庭地法院應如何處理，理論上有三種方式[15]：

1. 法庭地法院不理會準據法之變更，仍適用舊的法律。
2. 法庭地法院適用法庭地之施行法以解決此問題。
3. 法庭地法院適用該準據法之施行法。

以上三說，學說和實務以第三說為通說。

二、連繫因素之時間因素

從時間因素的觀點來看，有些連繫因素是可變的，也有些是不可變的。前者如國籍、住所地，後者如侵權行為地、契約作成地、契約履行地和不動產所在地等。由於前者是可以隨時改變的，因而行為時間的確定就變得格外重要。

關於可變動連繫因素之改變，以及兩個以上法律制度，可以同時適用於同一法律關係之情形，即為國際私法上有關時間衝突之一型態[16]。

關於連繫因素的時間衝突，有時是由國際私法本身加以規定，予以解

15　參閱劉鐵錚、陳榮傳著，國際私法論，頁569～570。

16　參閱劉鐵錚、陳榮傳著，國際私法論，頁565。

決，但有時國際私法並未對此有所指示，此時大概有以下幾種解決方法[17]：

（一）連繫因素最近具體化所指定的法律

適用連繫因素最近具體化所指定的法律，在施行法中極爲普遍，此說強調適用新法，較常適用於有關動產權利問題和有關行爲能力的問題上。

（二）連繫因素最初具體化所指定的法律

例如許多國家規定，夫妻財產制依夫所屬國之法。至於夫之本國法應就哪個時間點判斷，各國法律多採夫妻財產制之「不變原則」。即夫妻財產制之法律，仍受結婚時夫之本國法之法律。

（三）選擇適用有關聯的法律

關於建立親子關係之訴訟，究應適用子女出生時本國法或是裁判時子女之本國法，硬性規定皆有不當，應選擇對子女最有利之法律加以適用，即選擇適用有關聯的法律。

（四）累積適用相關聯的法律

如某國國際私法規定：離婚依起訴時夫之本國法，但夫爲他國人時所發生之原因事實，非依他國法亦認爲離婚原因者，不得爲之。

（五）援用另一不同之連繫因素

例如：法國關於離婚係採當事人雙方共同國籍，如一方變更國籍，則無所謂共同國籍，法院則改依婚姻住所地法。

17　參閱劉鐵錚、陳榮傳著，國際私法論，頁565～569。

三、連繫因素與變更主義或不變更主義

如前所述，在連繫因素時間衝突的解決上，應注意當事人利益或正當期待的保護。當事人利益之保護或當事人正當期待之保護，係指依涉外民事法律適用法所定之準據法，期能不致逸脫當事人之正當期待，俾能保護當事人之利益。為指定符合當事人正當期待之法律為準據法，宜以當事人所熟悉之法律為準據法。[18]涉外民事法律適用法對於當事人正當期待之保護或當事人利益之保護亦不乏其例，連繫因素之不變更主義即為一例。本章茲舉我國涉民法中有關夫妻財產制和離婚之準據法的規定說明之：

舊涉外民事法律適用法關於夫妻財產制，採不變更主義，目的亦在保護妻與相對人之利益。詳言之，關於夫妻財產制之準據法，有變更主義與不變更主義和折衷主義之對立。變更主義係指夫妻財產制之準據法隨夫妻變更其國籍或住所而變更，實際上亦係適用訴訟時或原因事實發生時之夫妻之屬人法，後者則夫妻財產制之準據法不因夫妻變更其國籍或住所而變更，一直適用結婚之屬人法。折衷主義則分別情形而定其準據法，在變更國籍或住所之前取得之夫妻財產適用結婚時之法律，在變更國籍或住所後取得之財產則適用新的屬人法。涉外民事法律適用法採取不變更主義。舊法第13條之立法理由稱：「第1項：本項之立法意旨，在防止夫於結婚後，任意變更國籍，改易夫妻財產關係，因影響妻或其他利害關係人之法益，故規定於結婚時所屬國之法。其所以稱結婚時所屬國之法，而不沿襲原條例第10條第2項稱夫之本國法者，蓋法文著重之點，在結婚時夫之國籍，而不重其時之法律，故如該國法律於結婚後變更，即應適用變更後之現行法，而不適用已廢止之法……。」足見係尊重夫妻間之恆久關係與保護夫妻及與夫妻交易之第三人之利益所為之規定。[19、20]

18　關於當事人利益或正當期待之保護之觀念，請參閱松岡博著，國際私法選擇規則構造論，頁210以下。

19　詳請參閱，折茂豐著，國際私法各論，頁401以下；三浦正人著國際私法，昭和62年青林書院出版，頁147以下；澤木敬郎著，國際私法入門，1993年，有斐閣出版，頁146以下；杉林信義著，法例—ル，昭和59年，學陽書房出版，頁181以下；山田鐐一著，國際私法，頁440以下；歐龍雲著，國際私法講義，頁204以下；澤木敬郎、山田鐐一著，國際私法講義，1987年，青林書院出版，頁199以下；另，關於英國國際私法上之夫妻財產制準據法問題，可參閱丸岡松雄著，國際私法夫婦財產制準據法，國際法外交雜誌，第39卷第2期。

20　新法第48條：「夫妻財產制，夫妻以書面合意適用其一方之本國法或住所地法者，依其合意所定之法律。夫妻無前項之合意或其合意依前項之法律無效時，其夫妻財產制依夫妻共

　　關於離婚之準據法，亦有所謂變更主義與不變更主義之對立。不變更主義適用結婚時之屬人法，變更主義則適用起訴時或原因關係發生時之準據法。舊涉外民事法律適用法第14條規定：「離婚依起訴時夫之本國法及中華民國法律，均認其原因事實爲離婚原者，得宣告之。但配偶之一方爲中華民國國民者，依中華民國法律。」採取變更主義、起訴時本國法主義，雖其立法理由稱：「原條例第11條對於離婚所應適用之法律，規定應以事實發生時之法律爲準，惟按歐洲德國、波蘭等立法先例，均認爲離婚原則上應適用當事人現時之本國法，頗可取法。蓋離婚事項與公序良俗有關，各國多設強制規定，尤以離婚之原因爲然。此等重要事項，設若不顧及當事人現時之本國法，揆諸法理，即欠允洽，故本項改訂依起訴時爲準。至於離婚之原因，仍本原條例之精神，規定以夫之本國法及中國法所許者，方得宣告離婚，惟配偶之一方爲中國人時，即不必兼備兩國法律所定之原因，如依中國法合於離婚條件，無背於內國公益，自無不許其離婚之理，故又增設但書之規定。」僅言及係基於公序良俗之考慮，惟並未敘明採取此一立法例之理由。且採取此一立法例，當事人之一方可能因他方在離婚原因事實發生後改換國籍或住所而受不利之影響，以當事

同之本國法；無共同之本國法時，依共同之住所地法；無共同之住所地法時，依與夫妻婚姻關係最切地之法律。前二項之規定，關於夫妻之不動產，如依其所在地法，應從特別規定者，不適用之。」改採當事人意思自主原則，在當事人無明示之意思或其意思爲無效時，改採與婚姻效力準據法相同之立法主義。至於同法第49條：「夫妻財產制應適用外國法，而夫妻就其在中華民國之財產與善意第三人爲法律行爲者，關於其夫妻財產制對該善意第三人之效力，依中華民國法律。」第13條關於夫妻財產制應適用之法律，未能平衡兼顧夫妻雙方之屬人法，有違當前兩性平等之世界潮流，且其中關於嫁娶婚及招贅婚之區別，已不合時宜，有合併該條第1項及第2項並修正其內容之必要。關於夫妻財產制之實體法在平衡夫妻間之權利義務之外，亦應兼顧保護交易第三人之原則，而國際私法上亦應有相關規定。爰合併現行條文第13條第1項及第2項，規定夫妻財產制得由夫妻合意定其應適用之法律，但以由夫妻以書面合意適用其一方之本國法或住所地法之情形爲限。三、夫妻無本條第1項之合意或其合意依本條第1項應適用之法律無效時，其夫妻財產制應適用之法律，仍應與夫妻之婚姻關係具有密切關係。爰規定其應依夫妻共同之本國法，無共同之本國法時，依共同之住所地法，無共同之住所地法時，依與夫妻婚姻關係最切地之法律。」「夫妻財產制應適用之法律，原應適用於所有涉及夫妻財產之法律關係，但夫妻處分夫妻財產時，如其相對人（第三人）不知準據法之內容，即可能受到不測之損害。爲保護內國之財產交易安全，對於夫妻財產制之準據法爲外國法，被處分之特定財產在中華民國境內，而該外國法之內容爲相對人（第三人）所不知時，實宜適度限制該準據法對相對人（第三人）之適用範圍。爰規定夫妻財產制應適用外國法，而夫妻就其在中華民國之財產與善意第三人爲法律行爲者，關於其夫妻財產制對該善意第三人之效力，依中華民國法律。蓋關於其夫妻財產制對該善意第三人之效力，即善意第三人與夫妻財產制間之關係，與內國之交易秩序實關係密切，應適用中華民國法律，以維護內國之交易秩序。」

人正當期待與利益保護之觀點，並非妥適。[21]嗣新法第50條規定爲：「離婚及
其效力，依協議時或起訴時夫妻共同之本國法；無共同之本國法時，依共同之
住所地法；無共同之住所地法時，依與夫妻婚姻關係最切地之法律。」其立法
理由稱：「原條文關於離婚僅規定裁判離婚，而不及於兩願離婚，其關於離婚
及其效力應適用之法律，規定亦非一致。爰合併原條文第14條及第15條，移列
爲本條，並就其內容酌予修正及補充。關於離婚及其效力應適用之法律，原條
文並未兼顧夫妻雙方之連結因素或連繫因素，與兩性平等原則及當前立法趨
勢，均難謂合。爰修正決定準據法之原則，以各相關法律與夫妻婚姻關係密切
之程度爲主要衡酌標準，並規定夫妻之兩願離婚及裁判離婚，應分別依協議時
及起訴時夫妻共同之本國法，無共同之本國法時，依共同之住所地法，無共同
之住所地法時，依與夫妻婚姻關係最切地之法律。本條所稱離婚之效力，係指
離婚對於配偶在身分上所發生之效力而言，至於夫妻財產或夫妻對於子女之權
利義務在離婚後之調整問題等，則應依關於各該法律關係之規定，定其應適用
之法律，現行實務見解有與此相牴觸之部分，應不再援用，以維持法律適用之
正確，併此說明。」亦未特別敘明採變更主義之理由。

第四節　連繫因素與選法詐欺

一、選法詐欺之概念

　　所謂選法詐欺，是指當事人爲便利達成某種目的，故意以適法之方法改變
連繫因素，以避免原應適用但對其不利之某種實體法，而適用另一對其有利之
另一種實體法。本章茲舉數例說明之：

　　(一)就屬人法事項，A國法採本國法主義，而B國法採住所地法主義。A國
　　　法因宗教因素禁止離婚，但B國法是許可離婚的。今同爲A國人之甲
　　　夫乙妻，爲了離婚而將其住所地變更於B國。

---

[21]　參閱，折茂豐著，國際私法各論，頁286以下；三浦正人著，國際私法，頁121以下；澤木
　　敬郎著，國際私法入門，頁119以下；杉林信義著，法例─ル，頁144以下；山田鐐一著，
　　國際私法（第3版），頁368以下；歐龍雲著，國際私法講義，頁177以下；澤木敬郎、山田
　　鐐一著，國際私法講義，頁175以下；劉鐵錚教授著，國際私法上離婚問題之比較研究，國
　　際私法論叢，頁33以下。

(二)C國是高稅賦的國家，C國人丙為減輕所得稅負擔，而依據稅賦較低之D國法設立公司。

二、選法詐欺之效力

選法詐欺之效力為何？主要有以下三種不同的見解，茲分述如下[22]：

（一）絕對無效說

若依此說，則選法詐欺行為本身，以及當事人因選法詐欺所獲之利益，均屬無效。

（二）相對無效說

依此說，選法詐欺的行為並非當然無效，其效力應就該行為是否違反內國法之立法目的來判斷。如在前述第一個案件當中，A國法是因為宗教的因素而禁止離婚，故當事人甲夫乙妻為了離婚而變更國籍的行為，明顯違背了該法之立法目的，因此其離婚行為無效。

（三）相對有效說

此說認為選法詐欺僅生相對效力。亦即僅只有改變連繫因素之行為發生效力，其因而所取得利益之行為則為無效。

三、涉外民事法律適用法有關選法詐欺的規定

涉外民事法律適用法第7條，涉外民事之當事人規避中華民國法律之強制或禁止規定者，仍適用該強制或禁止規定。

修正理由

按涉外民事事件原應適用中華民國法律，但當事人巧設連繫或連結因

---

[22] 參閱劉鐵錚、陳榮傳著，國際私法論，頁539～540；柯澤東著，國際私法，頁125。

素，致其準據法為外國法，而迴避中華民國法律強行規定之適用時，即學理上所稱規避法律。為維持連繫或連結因素之客觀、公平，爰規定其仍應適用中華民國法律，以杜爭議。

　　此一規定，論者認為不妥者有：(一)規避法律，當事人所使用之方法，非但不是不正當，反而是正當的方法。例如：變更國籍、變更住所等。本條規定：「涉外民事事件原應適用中華民國法律之強行規定，但當事人巧設連繫或連結因素，使其準據法為外國法時，仍適用中華民國法律之強行規定。」仍維持「巧設」之用語，顯非妥適。(二)當事人所規避之法律，實不應限於法院地法，依國際私法之規定，應適用之準據法中屬強制或禁止規定者，當事人均不得規避，如有規避，其規避不應發生效力，原應適用之法律仍應適用。就此而言，本規定仍有待檢討。

第四章
準據法

【關鍵字】

■ 準據法	■ 法律說	■ 外國法不明
■ 外國法	■ 內國法編入說	■ 一國數法
■ 外國法之性質	■ 外國法法律說	■ 人的法律衝突
■ 事實說	■ 外國法之舉證責任	■ 地的法律衝突

第一節　準據法之概念

　　涉外民事事件依國際私法選法規則之指示所選定之法律，稱爲準據法。準據法有時爲內國法，有時爲外國法。

　　以內國法爲準據法，法院有適用之義務，如內容不明，法院應依其職權調查，不受當事人主張之拘束，法院適用內國法如有違誤，判決當然違背法令，當事人得據爲上訴法律審之事由。

　　以外國法爲準據法，法院是否有適用之義務？如外國法內容不明，法院是否應依其職權調查，不受當事人主張之拘束？法院適用外國法如有違誤，判決是否當然違背法令，當事人得否據爲上訴法律審之事由？……涉及之問題殊多，應進一步加以檢討。

第二節　外國法之意義

　　外國法係與內國法相對之概念。內國法係以法院地國爲中心，法院地國法爲內國法，法院地國法以外之法律即係外國法。

　　外國法不限於其成文法，舉凡判例、解釋、習慣法等均屬之。亦即，外國法之範圍（外國法之法源）如何，應依據外國法本身決定之。

　　外國法指外國之實定法，亦即現行、有效之法律。外國法是否現行、有效，應依外國法本身決定之。[1]

　　外國法是否有效？是否違憲？亦應依該外國法本身決定之。詳言之，外國法形式上或實質上是否有效，亦應依該外國法本身決定之。[2]易言之，內國法院對於外國法是否有審查權，應視該外國法之法院對於該外國法是否有審查權而定，與內國法院對於其本身之法律（內國）是否有審查權無關。內國法院對於外國法僅有形式上之審查權，或者有是否違憲之實質上審查權，應依該外國法本身決定之。如該外國設有特定之機關，審查其法律是否實質有效，在該外國特定機關宣告其違憲而無效之前，內國法院只能認定其形式上有效而予以適用。[3]

第三節　外國法之性質

　　其次，應檢討者乃外國法之性質，就此亦有事實說和法律說兩種不同之見解，茲述之如下：

一、事實說

　　採取事實說者認為外國法為事實，因外國實體法乃至其全體法律，乃該外國立法權之行使結果，其效力自應以其領域範圍為其範圍，在他國不生任何效力。亦即，外國法律僅於其領域內始為法律，一出其領域即非法律而僅為事實。且如允許外國法在內國適用，將侵害內國之主權。

　　然而若認為外國法為事實，則頗難自圓其說。今將應適用之外國法視為事實，則等於是將「事實」適用於「事實」當中，豈非全無意義？又，若認為外國法是事實，則當當事人提出時，法院可不予適用，此不啻根本有違國際私法之目的。[4]

[1]　長谷川理衛、西山重和，外國法の適用，國際私法講座，第一冊，頁216。

[2]　同前註文，頁217。

[3]　同前註，頁218。

[4]　參閱馬漢寶著，國際私法（總論・各論），頁222。

二、法律說

採取法律說者，認為外國法雖在其領域之外，乃不失其法律之性質。至於是何種法律，則看法仍有些微不同，可分為以下兩種：

（一）內國法編入說

此說認為外國法依內國國際私法選法規則之指示，適用於內國，已成為內國法之一部，與其他內國法並無不同。

然而，內國法官適用外國法時，仍係遵守其內國國際私法之結果，實無使外國法成為內國法一部之意[5]。

（二）外國法法律說

有認為外國法仍係外國法，其所以在其領域之外仍為法律，係因各國相互尊重主權之故。

重要實務見解

最高法院94年度台抗字第81號

涉及外國人及大陸地區人民之民事事件，依內國法規定應適用外國法或大陸地區法律時，內國法院應適用當時有效之外國法或大陸地區法律之全部，除制定法、習慣法外，其判例亦應包括在內。且該外國法或大陸地區法律仍不失其原有本質，並非將其視為內國法之一部。故內國法院對於該法律之解釋，應以該外國或大陸地區之法院所為解釋為依據，並應考慮其判例、習慣等不成文法，不得以內國法院解釋內國法之原則對之為解釋。次查兩岸人民關係條例第56條第1項規定：收養之成立及終止，依各該收養者被收養者設籍地區之規定。本件被收養人邱紹佳為大陸地區人民，其收養之成立之準據法為大陸收養法。故邱紹佳被黃傳寬收養是否合於大陸收養法之規定，應以大陸地區之法院所為解釋或其判例、習慣等為依據。

5　參閱馬漢寶著，國際私法（總論・各論），頁223。

第四節　外國法之舉證責任

對於外國法性質之認知不同，影響外國法舉證責任之分配。詳言之，各國關於民事訴訟訴訟資料之蒐集，多採取當事人舉證之原則。不過，應由當事人舉證者僅以事實爲限，法律及其適用因係法院之職權，故無由當事人舉證之必要。因此，關於外國法應否由當事人舉證，與對於外國法之性質之認知不同有關。

外國法事實說認爲外國法爲事實，即認爲外國法應由當事人舉證；外國法法律說認爲外國法爲法律，不論外國法究爲內國法之一部或外國法，仍不失其法律之性質，故當事人無舉證之責任。

民事訴訟法第283條「習慣、地方制定之法規及外國法爲法院所不知者，當事人有舉證之責任，但法院得依職權調查之。」其立法理由稱：「查民訴律第343條理由謂本國之現行法，爲審判衙門所應知者，故當事人毋庸證明。若外國之現行法及慣習法，則非審判衙門所當知者，故當事人應證明審判衙門所不知之外國現行法及慣習法，例如提出領事之證明書是也。調查外國現行法及慣習法，與調查事實不同，應令審判衙門得自由調查，其調查範圍，不可以當事人所提出之證據爲限。故審判衙門除自行調查外，遇有必要，得咨託法部代爲調查。又查民訴條例第324條理由謂自治法，例如自治團體制定之條例規則，亦非爲審判官者所能悉知，故亦使當事人負舉證之責任。」

民事訴訟法第283條對於外國法之舉證責任所採取之態度如下：

1. 法院並無知悉外國法之義務，依前述立法理由所稱「外國之現行法及慣習法，則非法院所當知者」即可明瞭。
2. 在法院不知外國法之情形下，當事人始有舉證責任。
3. 當事人雖有舉證責任，但外國法不明時，不因此受不利益之結果，與一般未盡舉證責任之法律效果不同。
4. 法院仍得依職權調查。

因此，在解釋上宜解爲當事人與法院協力調查外國法之內容。

重要實務見解

（一）最高法院79年度台上字第2129號民事判例

英國買賣法及相關判例之內容如何，被上訴人對之有舉證之責任，原審亦得依職權調查之，原審僅憑被上訴人提出某刊物影印之片斷資料，遽以其為所準據之英國法加以援用，自與證據法則有違。

（二）最高法院80年度台上字第2427號民事判例

查上訴人主張被上訴人違反無記名式載貨證券原則上不准擔保提貨及不得於開發信用狀當日即為擔保提貨行為之國際慣例，依民事訴訟法第283條前段規定，上訴人自有就上述國際慣例存在與否，負舉證之責任。原審以上訴人未盡其舉證之責任而不予採信，實無違背舉證責任分配法則之可言。

（三）97年度台抗字第11號

外國人聲請訴訟救助，除需具備無資力支出訴訟費用要件外，固尚應以依條約、協定或其本國法令或慣例，中華民國人在其國得受訴訟救助者為限。然中華民國人民在聲請人之本國是否得受訴訟救助，既非法律規定該外國人於聲請訴訟救助時所應釋明之事項，則依民事訴訟法第283條規定「習慣、地方制定之法規及外國法為法院所不知者，當事人有舉證之責任。但法院得依職權調查之」，縱外國人聲請訴訟救助，未就中華民國人在其國得受訴訟救助之條約、協定或其本國法令或慣例加以舉證，法院仍非不得依職權調查之，苟於未經命其舉證或依職權調查前，即以聲請人未就此為舉證而駁回其聲請，應非法之所許。

（四）最高法院79年度第1次民事庭會議

習慣、地方制定之法規及外國之法規為法院所不知者，當事人未依民事訴訟法第283條規定主張及舉證時，如法院未依職權為調查及適用，不得謂為違背法令。

第五節　外國法不明的處理

當事人或法院盡調查能事後，外國法內容如何仍不明時，應如何處理，則有疑義。

一、駁回請求說（拒絕審判說）

採此說者認為一國之國際私法既規定某一涉外民事事件應適用特定國家之法律，即表示除該國之法律，其他國家之法律並無適用之餘地，則在外國法不能證明時，法院應拒絕審判。

二、內國法適用說（保留條款說，內國法代用說）

此說認為外國法之所以適用，主要係因該外國法較內國法適於適用於該涉外民事事件。易言之，某涉外民事事件應適用內國法或外國法，應以何者較為妥適為準，而國際私法之選法規則既規定該涉外民事事件應適用某外國法，即係以該外國法較為妥適。今外國法既不能證明，自應退而求次，適用次妥當之內國法。

又外國法之適用原屬內國法院適用法律之例外，即原則上，內國法院應適用內國法，而在涉外民事事件，依國際私法之選法規則，始例外的適用外國法，今外國法既有不能證明之情事，而無此例外情形可言，自應回復其原則，適用內國法。

三、外國法欠缺補充說

此說認為外國法之適用既因不能證明而無法適用，因而發生特定外國法規之欠缺，此際應依據外國法欠缺之補充方法，解決法律適用問題。

四、一般法理說

此說與前揭外國法欠缺補充說相同之處在於同樣承認此際發生外國法之欠

缺，僅其補充方法有所不同而已。依此說，既生準據法之欠缺，即既不依外國法，亦不依內國法解決此準據法之欠缺問題，而應依一般法理處理之。

五、分別處理說

此說認為國際私法規定適用外國法，既未排斥內國法之適用，又未規定外國法不能時應適用內國法，故於外國法不能證明而無法適用時，法官自得審酌案情，決定應否適用內國法，抑以另一外國法代之，分別處理之。

以上諸說，似以最後一說較為可採。

第六節　外國法適用錯誤與判決違背法令

內國法院依內國國際私法選法規則之規定應適用外國法，竟適用錯誤，當事人是否得基於判決違背法令向法律審之最高法院提起上訴？我國民事訴訟法第467條規定：「上訴第三審法院，非以原判決違背法令為理由，不得為之。」第468條亦規定：「判決不適用法規或適用不當者，為違背法令。」因此，發生內國法院適用外國法錯誤是否判決違背法令之問題。此種情形一般可分為適用內國國際私法法則之錯誤及適用外國法本身之錯誤。

一、適用內國國際私法選法規則之錯誤

例如，依內國國際私法法則應適用外國法卻適用內國法，或依內國國際私法選法規則應適用內國法卻適用外國法之情形是。此種情形由於內國國際私法選法規則乃內國法之一種，故屬於判決違背法令。但如應適用之準據法與實際所適用之準據法，內容並無不同時，判決雖屬違背法令，但應認為係民事訴訟法第477條之1規定：「除第469條第1款至第5款之情形外，原判決違背法令而不影響裁判之結果者，不得廢棄原判決。」之情形之一，不廢棄原判決。

二、適用外國法本身之錯誤

適用外國法本身之錯誤有兩種情形，其一為適用外國國際私法選法規則之錯誤，例如，依內國國際私法選法規則之反致條款，再適用甲國之國際私法選法規則，應以乙國法為準據法，卻以丙國法為準據法。其二為適用準據法之實體法之錯誤，例如依內國國際私法選法規則之規定應適用甲國法，卻在適用甲國法時發生錯誤。以上二種情形是否為判決違背法令，則有不同見解。

（一）否定說

最高法院之法律審存在目的僅在於統一內國法之解釋，不以外國法之統一解釋為其任務，因此，沒有必要為外國法之適用錯誤予以糾正，且外國法性質上為事實，適用外國法錯誤即與屬於事實認定錯誤，並非判決違背法令。

（二）肯定說

適用外國法錯誤，無論係適用外國國際私法選法規則錯誤或適用外國實體法錯誤，均係內國國際私法選法規則之間接適用錯誤。且在內國國際私法選法規則之下，內外國法均屬平等，內外國法之統一解釋均屬最高法院之任務與職責，並無區別內外國法之必要，因此，外國法適用錯誤與內國法適用錯誤同屬判決違背法令，得作為上訴第三審之理由。

以上兩說似以肯定說較為可採。

重要實務見解

最高法院79年度第1次民事庭會議（節錄）

二、所謂違背法令，民事訴訟法第468條設有概括之規定，即：「判決不適用法規或適用不當者，為違背法令」。茲闡述如下：

　　(三)依涉外民事法律適用法應適用外國之法規而不適用，或適用不當時，亦應認係違背法令。

　　(五)當事人在事實審所主張國際間通行之規約，為一般人所確信，已具備

社會規範之性質而形成習慣者，第二審判決如不予適用或適用不當，即屬違背法令。

第七節　準據法與國家承認、政府承認

外國法所屬國家或政府是否以經法院地國承認者為限，有以下不同見解：

一、肯定說

外國法以經法院地國國家承認或政府之承認者為必要。蓋行政機關與司法機關同屬政府機關之一部，在態度上應採取相同之態度，外國或外國政府既不為法院地國行政機關所承認，則司法機關自不應承認該國之法律為準據法而適用。

二、否定說

國際私法選法規則指示應適用外國法係因該外國法之適用於系爭涉外民事事件係最妥適者，與國家承認或政府承認寓有國際法或國際政治之意義不同，實無採取同一態度之必要。況不適用未經國家承認或政府承認之外國法，而適用其他國家之法律，該外國法決非最妥適之法律。

兩說以否定說為通說所採，似亦以否定說較為可採。

第八節　不統一法國與準據法

一、一國數法問題之解決

所謂不統一法國，是指一國之內有數個不同的法域（如：美國）。若某一涉外事件應適用當事人本國法，而當事人本國為不統一法國，則應以何種法律

爲其本國法，就會產生疑問。對此，茲分成以下幾種情形討論之：

(一)當事人本國法規有所指示應適用何地之法律[6]：此時則依該法之規定，以該法所指定之法律爲當事人之本國法。

(二)當事人本國法規無指示應當適用何地之法律，但當事人有住所於其本國內[7]：當事人之本國爲不統一法國，該國又無統一的地方間法規（interlocal rule），而當事人有住所於其本國內，則此時應以當事人之住所地法爲其本國法。

(三)當事人本國法規無指示應當適用何地之法律，而當事人有住所於本國之外：

關於這種情形，有下列幾種解決的方法：

1. 此時以當事人於其本國之最後住所地法定其本國法；但當事人若從未有住所於其本國，則以該國首都所在地之法律爲其本國法。[8]

　　缺失：若當事人本國之屬人法係採住所地法主義，則將會面臨無法可用的窘境。

2. 依當事人之住所地，定其本國法。即當事人有住所於外國時，亦須以當事人之住所地法定其本國法[9]。

　　缺失：依此說，依當事人住所地法所確定之本國法實爲外國法，與本國法主義有違。

第九節　複數法與準據法

有些國家只有一種法律制度，但有些國家因歷史或政治的現實，在一國之內有數個具有特殊法律制度之法域，即所謂「複數法」。若一國國內有複數法域，則在選定當事人之本國法時，可能會產生問題。本章茲就「人的法律衝突」和「地的法律衝突」兩部分分述之。

6　參閱馬漢寶著，國際私法（總論各論），頁107。

7　同前著，頁108。

8　同前著，頁108。

9　同前著，頁109。

一、人的法律衝突

所謂人的法律衝突，係指一國之內各種的種族、宗教、部落各有其應適用之法律制度所產生的衝突。而解決此種人的法律衝突之制度即為「人際私法」。[10]

現行各國立法例中，仍保留一些人際私法之規定，中國大陸地區「內蒙古自治區執行中國婚姻法的補充規定」即為一例：

該條規定：「結婚年齡，男不得早於20周歲，女不得早於18周歲。漢族男女同（與）蒙古族或其少數民族男女結婚的，漢族一方年齡按中國婚姻法規定執行。」[11]依此規定，漢族與他民族通婚，關於結婚年齡之規定，分別適用各自之法律制度。

二、地的法律衝突

所謂地的法律衝突，係指不同國家間、不同區域間之法律衝突。地之法律衝突，可以分為「國際法律衝突」和「區際法律衝突」，茲分述如下：

（一）國際法律衝突

所謂國際法律衝突是指不同國家之法律的內容互有差異所形成之衝突。而國際私法所要處理的，即是民商法領域所發生之國際法律衝突。[12]

（二）區際法律衝突

區域法律衝突係指一國之內有數個具獨特法律制度的法域間之法律衝突，前述之一國數法之問題即為區際法律衝突。

為解決及規範區際民商事法律衝突之法律規定者，稱為「區際私法」。而

10　參閱賴來焜著，基礎國際私法學，三民書局，頁94。

11　參閱賴來焜著，基礎國際私法學，三民書局，頁96；楊大文著，婚姻法學，中國人民大學出版社，北京，1989年3月第一版，頁140～141。

12　參閱賴來焜著，基礎國際私法學，三民書局，頁88。

本章於序說中所提及之「台灣地區與大陸地區人民關係條例」和「香港澳門關係條例」即是我國政府為處理一國兩岸三地四法域之區際法律衝突所制定的法律。

相關考題

一、試述調查外國法律之義務之性質，並詳述外國法律經調查而被確認其欠缺有關法規時，應如何處理。【54年律師】

二、試說明外國法之性質及外國法之舉證責任。【55年律師】

三、外國法適用錯誤之情形有幾？各有何救濟方法？【63年律師】

四、關於外國法適用之錯誤，其種類有何？試分別舉例說明之。【78年律師】

第五章
反　致

【關鍵字】

- 直接反致
- 間接反致
- 轉據反致
- 全部反致
- 一部反致
- 反致肯定論
- 反致否定論
- 具體妥當性

第一節　概　說

　　反致係指依國際私法或涉外民事法律適用法之規定，應適用某一國家之法律，而依該國國際私法之規定，更應適用他國之法律或法院地法，此際即應適用該他國之法律或法院地法。

　　依連繫因素所指定之準據法，其範圍如何，亦即是否包括準據法所屬國之國際私法在內，尚有爭論，此即所謂反致理論之問題。[1]反致是否予以承認，理論上不乏爭議，但值得重視者，乃晚近對於反致之效用上之評價，即反致與判決一致或具體妥當性間之關連。

第二節　反致之種類

一、反致之區分種類

　　反致可依種種不同之標準，而為不同之分類。[2]

---

[1]　關於反致問題，可參閱：劉鐵錚著，反致條款與判決一致，國際私法論叢，頁195～226；馬漢寶著：國際私法總論・各論，頁213～215；三浦正人著：國際私法適應問題研究，頁186～230；池原季雄著：國際私法總論，頁195～221；折茂豐著：反致，國際私法講座，頁188～214；山田鐐一著：國際私法，頁56～71；松岡博、渡邊惺之、木棚照一著：國際私法概論，頁46～54。

[2]　關於反致之分類，請參閱：劉鐵錚著，前揭書，頁200～202。

(一)首先，反致依其所反致之法律為何國之法律，可分為：

1. 直接反致（狹義反致）

　　直接反致係指依法院地法應適用當事人之本國法，而依當事人之本國國際私法，應適用法院地法。

【案例1】

　　甲國人A於我國有住所，並死於我國，其子女就動產繼承之問題涉訟我國法院。依我國涉外民事法律適用法第58條之規定：繼承，依被繼承人死亡時之本國法，即甲國法。而依甲國國際私法規定，關於動產繼承問題，應適用當事人死亡時之住所地法，即我國法。我國法院依涉外民事法律適用法第6條之規定，適用我國法。

---

2. 轉據反致

　　依法院地法，應適用當事人之本國法，而依當事人本國之國際私法，應適用第三國之法律。

【案例2】

　　在乙國有住所之丙國人B，因行為能力問題涉訟於我國法院。依我國涉外民事法律適用法第10條之規定，人之行為能力依其本國法，即丙國法。而依丙國國際私法之規定，人之行為能力依其住所地法，即乙國法。而乙國就屬人法問題亦採住所地法主義，故我國法院即依乙國法審判。

---

3. 間接反致

依法院地法，應適用當事人之本國法，而依當事人本國之國際私法，應適用第三國之法律，而依該第三國之國際私法，應適用法院地法。

【案例3】

丁國人C與戊國人D為夫妻，兩人於己國結婚，婚後因工作之故，在我國設有住所，結婚三年後離婚，兩人後因離婚之效力問題涉訟於我國法院。依我國涉外民事法律適用法第50條之規定，離婚之效力依夫之本國法，即丁國法。而依丁國國際私法之規定，離婚之效力問題應依婚姻締結地法，即己國法。又，依己國國際私法之規定，應依夫妻之共同住所地法，即我國法。我國法院依涉外民事法律適用法第6條之規定，以我國法審理此案。

(二)反致依其是否限於特定種類之準據法，始得反致，可分為全部反致（又稱為雙重反致、單純反致）與一部反致。

1. 全部反致

採全部反致者，於依法院地國際私法就某涉外民事事件，適用某外國法，不僅適用該外國國際私法關於該涉外民事事件所指定之準據法，亦適用該外國國際私法關於反致之規定，因此，法院地國在決定是否予以反致時，應先調查該準據法國之國際私法有無反致之規定，以明瞭該準據法國國際私法所指定之準據法究為實體法或亦包括國際私法在內。

2. 一部反致

採一部反致者，於依內國國際私法適用某外國法時，僅適用該外國國際私法對於該涉外民事事件所指定之準據法，而不問也不適用該外國國際私法有關反致之規定，故如該外國國際私法指定應適用法院地法或第三國法，法院地國即以法院地法或第三國法代替該外國法之適用，以解決該涉外民事事件。

(三)依國際私法係就某一連繫因素採取反致或對於全部之連繫因素均採取反致，可分為：

　1. 對於全部連繫因素採取反致：指國際私法對於各種連繫因素均採取反致。

　2. 僅對於一部連繫因素採取反致：指國際私法對於特定種類之連繫因素始准許反致。

(四)依國際私法是否就任何種類之涉外民事事件均許反致，可分為：

　1. 就全部種類之涉外民事事件均許反致：指國際私法就各種類之涉外民事事件均許反致。

　2. 就特定種類之涉外民事事件始許反致：指國際私法就特定種類之涉外民事事件始許反致，如非該種類之涉外民事事件則不許反致。

第三節　反致理論

一、反致肯定論與反致否定論

　　反致有無承認之必要，其理論根據如何，向為學者爭執所在。本章茲就反致肯定論和反致否定論這兩種主張之理由分別評述之：

（一）反致肯定論之理由

　1. 認為反致可促使判決一致，即無論涉外民事事件在何國法院起訴審理，均能適用相同之準據法，而獲致相同結果之判決。

　　批評：藉反致條款之適用達成判決一致，在一定的條件下，始有可能，且該條件並非一國可以左右，茲分成直接反致和轉據反致予以說明：

　(1)在直接反致之場合，必需一個國家採取反致，另一個國家不採取反致，直接反致始能達判決一致之目的。詳言之，在直接反致之場合，如法院地國與準據法國之國際私法均採取相同之立法主義，則系爭涉外民事事件不論在何地涉訟，依其國際私法之規定，所適用之準據法均屬相同，並無採取反致條款之實益。如法院地國係採取之立法主義

為本國法主義，而準據法國採取住所地法主義，今當事人在其本國設有住所，則無論涉訟於何國法院，所適用之準據法均屬相同，而無適用反致條款之餘地。如當事人於其本國以外之地設有住所，在立法主義上，住所地國採取住所地法主義，本國採取本國法主義，則無論一國採取反致或兩國均採，該涉外民事事件，不管涉訟於當事人之本國或住所地國，因無反致之可能，判決會產生歧異；反之，如當事人本國採取住所地法主義，而當事人之住所地國採取本國法主義，則一國採取反致，他國不採取反致，始有達成判決一致之可能。[3]

(2) 在轉據反致之場合，必有關之三個國家中，唯牽涉轉據之兩國之法制於判決一案時，均適用同一之內國法，始能達判決一致之目的。[4]再者，在轉據反致的情形，若三個國家之國際私法均採取相同之立法主義，則系爭涉外民事事件，無論繫屬於何國法院，所適用之準據法並無不同，並無適用反致條款之實益。如其中兩國國際私法採取本國法主義，另一國採取住所地法主義，而當事人在其本國或在採取本國法主義之國家設有住所，則無論在何國法院涉訟，所適用之準據法皆屬相同，亦無適用反致條款之實益。如當事人之住所不在其本國，而當事人之本國採取本國法主義，當事人之住所地國採取住所地法主義，無論第三國採取之主義為何，均無藉反致達成判決一致之可能；反之，若當事人之住所地法國採取本國法主義，當事人之本國採取住所地法主義，則除非其中採取不同立法主義之國家採取反致，而採取相同立法主義之二國不採取反致，否則判決一致即無可能達成。[5]

3　馬漢寶著，前揭書，頁221，所舉之事例為：法國法院就法國人死亡後遺留於義大利之不動產問題，依法國國際私法之規定，應適用不動產之所在地法，即義大利法，而義大利國際私法規定，應依被繼承人之本國法，法國法院採取反致結果，即據以適用其內國法。設義大利受理該案，因不採取反致，即不致由法國法反致回義大利法。即是關於法院地法與準據法國所採取之立法主義不同之情形。而劉鐵錚大法官關於反致條款與判決一致之分析，則涵蓋本章所述之情形，似更可精簡如本章所示。應注意者，劉鐵錚稱：「涉外法律關係種類繁多，各國國際私法對於每一種涉外法律關係所採之立法主義，亦頗複雜多樣，茲為說明直接反致轉據反致，並為分析研究便利計，茲選擇身分能力事項適用最廣，衝突最易之所謂屬人法兩大原則，加以論列。」有例示之意味。

4　參閱馬漢寶著，前揭書，頁221。

5　參閱馬漢寶著，前揭書，頁221，所舉之事例：荷蘭人設住所於義大利，死後，英國法院需處理其遺留於倫敦銀行之存款繼承問題，依英國判例，應適用死者之住所地法，即義大利法，依義大利國際私法，應適用當事人之本國法，即，荷蘭法，此時，英國法院適用荷蘭

法，可謂合於判決一致之目標，蓋義大利、荷蘭兩國法院均採本國法主義，如受理是案，亦必均適用荷蘭法，係關於二國國際私法採取相同之立法主義，即本國法主義，而一國採取另一不同之立法主義，即住所地法主義，當事人在本國以外之地設有住所之情形，於一國採取反致而其他二國不採取反致之條件下，始有可能達成判決一致之理想之事例。又，在德國國際私法之討論中，更涉及關於反致之總括選向說與轉據反致之爭論。詳言之，法院地國（F）就某一涉外民事事件選定A國法為準據法，而依A國國際私法之規定，則以B國法為準據法，依B國國際私法之規定，則以C國法為準據法（以下類推至Z國法）。於此，關於A國國際私法之規定，存有爭議，若該選定為關於國際私法之選定，則該涉外民事事件所應適用之準據法為C國法，理論上陷於循環不已，甚至有選定法院地法（即所謂重覆反致）之情形，於此，若認為反致條款之作用與判決一致有關，則必需附加條件，即反致到一定程度即不再反致。如此一來，不但判決一致與否繫於準據法國之國際私法關於涉外民事事件選定準據法之性質如何，且易有循環重覆之現象發生致增加法院無謂之負擔。又，此種循環重覆反致之現象，在直接反致之場合，如果F國法與A國法均採取直接反致，則在F國法採取完全反致而A國法不採，始能避免重覆反致之情形，並達到判決一致之理想。至於A國法或前述關於間接反致之最後準據法之前一準據法國之國際私法，是否採取反致，原應取決於該國際私法之規定，惟若完全依據該國國際私法之規定，則若該國國際私法之規定採取反致，判決一致將不可能實現。若不採取反致，判決一致始有可能實現，為達成判決一致之理想，不得不採取反致，而不問該國國際私法之規定如何，至於將採取反致之該國國際私法之規定，認定為不採取完全反致，理由何在，乃其理論上之缺陷所在，且與是否能達到判決一致之理想，完全決定於前一準據法國國際私法之態度如何而定之理念不合，其妥適性如何，容有檢討之餘地。參閱，石黑一憲著：國際私法解釋論の構造，頁188～198。又，德國在修正其國際私法即民法施行法時，對於反致條款，仍予以維持，而於其第4條規定為：「指定他國之法時，該他國之國際私法應予以適用，但有違背法律指定之意旨者，不在此限。」「該國之法反致德國法時，適用德國之實體法。」其立法理由書亦稱：「第一項規定反致與轉致，A國國際私法指定B國之國際私法，而依B國國際私法之規定，不指定其實體法作為準據法而再度適用A國法，是為反致。轉致則是指A國國際私法雖指定B國之國際私法，而依B國國際私法之規定，不指定A國實體法或B國實體法之規定，而指定第三國之C國法。此際，依據個別具體狀況，對於任何法秩序為追加的轉致或反致，亦可於指定之連鎖中發生。」「反致或轉致所以發生，係因依某國法秩序對於任何其他法秩序之指定，包括其關於國際私法之規定（即所謂總括指定）指定他國國際私法之理由在於世界各法體系中之連結，互不相同之故，此等場合特別是關於以國籍為連結之法秩序與以住所或居所為連結之法秩序間之對立，同時，個個國際私法間，亦有第二次之連結之不同，例如，依據不同之時點或人。」「依據民法施行法第27條之規定，民法施行法第7條第7項、第13條第1項或第15條第2項、第17條第1項及第25條對於外國法之指定，係對於外國國際私法之指定，而對於德國法之指定則適用德國法。此反致之承認，判例擴張及於國際人事法、國際家族法及國際繼承法。法律關係之當事人，實該施行法所承認之當事人意思自主原則，自行決定其準據法者，不必考慮外國之國際私法。」「學術上雖然對於反致之承認或其範圍仍有爭執，但支配見解支持反致而予以某種限制，轉致方面，法院之實務及文獻中原則上亦予以承認。」「本草案依摭向傘之實務見解，贊成反致或轉致，相對的國際債務契約法，由於有歐洲共同體之債務契約協定第15條，於民法施行法第35條第1項排除反致與轉致，如此不同處理之正當化理由，國際債務契約法之國際私法體系，基本上並無不同。而在與人之關連中，至少不以國籍作為連結。」「國際家族法與國際繼承法承認反致與轉致，在其萌芽時期，係在獎勵對外的（國際的）裁判調和，且反

2. 反致之承認是因依涉外民事法律適用法所指向之準據法，不僅包括該準據法國之實體法，且包括該國之國際私法，即國際私法之指向準據法為全體法之指向，又稱為「總括指向」。[6]

　　惟此說與國際私法之本質係就涉外民事事件指定其所適用之法律，而該法律應是實體法之本質相反，且易導致重覆反致之情形。

3. 反致是法院地國（甲國）國際私法上之指定外國法（乙國）之適用，並非適用該外國之實體法，而係命該國（甲國）法院應為與外國（乙國）法院為相同之判決。亦即，既然該外國（乙國）國際私法規定該涉外民事事件應適用某一國（甲國或丙國）之實體法，則甲國法院自亦應適用甲國或丙國之實體法。例如，本國法主義係指該當事人之身分、能力問題由該當事人之本國決定，即由該當事人之本國之國際私法決定，法院應尊重其本國國際私法之規定，適用其所指向之準據法。[7]

　　惟法院地國際私法指定特定國家之法律為準據法，係因法院地國認為該特定國家之實體法係該涉外民事事件最妥適之準據法，在各國實體法未能統一之現狀下，各國莫不基於各自之判斷，在其國際私法為規定各種涉外民事事件之準據法，如尚需尊重他國國際私法之規定，則該國國際私法之規定將無意義。

4. 一國之實體法之適用範圍如何，應依該國之國際私法定之。依涉外民事法律適用法，某涉外民事事件應適用外國法，即是表示該涉外民事

致可以增加內國法之適用。」「外國法如同該外國之法院於其裁判時所適用，包括該外國之國際私法，僅可能予以適用。承認轉致，事實上是符合對外裁判調和之要求，反致之場合，符合此種要求，僅以該外國國際私法指定德國之實體法時為限，外國之國際私法亦為反致之指定時，裁判之調和即無由達成，此種組合之場合，表示該國指定之要件不符合，一般視為與該事件接近之法秩序，違反與該指定結合之期待，而不必注意其判斷基準，此種場合，指定之連鎖被切斷，依據國際私法欠缺該國如何處理之問題加以判斷。」其詳，請參閱，劉初枝著：西德1986年新國際私法，載於國際私法論文集，頁115以下；山內惟介譯：西德ド國際私法改正政府草案(3)，比較法雜誌18卷1期，頁85～89。

6　關於反致之「總括指向說」，可參閱：曾陳明汝著：反致理論，國際私法原理，頁210（稱為「全部轉引」）；馬漢寶著，國際私法總論，頁219稱為全體法之指向；三浦正人著：國際私法に適應問題の研究，頁186～230；池原季雄著：國際私法總論，頁195～221；折茂豐著：反致，國際私法講座，頁188～214；山田鐐一著：國際私法（第3版），頁56～71；松岡博、渡邊惺之、木棚照一著：國際私法概論，頁46～54；江川英文著：若干反致論。

7　Rabel，Conflict of Laws（A Comparative Study），VOL 1，P78（註5），參見江川英文著，前揭文，頁807。

事件不適用中華民國法律；而依當事人之本國國際私法，該涉外民事事件適用中華民國法律或第三國之法律，亦是表示當事人之本國法表明該涉外民事法律適用法不適用該當事人之本國法。故反致之承認乃準據法所屬國之法律（特別是該國之國際私法）對於該國法律之「棄權」，因而此說又稱爲棄權說。[8]

批評：此說似未能周延的說明在直接反致或間接反致時，法院地法已表明不欲適用法院地法，爲何經過反致之後，卻又願再適用？[9]

5. 依法院地之國際私法之指向準據法爲第一次之連繫（即連繫因素之連繫），如準據法國之國際私法亦採相同之指定準據法之原則，則不再進行第二次之連繫，如該準據法國之國際私法所採指定準據法之原則不同，則需進行第二次連繫。[10]

（二）反致否定論之理由

1. 適用反致條款，可能會陷入循環論法的謬誤。例如，依涉外民事法律適用法應適用當事人之本國法，而依當事人本國之國際私法，則應適用中華民國法律，「反致」不已，如此甚爲不妥。雖然在立法上，可就反致加以限制，即不得再反致或再轉致，避免反致不已。但就理論而言，並不妥適，蓋既然法院地國際私法所指向之準據法包括該準據法國之國際私法，則爲何當該準據法國之國際私法所指向之法院地法或第三國之法律，則以實體法爲限？[11]

2. 批評：若一國之國際私法所採取者爲一部反致，則前述陷入循環論法之謬誤的情形就不會發生。

3. 認爲反致與國際私法之本質相反。因內國之國際私法原在就特定涉外事件確切指示其應適用的法律，而反致的結果，反而係將準據法之選擇委任於準據法國之國際私法。此不啻抹煞內國國際私法，而有損內國主權。

---

[8]　關於反致之「棄權説」，參閲江川英文著，前揭文，頁807～808。

[9]　關於棄權説之批評，參閲江川英文著，前揭文，頁808。

[10]　參閲江川英文著，前揭文，頁811。

[11]　因此有人即戲稱反致爲「乒乓遊戲」、「國際的網球賽」、「論理的反射鏡」，不一而足，參見江川英文著，前揭文，頁805。

批評：一國法院既有內國反致條文之明文規定，則內國法院適用外國
　　　國際私法所指示之法律，實係適用內國國際私法之結果，不致
　　　損及內國主權。

4. 採用反致條款實際上並不方便。承認反致，內國法官必須適用外國之
　　國際私法，此較諸適用外國之實體法尤為困難，因為內國法官適用外
　　國法時，必須研究該國有關定性及公序良俗之意義，方能符合如在該
　　國適用該外國法的一般情形。[12]

批評：縱使會造成司法人員的負擔，但若對當事人而言更能達到公平
　　　正義之目標或更符合國際私法之立法意旨，則仍應採用反制條
　　　款[13]。再者，如外國國際私法確屬不易明瞭時，尚可依「外國法
　　　不明假定與內國法相同」之說而適用國際私法。[14]

二、小結

　　綜上所述，反致條款在理論上不無瑕疵，但是否因此即拒絕承認反致條
款？依吾人所見，反致條款可以繼續存在，但應以具體妥當性之維護為其理
由。詳言之，例如，X國人甲男乙女於在Y國設有住所期間結婚，嗣後在Z國就
婚姻之有效與否發生爭執，依X、Y兩國之國際私法，婚姻成立要件以當事人
之本國法為準據法，而依X國法，該婚姻為有效，但依Z國國際私法，婚姻成
立要件則以住所地法為準據法，而依Y國法該婚姻為無效。與當事人有實質關
連之X、Y兩國法均認為有效之婚姻，卻被具有偶然性之法院地法之Z國法認為
無效，此一結果顯非妥適，此際，如Z國對於Y國法之指定解為關於國際私法
之指定，則依Y國國際私法規定，應以X國實體法為準據法，則該婚姻為有
效。要之，本案，因不採取反致，將生不妥適之結果，適用反致條款，則可以
獲得妥適之結果。因此，是否適用反致條款，端視具體案例之情形而定，由
此，亦可得知反致條款因可以使具體案例判決之具體妥當性獲得確保，而得到
其正當性。[15]

12　參閱劉鐵錚、陳榮傳著，國際私法論，修訂四版，三民書局，頁502。

13　參閱劉鐵錚、陳榮傳著，國際私法論，修訂四版，三民書局，頁502。

14　參閱馬漢寶著，國際私法（總論・各論），2006年2月1日出版，頁255。

15　參閱三浦正人著：國際私法に適應問題の研究，頁194～195。另，應注意者乃劉鐵錚著，
　　前揭書，頁205，認為：「對於涉外法律關係，依內國國際私法適用外國法時，原期其適用

第四節　我國涉外民事法律適用法關於反致之規定

一、舊涉外民事法律適用法第29條

【舊法第29條】

　　依本法適用當事人本國法時，如依其本國法就該法律關係須依其他法律而定者，應適用該其他法律，依該其他法律更應適用其他法律者亦同。但依該其

恰當，而採用反致條款，更可使所得結果更爲合理。例如，甲國國際私法規定，就身分能力事項，採本國法主義，在該國固認爲必如此方爲合理，唯若當事人之本國認爲依住所地法方爲合理者，便值得重新考慮，二者間究竟以何者爲當？吾人似難否認，就該當事人之權益言，當事人本國所決定者，實比由他國所決定者爲更爲正確，爲達到更合理之判決結果，內國法院自以捨此就彼爲宜。此一主張的理論基礎，爲本國法優先說，其立論要旨爲一人之本國法，原爲其首要關係的法律，但若其本國以後者爲主要，自必有其獨到之見地，他國以尊重爲是。上述主張非無理由，唯應注意者，此種國際私法之二重構造，何以承認本國法爲其基礎，已難充分解釋，抑且在國際私法上，本國法及住所地法，本均立於平等地位，強分主要關係與次要關係之法律也屬牽強，此外，此種見解就適用範圍言，也有限制，即僅能適用於以國籍爲連繫因素所成立之準據法，而不能用以支持以其他連繫因素爲成立基礎所成立之準據法，即使該適用之法律，偶然地與當事人本國法相競合時亦然。」似係就一般情形之準據法之妥適性所爲之立論，與本章之就具體案例所爲者不同。另，在英國國際私法關於反致之討論，可以進一步說明以反致條款作爲追求具體妥當性之例證。詳言之，在早期的一件判決Collier v. Rivaz（[1841] 2 Curt. 855）中，該案係關於遺囑之檢認即遺囑之效力問題，而遺囑之作成，遺囑本身與二件遺囑補充書（Codicil）係依據比利時之實體法所定之方式作成，而其他之四件遺囑補充書則是依據英國實體法所定之方式作成，遺囑人係在比利時有英國法上之本源住所（Oringinal Domicile）之英國人，英國法院認爲該遺囑與其遺囑補充書在方式均屬有效，學者對於此一判例之詮解認爲，英國法院承認一件遺囑全體，可以部分反致，部分不反致，亦即，遺囑方式之準據法依據英國國際私法判例之原則原爲遺囑人之住所地法即比利時法，而選定之比利時法，有部分（關於四件遺囑補充書）爲其國際私法中關於遺囑方式適用遺囑人本國法之規定，而應以英國法爲準據法，另有一部分（關於遺囑本身與二件遺囑補充書）爲其實體法，而應以比利時法爲準據法，其結果，該遺囑本身與六件遺囑補充書在方式上均爲有效，英國法院此種作法之出發點，在於維護遺囑之效力，不致因方式之欠缺而無效，亦即，英國當時對於遺囑之方式仍堅持適用遺囑人最後住所地法，已屬過於僵硬，而出生於英國之人現所居住之鄰近歐洲國家，其關於遺囑方式之準據法，均採取遺囑人之本國法或作成遺囑地法均爲有效之態度，明白表示遺囑人意思之遺囑，不應因方式之欠缺而無效，基於此三種考量，才在反致上，採取較爲彈性之作法。同理，關於結婚方式之問題上，在Taczanowska v. Taczanowski（[1957]P301，305，318）一案，由於英國國際私法堅持採取婚姻舉行地法，因而運用反致，使婚姻舉行地法有時指國際私法，有時指其實體法，如符合婚姻舉行地法或其國際私法指定之準據法所定之方式，該婚姻即不因方式之欠缺而無效。要之，英國國際私法運用反致條款，促使判決之妥當性得以實現。其詳，可參閱J.H.C.Morris, The Conflict of laws，3rd Edit. PP.468-480.

他法律應適用中華民國法律者，適用中華民國法律。

(一)條文結構

1. 「依本法適用當事人本國法時，如依其本國法就該法律關係須依其他法律而定者，應適用該其他法律。」：

   這裡所規定之「本國法」爲當事人本國法之國際私法，而此處所指之「該其他法律」，是指第三國之實體法，而不包括中華民國之法律，故爲轉據反致。

2. 「依該其他法律更應適用其他法律者亦同」：

   此處所指之「該其他法律」係指第三國之國際私法，而這裡所提到之「其他法律」係指實體法的部分，故亦爲轉據反致。

3. 「但依該其他法律應適用中華民國法律者，適用中華民國法律。」：

   此處所規定之「該其他法律」若指的是當事人本國之國際私法時，即爲直接反致。若「該其他法律」指的是第三國之國際私法，即爲間接反致。

(二)涉外民事法律適用法僅就特定之法律關係始許反致，即其準據法爲當事人之本國法之法律關係始許反致。

(三)涉外民事法律適用法僅就特定之連繫因素始許反致，即以當事人之國籍爲連繫因素時，始許反致。至於是採取全部反致或一部反致，涉外民事法律適用法之規定並不清楚。[16]

二、涉外民事法律適用法第6條

【現行法第6條】

　　依本法適用當事人本國法時，如依其本國法就該法律關係須依其他法律而

---

[16] 涉外民事法律適用法第29條之立法理由稱：「本條規定反致法則，乃仿效歐陸各國之先例，按其目的有二：(一)調和內外國間關於法律適用法則之衝突。尤以屬人法則，在大陸法系諸國採本國法主義，而英美諸國則採住所地法主義，其結果往往同類案件，因繫屬法院之國界不同，而引律互異，是以歐陸諸國，恆就適用屬人法則之案件，從當事人本國國際私法之所反致者，適用內國法，藉以齊一法律之適用。(二)參照外國之法律適用法則，對於系爭法律關係，選擇其最適當之準據法。基於上列兩種原因，近世多數國家之國際私法咸承認反致法則，我國原條例第4條亦然，惟其規定僅止於直接反致，本草案擬擴大之，兼採轉致及間接反致，以求理論上之貫徹。」由此，並不能看出是採一部反致或全部反致。

定者，應適用該其他法律。但依其本國法或該其他法律應適用中華民國法律者，適用中華民國法律。

其立法理由稱：「現行條文關於反致之規定，兼採直接反致、間接反致及轉據反致，已能充分落實反致之理論，惟晚近各國立法例已傾向於限縮反致之範圍，以簡化法律之適用，並有僅保留直接反致之例。爰刪除現行條文中段「依該其他法律更應適用其他法律者，亦同」之規定，以示折衷。

三、直接反致在現行條文是否有明文規定

學說上之解釋並不一致。爰於但書增列「其本國法或」等文字，俾直接反致及間接反致，均得以本條但書為依據。」僅作文字修正。[17]

相關考題

一、反致得分幾種？並各舉例說明之。我國涉外民事法律適用法第29條之規定，應採用何種反致？【62年律師】

二、甲國人A為乙國人B之夫，若管轄權無問題，兩人因婚姻效力涉訟於我國

---

[17] 馬漢寶，國際私法總論‧各論，曾批評舊法，其內容如下：「此條規定之文字有欠周全而費解之處。例如第一句中『如依其本國法……須依其他法律而定者，應適用該其他法律』；所謂『本國法』即須指其本國法中之國際私法規則，而『該其他法律』應指該其他法律之實體法部分。如此始可能反致及達成反致之目的。條文下一句『依該其他法律，更應適用其他法律者亦同』，前一『該其他法律』亦須指其國際私法規則，而後一『其他法律』亦應指其實體法部分，以完成轉據反致。但書一句『依該其他法律應適用中華民國法律者，適用中華民國法律』。前一『該其他法律』亦須指其國際私法規則，而兩次規定之『中華民國法律』均應指中華民國法律之實體法部分，以完成間接反致。凡此有關『法』與『法律』之分辨，均未表明於條文文字，使條文費解。雖然贊成反致之理由之一乃在主張法院地國際私法指向之外國法是其法律之全部，包括其國際私法規則在內，但條文文字似宜就國際私法規則與實體法部分加以區別，而不宜均泛稱法或法律。至少宜將屬於國際私法規則部分之條文定明。

更費解者，依以上對條文中『法』與『法律』之分辨，適用法第29條全條文字足以表明係採轉據反致與間接反致，而獨難表明直接反致。蓋條文規定『如依其本國法，就該法律關係須依其他法律而定者，應適用該其他法律』，其中所謂『其他法律』並非明確指為中華民國法律，因此似不能即認係採直接反致，反更易解為轉據反致而指向第三國之法律。惟直接反致既必須有所規定，不得已唯將此句之『其他法律』解為包括法院地法即中華民國法律在內，其欠明之處甚顯。至末句規定反致至中華民國法律之『其他法律』，不可能解為當事人之『本國法』，故與直接反致無關。」

法院，我國法院應以何國法爲準據法？有無反致之問題？若A爲美國人時，則法院又應如何解決應適用之法律？【73年律師】

三、涉外民事法律適用法第29條之規定：「依本法適用當事人本國法時，如依其本國法就該法律關係須依其他法律而定者，應適用該其他法律，依該其他法律更應適用其他法律者亦同。但依該其他法律應適用中華民國法律者，適用中華民國法律。」試擬一事例，逐句說明本條之規定。【76年律師】

四、反致（RENVOI）之目的何在？試就涉外民事法律適用法之相關規定，分析說明之。【86年司法官】

五、就某種涉外法律關係，依涉外民事法律適用法適用當事人本國法，而當事人無國籍時，應如何適用法律？此時有無反致條款之適用？試說明之。【86年律師】

六、何謂「雙重反致」（外國法院理論）？其與我國涉外民事法律適用法規定之精神，有何主要區別？反致規定在適用上有哪些限制？【90年律師】

第六章
公序良俗

【關鍵字】

■ 公序良俗	■ 直接限制	■ 國際私法正義
■ 間接限制	■ 準據法欠缺說	■ 機能的公序論
■ 合併限制	■ 準據法欠缺否認說	

第一節　概　說

【案例】

甲爲A國人，A國爲伊斯蘭教國家，允許一夫多妻。甲分別娶乙、丙、丁女爲妻，今丙在我國法院起訴，請求甲履行同居義務。

　　涉外民事法律適用法第8條規定：「依本法應適用外國法時，如其適用之結果有背於中華民國公共秩序或善良風俗者，不適用之。」其立法意旨在：「明定外國法有背於中華民國之公共秩序或善良風俗者，均應排除其適用，以示限制。所謂公共秩序不外立國精神及基本國策之具體表現，而善良風俗又發源於國民之倫理觀念，皆國家民族賴以存立之因素，法文之規定，言雖簡而意賅，俾可由執法者體察時勢，作個別之判斷也。」[1]由此可知，該條規定旨在於外國法之適用有違反中華民國之立國精神、基本國策或倫理觀念者，可排除該外國法之適用。

---

[1]　參見：42年12月9日，行政院致送立法院「涉外民事法律適用法」草案說明。100年修法時未修正。

【解析】

丙在我國法院起訴，請求甲履行同居義務，係主張重婚之效果，不能為吾國之公共秩序或善良風俗之觀念所容，故我國法院應依涉外民事法律適用法第8條之規定，排除A國法之適用。

第二節　公序良俗條款之立法體例

與涉外民事法律適用法第8條相同或類似之立法例亦頗為常見，主要有三種類型：[2]

一、間接限制方式

此即內國法（法院地國法）明文規定某些法律為絕對強行，凡與此內國法牴觸之外國法即不得適用。而此等法律多屬一國之公法或私法中之強行法。例如：法國民法前加篇第3條規定：「關於警察及公安之法律，凡居住於法國之人，均應受其拘束。[3]」

二、合併限制方式

此即內國法明定某些法律為強行法，排除外國法之適用外，更規定外國法有違反內國之公共秩序或善良風俗者，亦排除其適用。例如，義大利國際私法除第11條規定：「關於刑法、警察法及公共秩序之法律，凡居住於王國領域內

---

[2]　關於公序良俗條款，可參閱：馬漢寶著，國際私法總論，頁205～214；劉鐵錚著，外國法適用之限制，國際私法論叢，頁413～437；池原季雄著，國際私法總論，頁248～268；松岡博、木棚照一、渡邊惺之合著，國際私法概論，頁75～78；山田鐐一著，國際私法（第3版），頁140～154；西山重和著，外國法適用の限制，國際私法講座，頁67；陳隆修著，論國際私法上外國法律適用之限制，比較國際私法，頁119～138。

[3]　法國民法前加篇第3條之規定，嚴格言之，僅在於說明警察及治安之法律具有強行性，並未直接表示外國法適用之限制。惟其學說及判例均以之為依據，限制外國法之適用。嗣後於1952年修正民法典時，曾作成國際私法草案共115條，其第23條規定：「外國法律違反法國關於國際關係之公序良俗觀念者，在法國不得適用。」俾與學說及實務見解相符。參閱，齋藤武生著，國際私法草案の總則的規定，頁13～14。

之之人，皆應適用。」外，於第12條更規定「外國法之適用，不得違反王國法律之強行規定或違背公共秩序善良風俗。」

三、直接限制方式

此即內國法明文承認外國法之適用，但外國法與內國公序良俗不能並立時，復以明文限制其適用。例如，德國民法施行法（舊）第30條規定：「外國法之適用如違反善良風俗或德國法律之目的者，應排除其適用。」日本法例第30條亦規定：「外國法律之適用如違反公共秩序或善良風俗者，不適用之。」[4]涉外民事法律適用法可謂近於此種立法例。

第三節　外國法適用之限制與排除

關於涉外民事法律適用法第8條之適用，應注意者有[5]：

其一，外國法適用之排除為例外。以往雖有主張外國法之排除為原則者，但自薩維尼以來，外國法之適用為原則，其排除適用則為例外，已成通說。

其二，外國法之排除既為例外，其運用自應慎重，不可因欲適用內國法而藉公序良俗條款排除外國法之適用。

其三，其適用以原應適用國際私法之涉外民事事件為限，亦即因國際私法而應以外國法為準據法者為限。

其四，外國法之適用結果須違反內國之公共秩序或善良風俗。外國法不得僅以其與內國法不同，即謂其違反法院地國之公共秩序或善良風俗，必待其適用結果違反法院地國之公共秩序或善良風俗始可。例如，在一夫多妻的情形下，若重婚之後婚配偶或其所生之子女，在吾國法院起訴主張對於配偶之遺產有繼承權，則因非主張重婚之效果，故與吾國之公共秩序或善良風俗無違，應非法所不許。[6]

4　德國於1986年，日本於2007年，分別修正其國際私法（德國之民法施行法，日本之法律適用通則法），但關於公序良俗之規定仍被保存下來。

5　參閱山田鐐一著，國際私法（第3版），頁140～141。

6　詳請參閱：馬漢寶著：國際私法總論‧各論，頁212。又如，在日本居住之人，對其亡父之

其五，該適用外國法之涉外民事事件與內國應有現在之牽連關係，否則即不得以該外國法違反內國之公序良俗，而排斥該外國法之適用。所謂與內國有密切之關連，係指該涉外民事事件中之涉外因素中有屬於法院地國者。又該涉外民事事件與法院地國之牽連應屬現在，如已經過許久，早已確定，即無主張該外國法違反內國之公序良俗，而排斥該外國法之適用，進而排斥已確定之涉外民事事件法律關係之效果。例如，關於外國之強制徵收。[7]

我國最高法院關於公序良俗問題之相關判決（節錄）

重要實務見解

（一）最高法院83年度台上字第130號民事判決

涉外民事法律適用法第25條規定，依本法適用外國法時，如其規定有背於中華民國公共秩序或善良風俗者，不適用之。係指適用外國法之結果，與我國公序良俗有所違背而言。並非以外國法本身之規定作為評價對象。上訴人為閱歷豐富，有充分辨識能力之完全行為能力人，既明知遊樂性賭博行為為美國內華達州法律所允許之行為，在該地遊樂賭博，為尊重行為地之秩序，自應受該地法律規範。

（二）最高法院95年度台上字第20號民事判決

查約定利率，超過週年20%者，債權人對於超過部分之利息，無請求權，民法第205條定有明文，此乃防止重利盤剝之規定；而金錢債務之遲延利息，如其約定利率較法定利率為高者，依同法第233條第1項但書之規定，固應從其約定，但此項遲延利息，其約定利率，仍應受法定最高額之限制（本院41年台

韓國人，在日本法院起訴主張請求認領，韓國法之期限為自知悉其父死亡之日起一年（韓國民法第846條），日本民法（第787條）則規定其期限為自父或母死亡之日起三年，本件，原告起訴時，距其知悉其父死亡之日已超過一年，但距其父死亡之日仍未逾三年，準據法為韓國民法，則原告之訴有無理由？法院認為該韓國民法之規定因有助於身分關係之安定而有其合理性，不得以其與法院地國之日本民法規定不同即排除其適用。詳請參閱，日本大阪高判昭和55年9月24日判決，判例時報995號60頁。

7　關於外國強制徵收違反內國公序良俗之討論，請參閱下列資料：折茂豐著，外國國有化「公序」。

上字第1547號判例參照）。又涉外民事法律適用法第25條規定，依本法適用外國法時，如其規定有背於中華民國公共秩序或善良風俗者，不適用之。係指法院審理應適用外國法之結果，與我國公序良俗有所違背時，自不得適用外國法。系爭授權契約第5.07條約定：「若依本契約應付之任何款項未能於本契約所指定之期間內給付之，應加計月利率百分之2之利息或法律所允許之最高數額（按：原文載「the maximum」，被上訴人提出之節譯文誤譯爲最低數額），以二者較低者爲準」，若此，兩造關於上訴人應付款項遲延利息約定之利率，似非固定於月息百分之二，倘法律所允許之最高數額低於月息百分之二時，即應適用該法律所允許之最高數額。被上訴人以荷蘭法爲系爭授權契約準據法請求上訴人給付之約定遲延利息，已超過我國允許之法定最高額（週年百分之20），依上說明，被上訴人對於該超過部分利息之請求似難謂無悖於我國公序良俗，原審爲相反之認定，亦屬可議。

第四節　外國法適用限制之困難

何謂公共秩序或善良風俗，是決定是否排除準據法之外國法適用時，最感困難之問題。而公共秩序或善良風俗的概念極爲抽象，意義亦不明確，各國立法之用語不一而足，有使用「公法、刑法、國教、文化自由、道德及善良風俗或民法之精神」者，有使用「法律之目的」者，亦有使用「法律之強行規定」者，在英美國際私法更有使用公共政策（pubic policy）者，致適用上易生困擾，亦易予法院擴充內國法之適用機會。[8]而學者通常使用公安、公共政策、公序良俗等用語，但對於此等用語之解釋、適用，見解亦不一致，茲述之如下：

一、凡違反內國之強行法規者，即係違反內國之公序良俗

此說認爲與內國絕對法相牴觸之外國法，不得適用之。而所謂絕對法乃原

8　前引之涉外民事法律適用法立法理由，亦僅稱：所謂公共秩序不外立國精神及基本國策之具體表現，而善良風俗又發源於民間之倫理觀念，皆國家民族所賴以存立之因素，眞是「言簡而意賅」。

於道德、政治、經濟之強行規定。此說之優點在於何者爲強行法規，甚爲明白。但外國法將鮮有適用機會，蓋各國之公私法律，均以強行法規爲多。

二、凡違反內國之善良風俗者即係違反內國之公序良俗（公安）

此說認爲公序良俗不包括公共秩序在內，僅指善良風俗而言。惟是否妥適仍有疑義，蓋兩者之範圍未見一致，重合者有之，不同者亦有之，如何區別，殊屬不易，而善良風俗係一相對之概念，原會因時間或空間之不同而異其內容，如以之爲公安之觀念，易致法官濫用以作爲拒絕外國法適用之藉口，國際私法亦將等於虛設。

三、凡違反內國之國際公安者之規定者為違反公序良俗（公安）

此說認爲公安之規定可分爲國際公安之規定與國內公安之規定。國際公安之規定係指內國之規定對於內外國人而言，均屬強行之規定；國內公安之規定則係指內國之規定僅係內國之強行規定。此說之優點在於其限制外國法之適用，不致有範圍過大或過小之虞，但仍不免有標準不明確之缺失。

應注意者，各國立法例對於以何者作爲限制或排除外國法之適用，本有不同之規定，但大致而言，並無很大差異，而學者對於公序良俗或其他類似用語之解釋所以會有歧異，實乃因二個因素所致：

其一，各國不得不使用公序良俗之語，以限制或排除外國法之適用，以資保護內國法院地國之利益，但往往卻爲各國之執法者所濫用，而作爲拒絕適用外國法之藉口，致國際私法失去作用。

其二，希望能縮小公序良俗之範圍，以免外國法動輒違反內國之公序良俗，而鮮有適用餘地。

然此二想法恐均難以實現，[9]對於公序良俗之作爲限制外國法之適用根

9　例如，有認爲外國法縱與內國法有所不同，但若不違反內國法之精神者，不得認爲違反內國之公序良俗。亦有更精確的詮釋國際公安者，參見劉鐵錚著同前註書，頁418所引英美法學者之見解，及法國學者魏斯（Weiss）之見解。

據，亦只能「由各執法者體察情事，作個別之判斷」。[10、11]

第五節　外國法適用限制之救濟

外國法適用結果違反內國之公序良俗，應予排除其適用，然關於因而發生該涉外民事事件無準據法可資適用之問題，[12]對此，法院應如何處理，亦有不同見解[13]：

一、駁回請求說

採此說者認為，一國之國際私法既規定某一涉外民事事件應適用特定國家之法律，即表示除該國之法律，其他國家之法律並無適用之餘地，而原指定之準據法既因違反內國之公序良俗而排除其適用，則法院應拒絕審判。

惟此說將生：外國法是否違反內國之公序良俗，可由法官依不明確之標準認定，如法官濫用其權利，則法官認定某外國法有違反內國之公序良俗有濫權情事在前，復許其拒絕審判在後，則該涉外民事事件將難以解決，當事人之權益亦無由確保。

10　見前揭涉外民事法律適用法之立法理由。

11　另外，在關於外國法是否違反公序良俗之議題上，與之相關者有外國法違反內國憲法及國際法之規定，是否即屬於內國公序良俗之違反？就此目前尚無定論，亦即，如外國法違反內國憲法之規定，並非當然即應予排斥而不用，仍應視該外國法規定適用結果是否違反內國之公序良俗而定。又，外國法違反國際法是否亦應當然予以排除而不適用？有認為國際法之遵守乃各國憲法上之義務，外國法違反國際法無異於內國憲法之違反，自應排除該外國法之適用。惟似以該外國法之適用結果是否違反內國之公序良俗而定為妥。詳請參閱，山田鐐一，國際私法（第3版），頁142～143。

12　於此是否發生準據法之欠缺，仍有不同見解，有認為外國法以其違反內國之公序良俗而排除其適用，係以其違反內國之強行規定所致，而於此內國之強行規定應強行適用，因而以該強行規定為準據法，不生準據法欠缺之問題，參閱江川英文著，前揭全書，頁118。亦有認為於此應生準據法欠缺問題，因該外國法已被排除而不適用之故。於此因與準據法如何決定有關，尚難遽斷何者為是，其詳，請見本章之討論。

13　請參閱，劉鐵錚著：前揭書，頁420以下。惟日本學者似有認為無準據法欠缺問題，故不談如何處理，本章此部分之說明，係參照彼等著作中關於外國法之不明的討論。惟應注意者，在外國法不明之場合，如何解決，向有駁回請求說，內國法適用說，條理說，近似法說之爭，與外國法違反內國之公序良俗並不完全相同。

二、內國法適用說（保留條款說，內國法代用說）[14]

此說認爲外國法之所以適用，主要係因該外國法較內國法適於適用於該涉外民事事件。易言之，某涉外民事事件應適用內國法或外國法，應以何者較爲妥適爲準，而國際私法之選法規則既規定該涉外民事事件應適用某外國法，即係以該外國法較爲妥適，今又爲維護內國之公序良俗而排斥不用，自應退而求次，適用次妥當之內國法。

又外國法之適用原屬內國法院適用法律之例外，即原則上，內國法院應適用內國法，而在涉外民事事件，依國際私法之選法規則，始例外的適用外國法，今外國法之適用因違反內國之公序良俗，而無此例外情形可言，自應回復其原則，適用內國法。

三、外國法欠缺補充說[15]

此說認爲外國法之適用既因違反內國之公序良俗而被排除，且係外國法中

---

[14] 關於保留條款說之用語是否妥適，非無疑義，劉鐵錚著前揭書，頁420～421，認爲：「一般採直接限制主義者，係規定適用之內國法違反內國公序良俗時即不適用，則此種規定，究爲排斥條款抑或保留條款，非無爭議。所謂排斥條款，即排斥該違背內國公序良俗之外國法不用之條款也，保留條款即保留內國法律適用之條款也。此種規定，依法理言，謂之排斥條款則可，謂之保留條款則不可，因其僅規定不適用外國法，並未規定不適用外國法必適用內國法也。」說理甚詳，足供參考，且以之作爲批評內國法適用說，亦甚爲妥適，蓋既非保留條款，則該涉外民事事件並非應適用內國法者，外國法既違反內國之公序良俗，則無當然適用內國法之理由也。又，在排斥條款，僅在剝奪違反內國公序良俗之外國法之適用資格，並非賦予法院地法之適用資格，又若依此說恐將又不當的擴大內國法之適用機會，顯與國際私法公序良俗條款之作用僅限於例外之情形之前述理念相背，故此說並不妥適。參閱池原季雄，前揭書，頁261。

[15] 採此說者有實方正雄著：國際私法概論，1951年，有斐閣出版，頁108，Raape及Wolff諸氏亦採此說，又德國1922年12月19日帝國法院判決（RGZ 106 S.82）認爲該種類之債權因準據法之瑞士法關於該種類債權之消滅時效規定，違反德國之公序良俗之規定，故不適用，而改適用瑞士法關於消滅時效之一般規定，亦採此說。其理由或在於被公序良俗條款排除而不能適用者，並非準據法之外國法全體，而係準據法之外國法中之特定法規，因而發生法規欠缺問題，如所欠缺者爲特別規定，則應適其普通規定。如無普通規定可資適用，則適用一般法理。引自池原季雄，前揭書，頁263（註5）（註6）及頁264（註7），此說固非無據，惟公序良俗條款之排除外國法之適用，係在具體個案之情形，與法規欠缺屬於一般情形，究有不同，而外國法原本欲以特別規定優先於普通規定而適用，今以一般規定取代特別規定，是否與該外國法之本旨相符，不無疑義。又在無普通規定之情形，適用一般法理亦有不明確之缺失。

特定法規之被排除，則發生特定外國法規之欠缺，此際應依據外國法欠缺之補充方法，解決法律適用問題。

四、一般法理說[16]

此說與前揭之外國法欠缺補充說相同之處在於同樣承認此際發生外國法之欠缺，僅其補充方法有所不同而已。依此說，既生準據法之欠缺，則既不依外國法，亦不依內國法解決此準據法之欠缺問題，而應依一般法理處理之。

五、分別處理說[17]

此說認爲國際私法規定適用外國法，既未排斥內國法之適用，又未於外國法違反內國之公序良俗時應適用內國法，故當外國法違反內國之公序良俗而不適用時，法官自得審酌案情，決定應否適用內國法，抑以另一外國法代之，分別處理之。

依此說，則在非適用內國法不足以維持內國之公序良俗，則適用內國法；如適用另一外國法代替原定之外國法較爲妥適，則以該外國法代之，如此法官可審酌案情，依不同情況，分別處理之，自屬較爲妥適。

六、公序良俗說（欠缺否認說）[18]

此說認爲外國法之適用違反內國之公序良俗時，並不生準據法之欠缺，此

---

16 採此說者有：田中耕太郎著：世界法の理論，卷2，昭和9年，岩波書店出版，頁91以下；西山重和，前揭書，頁272以下。此說之構成係以超國家的公序良俗之觀念爲前提，問題亦由此而生，因與一般所認知之公序良俗屬於法院地國一國者究有不同，且以一般法理補充亦有不明確之缺失。

17 參閱劉鐵錚著前揭書，頁421～422。

18 參閱池原季雄，前揭書，頁262。由於池原季雄此段文字並不是很清楚，致引起學者間之爭論，池原季雄，第261頁說：「援用國際私法之公序法則，排除作爲準據法之外國法之適用，並非該外國法抽象規定之內容違反公序，而係基於該外國法之請求或抗辯之容認或駁回之具體的處理或解決，有害於公序。亦即，以公序爲理由而排除外國法之適用時，就該外國法原應適用之事件，既已有一定的具體的處理或解決，並無所謂準據法欠缺之餘地。於此，排除本來的外國法之適用之具體的處理或解決，乃法院地國在涉外的私法生活上，應予絕對維持之最低限度之私法秩序之要請，該法秩序畢竟爲法院地國（內國）之私法秩

際即應以該公序良俗作爲準據法而適用。亦即，在當事人請求離婚之情形，如其所援用之準據法爲禁止離婚之國家之法律，則法院若認該法律並未違反法院地國之公序良俗，則將駁回原告之訴；若法院認爲已違反法院地國之公序良俗，則不適用該準據法之外國法，而將准原告之請求，判決兩造當事人離婚。

此際係法院針對一定的請求或抗辯而爲具體的處理，並非針對外國法被排除後如何適用或補充之問題加以處理，故應不生準據法之欠缺問題。法院所爲具體之處理，係以維護法院地國之最低限度的法秩序爲著眼點，固其處理依據係該法院地國之最低限度之法秩序，即法院地國之公序良俗。

第六節　公序良俗條款之功能與評價

如前所述，公序良俗條款並非一絕對之概念，而係隨時間、空間之不同而異其內容，又其適用須由執法者針對具體個案作個別之審度，而其主要目的又在維護內國之公序良俗，其缺失則在於國際私法之統一因之構成障礙。[19]惟應注意者，維護內國之公序良俗之作用或目的何在，仍有檢討之餘地。依各國關於公序良俗條款作用之實際案例觀之，可發現相當多之案例中，公序良俗條款作用之目的在維護當事人間之具體妥當性，即國際私法正義[20]，茲舉一例作爲

序。於此，右述之解決或處理，雖應認係依法院地法所爲，但並非法院地法原來規定原原本本的適用。」對於此一論述，學者之解釋卻有很大不同。例如，有認爲：「依個人見解，外國法排除後應適用法規爲何之問題設定並非正確。適用公序良俗條款時，在於否定準據法適用結果之具體判斷，因此，具有自動給予結論之性質，新的適用法規之決定過程在邏輯上是不必要的。」參閱，澤木敬郎著，最新判例批評，判例評論，224號，頁24。亦有認爲：「不承認離婚之結果係不妥適的，此種判斷中含有此一見解在內。於此意義，前者之判斷基準與後者之判斷基準爲同一規範，依據前者予以排除，依據後者則予以補充。且此種判斷基準並非純粹內國民事事件所適用之基準，補充代用之基準亦非民法規定，可稱之爲涉外實體法之基準」。參閱烌場準一著，涉外判例百選（第二版），頁37。但亦有認爲：「公序良俗條款，例如，法例第30條，文義上僅止於外國法適用之排除，保留條項之機能，難道不是意味著如此？如同民法第90條，內容違反公序良俗之法律行爲爲無效，法例第30條依據通常國際私法選法規則所指定之準據法爲無效，因此，第二次準據法之探究是必要的。」

10　其詳，參見本章本章第一、二節說明。

20　劉鐵錚在前揭書，頁426，認爲公序良俗條款之作用有：一、在拒絕違背法院地道德觀念及端正禮儀之外國法之適用。二、防止繫屬案件在特殊環境下之不公平。三、影響選法規則。而最早之作用在於拒絕有背於法院地道德觀之外國法之適用，而近來則逐漸改變中，而較少適用，主要理由在於，道德觀念因時間而變遷，昔日認爲不道德及禁止之行爲，今

討論之基礎。

東京地判昭和45年4月11日判決，判例時報606號，頁54。[21]

本案事實：

原告X為日本人，於昭和32年與菲律賓籍男子Y（被告）結婚，並於日本共營婚姻生活。Y於昭和34年3月被解雇，嗣後即不再工作，因此X必需出外工作，始能維持辛苦的生活。Y亦想一夜致富，曾於昭和40年10月至昭和42年10月間，三度單身赴菲律賓工作，但都不曾寄送生活費回日本。昭和44年4月，Y四度單身赴菲律賓，從此即未再返日，並且音訊隔絕。為此，X於日本東京地方裁判所，依日本民法第770條第1項第2款提起離婚之訴，並請求指定自己為伊與被告Y所生子女A、B之親權人。

判決要旨：

依法例第16條之規定，本件離婚之準據法為其原因事實發生時夫之本國法，即菲律賓共和國之法律，而該國欠缺離婚之規定，亦無依法例第29條反致之規定，應適用日本法之情形，從而本件除適用該國法外別無他途。然本件原告有日本國籍，且自婚前即居住於日本，兩人婚姻之註冊申請、十年間之婚姻生活，均係在日本為之，且原告又係為被告赴菲律賓時所遺棄，綜上所述，若適用與本件無實質上牽連關係之夫之本國法之菲律賓共和國法律，並因該國法無離婚之規定，將使X受永遠的婚姻關係之束縛，此顯然違反公平之原則，而違反善良風俗，從而依法例30條，應排斥菲律賓共和國法律之適用，而以吾國民法為準據法。」（關於指定親權人部分從略）

此一案例，從其準據法之選擇過程加以分析，吾人可發覺，其特色為：法院在本事件準據法之決定過程，完全依據下列步驟為之：

1. 定性；
2. 連繫因素；

日已多可接受，又受訴法院對於認定他國法律為不文明或不人道，則日趨敏感，較為謹慎。又法律禁止貶抑人格與奴隸已日趨國際化。但並非全然消失。又公序良俗條款在避免特殊情況下不公平情事之發生之功能上，雖有爭議，但仍應予支持其作為特殊情況下，而非一般原則之救濟途徑。至於公序良俗條款改變選法規則之功能，則運用於依國際私法之選法規則所選定之準據法有不完全與法院地國具有最密切關連之情況下，拒絕該外國法之適用，而改適用法院地法。此項功能亦係針對個案所作之變更，而非永久變更國際私法之選法規則。立論甚詳，可供參考，其中公序良俗條款之第二、三項功能與本章有關，其詳容後再述。

21　這僅是許多相同案例之一，其他，尚有許多案例及評論。

3. 準據法之決定與適用；

4. 不妥適的準據法之適用與排除；

5. 新的準據法之決定與適用。

在初步決定以菲律賓法為準據法時，定性、連繫因素對於準據法是否妥適並未能扮演重要的角色，致所決定之準據法並非很妥適。所謂並非很妥適有二：

其一，該準據法與本事件並無密切之關連，從本事件之各種事實觀之，與該事件具有最密切之關係者乃日本法；

其二，指該原定的準據法之內容並非很妥適，主要指該準據法欠缺離婚之規定，致原告永遠無法與下落不明之夫離婚，而受婚姻之拘束。由此，法院需加以排除之不妥適之情形有二，法院選擇後者，並置前者不論。或許，吾人不是很清楚法院如此選擇之原因，但或許是對於前者，前述的各種方法[22]皆不能達到目的。如將後者之不妥適之情形去除，即假設菲律賓法並非禁止離婚之法律，則顯然公序良俗條款亦無用武之地，因此，在公序良俗條款所扮演的兩種角色：排除與該涉外民事事件不具有最密切之關係之準據法之適用，與排除內容不妥適之準據法之適用，前者固為實務上所常見，但顯然並不妥適。[23]

第七節　機能的公序論

到底公序良俗條款於準據法之決定過程中，可扮演何種角色，除前節所述之準據法決定之具體妥當性（國際私法正義）外，晚近更有主張機能的公序論者，如松岡博[24]，茲先簡介其學說之大要，再作評述。松岡博先生引述一件日本最高裁判所之判決而展開其學說。

「最高裁判所昭和52年3月31日判決」[25]

本案事實：

原告（第二審、第三審被上訴人）X與被告（第二審、第三審上訴人）Y

22　前述的各種方法指定性、連繫因素、反致等，可參閱相關章節之論述。

23　參見，石黑一憲著：國際私法の解釋論的構造，頁416。

24　參見氏著，國際私法 法選擇規則構造論，第七章。

25　民集31卷2號365頁。

均係在日本有住所之韓國人，於昭和35年爲婚姻登記，並育有未成年子女二人，X主張伊受到Y不當的待遇，二人間之婚姻生活發生破綻，請求與Y離婚，而提起本訴，並請求指定X爲二人間所育未成年子女之親權人。

第一審判決（名古屋地方裁判所）：

原告勝訴，准許X與Y離婚，但因韓國民法未規定法院有權指定親權人，而駁回原告之訴，未指定親權人。

第二審判決（名古屋高等裁判所）：

除與第一審同樣准許X與Y離婚之外，並指定X爲親權人。其理由如下：離婚時指定親權人之準據法，依法例第20條，爲父之本國法即韓國法，而依該國民法第919條規定，法律上自動指定父爲親權人，但因本件父實際上欠缺撫養能力，顯不適於擔任親權人，自子女之福祉觀之，承認無撫養能力之父之親權人之地位，而剝奪現有撫養能力之母之親權人之資格，可謂係違反法例第30條所稱之公序良俗，故適用吾國民法第819條第2項，指定X爲親權人。上訴人（Y）提起第三審上訴。

第三審判決（判決要旨）：

依原審之認定，上訴人與被上訴人均有大韓民國國籍，婚姻時之住所、婚姻之登記、及婚姻生活均在日本爲之，二位未成年人均在日本出生並受父母之監護扶養。至於離婚之時爲止，上訴人之父並無扶養能力，被上訴人之母有扶養能力，並現正扶養二位未成子女，考慮以上各種情事，父不適於擔任親權人，極其明顯。伴隨本件離婚之未成年人之親權人之指定，其準據法爲大韓民國之民法第919條，依該條規定，本件親權人自動定爲父，而無指定母爲親權人之餘地。此種場合，若承認現在實際無撫養能力之父之親權人之地位，則將剝奪現在實際上有扶養能力之母之親權人之地位，違反吾國親權人之指定係以子女之福祉爲考慮中心之社會通念，故解爲違反吾國之公共秩序或善良風俗，尚無不當。因此，本件依法例第30條，不適用父之本國法之大韓民國民法，而適用吾國民法第819條，指定被上訴人爲親權人之原審之判斷，尚屬正當。

如此的理由構成，顯與前述[26]關於公序良俗條款之適用之通說見解相符，亦即，公序良俗條款之發動，其要件有二：其一，該涉外民事事件與內國具有相當之牽連；其二，準據法適用結果違反內國之公序良俗。本件判決完全符合通說之見解。

26　參見本章本章第二節之説明。

　　但就爲何當初即適用與本件事實無密切關連之父之本國法即韓國民法？在韓國民法直接規定父爲親權人，是否有妨礙未成年子女之利益，而違反內國之公序良俗？容有檢討之餘地。特別是在前者，亦即，依國際私法所選定之準據法並非與該涉外民事事件具有最密切之關連，似非罕見，亦爲現行國際私法所不可免，而本件判決適用公序良俗條款，排斥與該涉外民事事件不具有密切關連之準據法之適用，理由構成不在不具有最密切之關係，而在於該準據法之內容違反內國之公序良俗。顯然可見，在準據法選定過程中，對於是否各該相關法律是具有最密切之關係，並不能作充分的考慮，而只能藉助準據法適用結果之違反內國公序良俗，排斥不具有最密切之關係之準據法之適用。如在是否違反內國之公序良俗之判斷上有誤或該準據法並未違反內國之公序良俗，則判決結果自難謂爲妥適。

　　由此，顯見在準據法之選定過程中，有其瑕疵，至於如何矯正，松岡博認爲公序良俗條款之適用過程，特別是其適用基準與方法，有必要重新加以釐清，乃主張機能的公序論。其主張之要旨爲：[27]首先應確認該涉外民事事件欲解決之爭點爲何；其次，就國際私法之選法規則所指定之準據法及其他相關國家之法律，就其內容及適用結果，加以比較分析。在爲前述之比較分析時，應探究各相關法律之立法目的，並檢討各該相關法律有無適用之利益。檢討各相關法律之適用，是否可保護各該當事人之利益與正當期待，對於各該當事人是否公平。當然，各該當事人間之利益、正當期待或公平，應是互相衝突，此際，即應判斷何者優先。[28]

27　松岡博，前揭書，頁292以下。

28　就本件而言，松岡博先生認爲：本件之爭點主要在於得否指定母爲親權人，而與該涉外民事事件有關連之國家有韓國與日本，韓國民法規定父爲親權人，母不得爲親權人，日本民法則規定由法院指定父母之一方爲親權人，規定不同，有依國際私法選定其一爲準據法之必要。其次，在選定韓國法或日本法爲準據法時，應先視各該法律之立法目的，此際不可忽視者乃未成年子女之福祉之保護。第三，自未成年子女福祉之保護觀點，探究日本法與韓國法中，何者之適用對於與事件有關連之當事人之利益與正當期待能給予較適切之保護。於此，對於未成年子女之福祉，具有最大關切者乃子女之住所地國，因子女之住所地國乃其生活之中心地之故。參見同前註，頁293～294。

第八節　即刻適用法（immediate applicable law; Lois de Police）

一、即刻適用法的概念、性質與範圍

　　所謂的即刻適用法，係指法院於受理案件適用法律時，就某類法律關係直接、即刻以法院地法或某一國家之法律適用之，而越過一般國際私法之選法程序[29]。這類型的法律適用具強制性、排他性與絕對性，當事人間之約定或契約條款與之相牴觸者無效[30]。

　　即刻適用法這個概念源於法國民法前加篇第3條的規定，該條規定：「凡居住於法國領土上的居民應遵守警察與公共治安的法律。」[31]而到了1960年代中期，希臘學者Francescakis對法國國際私法判例做全面研究後發現，法院往往跳過一般國際私法之選法程序而直接適用法庭地某些實體規範，此等實體規範，Francescakis稱之為Lois de Police，即即刻適用法。[32]

　　根據柯澤東教授之見解，通常有即刻適用法適用之法律關係或法規主要有以下兩類：

　　第一類是屬於公安、政策之公法性法律關係，為屬於政策性範疇之規範，例如：勞動法規、投資規範、外國人買賣土地的限制、稅賦徵收條例、對於在本國有居所之消費者的權益保護以及反托拉斯法的規定等[33]。

　　第二類亦屬政策性考量，原為私法衝突之範疇，但法律明文規定其屬特別之即刻適用範圍，例如：荷蘭民法第992條規定，荷蘭國民在外國作成之親筆遺囑無效，此種規定牴觸了一般衝突法中的「場所支配原則」。[34]

---

[29]　參閱柯澤東先生著，國際私法（2004年二版），頁110。

[30]　參閱柯澤東先生著，國際私法（1999年版），頁109。

[31]　參閱國際私法論文選集，許兆慶先生主編，2005年出版，頁94；余先予主編，「衝突法資料選編」，頁142，法律出版社，1990年5月第一版。

[32]　參閱國際私法論文選集，許兆慶先生主編，2005年出版，頁94。

[33]　本部分參考柯澤東先生著，國際私法（2004年二版），頁110。

[34]　柯澤東先生著，國際私法（2004年二版），頁110。

二、即刻適用法與其他國際私法概念的比較

（一）即刻適用法與公序良俗條款

　　公序良俗條款係指當某一涉外案件所應適用之法律爲外國法，如該外國法之規定有害於內國公益，危及法庭地私法生活安定時，則不適用之[35]。涉外民事法律適用法第25條規定：「依本法適用外國法時，如其適用之結果有背於中華民國公共秩序或善良風俗者，不適用之。」本條即爲公序良俗條款。

　　公序良俗條款與即刻適用法有以下不同之處：

　　前者拒卻外國法之適用於國際私法選法程序後，後者則自始未經國際私法選法程序。[36]

　　前者著重準據法適用之結果，後者則強調內國法之強制適用性[37]。

（二）即刻適用法與單面規則

　　單面規則者，係指就某一涉外事件之法律適用問題，僅直接規定應適用內國法，而未提及外國法之適用[38]。而單面法則之規範原理，在於本國對於單面規則所適用之規範對象，具有絕對、排他性之利益。單面規則與即刻適用法有以下幾點不同之處：

　　1. 單面規則仍屬國際私法選法規則的一種，而即刻適用法則未經國際私法選法程序[39]。

　　2. 單面規則只就法域有所指示（jurisdiction-selecting），即刻適用法除直接指示某法域外，因其本係基於考量某特定領域法律之立法目的與政策，因此，同時指示應適用法律（both jurisdiction-selecting and rule-selecting）[40]。即刻適用法乃著眼於法院地如經濟、勞工等立法政策的貫

---

[35]　參閱劉鐵錚、陳榮傳著，國際私法論，修訂四版，三民出版社，頁219。

[36]　參閱國際私法論文選集，許兆慶先生主編，2005年出版，頁101。

[37]　同前註。

[38]　參閱馬漢寶，國際私法，頁63。

[39]　參閱國際私法論文選集，許兆慶先生主編，2005年出版，頁103。

[40]　同前註。

徹，有其功能性考量；單面法則相對而言，僅彰顯其保護主義之色彩[41]。

相關考題

一、外國法適用限制之標準有幾種？我國國際私法有何規定？【62年司法官】

二、涉外事件，有時其準據法經內國法官決定為外國法後，該外國法可被認為違背內國公序良俗；涉外案件，有時其當事人所適用之外國法，亦可被內國法官認為故意逃避原應適用之法律，此兩種情形之性質各如何？內國法官處理兩者之方式，有何異同？試分析說明之。【74年司法官】

三、涉外民事法律適用法第25條規定：「依本法應適用外國法時，如其規定有背於中華民國之公序良俗者，不適用之。」

問：

(1)「外國法」之範圍如何？有無運用反致之可能？

(2) 何謂「中華民國公共秩序或善良風俗」？

(3) 應如何解釋「有背於中華民國公共秩序或善良風俗」？

(4) 如外國法規定有背於中華民國公共秩序或善良風俗而不適用該外國法時，應如何處理？試擬事例分別作重點式說明。【77年司法官】

四、依我國涉外民事法律適用法第25條規定，外國法之適用有背於我國公序者，不予適用，試就下列各題扼要作答。

(1) 依該條規定之公序，究係指「內國公序」抑指「國際公序」？亦兼指兩者？附理由並舉例說明之。

(2) 就適用外國法時，此一「公序」規定（或稱保留條款）之運用，究應視之為原則？抑為例外？理由為何？

(3) 外國法之適用，有背於公序而應排除其適用，指何些情形？

(4) 以「即刻適用法」之適用，代替「公序」之運用，其目的、法律性質為何？其適用之方法與公序有何不同？【82年司法官】

五、設籍於台灣地區台北市之某甲，前往澳門乙賭博公司賭博，連續48小時賭博下來，共賭輸新台幣（以下同）三千萬元，即簽發本票一紙予乙公司以資清償，並在本票上記載本件票據所生之法律關係適用台灣地區之法

41　同前註。

律。甲回國後拒付該票款，未經台灣地區許可其成立之乙公司即在台灣台北地方法院起訴請求某甲給付票款。

甲抗辯：

1. 乙公司未經中華民國認許其成立，依香港澳門關係條例第39條規定：「未經許可之香港或澳門法人、團體或其他機構，不得在臺灣地區為法律行為。」乙公司既在台灣地區不得為法律行為，自不得為民事訴訟之當事人。

2. 本票上記載本件票據所生之法律關係適用台灣地區之法律，在台灣地區賭博為法律所禁止，因此賭債不是債務，乙公司不得請求。

試述甲之抗辯有無理由？【92年律師】

六、依涉外民事法律適用法第25條公序原則之規定，排除外國法之適用，與以即刻適用法排除外國法之適用，兩者在適用上及效力性質上有何不同？【94年律師】

第七章
先決問題

【關鍵字】

- 先決問題
- 法院地國之國際私法說
- 準據法國國際私法說
- 準據法國實體法說
- 先行問題
- 部分問題
- 分別處理說

經典案例

　　最高法院46年度台上字第947號民事判決

案件事實

　　哈利威廉安諾德（Harry W. Arnott，以下簡稱哈利威廉）係被告亞洲航空股份有限公司（下稱亞洲公司）之職員。哈利威廉死亡時留有美金四千多元及衣物數箱，原由被告保管，嗣後提存於台灣台北地方法院提存所。

　　原告安黃瓊芳主張其原為中華民國國民曾於38年8月6日與哈利威廉在廣州舉行依中華民國法所定之結婚儀式。原告安哈利與蓮娜安諾德則為雙方結婚後在香港所生之子女，因而得繼承前開哈利威廉前述遺產，惟原告請求被告交付時，竟為被告亞洲公司以哈利威廉另有美籍婦人阿爾瑪M安諾德（Alma M. Arnott）亦稱為哈利威廉之配偶，就哈利威廉之遺產有所爭執，被告不知孰為真正之債權人，為避免雙重給付之危險，已將系爭遺產附以須取得法院確定判決方得受取之條件予以提存等語，拒絕交付上開遺產，爰起訴請求被告交付。

法院判決

　　關於安黃瓊芳與哈利威廉結婚之事實部分，卷附書面證據及同案證人之證述亦同等證據可為證明。

　　關於原告安哈利與蓮娜安諾德為哈利威廉與安黃瓊芳之婚生子女部分，有卷附香港政府發給之出生證各一件。均記載其父母姓名，父為哈利威廉安諾德，母為安黃瓊芳之各情形，足資依據，並經原審斟酌，調查此等證據之結果，依自由心證予以認定。

原告安黃瓊芳本為中華民國國民，其在中華民國廣州與哈利威廉結婚，係具備中華民國民法第982條所定之方式，又如上述，依中華民國涉外民事法律適用法第11條第1項但書及第2項暨第22條但書之各規定，其結婚自屬有效而取得哈利威廉之配偶身分，並對於哈利威廉在中華民國之系爭遺產有繼承權存在。

原告安哈利與蓮娜安諾德，既均係哈利威廉與原告安黃瓊芳之婚生子女，且因年幼由其母即原告安黃瓊芳監護撫育之中，無論其國籍何屬，而對於其父在中華民國之遺產，要難謂無合法繼承權。從而，原告全體就哈利威廉在中華民國之系爭遺產，本於其繼承權關係，訴請被告返還，自非法所不許。

至被告又謂哈利威廉於44年5月15日死亡後，除原告外，尚有美籍婦人阿爾瑪 M 安諾德（Alma M. Arnott），亦稱為哈利威廉之配偶，就哈利威廉之遺產有所爭執，被告不知孰為真正之債權人，為避免雙重給付之危險，已將系爭遺產附以須取得法院確定判決方得受取之條件予以提存，被告對原告自無再行返還請求權云云，執為防禦方法。按因不能確知孰為債權人而難為給付者，清償人固得將其給付物為債權人提存之，惟其提存除有雙務契約，債權人未為對待給付或提出相當擔保之情形外，不得限制債權人隨時受取提存物，否則即難謂依債務之本旨為之，不生清償之效力。此就中華民國民法第326條與第329條之規定對照觀之甚明。被告保管系爭遺產，並非基於雙務契約而為之事實極為顯著，乃其提存書，竟附以債權人在未取得法院之確定勝訴以前不得受取提存物之條件，依上說明，既不生清償之效力，原告即非不得再為返還之請求。

此外，阿爾瑪 M 安諾德就系爭遺產，僅以哈利威廉遺囑執行人身分，對兩造提起請求返還之訴，並未訴請確認有繼承權存在，業經受敗訴之判決確定在案，有別一訴訟事件之確定判決可憑。被告尤不得執是為拒絕返還系爭遺產之論據。原審認被告此項防禦方法為非足採，並非不當。

第一節　概　說

先決問題（又稱為附隨問題或附屬問題）係指法院於審理本案的過程當中，其他次要的、附隨的、具有涉外成分的法律關係偶然發生，且為解決本案法律關係之先決條件。

國際私法係以法律關係爲單位，訂立各種不同準據法選法規則。惟涉外民事事件當事人間涉訟之爭議，不以單一法律關係爲限，往往旁及其他法律關係[1]，例如：夫或妻請求與他方離婚，雙方當事人對於婚姻關係是否存在亦有爭執[2]；債務人請求債權人返還非債清償之不當得利，雙方當事人對於債務存在亦有爭執[3]；關於繼承，繼承人間對於婚生子女或養子女繼承人與被繼承人間之婚生關係或收養關係是否有效有爭執。

以上問題，是否均係先決問題？亟待檢討。此應從國際私法選法規則相互間之關係說起。

第二節　國際私法選法規則相互間的關係

國際私法以不同選法規則規定各個不同法律關係，如彼此間不生任何關連，其間之界線極其清楚，則各自適用不同之選法規則及其指定之準據法，解決當事人間涉外民事事件之法律爭議。惟若彼此間發生關連，須藉由各選法規則及其所指定準據法之結合，共同解決涉外民事事件之爭議。

此等各選法規則間之關係有二，其一爲橫的並立關係，例如，婚姻之身分效力與婚姻之財產效力，分別以涉外民事法律適用法第47條、第48條定其準據法。其二爲縱的先後關係，例如，婚姻成立與離婚（涉外民事法律適用法第46條與第50條），婚姻成立與婚生子女關係（第46條與第51條），配偶或婚生子女身分與繼承（涉外民事法律適用法第47條、第51條與第58條）等均是。

如屬縱的先後關係，是否均屬所謂本問題與先決問題之關係，有進一步檢討之必要。

1　國際私法上另有所謂Dépeçage問題。例如，關於因法律行爲而生之債之涉外民事事件，當事人間除對於債之實質內容有爭執外，另對於行爲能力亦有爭議。關於實質內容之爭議，適用涉外民事法律適用法定其準據法；關於行爲能力之爭議，適用涉外民事法律適用法第10條之規定定其準據法。參閱，劉鐵錚、陳榮傳合著，國際私法論，頁627，三民書局出版，85年10月。

2　久保岩太郎著，國際私法構造論，1955年，有斐閣出版，頁139～140。

3　久保岩太郎著，前揭書，頁139～140。另外，主張依侵權行爲而請求損害賠償者，必以自己係受侵害權利之所有人，故受侵害權利是否屬於請求賠償之人之問題，亦爲侵權行爲之部分問題。同書，頁139～140。

第三節　先決問題之準據法

為明瞭問題所在，茲先舉乙件日本判決說明之。

案例

　　A為中華民國國民，係本件位於日本之土地及房屋之所有權人，於昭和43年2月8日死亡。A之母早已亡故，A之父B亦為中華民國國民，於昭和43年5月25日死亡。原告（反訴被告）X為中華民國國民，昭和43年5月18日與B訂立收養契約，成為B之養子，B於死亡時無X以外之直系血親卑親屬。被告（反訴原告）Y與A則係於昭和35年10月28日在東京，以基督教儀式，在二位證人見證下舉行婚禮。昭和42年12月5日Y曾經由中華民國留日東京華僑總會向主管之戶政機關辦理婚姻登記，但因A已死亡，致未辦妥日本法律上之婚姻登記。A死亡後，Y則自昭和43年5月1日起以繼承人之資格佔用系爭房屋，與其他被告共同居住，並佔用系爭土地之一部分，建造房屋，借予其他被告居住。X主張Y與A之婚姻因未辦妥日本法上之婚姻登記而為無效，系爭土地及房屋A死亡而應由B繼承，B死亡後再由X繼承，請求Y等拆屋還地。Y等則主張B與X間之收養契約因B欠缺意思能力而無效。

（註：日本現行國際私法第25條規定，關於婚姻之效力，依序適用夫妻共通本國法、共通常居所地法、關係最切地之法律。）

　　關於先決問題之準據法如何決定，學者之見解不一，有採取準據法國國際私法者，有採取法院地國國際私法說者，有採取準據法國實體法說者。[4] 茲以

4　相關學說簡要說明，參閱出口耕自，基本論點國際私法，頁207以下，法學書院，1996年；溜池良夫，前揭書，頁220；山田鏡一，前揭書（第3版），頁159以下；石黑一憲，國際私法，有斐閣，1992年新版二刷，頁97；木棚照一、松岡博、渡邊惺之，前揭書，頁70以下；三浦正人，適應問題の研究，頁2311以下，有斐閣，昭和39年；三浦正人編，二訂國際私法，青林書院，1994年，頁72以下。

前述日本法院之判決爲例說明之。

一、法院地國之國際私法說（獨立連結說）

此說認爲取得繼承人資格前提之A與Y間婚姻有效與否之問題，就法院地國而言，既係另一涉外民事事件，自應適用法院地國之國際私法即日本法例定其準據法。

二、準據法國國際私法說（從屬連結說）

此說認爲先決問題既係因適用本問題準據法所生之問題，亦即，依被繼承人A之本國法（中華民國法）決定誰有權繼承之問題，惟關於此等問題既係以Y與A間之婚姻是否有效成立爲前提，而Y與A間婚姻是否有效成立，既係另一涉外民事事件，自應適用被繼承人本國國際私法所指定之法律，即中華民國涉外民事法律適用法第46條：「婚姻之成立，依各該當事人之本國法。但結婚之方式依當事人一方之本國法或依舉行地法者，亦爲有效。」所定之準據法即日本法或中華民國法律。

三、準據法國實體法說

此說認爲先決問題既係適用本問題準據法所生之問題，亦即依被繼承人本國法誰有權繼承之問題，自應適用被繼承人A之本國法，即中華民國法律定之。

準據法國實體法說少有人採取，準據法國國際私法說與法院地國國際私法說則明顯的對立，以下分述之：

（一）先決問題與部分問題

所謂部分問題係指某涉外民事事件之法律關係本問題內在構成部分，並無獨立選法規則，應適用本問題之選法規則定其準據法。例如，涉外遺囑爲本問題，其遺囑能力則爲部分問題[5]，而關於遺囑能力之問題，應適用遺囑之準據

---

[5]　山田鐐一，前揭書（第3版），頁160。

法。[6]

　　至於先決問題，採準據法國國際私法說者，認爲應區分先決問題與部分問題，先決問題採準據法國國際私法定其準據法。採法院地國國際私法說者則認爲兩者無區別之必要，均以法院地國國際私法定其準據法。

（二）先行問題與先決問題

　　先行問題係本問題之必然構成部分，例如，婚姻關係之存在爲一方配偶向他方配偶主張基於婚姻關係之權利（如婚姻之身分上請求或夫妻財產制）或請求離婚，觀念上必然的構成部分。故，基於婚姻關係請求或離婚請求爲本問題，而婚姻關係存否爲先行問題。[7]

　　先行問題若不存在則本問題亦不存在，先決問題則非如此。先決問題不存在，僅否定當事人有權依據本問題之法律關係主張權利，並非否定當事人間有本問題之爭議。

　　採準據法國國際私法說者認爲應區別先決問題與先行問題。先決問題依準據法國國際私法定其準據法，先行問題則適用法院地國國際私法定其準據法。詳言之，先行問題既係本問題觀念上必然的構成部分，自應與本問題爲相同處理，本問題爲一涉外民事事件，應依國際私法選法規則定其準據法，先行問題所應適用者自係該準據法。而先決問題與本問題既有不同，自不應適用相同準據法，應另定其所應適用之準據法。至於如何定其應適用之準據法，因先決問題係適用國際私法選法規則所定準據法後所生之問題，原不在該國際私法選法規則預定適用範圍內，且係適用準據法所生之問題，自應依準據法國國際私法選法規則，定其應適用之準據法。[8]

　　法院地國國際私法說則認爲無區別兩者之必要，均應以法院地國國際私法定其準據法。詳言之，無論先決問題或先行問題均屬涉外民事事件，並無區別必要。況所謂觀念上必然的構成部分，並非明確之標準，如用以區別先決問題與先行問題並不妥適。此說認爲無論先決問題與先行問題，均應依法院地國國際私法處理，蓋先決問題與先行問題均係涉外民事事件，兩者並無不同，強爲區

6　山田鐐一，前揭書（第3版），頁161。

7　久保岩太郎著，前揭書，頁139。

8　久保岩太郎著，前揭書，頁142～143。

別並無意義且不容易，以法院地法國際私法處理，尚屬妥適。

（三）判決一致

　　關於先決問題之準據法，採準據法國國際私法說，可獲得準據法國之判決一致，採法院地國國際私法說可獲得內外國判決一致。[9]詳言之，如採法院地國國際私法說，則在解決本問題之前之另一涉外民事事件，無論是以獨立的涉外民事事件或以先決問題處理之，均適用相同之選法規則定其準據法，如此一來，即可獲得國內判決一致。如採準據法國國際私法說，則上開解決本問題之前應解決之另一涉外民事事件，無論是在法院地國以先決問題處理，或在準據法國以獨立的涉外民事事件處理，其準據法均屬相同，如此即可獲得內外國判決一致。

（四）反致問題

　　一般而言，贊同反致者多採準據法國國際私法說，反對反致者多採法院地國國際私法說。[10]

　　準據法國國際私法說，認為反致理論既認國際私法選法規則對於準據法之指定，為總括指定，故準據法包括該準據法國國際私法在內。國際私法既承認反致，在特定場合以準據法國國際私法所定之準據法，為涉外民事事件之準據法，則先決問題自可依準據法國國際私法定其準據法。再者，判決一致為贊成反致之理由之一，因判決一致之達成更可獲得以下幾點實益：避免當事人任擇法院，其二，足以增加判決之執行效力，其三，對於他國一種禮讓之表示。[11]反致既可獲得判決一致，就先決問題而言，如該涉外民事事件如於準據法國起訴，應依該國國際私法定其應適用之準據法，如該涉外民事事件在法院地國以先決問題處理，並以準據法國國際私法定其準據法，則兩者之準據法即屬相同。採準據法國國際私法說可獲得判決一致。[12]承認反致既可獲得內外國判決

9　劉鐵錚、陳榮傳，前揭書，頁632～633；溜池良夫，前揭書，221～223。

10　劉鐵錚、陳榮傳，國際私法論，頁632～633。

11　參閱馬漢寶，前揭書，頁221。劉鐵錚，前揭文，頁203、石黑一憲，國際私法の解釋論的構造，頁171～172。

12　久保岩太郎著，前揭書，頁144～145。

一致，採準據法國國際私法復可獲得內外國判決一致，當無不妥。

　　法院地國國際私法說則認為國際私法對於準據法之指定本為單純指定（實體法之指定），並非總括指定。反致理論者認為國際私法對於準據法之指定為總括指定，本有疑義，進而援為準據法國國際私法說之根據，更有疑義。況反致不必然可獲致判決一致，先決問題以準據法國際私法定其準據法，亦未能獲致判決一致。[13]

（五）國際私法選法規則之目的

　　準據法國國際私法說認為，先決問題準據法所以應依準據法國國際私法定之，係基於該先決問題於準據法國法院亦生爭執時，亦是依該準據法國國際私法定其應適用之法律之假定，因此，依準據法國國際私法定先決問題準據法，並無不妥。

　　法院地國國際私法說則認為涉外民事事件如何解決，乃受訴法院如何依其國際私法選法規則定其準據法之問題，而非準據法國如何處理該涉外民事事件之問題，自不應預想準據法國如何處理該涉外民事事件，因此，不應考慮準據法國法院如何依其國際私法處理先決問題。尤有甚者，採準據法國國際私法將使法院地國國際私法選法規則失去作用，蓋大多數國際私法選法規則彼此間有先後、秩序關係，如認應以準據法國國際私法定先決問題之準據法，則將使大部分法院地國國際私法選法規則失去作用。例如，本問題之繼承關係，應適用涉外民事法律適用法第58條第1項之規定：「繼承依被繼承人死亡時之本國法。」以被繼承人本國法為準據法。因婚姻關係為大部分屬人法問題，如繼承、親子、子女婚生性等問題之先決問題，則關於配偶繼承人與被繼承人間婚姻是否有效成立之問題，若依準據法國國際私法說，亦應適用被繼承人本國國際私法，則本法第46條將完全無適用餘地。同理，在子女是否為適格的繼承人，亦涉及其父母婚姻關係是否有效，亦應依被繼承人本國國際私法定其應適用之準據法，則本法第46條或第51條均將失去作用。每一國際私法選法規則均有其適用對象範圍，彼此不互相矛盾、衝突，構成一完整體系，妥適的處理全部的涉外民事事件，如將部分涉外民事事件認係先決問題，而改適用準據法國

---

[13] 關於反致與判決一致之關係，參閱筆者著，國際私法選法理論之新趨勢，第七章反致與具體妥當性，台大博士論文，民國83年。另請參閱，出口耕自，前揭書，頁209。

國際私法，則在體系上，國際私法選法規則將不完整矣。[14]

（六）分別處理說（折衷說）

蓋如上所述，法院地國國際私法說或準據法國國際私法說均各有其優點與缺點，尚難論斷其優劣。因此，折衷說即分別處理說即漸爲多數學說所採。

折衷說不再從概念上區別先決問題與先行問題或部分問題間之異同，而分別依據法院地國國際私法或準據法國國際私法處理，而係以何等情形、如何考慮、如何適用國際私法或其指示之準據法，俾能獲得具體個案之公平與妥適爲出發點，重視具體事件之情況，採取法院地國國際私法說或準據法國國際私法設定系爭先決問題之準據法，以獲得個案之具體妥當性。要之，折衷說認爲應依涉外民事事件法律關係之種類，以不同方法決定其準據法。

英國學者Cheshire認爲在契約關係，應適用法院地國國際私法所指示之準據法。例如，X與Y間契約之違反，X死亡後，其妻A在英國法院提起訴訟，依據英國國際私法規定，契約準據法爲希臘法律，依希臘法律，A有權提起此一訴訟，但Y抗辯X與A間婚姻關係無效。依據英國國際私法，X與A間婚姻關係有效，而依據希臘國際私法則X與A間婚姻關係無效。此等場合，應依據英國國際私法處理，即採取法院地國國際私法說之見解。相對的，在適用雙重反致時，因係包括外國國際私法一併予以反致，先決問題亦與本問題一併反致，而適用準據法國國際私法決定其準據法。例如，關於在義大利不動產之繼承，繼承前提爲婚姻有效，而依據義大利國際私法與英國國際私法，其準據法與適用結果不同，原則應適用義大利國際私法決定其準據法。要之，此種見解係將先決問題大致區別爲適用雙重反致之法律關係與不適用雙重反致之法律關係，前者，適用準據法國國際私法定其準據法，後者則適用法院地國國際私法定其準據法。[15]

惟Cheshire與其後繼者North嗣後修正見解，認爲原則上非適用法院地國際私法決定準據法之類型，即非雙重反致之情形，亦得適用準據法國國際私法選

---

[14]　久保岩太郎著，前揭書，頁145～148。

[15]　此爲英國學者Cheshire在private international law一書第七版之主張。詳見，該書頁72～73。另參閱石黑一憲著：國際私法の解釋論的構造，頁125、139，東京大學出版會，1980年初版。

定其準據法,以獲得具體妥當性。例如,在Schwebel v. Ungard[16]一案,一對以色列夫婦A與B,在匈牙利有住所,並決定移居以色列,在往以色列途中,於義大利以以色列特有的方式離婚,此一離婚爲住所所在之匈牙利法律所不承認,依以色列法律則被承認。嗣後,兩人在以色列獲得住所。妻雖在以色列設有住所,但仍前往倫敦,並與第二任丈夫C結婚,C在加拿大安大略法院以重婚爲由,提起婚姻無效訴訟。本問題與再婚能力有關,依據安大略國際私法,應以結婚時住所地法即以色列法律爲準據法。其先決問題係離婚有效與否問題,此點,雖依安大略國際私法,以離婚時住所地法即匈牙利法律爲準據法,該離婚爲無效,但依準據法國以色列國際私法,則以現在住所地法即以色列法律爲準據法,該離婚仍爲有效。加拿大最高法院支持上訴法院之見解,適用準據法國國際私法之規定,認爲B在與C結婚時,已因有效離婚而成爲單身婦女,其再婚有效。

英國學者Morris等亦支持此一見解,認爲在具體案例,應適用法院地國國際私法或準據法國國際私法定其準據法,應視法院地國或準據法國中何者與系爭事件具有最密切關係,並依據個案之衡平(equity of the case)。[17]定其準據法。

同樣主張亦見之於德國學者Kegel等人之見解。彼等認爲關於先決問題並無完全適合全部情形之原則存在,多數說及判例均認爲如爲國際判決一致,犧牲國內判決一致,並非妥適,因而主張法院地國國際私法說,惟應注意者乃爲正義之故,不得不承認例外。

Doole亦認爲原則上應依據法院地國際私法,決定其準據法,但在例外情形,則應改採準據法國國際私法說。亦即,關於先決問題原則上依據法院地國際私法定其所應適用準據法,但在具體案例各種情事考量下,基於利益衡量,認爲適用準據法國國際私法定其所應適用之準據法較爲妥適時,不妨如此爲之。亦即,如果系爭涉外民事事件之事實與準據法國有較密切關連時,適用準據法國國際私法定先決問題之準據法,如系爭涉外民事事件事實與法院地國有較密切關連時,則適用法院地國國際私法定先決問題所應適用之準據法。[18]

---

[16] 42 D. L. R.(2D)622 1963,本案例介紹,另參閱劉鐵錚,國際私法上先決問題之研究,頁252~253。

[17] J.H.C. Morris, The Conflict of Laws, p.496。

[18] 參閱,石黑一憲著,前揭書,頁129~130。山田鐐一著,國際私法(第3版),頁162~164。池原季雄著,前揭書,頁278,澤木敬郎著,國際私法入門,頁69以下,有斐閣出版,1990年第三版。

第四節 案例解析（前述最高法院46年度台上字第947號民事判決）

一、最高法院認為：依涉外民事法律適用法第58條規定：「繼承依被繼承人死亡時之本國法。但依中華民國法律中華民國國民應為繼承人者，得就其在中華民國之遺產繼承之。」哈利威廉死亡時遺留之遺產，原告安黃瓊芳等人可否繼承，繫於其與哈利威廉之結婚是否有效。最高法院認為：原告安黃瓊芳本為中華民國國民，其在中華民國廣州與哈利威廉結婚，係具備中華民國民法第982條所定之方式，依中華民國涉外民事法律適用法第46條第1項但書及第2項暨第58條但書之各規定，其結婚自屬有效而取得哈利威廉之配偶身分，並對於哈利威廉在中華民國之系爭遺產有繼承權存在。至於原告安哈利與蓮娜安諾德則為雙方結婚後在香港所生之子女，因而得繼承前開哈利威廉前述遺產。

二、本件被繼承人為美國人，涉外民事法律適用法第58條之規定：「繼承，依被繼承人死亡時之本國法。」本件準據法應為美國法。惟依同條但書之規定：「但依中華民國法律，中華民國國民應為繼承人者，得就其在中華民國之遺產繼承之。」中華民國國民非不得主張得就被繼承人在中華民國之遺產繼承，以保護我國國民之權益。[19]依據此一規定：1. 繼承人為中華民國國民者；2. 就中華民國之遺產；得依中華民國民法繼承之。

三、本件依判決所引用之涉外民事法律適用法係第58條但書之規定。因此，安黃瓊芳、安哈利與蓮娜安諾德須為中華民國國民，始可繼承被上訴人在中華民國之遺產。最高法院認為安黃瓊芳本為中華民國國民，因此可繼承被繼承人在中華民國之遺產，並未就其是否因與哈利威廉結婚而取得

---

19 參閱同條但書之立法説明：「又按英美等國匪特不採本國法主義，且其繼承法律多與我國大相逕庭，例如我國有特留分之規定，而英美則無之，一任遺囑人自由處分其遺產。自中外通商以後，我國人民僑居英美及其屬地者爲數甚眾，彼等定居國外，擁有資產，多數已脫離祖籍，而其親屬則不乏留居國內，並未喪失中國國籍者，一旦脱籍之華僑死亡，發生繼承之爭執，倘一律依照被繼承人之本國法，則其華籍親屬之特留分及其他法律上之權利，即有遭受剝奪之虞，故本法參酌實際之需要，增設但書之規定，以資保護。」不過，此一但書規定與本章間之關係問題顧多。詳言之，繼承關係之準據法既爲被繼承人死亡時之本國法，則無論繼承人之國籍爲何，均得就被繼承人在中華民國以外之遺產，適用被繼承人之本國法定繼承之順序及應繼分。同理，無論繼承人之國籍爲何，均得就被繼承人在中華民國之財產，適用中華民國法律，定其繼承順序與應繼分。不同見解參見劉鐵錚、陳榮傳，國際私法論，頁528～529。

美國國籍,是否因而喪失中華民國國籍論斷。安黃瓊芳如未取得美國國
籍,並保有中華民國國籍始可依據前開規定就被繼承人在中華民國之遺
產繼承。安黃瓊芳如已取得美國國籍,但未喪失中華民國國籍,可依據
涉外民事法律適用法第2條之規定認其係中華民國國民,進而就被繼承人
在中華民國之遺產繼承。至於原告安哈利與蓮娜安諾德,最高法院認為
彼等既均係哈利威廉與原告安黃瓊芳之婚生子女,且因年幼由其母即原
告安黃瓊芳監護撫育之中,無論其國籍何屬,而對於其父在中華民國之
遺產,要難謂無合法繼承權云云,似與第58條但書之規定未合。蓋美國國
籍法採以出生地主義為原則血統主義為例外之折衷主義,安哈利與蓮娜
安諾德似可取得美國國籍。[20]而不得取得中華民國國籍。

四、依民法第1138條之規定:「遺產繼承人,除配偶外,依左列順序定之:
　　一、直系血親卑親屬。二、父母。三、兄弟姊妹。四、祖父母。」配偶
　　與直系血親卑親屬均得為繼承人。惟配偶繼承人之繼承權,以其與被繼
　　承人間有婚姻關係為前提。如其婚姻關係無效(例如民法修正後之重婚
　　配偶相互間)或已消滅(例如已離婚),則不得為繼承人。[21]直系血親卑
　　親屬之子女繼承人,其繼承權以其具有婚生子女或準婚生子女身分為前
　　提。[22]

五、依據前開說明,關於先決問題,本件判決係採法院地國國際私法說。詳言
　　之,關於安黃瓊芳與被繼承人間婚姻關係是否具備法定方式之爭議,係
　　安黃瓊芳及其與被繼承人所生子女得否繼承之先決問題,如採法院地國
　　國際私法說,應依涉外民事法律適用法第46條第1項但書:「婚姻成立之
　　要件,依各該當事人之本國法。但結婚之方式依當事人之一方之本國法
　　或依舉行地法者,亦為有效。」安黃瓊芳如仍為中華民國國民,其婚姻
　　舉行地復在中華民國,則應具備中華民國民法第982條所定之公開方式,
　　並有二個以上證人,其結婚始屬有效,並取得哈利威廉之配偶身分,因
　　而對於哈利威廉在中華民國之系爭遺產有繼承權存在。

---

[20]　美國國籍法參閱賴來焜著,國際(私)法之國籍問題,頁87以下及頁528以下所附錄之美國
　　　國籍法。

[21]　參閱陳棋炎、黃宗樂、郭振恭,民法繼承新論,頁48~49,三民書局,民國82年8月。

[22]　參閱陳棋炎、黃宗樂、郭振恭,前揭書,頁42。

相關考題

一、日本人甲男與我國人乙女在日本結婚，未舉行公開儀式，僅依日本民法所定之結婚方法，辦理結婚申報登記。其後，甲乙定居我國。乙承襲父業，成就非凡，甲則被公司裁員，失業在家。因乙不願意扶養甲，甲乃訴請乙履行扶養義務。乙抗辯結婚未舉行公開儀式，其婚姻應屬無效。試從國際私法觀點論述本案有之法律問題。【91年律師】

二、日本人甲男與我國人乙女在日本結婚，依日本民法規定，辦理結婚申報登記，但未舉行公開儀式。婚後，甲、乙因工作關係定居台灣。甲、乙感情不睦，甲竟於公司派駐美國期間，訴請離婚。或美國法院之離婚判決後，與我國人丙女在美國結婚，並公開宴請賓客。甲自美國返回台灣後不久，旋即死亡。乙、丙均主張其為甲的合法配偶，對甲之遺產享有繼承權，雙方關於遺產之繼承發生爭執，在我國法院提起訴訟。試從國際私法之觀點論述我國法院應如何適用法律。【93年律師】

三、甲男為A國人，乙女為B國人，丙女為C國人。甲、乙十年前在A國結婚，五年前在我國簽訂離婚協議書，甲兩年前與丙在D國舉行結婚儀式。甲生前未訂立遺囑，最後的住所在C國，今年五月在我國死亡，在A國與我國遺有銀行存款及動產。乙、丙對應如何繼承甲之遺產發生爭議，乙在我國法院起訴，請求確認丙無繼承權，在訴訟中乙、丙對與甲之合法配偶是否含丙在內的問題，亦發生爭議，並請求先予以判定。假設A國、C國的法律均容許一夫二妻之家庭關係，並規定離婚僅得由法院以判決予以宣告，A國及C國國際私法均規定，動產之繼承應依被繼承人死亡時之住所地法，結婚之方式應依舉行地法；甲、丙結婚的儀式未符合C國及D國法律的規定，但符何A國法律的規定。請問：我國法院關於繼承權的問題，應如何適用法律？我國法院關於丙是否為甲合法配偶的問題，應如何適用法律？【93年司法官】

四、甲男為A國國民，信奉猶太教。乙女為我國國民，篤信佛教。兩人於留學B國期間相戀而結婚，結婚當時並未宴請賓客，僅依B國法律辦理結婚登記而已。其後兩人學成，定居台北。旋不久甲男移情別戀，另結新歡。乙女心碎之虞，遂向台北地方法院訴請離婚。（按A國猶太宗教法的規定，不同信仰之人不得結婚。）

(一)台北地方法院可否受理本案？
(二)本案法律關係為何？
(三)本案準據法為何？【95年司法官】

第八章
調整問題（適應問題）

【關鍵字】

■ 調整問題（適應問題）

第一節　概　說

　　國際私法係就涉外民事事件指定其所應適用之準據法，而且僅係就單一法律關係定其所適用之準據法，通常以定單一之準據法爲常見，但選定二以上之準據法者並非少數，例如，涉外民事法律適用法之適用有累積適用，必然適用二個以上準據法之情形，又例如，分配適用中關於雙方要件或雙方的障礙事由，亦適用二個以上之準據法，再例如，實體法適用國際私法所選定之準據法，程序法則適用法院地法，而此二個以上之準據法彼此間，發生衝突或彼此不相容者，則法律效果如何？不無疑義。

　　以上僅係在單一法律關係所生之現象，而在一具體事件中，同時有數個法律關係成爲當事人爭執之對象，並非少見，例如，當事人對於婚姻成立之要件及婚姻之方式，皆有爭執，而當事人夫妻分爲是A國人及B國人，婚姻之舉行地在C國，則依本法第48條之規定，所適用之準據法將有A國法、B國法及C國法，如彼此間對於該婚姻是否有效，態度並不一致，則該婚姻是否有效？或者，A國法與B國法分別規定該婚姻爲無效或得撤銷，則該婚姻究爲無效或得撤銷？類似之矛盾並非偶見，而被統稱爲調整問題[1]。此乃國際私法獨有之問題，蓋在一國之內，如發生法律彼此間之矛盾衝突，大可藉法律之解釋或補充之方式解決，在國際私法則未必能如此。迄今爲止，調整問題之概念如何，如

---

[1]　關於國際私法上之調整問題（Adaptation, Anpassung, Angleichung, Adjustment），稱爲適應問題，日本學者採之，國內，賴淳良著，後揭文使用調整問題，陳榮傳著後揭文則併用適應問題與調整問題，本章認爲就其用語之意義，譯爲適應問題固無不可，但就其內涵，則以調整問題用語爲妥。

何解決，不但討論者不多，且尚未有定論，而調整問題與具體妥當性關係又如何，容有分析檢討之餘地。

第二節　調整問題與類似概念之異同

調整問題並非一很明確之概念，而有必要進一步澄清，特別是其與類似概念間之異同。

一、調整問題與定性的異同

調整問題係指時間與空間密切關連之涉外民事事件，因國際私法選法規則之規定，將其分割為數個單位之法律關係，而分別指定其所應適用之準據法，為使不同法秩序間在適用時所生之不調和能夠調和，如何由法院地法官藉準據法之修正適用之問題。由此，可知調整問題為準據法適用階段之問題，因而與定性問題不同，定性問題係指具體發生之涉外民事事件如何適用國際私法之選法規則，進而決定其所應適用之準據法之問題。

惟亦有主張定性問題可解決調整問題者，例如：

(一)未成年子女是否因結婚而使其父母喪失親權？易生依涉外民事法律適用法第47條，以未成年人之夫之本國法為準據法，為無行為能力，而依涉外民事法律適用法第55條之規定，以子女之本國法為準據法，為有完全的行為能力之問題，則究應依何國之法律為準據法，決定已結婚之未成年子女有無行為能力？[2]

(二)寡妻對於亡夫遺產有無主張取得之權利？依涉外民事法律適用法第48條之規定，應以夫妻書面合意之法為準據法，而夫之本國法關於夫妻財產制之規定，寡妻卻無此等權利。依涉外民事法律適用法第58條第1項之規定，應以被繼承人死亡時之本國法為準據法，而依被繼承人

---

[2]　請參閱：山田鐐一著，國際私法（第3版），頁169，認係調整問題，且其解決應自國際私法選法規則有無特別規定著手，若有特別規定，則依其特別規定，若無則以法律關係在事物之性質上，具有較密切關係之法秩序，即夫妻關係之準據法為優先。

死亡時之本國法，寡妻對於亡夫之財產卻無主張繼承之權利。[3]

(三)非婚生子女經生父認領後，生母仍得否行使親權？依涉外民事法律適用法第48條之規定，應以認領時或起訴時認領人或被認領人之本國法為準據法，而依生父之本國法，例如中華民國之民法第1089條，母有與生父共同行使親權之權。若依生父之本國法，例如德國民法第1707A條第1項之規定，母無親權或無與父共同行使親權之權利，則發生生母有無親權之問題。[4]

---

[3]　請參閱：松岡博、木棚照一、渡邊惺之等編著，國際私法概論，頁71以下，認係調整問題。馬漢寶著國際私法總論，頁226以下，在定性問題中舉例：馬爾太籍之夫妻，於結婚時有住所於馬爾太，嗣後移居法屬阿爾及利亞，丈夫於該地購買不動產並死於該地，其遺妻向法國法院請求給予不動產之四分之一，按此項主張，依據結婚時馬爾太有關夫妻財產之法律乃屬有理，但在法國法上，即無所根據。並認為定性問題依法院地法說，則馬爾太遺妻對於不動產作四分之一之要求，即應依法國法定其性質，但是法國法上根本無此種權利，其結果係爭權利必將被認為有關繼承之問題，而須適用法國法，可是，依法國法，上述權利並無根據，亦即難獲保障。事實上，法國在阿爾及利亞之最高法院對於是案所作之判決，即非依法院地法而定性之結果，後之學者，因此多加贊許。山田鐐一，前揭書（第三版），頁148以下，亦認為係調整問題，並認為此亦不外將該法律關係定性為繼承關係或夫妻財產制之關係，若定性為夫妻財產制，則以該夫妻財產制準據法國關於繼承之規定取代關於夫妻財產制之規定。若定性為繼承，亦以該繼承關係準據法國關於夫妻財產制之規定，取代關於繼承之規定。因此，可謂係在實體法解釋、適用階段，基於實體法之利益衡量，解決此一問題。

[4]　陳榮傳在國際私法上之適應問題或調整問題一文，法學叢刊（法務部）第37卷第1期，頁111以下，所舉之事例，似指二種不同情況，其一為生母為中華民國國民，生父為德國國民，其二為生母為德國國民，生父為中華民國國民。此二種情形，中華民國涉外民事法律適用法或德國民法施行法，均規定應以生母之夫之本國法為準據法，則在第一種情形，若生母在中華民國法院起訴，主張伊有親權，因以父之本國法即德國民法為準據法（舊涉外民事法律適用法第19條），則母將無親權可資行使，若生母在德國法院起訴主張伊有親權，因係以父之本國法為準據法，德國法院亦會否定生母之親權，故無論在中華民國或德國法院起訴，生母之親權，均將被否定。在第二種情形，無論生母在中華民國法院或德國法院起訴主張伊有親權，因所適用之國際私法選法規則，均以夫之本國法即中華民國民法為準據法，母之親權均將被肯定，此二種情形由於案例之事實情況不同，無論生母在中華民國或德國法院起訴主張伊有親權，均將被肯定或否定，應不致發生其所謂之調整問題。而在某國（下稱為A國）之國際私法選法規則係規定非婚生子女之生父或生母之親權各依其本國法之情形下，是否會發生其所謂之調整問題，則有待檢討。亦即，在第一種情形，在中華民國或德國法院起訴，依生父之本國法，母無親權，而在A國起訴，因該國國際私法係採生父、生母之親權有無問題，各依其本國法之立法主義，故生母之親權有無即以生母之本國法為準據法，生母有親權，在第二種情形，在中華民國或德國法院起訴，依生父之本國法，母有親權，而在A國起訴，依生母之本國法，母無親權。將生判決不一致之結果。要之，此二種情形，在法院地國國際私法之選法規則所採之立法主義不同之下，將發生所謂判決不一致之問題，而是否為所謂調整問題，容有檢討之餘地。陳榮傳稱係因相

　　亦有學者持反對見解，而認為實體法間定性之衝突，不能依據國際私法上定性問題之解決方法，而應依據實體法之解決方法。亦即，兩個以上之國際私法之選法規則，因不同連繫因素之介入而適用於系爭涉外民事事件，其結果，依據複數的定性，不得不承認請求之累積，另一方面，依據與其他規定關連之基準所為之定性，其結果將引起互相矛盾準據法之同時適用，法院地之法官必需處理所謂調整問題。[5]

　　依本章所見，似應以否定說為妥，即定性不足以解決調整問題。詳言之，如前所述，定性之概念，各家之見解並不一致，有認為包括歸類概念意義之確定，有認為除歸類概念之外，尚及於準據法之範圍，更有認為除歸類概念、準據法之範圍外，尚及於連繫因素意義之確定，不一而足。前述以定性問題解決準據法之事例中，例一與例三，係關於歸類概念之問題，例二則為準據法適用範圍之問題，兩者並不相同。惟無論如何，此等問題之解決均需依據其各自之理論，而非依據調整問題之理論。亦即，調整問題旨在解決準據法決定之後，所應適用二個以上準據法間之衝突與矛盾問題，以上各事例，均係準據法決定之前之問題，更無所謂所應適用之準據法有二個以上，且彼此發生衝突、矛盾之情形，故與調整問題無關。

關國家的法律不僅在實體法上產生嚴重衝突，即國際私法之設計也有重大差異，導致判決不一致之情形，（同文第113頁）致生調整問題，並不週延。如以其所提及之調整方法：「例五之情形也是一種規範衝突，因為非婚生子女之父母之親權，如應各依其本國法，使生父之親權因規範累積之結果，達於百分之一百五十，生母之親權，卻因規範瑕疵之關係，僅有百分之五十，產生極不合理或不諧調之現象，在此種情形之下，唯一的解決辦法就是進行調整程序，認為各當事人之本國法皆規定父母均得單獨行使親權，其權利均為可順利行使之百分之一百的權利」觀之（同文第115頁），並不易明瞭其所謂規範累積或規範瑕疵究何所指，亦即，在A國國際私法之選法規則採各依其本國法，即所謂分配適用，如涉外民事法律適用法第11條第1項之規定。會發生陳榮傳所稱之生父或生母之親權達於舊百分之一百五十或僅有五十之情形，或係A國國際私法選法規則採所謂累積適用之立法主義，即生父或生母有無親權應適用生父與生母之本國法，則在第一種情形，生父為德國人，生母為中華民國國民，累積適用中華民國與德國之民法之結果，生父之親權達百分之二百（二者均予以肯定），生母之親權卻只有百分之五十（一予肯定，一予否定），在第二種情形，生父為中華民國國民，生母為德國人，累積適用兩國民法之結果，生父之親權仍為百分之二百（二者皆予以肯定），生母之親權則只有百分之五十（一予以肯定，一予以否定），陳榮傳先生所謂規範累積或規範瑕疵，或係指此而言，要之，所謂規範累積或規範瑕疵，係指在累積適用之下，因實體法間之規定不一致所生之問題。惟本人之推測是否正確，尚待陳榮傳先生之指教。

5　請參閱三浦正人著，前揭書，頁58。

二、調整問題與反致的異同

　　如前所述，反致係在決定準據法之後，發生該準據法是否包括該國國際私法在內之問題，調整問題則係在準據法決定之後，因有二個以上之準據法將予以適用，而彼此間復發生不一致或衝突、矛盾之情形，而有必要借助調整問題予以解決，兩者並不相同。不過，在發生上，兩者亦不無相關者，例如，涉外民事事件中之繼承事件，依涉外民事法律適用法之規定適用被繼承人死亡時之本國法，而依該被繼承人死亡時之本國法，關於繼承之部分事項，如關於不動產之繼承，規定應適用不動產所在地法，則反致結果，該涉外民事事件之準據法即有二：被繼承人本國法與不動產所在地法，如彼此間復發生衝突與矛盾之情形，則非依據調整問題無從解決。此外，如妥適運用反致，可以避免調整問題之發生，例如，關於婚姻之成立要件，依涉外民事法律適用法之規定，應適用各該當事人之本國法，而各該當事人之本國法中有部分或全部均採取反致，經反致結果，該事件應適用特定國家之法律，如法院地法或當事人一方之本國法，由於所應適用之準據法為單一，故不致發生二個以上準據法彼此間之衝突與矛盾，而無調整問題之發生。[6]

三、調整問題與先決問題的異同

　　先決問題，如前所述，係指解決某一涉外民事事件本問題之際，需先解決有先後關係或附帶發生之另一涉外民事事件。調整問題，如前所述，係指所應適用之準據法有二個以上，而彼此間發生衝突或矛盾之情形，兩者似無任何關係。但其情形並非如此，茲以法國破毀院1942年4月21日之判例為例說明之[7]。

　　本件係關於在法屬印度不動產之繼承問題，被繼承人為英屬印度人，除有婚生子女外，另依據印度法，收養某甲為養子。該養子主張對於被繼承人之遺產有繼承權，依據法國民法第3條第2項，該繼承關係之準據法為法國民法第357條，依據該條規定，養子有繼承權，第一審法院以民法第334條係關於公序良俗之規定而應適用，進而否定某甲之繼承權，某甲乃主張關於收養之有效與否，應依據英國法，而不應適用法國法，提起第二審與第三審上訴，但均被駁

6　參閱，三浦正人著，前揭書，頁228～229。

7　詳細説明，參閱，折茂豐著：國際私法に養子の相續權，國際法外交雜誌。

回，破毀院認爲民法第334條與其認爲係關於公序良俗之規定，勿寧認爲係關於繼承之規定，考慮公序良俗，原判決之見解並無不當。

對於以上判決，是否妥適，學者見解並不一致。第一說認爲該事件屬於定性問題，亦即，基於不動產之繼承之準據法爲不動產所在地法之法國法，而收養之準據法爲印度法，無論關於法國民法第344條之規定，係關於收養之要件規定或關於繼承之規定，此一問題均與定性問題有關。第二說認爲係先決問題，亦即，此一養子是否有繼承權，其前提爲該收養關係爲有效，此乃先決問題，需依法國國際私法之規定，爲其選定準據法[8]。第三說認爲此一問題屬於代用問題，亦即，依據外國法有效成立之收養關係，與本問題準據法上具有繼承權之養子是否可以代用之問題。如可，則該養子即有繼承權，如不可，則該養子無繼承權[9]。第四說認爲此一問題屬於調整問題，本案因非關於繼承關係之準據法，養子可否繼承之問題，亦非關於收養關係準據法上，收養是否成立之問題，而係關於繼承關係之準據法之養子，限於無其他婚生子女時，始有繼承權，而收養關係準據法之養子亦無繼承權，但並無其他婚生子女之限制，則是否給予該養子繼承權？此乃兩準據法間之衝突矛盾如何解決之問題，此即調整問題[10]。

依本章所見，此一問題應依據調整問題解決之，蓋如前所述，定性問題，係涉外民事事件選定準據法之際首先面臨之問題，即如何選定應適用之國際私法之選法規則之問題，並不包括連繫因素意義之確定及準據法之範圍問題。本件，應屬於收養關係準據法與繼承關係準據法間之衝突矛盾如何解決之問題，因此，不宜將之列入定性問題中討論爲宜，且依據關於定性問題之理論亦難以解決。又，先決問題係指解決某一涉外民事事件之本問題之際，須先解決之有先後關係或附帶發生之另一涉外民事事件，而先決問題討論之重點在於如何爲該先決問題選定其準據法？即應依據法院地國之國際私法或應依據準據法國之國際私法，決定其準據法？並未討論準據法決定之後，適用時所生之準據法間之衝突與矛盾問題，故已逸出先決問題之外，以先決問題之解決方法解決本問題，自屬不當。又，「代用」並非一明確之觀念，亦有如前述，勿寧認之爲調整問題爲妥。由此，亦可得知，調整問題與先決問題並不相同。

8　三浦正人著，同前註書，頁269～270。

9　三浦正人著，同前註書，頁270。

10　參閱三浦正人著，同前註書，頁270。

第三節　調整問題之意義與解決方法

綜上所述，吾人可就調整問題略加整理其概念如下：

一、調整問題係準據法適用階段所生之問題[11]。

二、調整問題係準據法間之不調和所生之問題，亦即，需有二個以上之準據法，而彼此又互不調和始為調整問題處理之對象[12]。

三、調整問題係國際私法就各個不同的涉外民事事件之涉外私法關係，所指定之二個以上之準據法間，所生之不調和。

因此，在準據法之累積適用或準據法之分配適用中關於雙方的障礙事由或雙方要件，因準據法有二個以上，故有可能發生調整問題。在準據法發生新舊法衝突或矛盾之場合，因所應適用之準據法有新舊二個以上，亦有所謂調整問題。在本問題與先決問題所適用之準據法不同之情形，因所應適用之準據法有二個以上，亦有可能發生調整問題，在依據「程序，依法院地法」之原則下，同時適用國際私法所指定之準據法及法院地法乃不可免，此際，如準據法與法院地法發生衝突與矛盾，仍係調整問題[13]。

至於調整問題之解決方法，不能依據一般性或普遍性之原則，而應就個案作不同之考量[14]。惟調整問題之解決方法固不能依據一般性或普遍性之原則，而應就個案為之，但在態度上仍有應注意之基本原則，作為調整時，思考之方針。此等原則有如下列[15]：

一、**最適當準據法原則**：國際私法之選法規則之解釋上，原則上以事物本質與該涉外民事事件具有最密切關連之準據法優先。

二、**調整最小限度原則**：上述情形，依據任何法秩序，優先適用任何準據法，均會發生矛盾時，即有變更準據法內容之必要，但此種實體法內容之變更，應於最小限度之範圍內為之。

三、**矛盾最小原則**：實體法之變更不能完全去除準據法間之衝突與矛盾

---

[11]　參閱三浦正人著，同前註書，頁57。

[12]　三浦正人著，同前註書，頁59。

[13]　三浦正人著，同前註書，頁60～61。

[14]　參閱，三浦正人著，同前註書，頁303。山田鐐一著（第3版），前揭書，頁168；池原季雄著，前揭書，頁273。

[15]　三浦正人著，同前註書，頁303～304。

時，應選擇能去除準據法間之衝突與矛盾之最大者。

四、社會通念原則：調整應注意判決之具體妥當性，即適用國際私法與準據法之判決結果，符合社會通念與實際情形。

五、現實性原則：依據調整所爲之判決，應具有現實性，即符合現實或有實現之可能性。

六、既得權尊重原則：調整時，特別是就繼續性之法律關係，應儘可能尊重當事人之既得權，避免不符合其預期之不利益之結果發生。

七、判決一致原則：調整時，應儘可能注意判決之一致。但在與具體妥當性發生衝突時，本章認爲仍應重視具體妥當性。

又，在處理調整問題之際，除應注意前述比較抽象之原則外，尚應注意以下之個別原則[16]，即，注意國際私法上本身之原則。例如，關於準據法之累積適用，如舊涉外民事法律適用法第14條之規定：「離婚依起訴時夫之本國法及中華民國法律，均認其原因事實爲離婚原因者，得宣告之。但配偶之一方爲中華民國國民者，依中華民國法律。」累積適用起訴時之中華民國法律及夫之本國法。如夫之本國法不許其離婚者，固不許之，反之，雖具備夫之本國法之離婚原因，但不具備中華民國法律之離婚原因者，亦不許離婚，故準據法間雖有衝突矛盾，因採取內國法優先適用之原則，故無調整之必要[17]。不過，此一原則亦應承認其例外，即如系爭涉外民事事件與中華民國關係並非密切而與當事人本國關係較爲密切時，則允許當事人離婚，蓋與中華民國之公序良俗無關也。涉外民事法律適用法第50條已修正爲：「離婚及其效力，依協議時或起訴時夫妻共同之本國法；無共同之本國法時，依共同之住所地法；無共同之住所地法時，依與夫妻婚姻關係最切地之法律。」不再發生此之問題。又，例如，關於準據法之擇一適用或選擇適用，如涉外民事法律適用法第46條關於結婚之方式問題，由於只要具備婚姻成立要件之準據法，或婚姻舉行地法所定之方式，婚姻在方式上即爲有效，而不問婚姻準據法本身與婚姻舉行地法間之衝突與矛盾[18]。但在若干場合，例如，在準據法之分配適用中關於雙方要件，如，

16　三浦正人著，同前註書，頁306以下。

17　參閱舊涉外民事法律適用法第14條之立法理由。100年修正涉外民事法律適用法，於第50條規定：「離婚及其效力，依協議時或起訴時夫妻共同之本國法；無共同之本國法時，依共同之住所地法；無共同之住所地法時，依與夫妻婚姻關係最切地之法律。」已無此一問題。

18　參閱舊涉外民事法律適用法第5條之立法理由。

涉外民事法律適用法第46條規定：「婚姻成立之要件，依各該當事人之本國法。」關於雙方要件，應適用雙方當事人之本國法，雖適用結果與累積適用並無不同，但並無其中之一準據法優先於另一準據法之規定，故有調整之必要。此際仍應依據關係最密切之原則，判斷應以何者之準據法爲準[19]。

又，關於連繫因素指向多數準據法之情形，例如，關於當事人本國法之適用，而當事人爲重國籍之情形，舊涉外民事法律適用法26條規定其解決方法：「依本法應適用當事人本國法，而當事人有多數國籍者，其先後取得者，依其最後取得之國籍定其本國法。同時取得者，依其關係最切之國之法。但依中華民國國籍法，應認爲中華民國國民者，依中華民國法律。」有規定準據法間之優先劣後，故即使發生準據法間之衝突與矛盾，亦無適應或適應之必要[20]。惟內國國籍優先原則，並非妥適，涉外民事法律適用法亦已修正爲（第2條）：「依本法應適用當事人本國法，而當事人有多數國籍時，依其關係最切之國籍定其本國法。」俾避免不妥適結果發生。

又，如果國際私法並無關於調整之規定，則應體察國際私法之立法政策或立法目的，做出妥適之判斷。其原則有二：其一，適用關係最密切之法律關係之準據法，例如，關於未成年女子已結婚者，其行爲能力是否仍然存續？發生親權之準據法與婚姻之效力準據法間之衝突與矛盾。由於夫妻間之關係比親子間之關係更爲重要，故應適用婚姻效力之準據法[21]。其二，應依據所謂個別準據法破除概括準據法之原則，例如，依據繼承關係準據法即被繼承人之本國法，繼承人取得遺產之所有權，但，依遺產本身之物權準據法，繼承人僅取得該遺產所有權之請求權，兩準據法間發生衝突與矛盾，應優先適用遺產本身物權準據法[22]。

19　參閱同前註關於舊法第5條與第11條之立法理由。

20　參閱同前註關於舊法第26條之立法理由。

21　參閱山田鐐一著，國際私法（第3版），頁168。另請參閱，陳榮傳著，前揭文，頁114。陳榮傳先生又說：「當然這個結論也不是絕對的，因爲適應或調整的主要目的係在修正國際私法操作僵化之缺失，所以法院實際上係運用國際私法的利益衡量方法，在決定準據法的階段中，依其原來之預期修正定性之結果，使其偏向所涉及的某種法律關係，再服從其準據法之規定作最後之判決而已。」可供參考。

22　關於個別準據法破除總括準據法之原則，立法例不乏加以規定者。例如，德國1896年國際私法典第18條規定：「第15條、第19條、第24條第1項與第25條之規定，如有標的物不存在於應適用此等規定之國家領土內，依物之所在地法應另爲規定者，不適用之。」條文見川上太郎著，前揭書，頁34。

又，在本問題準據法與先決問題準據法之衝突或矛盾上，例如，在本問題之繼承關係準據法規定養子有繼承權，但若有婚生子女時，則禁止收養。而在先決問題收養關係之準據法，並無此種禁止規定，因此，發生在收養關係準據法上有效收養之養子，能否在繼承關係準據法上禁止收養之國家繼承財產之問題？對於此一問題，似應以本問題之繼承關係準據法之養子概念取代先決問題之收養關係準據法上之養子概念，因於此應重視者乃養子有無繼承權之問題，自應以繼承關係之準據法為準。亦即，關於先決問題準據法與本問題準據法間之衝突與矛盾，其基準應求之於本問題之準據法[23]。

又，在法律變更之場合，即繼續性之法律關係，因連繫因素變更，致所應適用之準據法有變更，而新舊準據法之內容又互相矛盾時，應以何者為準？例如，瑞士寡婦與義大利人再婚取得義大利國籍，其對於前婚所生未成年子女之親權（財產管理權）是否存續成為問題。依據義大利國際私法，親子關係之準據法，婚前為瑞士法，婚後為義大利法。瑞士法之親權雖存續，但義大利法上之親權若不召集親屬會議將因而喪失。問題在於基於法律變更，新舊準據法適用上之調和，如何妥適的適用新準據法。如適用義大利法律，母將失其財產管理權，但就不必遵守義大利法律之時在瑞士法律上行為而言，以於應遵守義大利法律之時點，仍屬不可能實現之行為之不作為為理由，給與母不可預期之法律效果，並非妥適，故為調整事件之特別情事，義大利之規定有必要加以變更。要之，在準據法之適用，原應以新準據法取代舊準據法，但在特別情事之下，不妨修正新準據法之規定而予以適用[24]。

又，在因準據法之構造之不同，產生之不調和，例如，關於養子之繼承權，在養子本生父親之繼承準據法，因規定養子可自其養父繼承遺產，故養子不得自本生父母繼承遺產，而在養父之繼承準據法，因規定養子可以自本生父母繼承遺產，故養子不得自養父繼承遺產，其結果，養子均不能從養父或本生父母處繼承任何財產。此際，應否給予養子繼承權？宜採肯定之見解[25]。

---

[23] 參閱三浦正人著，前揭書，頁311～314。

[24] 參閱三浦正人，前揭書，頁314～316。

[25] 參閱三浦正人，前揭書，頁318～319。相同之事例，亦可見之於寡婦之對於亡夫之遺產請求權上。就此，陳榮傳前揭文，頁114；山田鐐一著，前揭書，頁148；池原季雄著，前揭書，頁273，均認為本件情形，在理論應認為如果定性為夫妻財產的分配，而依夫之本國法即德國法之規定時，即應以德國關於繼承之規定替代德國法關於夫妻財產制之規定。反之，如定性為繼承的問題，即應適用瑞典法時，則瑞典的繼承法即應替代瑞典法有關夫妻財產制的規定而適用之，始可以達到合理保護該寡婦之目的。此係基於實體法利益衡量所為實體法解釋、適用階段之操作。

　　又，在關於公序良俗條款之適用上，易生調整問題，例如，居住於德國之義大利夫婦間之共同生活請求事件，依據義大利法律之規定，別居以獲得判決為必要，而妻雖有別居之權利，但亦有不可能行使之狀態。法院以若嚴格執行義大利法律之規定，將導致不可預見之不妥適結果，從而，義大利法律規定應予排除，並使被告得援用別居之理由，而依據德國法關於權利濫用之規定，拒絕夫之請求。雖然，此並非嚴格意義下之調整問題，但在適用公序良俗條款排斥外國法之適用時，內國法往往被作為準據法而適用，於此意義，與準據法之變更並無不同，則適用公序良俗條款，應非完全排斥原準據法之適用，而應就未被排斥部分予以適用，或轉換準據法之法院地法之規定間之不調和，予以調整[26]。

　　又，在反致之場合，亦有調整問題。例如，居住於莫斯科之叔姪二人，在當地結婚，依瑞士或俄羅斯之國際私法規定均適用舉行地法，依俄羅斯之法律，該婚姻為有效，而後夫妻移居漢堡，夫依據瑞士民法第100條之規定，對於妻主張該婚姻關係因屬於近親間之婚姻而無效，德國法院依據其民法施行法第13條之規定，適用夫之本國法為準據法，依據瑞士民法第100條之規定，而宣告該婚姻無效。此際，即發生依據外國國際私法之舊準據法與依據德國國際私法之新準據法間之衝突與矛盾，此一問題，雖因係因國際私法所指定之準據法不同而生之問題，而單一國際私法指定之複數準據法間之衝突與矛盾，並非嚴格意義之調整問題，但，其結果仍屬不妥，但有調整之必要，亦即，應依據既得權之尊重與國際私法生活之安全維護觀點予以調整[27]。

　　最後，應注意者乃關於實體法與程序法間之調整問題。由於國際私法選法規則僅適用於實體法之指示，程序法則應適用法院地法，因而，發生實體法與程序法間之衝突與矛盾，例如，準據法之外國法所承認之實體法上權利義務為中華民國法律所不承認時，中華民國法律自然無任何與之對應之程序規定，此際如何解決？就此，應依據外國法上之程序與法院地程序之等價性判斷之[28]。所謂，程序之等價性，應注意該程序在實體法上之意義，例如，關於收養制度之認可、許可或認許等國家機關介入收養之型態，雖在目的上均係出於保護被收養人，但在實體法上之意義，則有不同，亦即，有認為係法院或其他國家機

26　參閱三浦正人，前揭書，頁321～322。

27　參閱三浦正人著，前揭書，頁324。

28　參閱，山田鐐一著（第3版），前揭書，頁167～168。

關介入收養契約，日本、德國民法之規定屬之，亦有認為係法院或其他國家機關以命令使收養成立，英美法上之收養制度屬之，因此，在判斷程序之等價性上應特別重視此一實體法上不同之意義。[29]

第四節　小　結

由上所述，吾人可得知調整問題之解決並不容易，甚至，調整問題之概念猶有爭議，更遑論其解決方法。依本章所見，如能在國際私法立法階段，即避免調整問題之發生，應屬最上策，如不可得，只好再依據理論解決。晚近之立法例，可看出此一趨勢。例如，日本法例1991年1月1日施行之修正案，其第14條規定：「婚姻之效力，於夫妻有共通之本國法時，依其本國法之規定，無共通之本國法時，而有共通之習慣居所地法時，依其習慣居所地法之規定，無共同之習慣居所地法時，適用與夫妻具有最密切關係之法律。」其第15條規定，前條之規定於夫妻財產制準用之。（同條第1項，准許夫妻在夫妻之一方之本國法、夫妻之一方之常居所地法、關於不動產物權之夫妻財產制，該不動產所在地法，以簽名之文件選定其一為夫妻財產制之準據法。）據其立法說明，因夫妻財產制為婚姻效力之一環，且夫妻財產制鮮有單獨成為訴訟之對象，多半

---

[29] 石黑一憲著，國際私法，頁115以下，認為實體法與程序法間之調整並非真正調整問題，而係各國法律制度間之等價性與代替可能性之問題，而等價性或代替可能性，其理論基礎在於場所支配原則，與調整問題係二以上準據法適用於同一涉外民事事件，在交接處之矛盾、衝突不同。不過，多數說仍認為係調整問題。又，關於等價性之詳細分析，參閱，石黑一憲著，國際私法と國際民事訴訟法と交錯，國際私法上の法律の方式を，頁33、35，88～89，99～120，125～129，135～147、155～169、185、212、213。另，陳榮傳著，前揭文，頁112所舉之例四：有人持外國關於信託或擬制信託之判決，請求吾國法院予以承認或執行，吾國法院應否予以承認或執行？亦認為係調整問題。並認為作為實體準據法之如果承認吾國法所未承認之權利或制度時，吾國因在訴訟程序上並無可相對應之程序法，必然產生不協調現象，吾國法院為使外國法上所承認之權利或制度，得以確定並實現，即有必要進行適應或調整程序。這種程序部分欠缺對應措施規定之情形，適應或調整的方法，無非是以法庭地的規定為主軸，重新斟酌該權利或制度所需適用之程序規定，所以英美法上的擬制信託之請求權，因其屬於回復之性質，即應再依情形之不同，適用吾國關於不當得利或所有權、物上請求權之相關規定，所以其實是一種與實體法律之適用無關的廣義的定性程序，（法律關係性質之判定）。似與二以上準據法間之衝突矛盾無關，是否屬於調整問題之範疇，容有疑義，依本章所見，似以於外國判決之承認與承認，特別是關於公序良俗問題討論為妥。詳見，作者著，論大陸地區法院民事判決與非訟裁判之承認與執行，（上）（下），刊於司法院出版，大陸法制研究，第4、5輯。

與離婚或繼承等問題一併發生，故宜與婚姻之效力適用相同之準據法。其第16條亦規定：「第14條之規定於離婚準用之。」（同條但書規定：「但夫妻之一方在日本有習慣居所地，或為日本人時，適用日本之法律。）亦係基於與夫妻財產制相同之考量所為之規定。依此等規定，則因所適用之準據法為單一，因不同準據法間之衝突與矛盾所生之調整問題，將可大幅減少定性上之困難，例如，離婚後子女監護權為親權問題或離婚效力問題等，亦可因而化解[30]。

德國1986年民法施行法亦有相同之規定，其第14條規定，結婚之一般效力，依下列規定定其應適用之法律：一、夫妻雙方共通本國法，或夫妻雙方最後共通本國法而夫妻之一方於該國仍有其國籍者。否則，二、夫妻雙方之共同習慣居所地法，或夫妻雙方最後共同習慣居所地法而夫妻之一方於該國仍有習慣居所地者。輔以，三、夫妻雙方以其他方法具有共同最密切關係之法律。（第2項規定，夫妻一方有多數本國者，而他方亦屬於此多數本國中之一者，得選擇該國之法律。不受第5條之限制。第3項規定，第1項第1款要件不存在時，且有左列各款情形之一者，夫妻得選擇一方之本國法。一、夫妻任何一方非雙方共通習慣居所地國之國民者。二、夫妻無共通習慣居所地者。第4項規定，準據法選擇應以公證書為之，非在內國為準據法之選擇，其方式依所選擇之法律或選擇地關於婚姻契約之要件即為已足。）其第15條規定，夫妻財產制應適用結婚時婚姻一般效力之準據法。（第2項規定準據法選擇）第17條規定離婚適用訴訟繫屬時，婚姻一般效力之準據法。（下略）扶養補償適用第1項第一句所定之準據法。又，奧地利國際私法第18條規定：「婚姻身分上之效力，依左列各款所列之法律判斷之：一、夫妻共通本國法，無共通本國法時，夫妻一方仍保有之最後共通本國法。二、否則，夫妻雙方共通習慣居所地法。無共通習慣居所地法，適用夫妻一方仍保有之最後共通習慣居所地法。」第19條規定：「夫妻財產制適用當事人明示意思表示所選定準據法。當事人無明示的意思表示時，適用結婚時婚姻身分效力之準據法。（下略）第20條亦規定：「離婚之要件與效力適用離婚時身分效力之準據法。」[31]涉外民事法律適用法

30　關於日本新法例中婚姻之效力與夫妻財產制、離婚原因與離婚效力之準據法單一原則之說明，參閱南敏文（日本新法例之主要起草者）著，法例の解說，(一)～(五)，特別是(二)頁52～53，頁71～72。法曹時報，42卷7號以下。

31　關於德國新民法施行法，見笠原俊宏編：國際私法立法總攬，頁242以下。中文資料見劉初枝，西德1986年新國際私法，收於國際私法論文集，頁116以下。奧地利國際私法，見同上書，頁61以下，解說見山內惟介譯著，オーストリヤ國際私法典について，法學新報（中央大學）。中文資料見陳隆修著，奧地利聯邦國際私法條款，收於所著比較國際私法。

第47條規定：婚姻之效力，依夫妻共同之本國法；無共同之本國法時，依共同之住所地法；無共同之住所地法時，依與夫妻婚姻關係最切地之法律。第48條規定：「夫妻財產制，夫妻以書面合意適用其一方之本國法或住所地法者，依其合意所定之法律。夫妻無前項之合意或其合意依前項之法律無效時，其夫妻財產制依夫妻共同之本國法；無共同之本國法時，依共同之住所地法；無共同之住所地法時，依與夫妻婚姻關係最切地之法律。前二項之規定，關於夫妻之不動產，如依其所在地法，應從特別規定者，不適用之。」均係基於相同之考量。

第二篇

各　論

第一章
程序依法院地法

【關鍵字】

| ▪ 程序依法院地法 | ▪ 公法 | ▪ 公序良俗 |
| ▪ 屬地性 | ▪ 場所支配原則 | |

按國際私法上向有所謂「程序，依法院地法」之原則。亦即，凡屬於程序事項即直接適用法院地法，而不依據國際私法選擇其所應適用之準據法，如屬於實體事項則應適用國際私法選擇所應適用之準據法。

程序，依法院地法之理論根據何在，向有種種不同的看法[1]，其中較常為學者提及者有：

程序法之屬地性，即程序法應在其所屬國家之領域內適用，因此，程序問題即應適用法院地法。

程序法之公法的性格，亦即程序法屬於公法，公法原則上適用於其所屬國家領域之內，而不適用於領域之外，因此，程序問題即應適用法院地法。

公共秩序、善良風俗。因為程序法與法院地國之公共秩序善良風俗有關，因此，應適用法院地法。

場所支配原則，即法院地法適用於法院地之程序行為。

當事人任意服從，亦即當事人在何處進行訴訟，即表示當事人有適用該法院地法之意思。

依吾人所信，程序，依法院地法之理論依據，應求之於：

一、程序法與其他所屬之司法制度具有密切不可分之關係。例如，行政爭訟之處理是否納入司法制度之中，是否採取律師強制主義，上訴之許可與否及其限制如何，可否以言詞起訴等問題，及其有關之法律，多多少少與一國之司法制度——法院之組織與權限，具有密切

---

[1] 關於程序，依法院地法之討論，請參照青山善充，外國人の當事人能力と訴訟能力，國際民事訴訟法の理論，頁209—211。

的關連。在此司法制度之下進行訴訟，其必然的結果乃是受法院地程序法之支配，而與當事人之國籍無關。因此，與實體問題，例如契約之成立與效力或物權之得喪變更，可與特定的司法制度分離，而依其性質，選擇不同的準據法加以適用，自有所不同。當然，一國司法制度之下，其程序法亦有著眼於外國當事人或其他涉外的要素，而設特別的規定。例如，民事訴訟法第45條（第46條）、第402條。

二、程序法全體之完整性：若以判決為例，自訴訟之提起迄判決確定，其間有無數個訴訟行為成一連鎖，而有必要以一法律予以統一，使其能完整的存在，並且，相互之間成一有機的關連。若其一部適用不同的法規，則不免混亂了整體之調和。就此點而言，與實體法係就各個不同的法律關係，為個別的規定，相互之間未必有密切的關係，可說有很大的差別。

三、程序法本質上須因應大量事件公平迅速處理之要求：例如，證據資料之提出，應依如何之程序？當事人缺席應如何處理，證據調查依何等程序進行？等等問題，對法官而言，即使當事人為外國人，仍應依其熟悉之法院地程序法，劃一的加以處理，此不僅是從便宜的觀點加以考量，且係公平、迅速之裁判本質的要求所使然。因此，「程序依法院地法」，在國際私法或國際民事訴訟法上，仍不失為正當重要之原則。

　　問題仍在於何者屬於程序事項，應依「程序，依法院地法」之規定，適用法院地法，而不再適用涉外民事法律適用法定其應適用之法律（準據法）。依本書所見，程序所以依法院地，既係依下列之理由，則吾人可認為：與司法制度密切不可分之事項、難自訴訟程序劃分而獨立之事項，及若就個別事件分別以處理，即有害於迅速、公平之事項，均係所謂程序之事項。

第二章
屬人法論

【關鍵字】

- 法則區別說
- 屬人法
- 本國法
- 住所地法
- 國籍之積極衝突
- 國籍之消極衝突
- 關係最密切原則
- 常居所主義

第一節　屬人法之意義與根據

自國際私法發展之歷史觀之，在14世紀時，有所謂法則區別說。法則區別說將法規分為人的法則與物的法則及混合法則。人的法則可以追隨人之所在而適用，乃今日屬人法之由來。物的法則則僅在一定領域內有其效力，混合法則則規定人與物之共同關係，當外國屬人法與內國屬地法發生衝突時，依屬地法。

現代之屬人法係指關於人之法律關係所應適用與該人有永久的結合關係之法律。屬人法之根據在於人係依據其所生長之社會及其風俗、習慣、思想，以及因此所形成之意識而行動，屬人法可以反映此一現象，因此，關於人的身分之事項，得超越國家領域而適用，對於當事人正當期待之保護、法律關係安定亦有助益。

關於屬人法之適用範圍，即何種事項應適用屬人法之問題。自沿革言之，自法則區別說以來，即有關於人之身分與能力事項，應適用屬人法之國際私法傳統的原則。1804年之法國民法將之成文化。但具體事項應屬於屬人法之適用範圍，乃一國之立法政策問題，各國規定未必完全相同。大致言之，大陸法系之屬人法事項，比英美法系之屬人法事項範圍要廣。涉外民事法律適用法於立法時，受屬人法學派之影響，採取最廣的態度。舉凡行為能力、禁治產宣告、死亡宣告、婚姻成立之要件、婚姻之身分效力、婚姻之財產效力、離婚、親子關係之成立、認領成立要件與效力、收養成立要件與效力、父母與子女間之關係、監護、扶養、繼承、遺囑等事項，均屬於屬人法之適用範圍。

第二節　屬人法之決定基準

　　關於屬人法之決定基準，即屬人法之連繫因素，各國基於不同的立法政策，而有不同之規定。因而有所謂本國法主義與住所地法主義的對立。本國法主義係以國籍作爲屬人法之連繫因素，住所地法主義則係以住所作爲屬人法之連繫因素。在19世紀以前，住所地法主義佔有重要地位，但自馬志尼提倡本國法主義[1]及法國1804年民法第3條第3項採取本國法主義以來，影響所及，歐洲、亞洲及拉丁美洲諸國均採取本國法主義。英美法系諸國、東歐、北歐諸國則維持住所地法主義。惟亦有採取折衷主義者，例如，瑞士、智利等國，原則上採取住所地法主義，但對於在外國之內國人則採取本國法主義。本國法主義與住所地法主義孰優孰劣，尚難斷言。

　　支持本國法主義者認爲：

一、屬人法乃附隨於人而適用之法律，自應以具備永久性及固定性爲考慮因素，由於住所得因當事人意思而改變，國籍則需符合一定要件始得改變，因此，國籍較住所不易變更，自以本國法優於住所地法。

二、國籍之確定較住所容易，且國籍由國家所授與，故較易證明。

三、本國法係爲其國民而制定，保護其國民較爲周到，因此，本國法適用於其國民較爲適宜。

四、本國法之適用適於表現國家對於其國民之對人管轄權，適用本國法亦係對於他國對其國民對人主權之尊重。

五、人之行爲能力之有無與其成年與否有關，而一個人成年與否與其身心是否成熟有關，一個人身心是否成熟取決於種族、地理環境、風俗、習慣，此皆與本國或本國法有密切之關係。

六、近代國家以統一民族爲本，故屬人法亦應本諸全民族的準則，適用其本國法。

　　支持住所地法主義者則認爲：

一、如果以與當事人間之關係密切程度觀之，由於住所爲當事人生活中心地，其法律關係均發生於生活中心地之住所，住所與當事人之私法關係結合程度較高。尤其是移居於外國之當事人，住所地法較易適應，因此，以

---

[1]　參閱劉鐵錚、陳榮傳著，國際私法論，修訂三版，三民書局，頁46～47。

住所地法主義較佳。

二、當事人既設住所於某地即有受該地法律管轄之意思。

三、採取住所地法主義能維護家庭之利益，特別是因國籍取得採取出生地主義與血統主義所生之衝突，及同一家庭內不同當事人不同國籍所生之衝突。

四、由於法院地法之適用常與當事人之住所地法一致，因此，適用當事人住所地法可保護交易安全，使當事人不致藉口欠缺行為能力而不負責。

五、對於外僑較多之國家，適用住所地法較為便利，因不必一一調查當事人之本國法。

六、住所一般均依當事人之意思而決定，因此，住所地法之適用乃符合當事人之利益。

七、本國法之適用有多重國籍、無國籍、一國數法等問題，住所地法之適用則無此等問題[2]。

　　大致言之，本國法主義有日漸走下坡的現象，而重新歸向住所地法主義。1942年之巴西即是如此。

第三節　本國法主義之問題

一、國籍之確定與國籍之衝突

　　本國法主義最大的問題在於國籍如何確定。就國籍之確定，向有爭執。有主張應依據法院地國際私法確定之，因國籍為國際私法上所規定之連繫因素，其確定自仍應依據法院地國際私法定之；有認為應採取領土法說，即是否有某國國籍即依該國之國籍法確定之。以領土法說為多數見解所採，因而，一個人有單一國籍之情形者，有兩個以上之國籍之情形者，亦有沒有任何國籍之情形者。

2　參閱劉鐵錚、陳榮傳著，國際私法論，修訂三版，三民書局，頁83。

【案例1】

　　日本人A男與我國人B女於美國結婚，並於紐約產下一子C。C常年與外婆居住於美國紐約。於C滿18歲當年，C與我國車商D購買汽車一部，後雙方因C之行為能力之問題涉訟於我國法院，試問我國法院應以何國之法律為本案之準據法？

【案例2】

　　美國籍甲夫乙妻於德國結婚，並於柏林生有一子丙。丙成年後事業有成，世界各地來回奔波，分別於法國巴黎、日本東京及我國台北設有住所，丙大多數時間係居住於巴黎。今丙因屬人法事項涉訟於我國法院，試問我國法院應以何國法做為審理案件之依據？

（一）國籍之積極衝突

　　國籍之積極衝突，又稱為重國籍，係指一人同時擁有二個以上之國籍。又可分為二種情形：

1. 生來國籍之積極衝突

　　生來國籍之積極衝突，指一人出生時即同時獲得二個以上之國籍。其主要原因為各國對於授與國籍之立法主義不同所致。例如：一個德國人在美國出生，因德國關於授與國籍係採血統主義，故因其父母為德國人而授與德國國籍。又因美國關於授與國籍係採出生地主義，其出生於美國而授與美國國籍。

　　然生來之重國籍，又可分為兩種情形：

(1)二個以上之外國國籍

　　對此，如何定其應適用之法律，頗有爭議。有認為應以血統主義之國籍優先；有認為應由當事人選擇其一作為決定本國法之依據；有認為

應以住所地法取代本國法；亦有認為應以關係較密切之國家為當事人之本國。舊涉外民事法律適用法第26條規定：「依本法應適用當事人本國法，而當事人有多數國籍時，其先後取得者，依其最後取得之國籍定其本國法。同時取得者，依其關係最切之國之法。」先後取得者，依最後取得之國籍，定其本國法。同時取得者，依關係最切之國之法為其本國法。涉外民事法律適用法第2條：「依本法應適用當事人本國法，而當事人有多數國籍時，依其關係最切之國籍定其本國法。」改採關係最密切之原則，不分先後取得或同時取得。

(2) 一個內國國籍與一個外國國籍

對此，如何決定當事人之本國法亦有爭議。有認為應以內國國籍優先。舊涉外民事法律適用法第26條但書規定：「但依中華民國國籍法，應認為中華民國國民者，依中華民國法律。」即採此原則；亦有認為應與以兩個以上之外國國籍之相同方法解決之，即以關係最密切之國籍為當事人之本國。新涉外民事法律適用法第2條：「依本法應適用當事人本國法，而當事人有多數國籍時，依其關係最切之國籍定其本國法。」改採之。

2. 傳來國籍之積極衝突

傳來國籍的積極衝突係指一個人同時向二個以上國家請求歸化，取得二個以上之國籍或已有一個國家之國籍，而又向他國聲請歸化，另行取得該國國籍，而原有之國籍並未請求喪失或雖已請求而未喪失。

然傳來之重國籍，又可分為兩種情形：

(1) 二個以上外國國籍

對此，如何決定當事人之本國法，亦有爭議。有認為應採與同時取得重國籍相同之處理方法，解決當事人之本國法如何決定問題；有認為應以先取得之國籍所屬國之法律為當事人之本國法；有認為應以後取得之國籍所屬國之法律為當事人之本國法。舊涉外民事法律適用法第26條之規定：「依本法應適用當事人本國法，而當事人有多數國籍者，其先後取得者，依其最後取得之國籍定其本國法。同時取得者，依其關係最切之國之法。但依中華民國國籍法，應認為中華民國國民者，依中華民國法律。」採最後一說。新涉外民事法律適用法第2條：「依本法應適用當事人本國法，而當事人有多數國籍時，依其關係最

切之國籍定其本國法。」採關係最切原則，定當事人之本國法。

(2) 一個外國國籍與一個內國國籍

就此，如何定當事人之本國法，見解亦不一致。有認為應採與二個以上外國國籍時之解決方法相同之方法；有認為仍應以內國國籍優先。舊涉外民事法律適用法第26條規定，不問生來國籍或傳來國籍之積極衝突，均以內國籍優先，該條但書規定：「但依中華民國國籍法，應認為中華民國國民者，依中華民國法律。」

按對於重國籍者應如何決定其本國法，各國之立法例或實務見解並不一致，有如前述。但其中幾無不同見解者，乃內國國籍優先原則。即重國籍時，如屬內外國籍間之重國籍，則以內國國籍為優先，不問取得國籍之先後，亦不問各該內外國籍是否與系爭涉外民事事件具有最密切之關係。舊涉外民事法律適用法第26條即規定：「依本法應適用當事人本國法，而當事人有多數國籍者，其先後取得者，依其最後取得之國籍定其本國法。同時取得者，依其關係最切之國之法。但依中華民國國籍法，應認為中華民國國民者，依中華民國法律。」亦採內國國籍優先原則，與多數立法例並無不同。實則，內國國籍優先原則是否正確無誤，誠有檢討餘地。對此，本書將於第3項之「實效國籍理論」中說明之。涉外民事法律適用法修正後，第2條規定：「依本法應適用當事人本國法，而當事人有多數國籍時，依其關係最切之國籍定其本國法。」不問何種國籍積極衝突，均採關係最切原則。

【解析1】

涉外民事法律適用法第10條第1項規定：「人之行為能力，依其本國法。」如題所述，C之父為日本人，而C之母為我國人，由於日本和我國均採血統主義，故C於出生時即同時擁有日本及我國國籍。又，C出生於美國紐約，而美國採出生地主義，因此C亦具有美國國籍。涉外民事法律適用法第2條規定：「依本法應適用當事人本國法，而當事人有多數國籍時，依其關係最切之國籍定其本國法。」故，於本案當中，我國法院應以美國法為準據法。因C常年與外婆居住於美國紐約，其與我國之關係並不密切，因此依舊涉外民事法律適用法第26條，以我國法做為C之本國法並不妥適，實有檢討之必要。涉外民事法律適用法第2條已修正如上。

（二）國籍之消極衝突

國籍之消極衝突又稱為無國籍，係指一個人沒有任何國家之國籍之情形。無國籍之人如何定其本國法，不無疑義。關於生來之消極衝突，多數學者均認為應以住所地法取代本國法而為當事人之屬人法。至於傳來之消極衝突則有不同見解，有認為應適用當事人之住所地法作為其屬人法；亦有認為應以原來之本國法為其屬人法。本書以為應以前者較為可採。

舊涉外民事法律適用法第27條規定：「依本法應適用當事人本國法，而當事人無國籍時，依其住所地法，住所不明時，依其居所地法。」不問消極衝突為生來或傳來，均以住所地法為當事人之屬人法。涉外民事法律適用法修正後，第3條規定：「依本法應適用當事人本國法，而當事人無國籍時，適用其住所地法。」亦同。

【解析2】

如題所述，丙之父母均為美國籍，而丙之出生地係在德國。由於美國法關於國籍係採出生地主義，而非血統主義，因而丙不具有美國國籍；又，德國法關於國籍係採血統主義，丙之父母均為美國人，因而丙亦不具有德國國籍。是故，丙為無國籍人。關於無國籍人之本國法為何，涉外民事法律適用法第3條、第4條規定：「依本法應適用當事人本國法，而當事人無國籍時，適用其住所地法。」「依本法應適用當事人之住所地法，而當事人有多數住所時，適用其關係最切之住所地法。當事人住所不明時，適用其居所地法。當事人有多數居所時，適用其關係最切之居所地法；居所不明者，適用現在地法。」在本案當中，丙為無國籍人，依涉外民事法律適用法第3條、第4條之規定，應以其住所地法為其本國法。依題意，丙在法國巴黎、日本東京及我國台北設有住所。法院應以我國法為本案準據法。然而，本題中提到，丙大多數時間係居住在巴黎，如採取「內國國籍優先原則」而使法院以我國法為本案準據法，將生不妥適且不合理之適用結果，涉外民事法律適用法第4條已為若干修正，即不論當事人之住所何在，皆以「關係最切之原則」選擇所應適用之住所地法。

二、實效國籍理論

在本國法主義之下，一直以國籍作為重要之連繫因素。不過，國籍畢竟係帶有公法之色彩，未必符合國際私法之要求。亦即，國籍並不能完全符合與該

涉外民事事件具有最密切關係之選法原理，有如前述。問題發生原因，主要在於幾個現象：其一，個人遠離其本國，例如，因為移民、工作，甚至逃難等原因，而與其本國之關係不再密切。其原國籍所屬國家之法律，是否適宜再作為該當事人本國法而適用，誠有疑問。其二，在國籍立法上，雖以國籍必有原則及國籍單一原則為其理想，但各國基於不同的傳統、人口政策、人權觀念、國際環境等不同的國情因素，對於國籍授與，抱持不同的態度有不同的國籍立法，且因某人之有無某國國籍之確定，均依據該國之國籍法規決定，致重國籍或無國籍之現象並非罕見，且該當事人是否與此等國家具有密切之關係，或與其中那一國具有較密切之關係，而足以該國之法律為該當事人之本國法？亦不無疑義。如何補正此種本國法主義之理論上之缺陷，即有待進一步加以檢討，即除以慣常居所地取代國籍作為屬人法之連繫因素外，值得注意者乃實效國籍之理論。

　　由於本國法主義是以國籍作為連繫因素，而國籍未必使該當事人與其本國具有密切之關連，特別是在遠離其本國，移住於他國，且意圖長久居住而無歸國計畫，但尚未取得其住所地國國籍之人，而其原來之本國因某些原因，尚未使其喪失原有之國籍，則如再以其國籍決定其本國，則該本國法之決定更與該涉外民事事件具有最密切之關係原則不合，但又不得不以之為本國法，則顯有失當。實效國籍之理論即係藉當事人具有實效意義之國籍之探求，而去除形式意義的國籍，以求得與該當事人或該涉外民事事件具有密切關係之國家，作為當事人之本國。至於其探求方法則係綜合考量各種因素，如當事人之住所、慣常居所、公法的權利義務、教育、語言、文化等客觀因素與當事人之意願等主觀因素以確定當事人之實效國籍。例如，西班牙男子與法國女子結婚，但在法國設有慣常居所，雖妻因婚姻而取得夫之西班牙國籍，西班牙法律係兩人之共通本國法，但仍有可能認定妻之實效國籍為法國，則該妻與夫之離婚事件或離婚後之再婚事件，仍有可能適用法國法作為準據法[3]。

三、難民之本國法

　　第二次世界大戰使原本即已成為問題之難民問題更為嚴重，而其國際私法

3　關於實效國籍之理論，參閱石黑一憲著：國際私法の解釋論的構造，頁101、103～104；木棚照一、渡邊惺之及松岡博著，國際私法概論，昭和60年，有斐閣出版，頁43。

上之問題，即係關於其本國法或其法律地位。1928年6月30日國際難民協定第2條、1933年10月28日國際難民公約第4條、第5條及1938年2月10日，國際難民公約第6條及第7條，1951年7月28日難民地位公約第12條第1項，均規定難民之屬人法爲住所地法，若該難民無住所時，則以慣常居所地法或居所地法代之，不再適用其本國法。至於採取住所地法、慣常居所地法或居所地法之理由在於：

(一)將政治上之難民，以其所欲逃離之本國法律，作爲其本國法而規範之，爲道義上所不能容許。

(二)難民是否爲無國籍之人或其國籍何在，往往甚難決定。

(三)接受難民之國家之法院，對於該難民之本國法規定如何應予以適用，往往甚感困擾，特別是在其本國法不斷發展下，習慣法之內容往往甚難明瞭。

(四)適用住所地法對於難民或其接受國均能接受。

但除第一點之外，其餘均屬技術上之事由，且未必妥適。但如從適用住所地法之理由觀之，則甚爲妥適，其理由乃將難民視同無國籍之人。亦即，一般所謂無國籍之人有事實上之無國籍人及法律上之無國籍人，後者指因種種原因未能取得任何一國之國籍者而言，前者則係指雖具有已取得某國國籍之形式，但實質上卻已與該國斷絕任何關連，不再受該國之保護。難民即係事實上無國籍之人之一種。事實上無國籍之人在國際私法上之處理與法律上無國籍之人相同，因而，在法律上無國籍之人適用住所地法取代其本國法，事實上無國籍之人亦適用住所地法取代其本國法，此之住所地法僅具有補充本國法之不足之效用，亦係因其原來之本國法不再具有實效之故[4]。

四、分裂國家國民之本國法

按第二次世界大戰之後，除民主集團國家與共產集團國家對峙外，更有若干國家成爲所謂分裂國家，例如，東、西德，南、北韓，南北越及中共（中國大陸）與中華民國（臺灣）。因而發生所謂分裂國家國民之本國法如何決定之問題，例如，日本人夫婦X與Y擬收養韓國人Z爲養女，請求日本法院予以認

4　參閱，溜池良夫著，避難民の屬人法，國際法外交雜誌，76卷1、2號，頁1以下。

可[5]。本件係日本人X與Y夫婦擬收養Z爲養女，請求日本法院認可之事件。本件之Y之姉A原係日本人，於昭和15年，與在韓國平安南道有本籍之韓國人B結婚，並在高知市共同生活，昭和19年4月，生下Z，昭和20年10月，B藉口返回本籍地後即下落不明，A在其父D與其妹及妹婿Y與X之協助下，將Z扶養長大，現在Z已與X及Y共同生活，並在高知女子高中就學，且表明無返回韓國之意思，擬歸化爲日本人，就收養認可願意接受大韓民國法律之管轄之意思。此際，依日本法例第19條第1項之規定，應以收養人與被收養人之本國法爲準據法，則關於Z方面，應以大韓民國或北韓之法律爲其本國法？或適用更爲適當之法律？不無疑義。學者之見解亦不一致，主要之原因即在於：就此問題，涉外民事法律適用法並未預見並妥爲立法。而學者見解分述如下：

(一)第一說認爲應承認分裂國家中與法院地國具有正式外交關係之國家之法律爲當事人之本國法，即該本國法需具有正統性[6]。

(二)第二說認爲應視其爲一國數法之情形，而依據涉外民事法律適用法第28條之規定：「依本法適用當事人之本國法時，如其國內各地方法律不同者，依其國內住所地法，國內住所不明者，依其首都所在地法。」解決之，因此種情形無異於一國之內有二個政府，彼此間且具有排他的立法權，有各自的支配領域之故。

(三)第三說則認爲應類推適用涉外民事法律適用法上開規定。因此種情形，與一國數法仍有不同，彼此間基於不同之價值理念，致互爲仇視，並對於他方之領土或人民主張主權而不許他方併存，且其上欠缺更一上級政府之故[7]。

(四)第四說則認爲應視爲二個國家，依各自之國籍法決定是否具有該國國籍，如有二重國籍，則依涉外民事法律適用法第2條之規定：「依本法應適用當事人本國法，而當事人有多數國籍時，依其關係最切之國籍定其本國法。」解決之[8]。

5　高知家裁昭和37年1月8日審判，昭和36年（家）字第737養子緣組事件，家裁月報14卷4號221號，涉外判例百選，第二版，頁22以下。

6　參閱，桑田三郎著，外國法の正統性，民商法雜誌，34卷3號。

7　參閱，溜池良夫著，わが國際私法上中國人の身分法問題に適用すべき法律，法律時報28卷10號。溜池良夫著，朝鮮人の本國法として適用すべき法律～北鮮法の適用問題を中心とし，民商法雜誌，40卷4號。

8　參閱，山田鐐一著，中國人の本國法，續判例百選，昭和40年。

(五)第五說認為應視北韓或中共等為新國家之分離獨立，依據國際法關於
　　國籍決定之原則，決定當事人之本國法[9]。

(六)第六說則認為應依法理決之，因此種情形與二個國家仍有不同，至少
　　彼此間及國際社會均不認為是二個國家，但實際上卻均具有國家之型
　　態，而當事人具有二重國籍之原因又係因政治上之原因，而非其個人
　　之因素，是與二重國籍不同，但有類似性，故仍應依據涉外民事法律
　　適用法第3條之法理決定其準據法，亦即探求當事人實效國籍之所
　　在，而以之決定當事人之本國法。

(七)第七說則認為應否定國籍作為連繫因素之適格性，而改以住所等取而
　　代之。

以上諸說，依本書所見，應以第六說為可採[10]。

第四節　住所地法主義之問題

　　在國際私法之屬人法，向有所謂本國法主義與住所地法主義之對立。雖涉
外民事法律適用法採取本國法主義，但住所仍有其重要性，易言之：

一、涉外民事法律適用法第3條規定：「依本法應適用當事人之本國法，而當
　　事人無國籍者，依其住所地法。」第4條規定：「依本法應適用當事人之
　　住所地法，而當事人有多數住所時，適用其關係最切之住所地法。當事
　　人住所不明時，適用其居所地法。當事人有多數居所時，適用其關係最
　　切之居所地法；居所不明者，適用現在地法。」

二、涉外民事法律適用法第11條規定：「凡在中華民國有住所或居所之外國人
　　失蹤時，就其在中華民國之財產或應依中華民國法律而定之法律關係，
　　得依中華民國法律為死亡之宣告。前項失蹤之外國人，其配偶或直系血
　　親為中華民國國民，而現在中華民國有住所或居所者，得因其聲請依中
　　華民國法律為死亡之宣告，不受前項之限制。前二項死亡之宣告，其效

9　參閱，川上太郎著，近時の涉外家事判例にあらわれた若干の國際私法問題～特に韓國
　　人、朝鮮人、中國人關係の涉外判例を中心～，家裁月報22卷2號8頁。

10　池原季雄著，國際私法總論，頁149以下；松岡博著，國際私法における法選擇規則の構
　　造，頁168以下。

力依中華民國法律。」以住所作爲中華民國法院對於外國人取得禁治產宣告一般管轄權之依據。

三、涉外民事法律適用法第12條規定：「凡在中華民國有住所或居所之外國人，依其本國及中華民國法律同有受監護、輔助宣告之原因者，得爲監護、輔助宣告。前項監護、輔助宣告，其效力依中華民國法律。」以住所作爲中華民國法院對於外國人取得死亡宣告一般管轄權之依據。

四、涉外民事法律適用法第47條規定：「婚姻之效力，依夫妻共同之本國法；無共同之本國法時，依共同之住所地法；無共同之住所地法時，依與夫妻婚姻關係最切地之法律。」以共通住所地法代替夫妻之共通本國法而適用。

五、涉外民事法律適用法第56條規定：「監護，依受監護人之本國法。但在中華民國有住所或居所之外國人有下列情形之一者，其監護依中華民國法律：一、依受監護人之本國法，有應置監護人之原因而無人行使監護之職務。二、受監護人在中華民國受監護宣告。輔助宣告之輔助，準用前項規定。」以住所作爲中華民國法律適用於監護關係之依據。

住所雖在涉外民事法律適用法有其意義與地位，但關於住所之問題亦不在少數。首先乃關於住所之確定，有認爲應以法院地國之實體法定之，但此說並不適當，蓋法院地國實體法用以純粹內國事件之住所何在，固無問題，用以決定涉外民事事件之住所何在問題，則不適當；亦有認爲應依據法院地國際私法定之，蓋此乃法院地國際私法上之概念之故。但此說據以決定當事人住所是否在法院地，固無不當，用以決定當事人之住所是否在外國則有不妥，其理由在於此一決定易與該外國法之決定發生衝突與矛盾之故；亦有認爲當事人住所何在應依該當事人之本國法。亦即，當事人是否在某國有住所應依據該當事人之本國法定之。不過，住所並非屬人法之適用範圍，依據當事人本國法決定當事人之住所何在，並不妥適；亦有採取屬地法說（領土法說）者，認爲當事人住所何在應依據該當事人事實上之居住地所屬之法律定之。筆者以爲，應以屬地說較爲可採。

其次，乃關於重住所及無住所之問題。重住所係指當事人有兩個以上之住所，而無住所則係指當事人無任何住所。住所在國際私法上係輔助本國法之不足，解決當事人屬人法之問題。因此，重住所或無住所之問題即在於當事人無國籍時，其又無住所或有二個以上住所時，應如何決定屬人事項之準據法之問題。當事人有兩個以上之住所時，一般均以與當事人有最密切關係之住所爲其

住所地。至於關係最密切與否之判斷，係以當事人居所所在之住所為關係最密切之住所。當事人在各該住所均無居所時，則以當事人現在所在之住所，為其住所。當事人不在各該住所時，則依據過去之住所、居所等一切情事決定當事人住所何在。當事人無住所或住所不明時，則以居所代替住所。

　　涉外民事法律適用法第3條規定：「依本法應適用當事人之本國法，而當事人無國籍時，適用其住所地法。」第4條規定：「依本法應適用當事人之住所地法，而當事人有多數住所時，適用其關係最切之住所地法。當事人住所不明時，適用其居所地法。當事人有多數居所時，適用其關係最切之居所地法；居所不明者，適用現在地法。」與前述之原理原則相同。

第五節　慣常居所地法主義之興起

　　本國法主義與住所地法主義間之對立，可說是國際私法統一最大的障礙之一。且係今後亟待解決之最大課題。晚近，國際私法公約以慣常居所取代國籍或住所作為屬人法之連繫因素，值得注意。

　　以海牙國際私法會議統一公約為例，其採用慣常居所為連繫因素者有：

一、1955年6月15日，關於國際的有體動產買賣準據法公約。其第3條規定，當事人未以明示或默示的意思指定準據法時，以出賣人受領要約當時慣常居所地國之國內法為準據法。若由出賣人或其代理人在買受人慣常居所或為要約之營業所收受要約時，適用該慣常居所或營業所所在地之國內法。

二、1955年6月15日，規律本國法與住所地法間法律衝突之公約。其第5條規定，本公約所指之住所係指有慣常居所之場所，但該住所依存於他人或政府機關者，不在此限。

三、1956年10月24日對於子之扶養義務之準據法公約，其第1條規定，子有無扶養請求權？對於何人有扶養請求權？有何等程度之扶養請求權？於何等期間之扶養請求權？應以子之慣常居所地法定之。又依第2條之規定，如扶養請求係在子與被請求者有共通國籍之國家提出，且被請求者於該國有慣常居所時，適用該慣常居所地國之國內法。

四、1961年10月5日通過之關於未成年人保護之機關管轄權及準據法之公約。

其第1條規定未成年人身體及財產保護措施，由其本人慣常居所地國之司法或行政機關管轄，並適用該國之國內法。

五、1965年11月15日通過之關於收養之機關管轄權、準據法及裁判承認公約。其第3條規定收養人之本國及慣常居所地國之機關有管轄權，並適用其國內法。第4條及第5條則規定在一定條件下，應顧慮收養人及被收養人之本國法。至於收養無效及撤銷，第7條則規定，由養父母及養子女之慣常居所地國之機關或為收養許可之國家機關行使管轄權，並適用為收養許可之機關所屬國法律，或在一定條件下，適用養父母及養子女之本國法。

六、1970年6月1日關於離婚及分居承認之公約。其第2條規定離婚與分居之承認，如離婚與分居請求當時，被告有慣常居所之國，或原告有慣常居所之國而其慣常居所繼續一年以上，且夫妻在該國有最後共同慣常居所者，或夫妻共通本國，或原告在其本國有慣常居所，或原告在請求離婚或同居之前二年，曾繼續在該國繼續有一年以上之慣常居所者，或關於離婚，原告現所在地國或夫妻最後共通慣常居所地國不承認離婚制度時，原告本國所為分居或離婚之裁判，得予以承認。又，其第3條規定如為離婚或分居裁判之國家，取得裁判管轄權之基礎係住所者，此一住所視為第2條之慣常居所。

七、1971年5月4日，關於道路交通事故準據法公約，原則上雖適用侵權行為地法（事故發生地法），但被害人乘客或在車外之被害人，於事故發生地以外另有慣常居所者，適用車輛登記地國法。

八、1973年10月3日關於扶養義務準據法公約。其第4條規定應以扶養權利人慣常居所地國之國內法為準據法。但扶養權利人未於該慣常居所受扶養，且扶養權利人與扶養義務人（被請求人）有共通本國時，適用該共通本國法。

九、1973年10月20日通過之關於扶養義務裁判之承認及執行公約。關於其承認與執行要件之裁判管轄權，係屬於扶養權利人及扶養義務人訴訟當時有慣常居所之國家之機關。

十、1973年10月2日通過之關於遺產管理公約。依其第2條之規定，有權發給關於遺產管理人之任命及其權限之國際證明書者，為被繼承人之慣常居所地國之政府機關，且其準據法原則上亦為該機關所屬國之法律。

十一、關於商品製作人之責任準據法公約。其準據法原則上為侵害事實發生地法，此外，如有許多連繫因素集中於某國時，即適用該國法律。第4條

及第8條即規定被害人之慣常居所與直接被害人之慣常居所爲此等連繫因素中之一。

十二、1978年3月14日關於夫妻財產制準據法公約。其第3條關於夫妻財產制準據法，夫妻得指定指定時夫妻共通本國法、指定時夫妻一方之本國法，婚姻後夫妻最初設定之慣常居所地國法中之一，作爲準據法。如夫妻未指定夫妻財產制準據法時，適用夫妻結婚後最初設定之慣常居所地法，但夫妻如有共通本國時，得宣告適用其共通本國法爲準據法。

十三、1978年3月14日關於代理準據法之公約。其第5條、第6條規定本人與代理人間之關係，適用當事人意思所選定之法律。如未以意思選定者，適用代理關係成立時，代理人營業所所在地法，無營業所者，適用其慣常居所地法。但本人於代理人主要行動地有慣常居所者，適用該國之法律。本人與代理人之關係，代理權有無、範圍代理人爲代理行爲之效果，依第11條之規定，以代理人行爲時營業所所在地國法爲準據法。但於代理人爲代理行爲之國，本人有營業所或慣常居所，且代理人以本人名義爲代理行爲時，或第三人於該國有營業所或慣常居所者，適用該國法律。

雖對於慣常居所地作爲連繫因素，仍有不贊同者，但其既可避免屬人法兩大原則間之爭論，與傳統國際私法選法法則所使用之連繫因素住所，又有不同，又可依據涉外民事事件具體情況作不同認定，仍有其可取之處。惜爲涉外民事法律適用法修正案所不採。

相關考題

一、何謂屬人法兩大原則？兩者在理論上和實際上利弊爲何？【56年律師】

二、試舉例回答下列問題：

　　(一)何謂當事人之本國法？

　　(二)何謂本國法主義？

　　(三)何時法院地法會與當事人之本國法合而爲一？【80年司法官】

三、設依涉外民事法律適用法應適用當事人本國法，問：

　　(一)如當事人有同時取得之多數國籍時，如何定其本國法？

　　(二)如當事人因無國籍須依其住所地法，而有多數住所時，如何定其住所

　　　　地法？

　　試就所知，擬具體事例加以說明。【75年司法官】

四、涉外民事法律適用法第26條規定：「依本法應適用當事人本國法，而當事人有多數國籍時，其……同時取得者，依其關係最切之國之法。」又第27條第2項規定：「當事人有多數住所時，依其關係最切之住所地法。」問：何謂「關係最切之國」？又何謂「關係最切之住所地」？試擬事例，加以釋明。【72年司法官】

五、國際私法上住所有何效用？住所在我國國際私法上的地位如何？【67年律師】

六、國籍與住所在國際私法上的地位各如何？一終身流浪漢，無國籍，住所又不明，依我國涉外民事法律適用法之規定，應如何定其本國法？【82年司法官】

第三章
自然人與法人

【關鍵字】

- 權利能力
- 個別權利能力
- 設立準據法主義
- 一般權利能力
- 行為能力
- 法人本據法主義
- 屬人法主義
- 行為地法主義
- 設立人國籍說

第一節　自然人之權利能力

一、概說

　　權利能力之準據法通常將權利能力分為一般權利能力和個別權利能力。一般權利能力係指得作為權利主體的資格或地位；而個別權利能力則係指享有特定權利之資格或地位，例如，胎兒得否有權請求損害賠償、有無繼承權[1]。

　　就一般權利能力而言，由於奴隸制度已被廢除，即使有之，亦因違反內國公序良俗而不予承認（涉外民事法律適用法第8條），故各國法律無不承認自然人均有權利能力，因此，權利能力準據法之適用通常無太大問題。

　　惟某些關於權利能力的問題，各國立法例未必相同，例如，權利能力的始期，即關於「出生」的解釋，有認為一旦胎兒離開母體，能獨立生存即享有權利能力，不問能獨立生存期間之久暫。亦有認為應獨立生存達一定時數者；又例如，關於同時失蹤之推定死亡，有推定同時死亡，亦有依據年齡、性別推定死亡之先後秩序者。因此，在這種各國法律制度規定不同的情況下，有為權利能力選定準據法之必要。

1　溜池良夫，國際私法講義，頁246。

二、一般權利能力之準據法

一般權利能力的準據法，各國立法例和學說有下列不同之見解：

（一）屬人法主義

採此說者認為，權利能力與人格制度有關，而人格之形成與各國之歷史、風土、倫理觀念有密切關係，且應依據一個國家之法律作統一的判斷，因此，應以屬人法為其準據法。

（二）法庭地法主義

權利能力制度與內國之公序良俗及公益保護相關，且其規定具有強行法的性質，故應適用法庭地法。

舊涉外民事法律適用法未規定一般權利能力之準據法，涉外民事法律適用法第9條規定：「人之權利能力，依其本國法。」採本國法主義，其理由稱：「現行條文關於人之一般權利能力，並未規定其應適用之法律，關於人之權利能力之始期及終期等問題，難免發生法律適用之疑義。衡諸權利能力問題之性質，仍以適用當事人之屬人法為當。爰參考德國民法施行法第7條第1項關於權利能力應適用之法律之規定，增訂本條，明定應依當事人之本國法。」

三、個別權利能力之準據法

個別權利能力一般均以其係個別權利享有之問題，應以該個別權利關係之準據法為其準據法，例如，胎兒有無繼承權，應適用繼承之法律關係之準據法[2]。

涉外民事法律適用法採屬人法主義之本國法主義。

---

2 惟應注意者，一般權利能力之準據法雖有如上二說之爭。但並無實際意義。詳言之，就自然人權利能力之開始而言，甫出生之胎兒是否享有一定權利，例如，繼承權或侵權行為損害賠償請求權，應與繼承或侵權行為法律關係有關，適用繼承或侵權行為之準據法即可。

第二節　自然人之行為能力

一、概說

　　人之行為能力，係指得獨立享有權利負擔義務之資格或地位。自然人之法律行為是否發生法律上之效力，以其行為時是否具有足以判斷自己行為究竟發生何等法律上結果之意思能力為前提。此一意思能力包括認識力及預期力，並依個人身心成熟狀態決定有無意思能力。意思能力乃行為能力之基礎，法律上原則上承認有意思能力之人，均有行為能力，承認其所為法律行為之效力；對於無意思能力之人，則認其無行為能力，使其所為之法律行為不生效力，免負法律上之責任，藉以保護無意思能力之人。因此，各國皆有行為能力之制度。惟對於行為能力之規定，各國常因地理環境、風俗習慣之差異而有所不同，因此，有為行為能力選擇準據法之必要[3]。

二、行為能力的準據法

　　關於行為能力之準據法，在立法例與學說上[4]，有以下幾種見解：

（一）屬人法主義

　　採取此說之主要理由在於行為能力與行為人，特別是無完全行為能力人之保護有關，亦與一個人的身體、知識、判斷能力等關於人格事項之發育程度有關，而人格的形成又與一個國家之文化、歷史、自然環境、傳統等有密切之關係，且行為能力應具有相當的永久性，不宜隨時更易，因此，屬於屬人法規範之事項。

　　採取屬人法主義者，因所採取之屬人法原則不同，而有住所地法主義與本國法主義之對立。姑且不論住所地法主義與本國法主義間之優劣，採取屬人法主義亦有如下之問題：即屬人法主義之適用果真可以保護無完全行為能力人之利益？再者，即使採取屬人法主義可以保護無完全行為能力人之利益，但對於交易相對人而言，調查當事人屬人法關於行為能力之規定，顯然困難重重，如

---

[3]　陳榮傳，國際私法各論集，頁3～4。

[4]　參閱，陳榮傳，國際私法各論集，頁5以下。

屬人法上無行為能力，則使該法律行為之效力受影響，將造成交易上嚴重障礙。

（二）行為地法主義

採取行為地法主義者，認為行為能力制度應重視法律行為地國交易之安全，如果，交易之相對人每為任何法律行為之前，均需查詢他方當事人依其屬人法是否有行為能力，則顯然將違反交易之安全與順暢，因此，應以行為地法決定當事人有無行為能力。

涉外民事法律適用法向採屬人法主義之本國法主義。舊涉外民事法律適用法第1條：「人之行為能力，依其本國法。外國人依其本國法無行為能力或僅有限制行為能力，而依中華民國法律有行為能力者，就其在中華民國之法律行為，視為有行為能力。關於親屬法或繼承法之法律行為，或就在外國不動產所為之法律行為，不適用前項規定。」新涉外民事法律適用法第10條規定：「人之行為能力，依其本國法。有行為能力人之行為能力，不因其國籍變更而喪失或受限制。

外國人依其本國法無行為能力或僅有限制行為能力，而依中華民國法律有行為能力者，就其在中華民國之法律行為，視為有行為能力。關於親屬法或繼承法之法律行為，或就在外國不動產所為之法律行為，不適用前項規定。」增加第2項之規定，其理由稱：「人之行為能力之準據法所據以決定之連結因素或連繫因素，依第1項規定應以行為時為準，但如當事人依其舊國籍所定之本國法已有行為能力，而依行為時之國籍所定之本國法卻無行為能力或僅有限制行為能力，仍不宜容許該當事人以其無行為能力或僅有限制行為能力為抗辯。爰參考德國民法施行法第7條第2項規定之精神，增訂第2項，表明『既為成年，永為成年』之原則。」

【案例1】

某甲為17歲的A國人，因行為能力問題在我國法院涉訟，若A國規定16歲為成年，則我國法院應適用何國之法律？其效果如何？

【案例2】

某乙為20歲的B國人，因承攬契約之締約問題在我國法院涉訟，若B國規定21歲方為成年，則乙在我國有無完全的行為能力？

涉外民事法律適用法第10條規定採取折衷主義之立法。亦即，原則上以當事人之本國法為其行為能力之準據法，例外之場合，則以行為地之中華民國法律為準據法。

（一）關於本條第1項之適用，應注意者有

1. 該條之行為能力，不包括侵權行為能力，因侵權行為能力與侵權行為之要件有關，應適用涉外民事法律適用法第25條之規定[5]。
2. 行為能力一般可分為財產的行為能力與身分的行為能力。財產的行為能力可與財產的法律行為分開觀察，因此，有涉外民事法律適用法第10條之適用。至於身分的行為能力往往與身分的法律行為一併處理，因而，身分的行為能力不得與身分的法律行為分開，而為其定準據法。惟涉外民事法律適用法第10條第4項規定：「關於親屬法或繼承法之法律行為，或就在外國之不動產所為之法律行為，不適用前項之規定。」所謂不適用前項規定，係指不適用第3項關於行為能力之例外規定，第1項仍有適用，即身分的行為能力，仍在本條適用範圍之內。但此一見解並不妥適。另，舊涉外民事法律適用法本條之立法理由：「按能力之涵義包括行為能力、權利能力及責任能力三者。現行法律適用條例（以下簡稱原條例）第5條第1項規定：「人之能力依其本國法」應解為專指人之行為能力而言，但泛稱能力，意義晦澀，本草案特將行為能力一語標出，以免與他種能力牽混。人之行為能力始於何時，及其限制、喪失等問題，與當事人本國之社會生活情況，相關最

5　山田鐐一，國際私法（第3版），頁183。

切，故應依其本國法，至於權利能力、責任能力之有無等問題，涉及法庭地或行為地公序良俗，法律已另定其應適用之準據法，毋庸於本項中再為規定。」可供參考。[6]

3. 財產的行為能力，如係基於年齡之行為能力問題，有本條之適用。如係因結婚而生之行為能力問題，特別是妻是否因結婚而喪失行為能力，因與婚姻生活安全之維持有關，應適用婚姻身分效力之準據法。（涉外民事法律適用法第47條）但亦認為應適用本條之規定決定其準據法[7]。

4. 因心智欠缺而生之有無行為能力問題，是否有本條之適用，尚有爭議。有認為此與行為能力有關，且與無完全行為能力之行為人之保護有關，而禁治產宣告之準據法旨在規定禁治產人地位之創設，行為能力之問題並未完全加以規定，因而，應有本條之適用。亦有認為是否因心智欠缺而喪失行為能力，乃禁治產宣告主要問題，應適用涉外民事法律適用法第12條之規定，而非適用本條之規定[8]。

5. 一定行為效果是否以行為能力為必要，例如，占有之時效取得，占有人是否以有行為能力為必要，應適用占有時效取得之規定（涉外民事法律適用法第38條），而無本條之適用。

6. 行為能力之限制與特定財產處分之限制不同。行為能力係因行為人心智欠缺，為保護該行為人所作之限制。特定財產或權利處分之限制，則係指對於特定權利主體就特定財產或權利之限制，例如，破產宣告對於破產人就屬於破產財團財產處分之限制；妻未經夫同意不得處分屬於夫妻財產之特定財產或權利。特定財產處分之限制不適用本條之規定，而應適用各該法律關係之準據法，例如，破產之準據法或夫妻財產制之準據法[9]。

7. 本條採取本國法主義，因而有反致規定（涉外民事法律適用法第6條）之適用。

8. 行為能力之準據法為當事人之本國法，係指行為當時之準據法，因

6　另請參閱，陳榮傳著，國際私法各論集，頁17。

7　另請參閱，陳榮傳著，國際私法各論集，頁21。

8　臺灣地區與大陸地區人民關係條例對於禁治產宣告未特別規定。

9　參閱，山田鐐一，國際私法（第3版），頁185。

此，當事人有變更其本國之情形，如行為當時有行為能力，雖依其舊本國法無行為能力，仍應認為有行為能力。反之，舊本國法為有行為能力人，依行為時之本國法無行為能力，是否有行為能力，則有爭議。有認為依據「一旦成年即永遠成年」之原則，應認為有行為能力。亦有認為行為能力既依據行為時之本國法，則仍應認為其無完全行為能力人。惟如行為時當事人之本國法，如有「一旦成年即永遠成年」之規定，不妨依據行為時當事人之本國法，認其有行為能力。[10]涉外民事法律適用法第10條第2項即規定：「有行為能力人之行為能力，不因其國籍變更而喪失或受限制。」

9. 當事人本國法之適用範圍，包括成年年齡、未成年人行為能力之補充（即是否需要法定代理人之同意、許可或追認等）、未成年人得為之行為之範圍、未成年人所為有瑕疵行為之效力（是否無效或得撤銷及是否因無完全行為能力之程度不同而有不同之效力）。至於當事人是否因結婚而取得行為能力，則係婚姻效力之問題，應適用婚姻之效力之準據法（涉外民事法律適用法第47條）。但亦有認為應適用行為能力之準據法。又關於何人為當事人之法定代理人，則屬於親子關係、監護關係之準據法問題，應適用親子關係或監護關係之準據法。（涉外民事法律適用法第55條、第56條）。

【解析1】

我國民法第12條規定：「滿20歲為成年。」甲尚未到達我國民法所規定的成年年齡，然而，依涉外民事法律適用法第10條第1項之規定：「人之行為能力依其本國法。」因此甲之行為能力，應依A國法之規定。依A國法，滿16歲為成年，故甲有完全行為能力。

(二)涉外民事法律適用法第10條第3項之適用，應注意者有

1. 該規定旨在保護在中華民國交易之安全。詳言之，基於交易安全之維護，各國立法例逐漸承認行為地法之適用，致本國法主義失其重要性。涉外民事法律適用法第10條第3項未完全採取行為地法主義，而採取內國交易保護主義。

---

[10] 另請參閱，陳榮傳，國際私法各論集，頁13～14。

2. 涉外民事法律適用法第10條第3項適用，以「外國人依其本國法，雖無
   行為能力或僅有限制行為能力，而依中華民國法律有行為能力者」為
   限，如外國人依其本國法或大陸地區人民依其設籍地區之法律有行為
   能力，則無本條項之適用，而應直接適用第1項之規定，以其本國法或
   設籍地區之法律為準據法，並認其有行為能力。

   又，所謂依中華民國法律有行為能力，不以依中華民國法律之成年年
   齡規定有行為能力者為限，依中華民國法律年齡以外之規定，例如，
   依民法第83條規定：「限制行為能力人用詐術使人相信其為有行為能
   力人或已得法定代理人之允許者，其法律行為為有效。」如當事人之
   本國法無此規定，亦視為有行為能力。

   又，依當事人之本國法無行為能力，而依中華民國法律有限制行為能
   力，則當事人是否有限制行為能力？如以本條項之規定而言，不能視
   為有限制行為能力。但基於內國交易安全之維護，則不妨將其視為有
   限制行為能力。

   再者，依當事人之本國法或中華民國民法當事人均無行為能力或僅有
   限制行為能力，但是其對於法律行為效力之影響，當事人之本國比中
   華民國更有利於當事人時，例如，依當事人之本國法，該行為人所為
   之法律行為為無效，而依中華民國法律，該法律行為為效力未定，仍
   應類推適用本條第2項之規定，認該法律行為為效力未定[11]。

3. 本條項之適用，以外國人在中華民國之法律行為為限，視該外國人為
   有行為能力者。因此，中華民國國民在外國所為之法律行為，或外國
   人在其本國或中華民國以外之國家為法律行為者，不適用本條項之規
   定。即使該行為地國設有與涉外民事法律適用法相同之例外規定，亦
   不得不認在中華民國為無行為能力人。但就此問題，有認為前述見解
   因無法保護行為地之交易安全而不合理，本條項之規定雖為單方法
   則，宜擴充解釋為雙方法則，即依當事人本國法雖無完全行為能力，
   但依行為地法為有完全行為能力時，就其在行為地之法律行為有完全
   行為能力。亦有認為本條項之規定為例外規定，不宜擴充解釋，而應
   類推適用，以行為地法為當事人行為能力之準據法[12]。

---

[11] 參閱，陳榮傳，國際私法各論集，頁16。

[12] 山田鐐一，國際私法（第3版），頁189～190。陳榮傳，國際私法各論集，頁17～18。

4. 本條項之適用，以在中華民國或臺灣地區之法律行為為限。何種情形係在中華民國或臺灣地區之法律行為，即行為地是否在中華民國或臺灣地區應如何認定，不無疑義。有認為應類推適用舊涉外民事法律適用法第6條之規定。亦有持反對見解者，認為隔地之法律行為無本條項之適用，其理由在於依舊涉外民事法律適用法第6條第2項：「當事人意思不明時，同國籍依其本國法，國籍不同者依行為地法，行為地不同者以發要約通知地為行為地，如相對人於承諾時不知其發要約通知地者，以要約人住所地視為行為地。」要約通知地雖視為行為地。但承諾地既在外國，法院地之公序良俗或交易安全既未受影響，自無適用本條項之必要[13]。

5. 法律行為不問為契約或單獨行為，行為人是否善意或惡意、相對人是否有過失，均有本條之適用。但行為人與相對人為同國籍之人或同為大陸地區人民，或相對人對於行為人依其本國法或為無行為能力人之不知有過失時，是否有內國保護主義規定之適用，在立法論上誠有疑問[14]。

【解析2】

涉外民事法律適用法第10條第1項規定：「人之行為能力依其本國法。」因此，關於乙之行為能力的問題原則上應依B國法。依B國法之規定，乙尚未成年，因此未具有完全行為能力。然而，涉外民事法律適用法第10條第3項規定：「外國人依其本國法無行為能力或僅有限制行為能力，而依中華民國法律有行為能力者，就其在中華民國之法律行為，視為有行為能力。」在本案例當中，乙依其本國法，並不具有完全行為能力，但依我國法之規定，乙已超過成年的年齡，有完全的行為能力，故依涉外民事法律適用法第10條第3項之規定，乙有締約能力。

（三）涉外民事法律適用法第10條第4項之適用，應注意者為

依涉外民事法律適用法第10條第4項之規定：「關於親屬法或繼承法之法律行為，或就在外國之不動產所為之法律行為，不適用前項之規定。」其中關

13　山田鐐一，國際私法（第3版），頁188；陳榮傳，國際私法各論集，頁15。

14　山田鐐一，國際私法（第3版），頁188。

於親屬法或繼承法法律行爲之行爲能力，原即不適用本條之規定，故僅係注意規定。至於關於在外國之不動產所爲之物權法律行爲，因關於不動產物權法律行爲影響重大，本來即應特別慎重考慮之故，且不動產既在外國，對於內國之交易安全即不生影響，故無適用例外規定之必要，因此不適用本條項之例外規定，其行爲能力問題，回復本條第1項規定之適用，即以當事人本國法爲行爲能力準據法。

所謂物權行爲是否包括其債權行爲在內，有不同見解。有認爲包括債權行爲在內。有持反對見解者。舊涉外民事法律適用法第1條之立法說明：「本項（第3項）爲第2項之例外規定，其結果仍適用第1項「依其本國法」之原則，原條例第5條第2項以之規定於但書中，本草案另列一項，以期明晰。所謂關於親屬及繼承之法律行爲，即身分行爲，以別於前項之財產行爲，至於在外國之不動產之法律行爲，本草案特別標明處分一語，爲原條例所無，蓋在表明該項法律行爲，係專指物權行爲而言，凡所有權之移轉及設定負擔等法律行爲均屬之。」採取否定之見解。

第三節　法人之國際私法問題

一、概說

某一團體是否爲法人，亦即在何等要件之下取得一般權利能力（人格），各國並不相同。因此，某一團體是否取得權利能力，即發生應依據何國法律決定之問題，是爲法人之權利能力準據法問題。

另一方面，內國實體法對於法人的規定，例如，如何區別內國法人與外國法人，外國法人之認許、內、外國法人是否享有、負擔相同之權利、義務，對於內、外國法人之監督是否相同等問題，則屬於內國實體法之問題，一般稱爲外國人法的問題。

法人之國際私法問題與法人之外國人法問題，兩者並不相同。但是有一共通的前提問題，即如何區別內、外國法人，一般稱爲法人之國籍問題。

關於法人之國籍問題，有持贊成之觀點者，亦有持反對見解者。法人國籍肯定論者係以法人與自然人對比，主張法人有國籍，並以法人國籍爲出發點，

解決法人的一切國際私法問題。法人國籍否定論者，則反對此種見解，彼等認爲國籍僅適用於自然人，於法人並不適宜。因此，關於法人一般權利能力準據法，與其稱爲法人國籍所屬國法，毋寧稱爲法人之屬人法或從屬法（以下使用法人之屬人法）較妥。似以後者爲當。涉外民事法律適用法採之。

二、法人屬人法之決定基準

法人之屬人法係指規範法人一般權利能力及內部關係組織與消滅原因之法律。

關於法人之屬人法問題，首先乃法人取得人格之要件問題。法人無論是財團或社團，均是依據一定法律而賦與法人一般權利能力，但其要件，各國規定未必完全相同。因而，有所謂法人人格準據法問題，即應依據何國法律決定該法人有人格。此爲法人權利能力準據法問題。就此問題，見解不同，茲述之如下：

（一）設立準據法主義說

設立準據法主義說多爲大陸法系國家採取，認爲關於法人之本質，無論採取法人擬制說或法人實在說，法人人格係由法律所賦與，法人的本質存有法的技術的色彩，與社會學的實在仍有距離，賦與法人人格者係一定的法律。因此，應以法人設立之準據法爲法人之屬人法。

設立準據法說使法人之屬人法得以固定不變，對於法人屬人法係據以決定法人一般權利能力、內部組織與其消滅之準據而言，自以維持固定不變爲妥。惟設立準據法說亦不無缺失，即法人設立準據法所屬國與法人關係並非密切，例如，依據A國法律成立之法人，多在B國從事營業活動，如認爲該法人爲A國法人，並以A國法爲其屬人法則顯非適當。[15]

---

15 例如，許多公司常常依據美國德拉瓦州之法律，設立公司，但公司之本據並非在德拉瓦州，以德拉瓦州法律爲該公司之屬人法，顯非妥適。

（二）法人本據地法主義說

法人本據地法主義說多爲英美法系國家採取，認爲法人之本據地與法人關係最爲密切，應以法人之本據地定其屬人法。惟關於法人之本據地何在，尚有不同見解。

法人事務活動的中心地說（法人營業中心地）與法人關係最爲密切，爲保護社會一般利益，應以法人之營業中心地爲法人之法人本據地；此說之缺失在於法人之營業中心地如有數個地方或兼跨數國者，將難以定法人之本據地及法人之屬人法。

法人主事務所說認爲應以法人之主事務所爲法人之本據地，進而定法人之屬人法；關於法人之主事務所何在，又有章程說與事實說之對立，章程說認爲應以章程所定之主事務所爲法人之本據地。此說之缺失在於法人章程所定之主事務所未必係法人眞正之住所。事實說則以法人事實上之主事務所爲法人之本據地。此說之缺失仍在於法人事實上主事務所何在難以認定。

（三）設立人國籍說（控制說）

設立人國籍說，認爲應以法人之設立人之國籍定法人之國籍。而此說之缺失在於法人之設立人國籍未必與法人有密切之關係。

（四）折衷說

折衷主義說又稱爲限制的設立準據法主義，認爲設立準據法說與本據地法說各有其缺失，應折衷其間較妥。亦即，原則上採取設立準據法主義，惟如設立準據法國與該法人無實質的關連時，則以法人本據地法爲其屬人法。

涉外民事法律適用法採設立準據法說。但舊涉外民事法律適用法第2條規定：「外國法人經中華民國認許成立者，以其住所地法爲其本國法。」新涉外民事法律適用法第13條規定：「法人，以其據以設立之法律爲其本國法。」其理由稱：「按內、外國之法人均有應依其屬人法決定之事項（詳如修正條文第14條所列），現行條文第2條僅就外國法人予以規定，並以經中華民國認許成立爲條件，漏未規定內國法人及未經中華民國認許成立之外國法人之屬人法，

實有擴大規範範圍之必要。現行條文規定外國法人以其住所地法為其本國法，至於依中華民國法律設立之中華民國法人，則依法理以中華民國法律為其本國法，二者所依循之原則不同，而有使其一致之必要。爰參考1979年泛美商業公司之法律衝突公約第2條及義大利國際私法第25條第1項等立法例之精神，均採法人之設立準據法主義，明定所有法人均以其所據以設立之法律，為其本國法。」

三、法人屬人法之適用範圍

關於法人屬人法之適用範圍。由於法人為一國法律技術之產物，因此，原則上，法人自成立迄消滅均有法人屬人法之適用。惟不可否認者乃法人與第三人之關係，為保護行為地交易安全，不能不例外的適用行為地法。詳言之：

(一)法人一般的權利能力之有無，即法人設立形式及實質要件、設立無效之原因事由等，例如，法人章程或捐助章程之作成、政府機關之許可、設立登記、設立無效原因等問題，均應適用法人之屬人法。

(二)關於法人一般權利能力之範圍，由於法人之權利能力係由於法律所賦與，與自然人係與生俱來不同，外國自然人之權利能力除非內國法令特別限制，否則均與內國自然人相同。外國法人則其權利能力受其成立準據法之限制，屬人法所屬國權利能力之範圍未必與行為地權利能力之範圍一致，因而，如某一法人有屬人法上權利能力外之行為，而該行為係同種類內國法人權利能力內之行為，如任其主張該行為無效，將造成相對人權益之受損，影響行為地之交易安全。於此，應類推適用涉外民事法律適用法第10條第3項之規定，以該行為雖依屬人法為權利能力外之行為，但依行為地法為有權利能力之行為，仍認該法人之行為為有效。[16]惟如此將影響法人之債權人或構成員之權益，而有必要調整。亦即，如該法人依據內國法之規定為內國營業所及屬人法之登記，且於內國經常性從事交易行為，相對人因得獲知該法人權利能力之範圍，未必受有不測之損害，而無類推適用涉外民事法律適用法第10條第3項之必要。[17]同理，就該法人取得之權利而言，如依法人之屬人法受有限制，依權利本身之準據法則無此限制，此際

---

[16] 溜池良夫著，國際私法講義，頁286。

[17] 溜池良夫，同前註。

應認為無此限制，以維交易之安全。

(三)關於法人之個別權利能力，原則上依據該權利本身之準據法決定。但就法人屬人法不得享有之權利，法人得否依據權利本身之準據法而得享有？此不可一概而論，詳言之，如該權利在法人性質上本不得享有，縱使依權利本身準據法，法人得享有，法人亦不得享有。若非法人性質上一定不得享有之權利，而係因國而異者，法人則得依權利本身準據法而得享有。[18]

(四)關於法人內部組織之問題，例如，法人機關之種類、性質、員額、選任、解任、職務，法人與社員之關係、社員與社員間之關係、社員資格得否讓與、章程、捐贈行為等，因與法人人格有密切關係，自應適用法人之屬人法。惟法人與其機關間之關係，雖屬於內部問題，固應適用法人之屬人法。如與第三人有關，則不得適用法人之屬人法，而應適用行為地法。例如，法人機關之權限有無及其範圍、法人之機關逾越權限之行為效力，類推適用涉外民事法律適用法第10條第3項之規定，不能僅適用法人之屬人法，而應適用行為地法。[19]

(五)法人之消滅，例如，法人解散時期、解散事由、解散效果及清算等，因與法人人格消滅有關，自應適用法人屬人法。惟應注意者乃法人之解散，有以破產為原因而採取破產程序者，亦有非以破產為原因，而採取一般清算程序者，如採取破產程序，則原則上應適用破產宣告國之法律。如係一般清算，清算人之性質、種類、職務、權限，清算人與法人間之關係、清算程序，均應適用法人之屬人法。但關於清算人之權限，僅於內部關係始適用法人之屬人法，如與第三人有關，則不適用法人之屬人法，而應適用行為地法。至於清算後剩餘財產之歸屬，則應適用法人之屬人法。

(六)法人應以何人為代表人？法人之代表人有何權限？得為何種法律行為？何種法律行為之效果歸屬於法人？乃法人之行為能力問題，應依法人之屬人法。但在法人為法律行為之行為地對於法人之行為能力有所限制時，為保護行為地交易安全，應適用行為地法。但法人代表人所為法律行為之成立要件與效力，應適用該法律行為本身之準據法，而不適用法人之屬人法。清算法人代表人及其權限問題，亦適用前述原則。

(七)何人之侵權行為為法人之侵權行為，而由法人負損害賠償責任或連帶損害

18　溜池良夫，同前註，頁289。

19　溜池良夫，同前註。

賠償責任？乃法人之侵權行爲能力問題，有認爲此乃法人之能力問題，應適用法人之屬人法，有認爲此係侵權行爲之成立要件問題，應適用侵權行爲之準據法。前者，對於法人之債權人、構成員權益之保護較爲週延，後者則重視被害人權益之保護。亦有持折衷見解者，認爲侵權行爲應區分爲法人內部之侵權行爲與法人機關對於外人之侵權行爲，例如，法人機關對於法人構成員之侵權行爲屬於前者；法人機關對於法人構成員以外之人之侵權行爲屬於後者。前者，適用法人之屬人法，後者適用侵權行爲準據法。[20]

涉外民事法律適用法第14條之規定：「外國法人之下列內部事項，依其本國法：

一、法人之設立、性質、權利能力及行爲能力。

二、社團法人社員之入社及退社。

三、社團法人社員之權利義務。

四、法人之機關及其組織。

五、法人之代表人及代表權之限制。

六、法人及其機關對第三人責任之內部分擔。

七、章程之變更。

八、法人之解散及清算。

九、法人之其他內部事項。」基本上解決了前述若干爭議。

重要實務見解

司法院民國72年5月2日第3期司法業務研究會

法律問題：涉外民事法律適用法第2條規定：「外國法人經中華民國認許成立者，以其住所地法爲其本國法」，設有某日本公司，經依我國公司法第七章「外國公司」之規定認許成立後，是否仍有我國公司法第16條第1項規定「公司除依其他法律或公司章程規定以保證爲業務者外，不得爲任何保證人」之適用？

甲說：某日本公司經依我國公司法之規定認許成立後，依涉外民事法律適

20　溜池良夫，同前註。

用法第2條規定：「外國法人經中華民國認許成立者，以其住所地法為其本國法。」而某日本公司之住所地為日本，故日本法為其本國法。該經我國認許成立之日本公司應依照日本公司法之規定不適用我國之公司法，自亦無我國公司法第16條第1項之適用。

　　乙說：依我國公司法第377條之規定，第16條第1項禁止作保之規定，亦準用於經認許之外國公司。至涉外民事法律適用法第2條所定：「外國法人經中華民國認許成立者，以其住所地法為本國法」，係為依法應適用外國法人之本國法時，確定何者為其本國法而設，非謂外國法人之法律行為之成立要件及效力，當然適用其本國法。保證亦係法律行為之一種，其成立要件及效力，依涉外民事法律適用法第6條規定應適用我國法律時，前揭公司法禁止作保之規定，即應準用於外國公司（參見前司法行政部55.08.18台55函民字第4843號函）。

　　研討結論：某日本公司，經我國認許成立後，仍有我國公司法第16條第1項之適用。採乙說。

　　司法院第一廳研究意見：某日本公司，經依我國公司法之規定認許成立後，即為我國公司法上之「外國公司」，依公司法第377條規定，第16條第1項「除依其他法律或公司章程規定以保證為業務者外，不得為任何保證人」之規定，亦準用之，甲說謂無該條之適用，並非正確。至涉外民事法律適用法第2條規定：「外國法人經中華民國認許成立者，以其住所地法為其本國法」，僅在確定何者為其本國法，以為適用之準據而已，並非外國公司一經認許，即應適用其本國法。又縱依涉外民事法律適用法第6條規定，當事人約定應適用日本公司法，如日本法規定有背於我國公司法第377條、第16條之規定，依涉外民事法律適用法第25條規定，亦無適用日本法之餘地。

相關考題

一、人之權利能力有無法律衝突問題？若有法律衝突問題，在我國國際私法上應如何決定其準據法？【85年律師】

二、中華民國國民阿娟年滿18歲，赴法國讀大學，抵巴黎第二週，即與　法籍老婦人締結一年期房屋租賃契約，後又改變主意寄居學生宿舍，遂以其尚無完全締約能力為由，主張撤銷該契約。4年後學成，並偕大她兩歲法國籍男友亨利回國，籌備在台結婚，次年生一女安妮。請簡述理由，試

問法國民法規定18歲爲成年，而法國國際私法及法院判例對行爲能力之準據法，與我國法之規定採同一態度，阿娟在法國究有無完全之締約能力？【77年司法官】

三、某甲爲具我國及美國雙重國籍之現年19歲年輕人，依美國法律，18歲爲成年。某甲今年與某乙公司訂立一部汽車之買賣契約。如某甲原爲我國國民，其後因歸化而又取得美國國籍時，該買賣契約之效力如何？如某甲因出生而同時取得我國及美國國籍時，該買賣契約之效力如何？又如買賣契約在我國境內發生，其效力如何？【91年司法官】

四、某甲外國人與某乙外國人簽訂一債之契約，雙方並約定就契約關係適用甲國法。嗣後有關該乙外國人之行爲能力發生爭執，涉訟於我國法院，假設我國法院有管轄權，乙國國際私法有關行爲能力的準據法，係採本國法主義，其民法規定，21歲有完全行爲能力，結婚對行爲能力之準據法無影響，而某乙外國人18歲已結婚。試回答下列問題，並扼要說明理由。

(1)關於乙外國人行爲能力問題，法院是否適用雙方合意適用之甲國法？

(2)關於乙外國人行爲能力，原則上應適用何國法？有無完全行爲能力？

(3)若契約係於甲國簽訂，乙外國人之行爲能力適用合國法？有無完全行爲能力？

(4)若契約係於中國簽訂，乙外國人之行爲能力適用何國法？有無完全行爲能力？【72年律師】

第四章
監護宣告，輔助宣告（禁治產宣告）與死亡宣告

【關鍵字】

■ 監護宣告	■ 本國法主義與宣告國法主義之累積適用	■ 物之所在地法主義
■ 輔助宣告		■ 屬人法主義
■ 一般管轄	■ 外國監護宣告之效力	■ 併用物之所在地法與受宣告者之屬人法
■ 本國法主義	■ 監護宣告之撤銷	
■ 宣告地國法	■ 死亡宣告	■ 效果法主義
	■ 最後住所地國法	■ 比較法說

第一節　監護宣告，輔助宣告之國際私法問題

一、概說

　　應受監護宣告、輔助宣告（舊法用語為禁治產宣告，以下只使用監護宣告、輔助宣告之用語）之人係指因精神障礙或其他心智缺陷，致不能為意思表示或受意思表示，或不能辨識其意思表示之效果者，禁止其自己治理財產，即禁止獨立為財產上法律行為。其立法目的在於保護有精神障礙或其他心智缺陷之人之利益及社會交易安全，與未成年完全人無行為能力制度並不完全相同。

　　關於監護宣告、輔助宣告之制度，各國立法例並不相同。在採取禁治產宣告制度之國家，有採取禁治產與準禁治產（監護宣告，輔助宣告）區分之制度者，凡為禁治產宣告（監護宣告）者即無行為能力，凡宣告準禁治產者（輔助宣告）即僅有限制行為能力；亦有採取不區分禁治產與準禁治產者，惟因心神喪失而為禁治產宣告者，無行為能力，因精神耗弱而為禁治產宣告者則僅有限制行為能力；亦有不分禁治產與準禁治產（監護宣告，輔助宣告），且一旦為

禁治產宣告（監護宣告）即完全喪失行為能力，不一而足，我國原亦採禁治產宣告制度，嗣後修正民法總則編，改採監護宣告、輔助宣告制度，係基於現行「禁治產」之用語，僅有「禁止管理自己財產」之意，不足以彰顯對於成年人全面監護保護之意旨。

98年12月30日再修正公布舊涉外民事法律適用法第3條：「凡在中華民國有住所或居所之外國人，依其本國及中華民國法律同有受監護、輔助宣告之原因者，得為監護、輔助宣告。前項監護、輔助宣告，其效力依中華民國法律。」第20條：「監護，依受監護人之本國法，但在中華民國有住所或居所之外國人有下列情形之一者，其監護依中華民國法律：一、依受監護人之本國法，有應置監護人之原因而無人行使監護之職務。二、受監護人在中華民國受監護宣告。輔助宣告之輔助，準用前項規定。」惟無論如何，仍有為監護宣告、輔助宣告問題定準據法之必要。

二、監護宣告、輔助宣告之一般管轄

由於監護宣告、輔助宣告係由法院或其他機關，經由一定程序而剝奪或限制受宣告者之行為能力，因此，監護宣告、輔助宣告所待處理之第一個問題，即監護宣告、輔助宣告之一般管轄權，即某人應由何國法院或其他機關監護宣告、輔助宣告。就此問題，有不同見解。

涉外民事適用法第12條：「凡在中華民國有住所或居所之外國人，依其本國及中華民國法律同有受監護、輔助宣告之原因者，得為監護、輔助宣告。前項監護、輔助宣告，其效力依中華民國法律。」依國內通說，我國法院欲取得對外國人禁治產之管轄時，需具備兩要件：

(一)該外國人在中華民國有住所或居所。

(二)為需該外國人之本國法及中華民國法律同有監護宣告、輔助宣告之原因。

主張本國法院有一般管轄權者，其理由在於監護宣告、輔助宣告在於保護受監護宣告、輔助宣告人之利益，而限制或剝奪其行為能力之故，因此，由與該當事人關係最密切之本國法院行使一般管轄權。日本第12條之規定：「凡在中華民國有住所或居所之外國人，依其本國及中華民國法律同有受監護、輔助宣告之原因者，得為監護、輔助宣告。前項監護、輔助宣告，其效力依中華民國法律。」係例外規定，因此，某人之監護宣告、輔助宣告之一般管轄權應由

其本國法院行使。

　　舊涉外民事法律適用法第3條之立法說明採取前者之見解：「禁治產之宣告，原則上應由禁治產人之本國法院管轄，惟例外亦得由其居住地法院管轄，本項規定即係例外，其目的蓋在保護居住地之公安，及外國私人利益。」其限於在中華民國有住所或居所，在表示與內國法律關係較深。必兼具本國法及內國法上之原因者，目的在一面承認當事人本國法對其國人之能力事項保護較周，一面亦顧及第三人之利益與內國之公益與公安[1]。

　　但是，持反對說者認為只需有第1項條件即可，蓋第2項條件屬於實體法要件，和管轄無涉。因本國法院對於居住於本國以外之國家之受監護宣告、輔助宣告人，為決定是否宣告其禁治產（為監護宣告，輔助宣告）而需審查其身心狀況，有實際上之困難。其次，本國法院即使宣告某人禁治產（為監護之宣告），但該受監護宣告、輔助宣告人住所地國或居所地國之相對人知悉其被禁治產宣告（為監護宣告，輔助宣告），並不容易。且由受禁治產（受監護宣告，輔助宣告）之人住所地國或居所地國法院行使一般管轄權，即可達成保護受禁治產（受監護宣告，輔助宣告）之人之利益。因此，涉外民事法律適用法第12條之規定不宜解釋為例外規定。

【案例1】

　　我國籍男子甲娶A國籍女子乙為妻，甲好賭成性，短短數年就幾乎輸光所有家產。乙在極度失望與憤怒下，向我國法院聲請對甲宣告禁治產（依A國法律規定，好賭成性能成為被宣告禁治產的原因），試問我國法院應如何處理本案？

　　關於監護宣告之第二個問題乃監護宣告原因之準據法為何。就此問題，有下列不同的見解：

---

[1]　參閱馬漢寶著，國際私法總論・各論，頁322。

（一）本國法主義

監護宣告與受監護宣告人之本國關係較為密切，因此應以當事人本國法為監護宣告原因之準據法。

（二）宣告地國法

監護宣告除保護受監護宣告人之利益，更重要的在於維護受監護宣告人住所或居所地國交易之安全，故應適用宣告地國之法律。

（三）本國法主義與宣告國法主義之累積適用

採本國法主義既有礙於內國之公共秩序，宣告地國法亦與人之行為能力應依其本國法之基本原則相違，故應採取本國法與宣告地國法之累積適用主義，即同時具備本國法與宣告國法律所規定之監護宣告原因者，始可為監護之宣告。

涉外民事法律適用法第12條規定：「凡在中華民國有住所或居所之外國人，依其本國及中華民國法律同有受監護、輔助宣告之原因者，得為監護、輔助宣告。前項監護、輔助宣告，其效力依中華民國法律。」採取本國法與宣告地國法之累積適用主義。舊涉外民事法律適用法之立法說明：「至於禁治產之原因，究應依何國法律而定，向有本國法說及法庭地法說之分，依理論言，內國對外國人為監護之宣告，與對內國人宣告之情形究有不同，該外國人之本國法與內國法自應同時並重，以保護居住國之社會公安及外國人之法益，故規定應依法庭地法與外國人之本國法同有宣告之原因時，始得為之。」但是，採取本國法與宣告地國法之累積適用主義之結果，實無異於採取宣告地國法。

關於監護宣告、輔助宣告之準據法，國際私法上有以下兩種不同的見解：

（一）屬人法主義

監護宣告、輔助宣告既與一個人之行為能力有關，自應以其屬人法為準據法。

（二）宣告國法主義

　　為保護宣告國之交易安全，以宣告國法為準據法，並無不妥。亦即，如由本國法院為監護宣告、輔助宣告者，以受宣告者之本國法為準據法；由中華民國法院為監護宣告、輔助宣告者，以中華民國法律為準據法。

　　涉外民事法律適用法第12條第2項規定：「前項監護、輔助宣告，其效力依中華民國法律。」採取宣告國法說。舊涉外民事法律適用法之立法說明：「本（第2項）規定禁治產宣告之效力依中國法，即宣告國法，係採學者之通說。蓋內國對於外國人既認有宣告禁止產之必要，則其宣告之效果，必須使之與內國人受禁治產者完全相同，始足以維護交易安全，而策交易之安全。原條例對於外國人在內國為禁治產之效力，未加規定，不免疏漏，故增列本項。又原條例第7條規定準禁治產，但現行民法，並無準禁治產制度，該條自應予刪除。」可供參考[2]。

三、外國監護宣告、輔助宣告之效力

　　關於監護宣告、輔助宣告的第四個問題乃外國監護宣告、輔助宣告在內國是否承認其效力，就此問題，應分別禁治產人（受監護宣告人）的不同情形觀察：

　　首先乃禁治產人（受監護宣告人）在宣告國所為之行為。如果該監護宣告、輔助宣告係合於民事訴訟法第402條之規定，則該禁治產人（受監護宣告人）在宣告國所為之行為，即認其係禁治產人（受監護宣告人）所為之行為，不問該監護宣告、輔助宣告係對於宣告國之國民、第三國之國民或內國國民所為。但亦有認為除民事訴訟法第402條之要件外，尚應加上該外國監護宣告、輔助宣告所適用之準據法符合內國國際私法之規定之要件。

　　其次乃受監護宣告人（禁治產人）在宣告國以外的第三國所為之行為，是否應認其係受監護宣告人（禁治產人）所為。例如，監護宣告、輔助宣告係在甲國，受監護宣告人（禁治產人）之行為係在乙國，則在內國是否認該受監護宣告人（禁治產人）在乙國之行為為受監護宣告人（禁治產人）之行為。有認

2　關於禁治產宣告之裁判管轄權與準據法問題，可參閱折茂豐著，國際私法各論，頁29以下。

為如該監護宣告、輔助宣告符合民事訴訟法第402條之要件（亦有認為應加上前述之準據法之要件），即應承認該監護宣告之效力，不問該禁治產人之行為何在，均認其係禁治產人（受監護宣告人）所為。惟亦有認為在乙國亦承認甲國監護宣告、輔助宣告之效力之前提下，始應承認係受監護宣告人（禁治產人）之行為。

第三，如果禁治產人（受監護宣告人）在內國所為之行為，是否承認其係禁治產人（受監護宣告人）所為。就此有不同見解，有採取否定的態度，認為外國所為之監護宣告、輔助宣告，既未經公示，且監護宣告、輔助宣告原先之作用具有屬地的性質，則承認其效力，將影響內國交易之安全。亦有採取肯定的態度，認為外國所為之監護宣告、輔助宣告所以發生效力，與公示與否無關，且涉外民事法律適用法第12條僅承認內國之例外的一般管轄權，並未否定當事人本國法院之原則的一般管轄權，自不得據以否定外國監護宣告、輔助宣告，特別是當事人本國所為者在內國之效力[3]。

四、監護宣告、輔助宣告之撤銷

關於監護宣告、輔助宣告最後一個問題乃監護宣告、輔助宣告之撤銷。內國所為監護宣告、輔助宣告，如不再具有監護宣告、輔助宣告之原因，內國當然得依據內國法律及當事人本國法撤銷之。當事人本國所為監護宣告、輔助宣告，本國法院當然亦得撤銷之。至於當事人本國法院所為之監護宣告、輔助宣告，內國法院得否撤銷，或內國所為監護宣告、輔助宣告，當事人本國得否撤銷之問題，則不無疑義。就此有採取肯定之見解者，認為內國既承認當事人本國法院所為監護宣告之效力，或當事人本國既承認內國所為監護宣告之效力，自不妨撤銷之。惟亦有採取否定之見解者。

---

[3]　參閱，山田鐐一著，國際私法（第3版），頁194以下。

第二節　死亡宣告之國際私法問題

一、概說

　　自然人離去其住所而生死不明，為防止其遺留財產之散逸或毀損，為保護其配偶或繼承人之權益，有必要採取一定的方法或措施予以處理。此即死亡宣告或失蹤宣告之制度。所謂死亡宣告或失蹤宣告[4]，係指某人生死不明之情形繼續一定期間，經由法院或其他機關之宣告，使該失蹤人發生推定或擬制死亡或已死亡之效果，使關於該失蹤人不確定之身分或財產上法律關係得以確定之法律制度。惟各國對於死亡宣告或失蹤宣告之原因，要件及其效果等，規定未必完全相同，因而有死亡宣告或失蹤宣告之國際私法問題。惟應注意者乃死亡宣告或失蹤宣告僅處理一定範圍內不確定之身分或財產關係，並非剝奪該失蹤人之權利能力，因此，其國際私法問題之處理，無從依據處理權利能力之國際私法選法規則為之，而有另定準據法之必要。

　　由於死亡宣告或失蹤宣告概由法院或其他機關為之，因此，國際私法上之死亡宣告或失蹤宣告問題，除準據法決定之問題外，另有死亡宣告或失蹤宣告之一般管轄權問題，與死亡宣告或失蹤宣告之裁判承認及其效力問題。至於失蹤人所遺留財產之管理問題，一般而言，並不是以死亡宣告或失蹤宣告為其前提，其一般管轄權與準據法之決定，並不當然應與死亡宣告或失蹤宣告相同，為期財產管理具有實效，應由財產所在地法院行使一般管轄權，並適用財產所在地法。

二、死亡宣告之一般管轄權

　　關於死亡宣告或失蹤宣告之一般管轄問題，亦即何國法院有權宣告某人死亡或失蹤，向有不同見解。

4　日本法採取失蹤宣告，德國法採死亡宣告，法國法則採取不在宣告及裁判上之死亡宣告，我國法則採取死亡宣告之制度。

（一）本國法院說

死亡宣告或失蹤宣告有使失蹤人之財產關係或身分關係，發生與死亡相同或類似之效果，與失蹤人之權利能力有關，權利能力問題因與自然人之本國有密切關係，而應適用當事人本國法。

（二）最後住所地國說

此說認為死亡宣告或失蹤宣告制度並非在於失蹤人權利能力之剝奪問題，而在於確定失蹤人之身分關係或財產關係，亦即，不在於保護失蹤人之權益，而在於保護失蹤人之配偶或繼承人之權益，且當事人本國法院對於久離本國之當事人，調查其失蹤與否，誠有困難，因此，由最後住所地國法院行使一般管轄權比由本國法院行使一般管轄權為合適。

涉外民事法律適用法第11條規定：「凡在中華民國有住所或居所之外國人失蹤時，就其在中華民國之財產或應依中華民國法律而定之法律關係，得依中華民國法律為死亡之宣告。」依此規定，對於有住所或居所在中華民國之外國人，於下列兩種情形之下，中華民國法院有死亡宣告或失蹤宣告之一般管轄權：

1. 財產所在地在中華民國。所謂財產所在地在中華民國，如果財產係動產或不動產，其所在地在中華民國即屬於在中華民國之財產。如果財產是著作權、專利權或商標權等智慧財產權，則以其在中華民國完成著作，或在中華民國登記或登錄者為限，為在中華民國之財產。如果財產是船舶或航空器，而船籍國或航空器登記國為中華民國，即係在中華民國之財產。如果財產為債權則以該債權得在中華民國請求者，為在中華民國之財產。

   所謂得在中華民國請求，例如，債務人之住所或營業所在中華民國、契約債權之履行地在中華民國、侵權行為之債，其侵權行為地在中華民國均屬之。如果該債權已證券化，則以表彰該債權之證券實際在中華民國者為在中華民國財產。[5]

2. 有應依中華民國法律而定之法律關係。此一法律關係不問係身分上之

5　溜池良夫著，國際私法講義，頁252～253。

法律關係或財產上之法律關係，均屬之。所謂依中華民國法律而定之法律關係，原則上是指依中華民國之國際私法規定，以中華民國法律爲準據法之法律關係。例如，被繼承人爲中華民國國民、侵權行爲地在中華民國之侵權行爲之債、契約準據法爲中華民國法律之契約之債、夫爲中華民國國民之夫妻財產制關係等等。

　　涉外民事法律適用法第11條限制以上二種始得行使一般管轄之情形，其立法意旨應意在限縮管轄之適用，蓋死亡宣告之影響重大，因此規範外國人在中華民國境內有住所或居所，此等與內國關係較密切始有管轄權，在兼顧內國與外國法間彼此之公益、公安目的做一平衡之規範，以期萬全。

　　本條立法意旨甚美，然在運用上尚有些許問題，從而暴露本條在立法規範尚有未顯周延之處。易言之，例如，常年居住於中華民國同國籍之外國人夫婦中之一人，即使有生死不明情事，仍不能由中華民國法院宣告其死亡。蓋依涉外民事法律適用法夫妻間之法律關係原則上以夫之本國法爲準據法，自非應以中華民國法律而定之法律關係。如該夫妻於中華民國有財產，固得依涉外民事法律適用法第11條第2項之規定，由中華民國法院宣告其死亡，但此一宣告效力顯不及於該夫妻之本國。因此，並不能藉以解決該生存之配偶與死亡配偶懸而未決之婚姻關係[6]。

三、死亡宣告之準據法

　　關於死亡宣告原因及效力之準據法，各國立法例並不一致，茲分述如下：

(一)物之所在地法主義：採此說者認爲，死亡宣告應注重失蹤人財產之管理與歸屬，與失蹤人之身分並無關係，因此，應以失蹤人財產所在地法爲準據法。

(二)屬人法主義：死亡宣告影響受宣告者之身分，應適用其本國法。

(三)併用物之所在地法與受宣告者之屬人法：亦即關於受宣告者之財產問題，適用物之所在地法，關於受宣告者之身分問題，適用其本國法。

(四)宣告國法主義：在本國法院行使一般管轄權時，應以失蹤人之本國法爲其準據法，其主要理由與本國法院行使一般管轄權之理由相同，亦即，死亡

---

[6]　溜池良夫著，國際私法講義，頁253。

宣告或失蹤宣告與失蹤人之權利能力有關，因而，應以失蹤人本國法爲準據法。在中華民國對於外國人爲死亡宣告時，自應以中華民國法律爲準據法。蓋死亡宣告或失蹤宣告之目的既在於確定未確定之身分上或財產上法律關係，則適用宣告地國法律自較爲合適。

(五)效果法主義：亦即，受宣告者之配偶如欲再婚，則死亡宣告之效果，應適用婚姻要件之準據法；如受宣告者之繼承人欲繼承受宣告者之遺產，則死亡宣告之效果以繼承關係之準據法爲準據法[7]。

涉外民事法律適用法採宣告國法主義。

四、死亡宣告或失蹤宣告準據法之適用範圍

死亡宣告或失蹤宣告準據法之適用範圍，及於死亡宣告或失蹤宣告之要件與效力。

所謂死亡宣告或失蹤宣告之要件，包括生死不明之期間及其起算點、有權聲請死亡宣告或失蹤宣告之人、宣告之前應否經公示催告等等。不過關於死亡宣告之程序要件，適用宣告國之法律，不是因準據法爲宣告國之法律，而係「因程序，依法院地法」之原則適用之結果。

所謂死亡宣告或失蹤宣告之效力，係指死亡宣告或失蹤宣告之直接效果。例如，受死亡宣告或失蹤宣告者，係視爲死亡或推定死亡、或受推定死亡；其日期係宣告時、最後音訊時或危難發生時或失蹤期間屆滿時；在期間屆滿前是否推定爲生存等等。如果是死亡宣告或失蹤宣告之間接效果，例如，繼承開始、婚姻關係消滅等，均不適用死亡宣告或失蹤宣告之準據法，而適用各該法律關係，例如、繼承、婚姻效力之準據法。

---

[7]　參閱，折茂豐著，國際私法各論，頁5以下；三浦正人著國際私法，頁103以下；澤木敬郎著，國際私法入門，頁97以下；山田鐐一著，國際私法（第3版），頁167以下；歐龍雲著，國際私法講義，頁82以下；澤木敬郎、山田鐐一著，國際私法講義，頁83以下。

五、外國死亡宣告之效力

【案例2】

B國籍男子丙與我國籍女子丁於十年前在C國結婚，婚後設有住所於D國（丁並未變更國籍）。八年前的某日，丙外出打獵，但出門後即音訊全無，妻子丁於去年依D國法律向D國法院聲請對丙為死亡宣告，D國法院從之。今年年初，丁隻身回到台灣，不久即結識了我國籍男子戊，兩人在經過熱戀後於今年年底結婚，試問丁與戊結婚是否為重婚？

關於死亡宣告另有一重要之國際私法問題，即關於外國死亡宣告之效力。就此，涉外民事法律適用法或其他法律亦無明文規定，亦即，民事訴訟法第402條係就外國法院之確定判決之承認所為之規定，死亡宣告一般認為具有非訟事件之性質，不能適用該條之規定，充其量只能類推適用而已。因而，發生是否承認該外國之死亡宣告及如果予以承認，其要件為何之問題。

就此問題，一般認為外國死亡宣告仍能予以承認，且只要具備裁判管轄權及不違反公序良俗之要件即可。其次，經承認後之外國之死亡宣告，其效力原則上依宣告國之法律定之，惟如與中華民國之規定不同時，仍以中華民國法律所定者為準。

【例2解析】

丁與戊之婚姻是否重婚，其先決問題在於我國法院是否承認D國法院對丙所為之死亡宣告的效力。若承認之，則丁與戊之婚姻不構成重婚；反之，丁與戊結婚將構成重婚。關於外國死亡宣告之效力問題，涉外民事法律適用法及其他法律並未規定。惟如前所述，只要外國法院具備裁判管轄權及該死亡宣告不違背我國公序良俗，我國法院即可承認該死亡宣告的效力。因此，在本案中，我國法院對D國法院所為之死亡宣告應予承認，故丁與戊結婚並不構成重婚。

第五章
法律行為之準據法

【關鍵字】

- 法律行為之方式
- 當事人意思自治原則
- 代理
- 法律行為的實質
- 場所支配原則

第一節　概　說

於私法自治原則之下，個人得依其意思形成一定之法律關係。個人意思之表達最重要者乃法律行為。法律行為係法律依據當事人之效果意思而發生效力之法律事實。由於各國對於法律行為之要件與效力或有不同，因而有為法律行為選定準據法之必要。

國際私法上關於法律行為之準據法問題，一般而言，係分別依據法律行為之成立與效力而為不同之規定。在法律行為成立之準據法方面，又分為法律行為之方式與法律行為之實質而為不同之規定。法律行為之實質係指法律行為方式以外，有關法律行為之要件與效力之問題；法律行為之方式係指法律行為有效成立所必需之行為外部的形式。關於法律行為之實質，國際私法所採取之態度與對於法律行為之方式所採取之態度不同。易言之，法對於法律行為之實質之準據法，係將法律行為分為債權行為、物權行為、身分行為、繼承行為等，分別規定其應適用之準據法。例如，債權行為以當事人自主原則定其準據法，當事人意思不明時，始適用行為地法；關於物權行為則適用物之所在地法；關於身分行為，則以當事人本國法為準據法；關於繼承行為則適用被繼承人之本國法。且在債權行為或物權行為之財產法上之法律行為，通常係不分要件或效力，適用相同之準據法。若係身分行為或繼承行為則區分為要件及效力，適用不同之準據法。法律行為之方式，則不分其為債權行為、物權行為或身分行為，均規定適用相同之準據法。

第二節　法律行為方式之準據法

【案例】

A國籍男子甲爲請求其妻乙（A國籍）之原諒，於英國購買鑽戒欲贈與乙，甲雖口頭答應贈與，但因工作忙碌，未及將鑽戒交付給乙即因公差來到台灣，並將該鑽戒轉贈並交付予在台相識之情人丙，試問甲贈與丙鑽戒之行爲是否爲無權處分？（A國之動產物權移轉要件：合意；我國：合意及交付）

　　所謂法律行爲之方式係法律行爲有效成立所必需之法律行爲外部的形式。何謂法律行爲之方式係定性問題。不過，一般而言，贈與是否需具備書面、遺囑應否證人之會同簽名，係法律行爲之方式；裁判離婚係公權力之行使方式，一般不認爲係法律行爲之方式；結婚時，法定代理人之同意等無能力人行爲能力之補充或賦與，因非本人意思之表現方法，亦非法律行爲之方式；單純的證據方法，例如，公證書等亦非法律行爲之方式；各種證書上要求貼上印花，因非私法上之要求，而係租稅法等公法上之要求，亦非法律行爲之方式；物權法律行爲之登記或交付，無論其係成立要件或對抗要件，均係方式。但亦有認爲此之登記或交付，不僅是法律行爲意思之表現方式，且爲保護第三人或交易安全之公示方法，應不屬於法律行爲之方式。兩說以前者較妥。

　　關於法律行爲方式準據法之決定，自古以來，即有依據「場所支配行爲原則」，以行爲地法爲準據法。另有認爲法律行爲之方式與法域本身有密切關係，故應適用法律行爲本身之準據法。現今各國立法爲不使法律行爲因方式欠缺而無效，多採取選擇適用之方式，即依行爲地法或法律行爲本身之準據法，其方式爲有效，該法律行爲之方式即爲有效。法律適用條例原採取行爲地法爲原則，例外之場合，依法律行爲本身準據法所定之方式亦爲有效。涉外民事法律適用法則改採取原則上適用法律行爲本身之準據法，例外的適用行爲地法之態度。舊涉外民事法律適用法第5條之立法理由稱：「第1項所謂『該行爲所應

適用之法律』，指法律行為實質所應適用之法律而言，亦即法律行為之方式，應依法律行為之實質所應適用之準據法，斯為原則。原條例第26條第1項規定，法律行為之方式依行為地法，而適用規定行為效力之法律所定之方式者亦為有效。其立法精神，與本項頗有出入，且在理論上亦未盡妥適，蓋因法律行為之方式與實質，表裡相依，關係密切。在通常情形下，法律行為之方式，依照其實質所適用之法律，匪特較便於行為人，且按諸法理，本應如是。至於法律行為之方式依照行為地法，按場所支配一般法律行為方式所應適用之準據法之原則，雖未始不可認為有效，要屬例外情形，祇可列為補充規定，故本項特予改訂如正文。」可供參考。

　　法律行為方式既以法律行為本身之準據法為準據法。在財產之法律行為由於法律行為成立要件與效力，均適用同一準據法。在身分法律行為則因法律行為之成立要件與效力，分別適用不同之準據法，則究竟應以身分法律行為成立要件之準據法或效力準據法為身分法律行為方式之準據法？不無疑義。有認為身分法律行為之方式與身分法律行為成立要件有密切關係，故應適用身分法律行為成立要件之準據法。惟如考慮法律行為方式採取選擇適用之立法意旨，身分法律行為之方式，依身分法律行為成立要件或效力之準據法，均無不可。

　　法律行為之方式，依據「場所支配行為原則」以行為地法為準據法。行為地何在於隔地的法律行為之場合，如何決定，有無舊涉外民事法律適用法第6條第3項之適用，亦不無疑義。

　　有認為自形式上觀察，第6條第2項係適用於以行為地法為準據法之情形。第5條及第6條第2項均在其內，故適用第6條第3項以決定行為地，並無不妥。

　　亦有認為第6條第3項係當事人意思之推測，第5條完全係基於便利當事人成立法律行為所為之規定，並未考慮隔地法律行為之情形，因此，不應適用第6條第3項。

　　兩說應以後者較為可採。新法第16條後段亦規定：「行為地不同時，依任一行為地法所定之方式者，皆為有效。」惟在採取此說之下，如何確定隔地法律行為之行為地，不無疑義。依本章所見法律行為之方式，在單獨行為自以意思表示所在地之法律為準據法。在契約等雙方行為，要約與承諾之方式，固有認為應具備要約與承諾所在地之法律始可。惟如此一來，將使法律行為難以成立，違反舊涉外民事法律適用法第5條之立法旨趣，故應認為要約適用要約所在地之法律，承諾適用承諾所在地之法律始屬妥當。蓋此等法律乃當事人所熟悉之法律，且以意思表示所在地之法律為準據法，亦符合「場所支配行為原

則」。

當事人迴避原適用之法律，而遠赴他國為法律行為，致其法律行為方式上為有效，是否承認該法律行為方式為有效。按此乃選法詐欺或規避法律之問題，應依選法詐欺或規避法律[1]之理論解決之。

行為地法無系爭法律行為類型時，其方式是否改適用法律行為本身之準據法？亦有疑義。有認為此種情形應認為係無方式之法律行為，亦有認為應適用行為地法類似法律行為之方式。似以後說較為可採。

法律行為方式欠缺，其效果究竟法律行為為無效或得撤銷，若得撤銷，則撤銷方法為何，均適用法律行為方式之準據法。如法律行為同時未具備法律行為本身之準據法及行為地法所定之方式，其效力應依法律行為本身之準據法或行為地法？特別是在兩者規定之效力不同時，尤然。有認為應適用法律行為本身之準據法，蓋適用法律行為本身之準據法原來即係原則，於此情形，當然適用法律行為本身之準據法。惟亦有認為應適用對於行為人有利之準據法。

關於物權行為之方式，依涉外民事法律適用法第39條之規定：「物權之法律行為，其方式依該物權所應適用之法律。」不再適用行為地法。此乃因物權關係應適用物之所在地法之原則應予維持之故。

至於行使或保全票據權利之法律，依涉外民事法律適用法第21條第3項：「行使或保全票據上權利之法律行為，其方式依行為地法。」不再適用票據權利本身之準據法。均屬涉外民事法律適用法第16條之例外規定。

又關於婚姻之方式，依涉外民事法律適用法第46條第1項但書之規定：「但結婚之方式依當事人一方之本國法或依舉行地法者，亦為有效。」亦不適用第16條之規定。

【解析】

欲判斷甲贈與鑽戒予丙之行為是否為無權處分，須先判斷甲妻乙是否已取得鑽戒之所有權。依舊涉外民事法律適用法第39條之規定：「物權之法律行為，其方式依該物權所應適用之法律。」如題所述，今鑽戒已被甲攜至台灣，依我國民法第761條第1項前段之規定：「動產物權之讓與，非將動產交付，不生效力。」故在本題中，乙妻並未取得鑽戒所有權，從而甲將鑽戒轉贈與丙的行為並非無權處分。然而，甲乙間之物權行為與物之所在地（我國）並無密切的關係，以我國法律判斷甲乙間之物權行為是否有效非常不妥。故，為避免此

---

[1]　詳細內容請參閱本書總論第三章第四節。

種情形發生，涉外民事法律適用法之修正，對於物權法律行為之方式所應適用的準據法之規定做了修正，詳如後述。

重要實務見解

（一）最高法院57年度台上字第2771號民事判決

被上訴人向日商千○田會社承買系爭船體且在日本訂約，係一涉外民事案件，依涉外民事法律適用法第5條規定，法律行為方式，依該行為所應適用之法律，但依行為地法所定之方式者，亦為有效，而依日本商法海商編規定，船舶全部或一部之讓與，只須當事人合意，即生效力，非以書面之作成或經承買人所屬國家之駐日領事館蓋印證明為生效要件，又沈沒於海底之動產之讓與，如於當事人間有讓與書面之作成，且為授受時，則應解為已有民法上所稱之支付，是被上訴人即已取得系爭壽光丸輪船體之所有權。

（二）最高法院72年度台上字第2019號民事判決

票據係在香港作成，付款地亦在香港，則依涉外民事法律適用法第5條第2項及第6條第2項規定，認定系爭字據是否屬於本票，應以行為地即香港法律為準據法。查該字據係以英文作成，內稱：被上訴人願於民國64年（即西元1975年）10月10日起算二年後，給付上訴人美金伍拾萬元，以換取由文○克林頓公司出具同額借據。該借據所載權利及利息應讓與於被上訴人。並指定香港美國銀行西角分行為付款人。經原審函請外交部囑託我國派駐香港地區之機構中○旅行社調查，認為依香港法律規定，被上訴人出具之上開字據，應具有本票之效力。雖其中載有上訴人應為對待給付之條件，其票據並不因而歸於無效，上訴人於提示付款時，應證明該記載之條件經已履行（成就），付款人始可付款。故上訴人因行使追索權，請求被上訴人給付票款時，仍應依本票所載為對待給付，所附條件始屬成就。

第三節　法律行為實質之準據法

　　關於法律行為之實質，如前所述，國際私法所採取之態度與對於法律行為之方式所採取之態度不同。易言之，法對於法律行為之實質之準據法，係將法律行為分為債權行為、物權行為、身分行為、繼承行為等，分別規定其應適用之準據法。例如，債權行為以當事人自主原則定其準據法，當事人意思不明時，始適用行為地法；關於物權行為則適用物之所在地法；關於身分行為，則以當事人本國法為準據法；關於繼承行為則適用被繼承人之本國法。且在債權行為或物權行為之財產法上之法律行為，通常係不分要件或效力，適用相同之準據法。若係身分行為或繼承行為則區分為要件及效力，適用不同之準據法。惟財產行為或身分行為仍以法律行為為其共通上位概念，因此，檢討法律行為實質之準據法，特別是準據法之適用範圍，仍有其實益。

　　關於法律行為實質之準據法，應注意者有：

一、首先乃關於意思表示。按意思表示係法律行為之構成要素，法律行為係依意思表示之內容發生效力，意思表示可謂與法律行為有緊密之結合關係。意思表示之問題（例如：如何意思表示始為有效、意思表示之生效應以到達相對人或發出意思表示時或相對人可得了解時為準、意思表示有心中保留或通謀虛偽意思表示時，其效力如何等）即應適用法律行為本身之準據法。不過，亦有認為意思表示之問題，應以意思表示作成地、或表意人住所地或營業所所在地之法律為準據法。

二、其次，關於法律行為內容之合法、可能、妥當及確定，及具有此等情形時其效力如何等問題，亦與法律行為有關，應以法律行為本身之準據法為準據法。

三、再者，關於意思表示以外法律行為之要件，例如，是否須經第三人之同意或主管機關之許可，亦與法律行為有關，應適用法律行為本身之準據法。

四、關於條件或期限，例如何種法律行為得附條件；何等事實得為條件；附條件之法律行為，其效力如何；何種法律行為得附期限；如法律行為附期限，其效力如何；期限之計算方法如何等等，一般均認為應以法律行為本身之準據法為準據法。但亦有認為應適用履行地法。

第四節　法律行為代理之準據法

一、代理之準據法

代理係指由代理人代本人為意思表示或代受意思表示，而其法律效果歸於本人之制度。舊涉外民事法律適用法並未明文規定其準據法。新涉外民事法律適用法則增訂相關規定。

首先，關於法律行為得否代理，乃法律行為成立要件之問題，應適用法律行為成立要件之準據法。

其次，一般將代理之準據法問題區分為三個，其一，為本人與代理人間之法律關係；其二，為本人與第三人間之法律關係；其三為代理人與第三人間之法律關係。茲分述如下：

（一）本人與代理人間之法律關係

就本人與代理人間之關係而言，主要涉及代理權有無及其範圍。就此，如屬意定代理，本人與代理人間之關係，因代理而發生。代理權因本人對於代理人之授權行為而生，則本人與代理人間之關係原則上適用本人與代理人間契約關係（授權行為）之準據法，且有當事人意思自主原則之適用。惟授權行為往往因基本的法律關係，例如僱傭、承攬、委任等之存在而為之，當事人間若未以意思定其應適用之法律，則其準據法應推定為基本法律關係之準據法。如當事人間亦無此等基本法律關係，則其準據法如何決定，不無爭議，就此，有主張代理契約訂立地法、代理行為地法與代理人營業地法之爭執。本書以為，似以代理行為地法較為妥適。（參閱涉外民事法律適用法第20條之規定）

至於代理權之範圍與消滅問題，亦適用代理關係發生之準據法。如係法定代理，因法定代位權係因法律規定當然發生，則適用該法定代理本身之準據法。例如，親子關係、監護關係之準據法等。涉外民事法律適用法第17條規定：「代理權係以法律行為授與者，其代理權之成立及在本人與代理人間之效力，依本人及代理人所明示合意應適用之法律；無明示之合意者，依與代理行為關係最切地之法律。」係指意定代理，不包括法定代理，並規定代理之成立及本人與代理人間之效力，採當事人意思自主原則，並限於「明示」的意思表示。至於代理權授與之原因法律關係（如委任契約），則適用其本身之準據

法。如當事人無明示之合意者，則由法院就具體個案中之各種主觀、客觀因素及實際情形，比較代理行為及相關各地之間之關係，而以其中與代理行為關係最切地之法律為其準據法。例如A國人甲（本人）授權在B國營業之B國人乙（代理人）處分甲在B國之財產，甲、乙未明示合意定其應適用之法律，則就甲、乙之間關於其授權之內容及範圍之爭議，B國法律乃關係最切地之法律。

（二）本人與第三人間之法律關係

　　就本人與第三人間之關係，即係本人就代理人所為之行為，應否負責及其責任之範圍如何。於此，除應注意代理人所為行為本身之問題外，最重要者乃代理人之權限問題。無論是法定代理或意定代理，其代理權限有無或其範圍之決定，涉及本人及相對人之保護，應特別予以考慮。詳言之，如重視本人之保護，則認為本人不需對於代理人之行為負責，反之，則應認為本人應對於代理人之行為負責。

　　因此，關於準據法之決定，即有主張應適用本人之本國法、住所地法或營業所在地法，如此，將不致使本人受到不可預期之損害。且代理與行為能力有密切關係，亦即，代理係擴張一個人之行為能力之範圍，以從事法律行為。行為能力既應適用屬人法，代理人之權限更應適用本人之屬人法；亦有認為此乃本人與代理人間之關係，應適用本人與代理人間內部關係之準據法；惟多數見解認為此不僅涉及本人與代理人間之關係，尚涉及相對人或第三人之保護，為維護私法生活安全，應以代理人所為行為本身之準據法或行為地法為準據法。前者之理由在於代理人之權限問題係附屬於代理人所為行為，因此，應與代理人所為行為適用相同之準據法；後者則認為代理人權限有無應就外部觀察，因此，適用代理人為代理行為之行為地法，尚無不妥。惟此說之問題在於行為地如何確定。

　　就代理行為地如何確定之問題，有認為應以代理人實際為代理行為之地。於隔地契約等要約與承諾係分屬不同地方所為之場合，如何確定代理行為地，不無疑義。亦即，此等場合是否有舊涉外民事法律適用法第6條規定之適用。就此問題，如以法規之次序而言，應無適用餘地，但非不得將之作為法理以資運用。

　　此外，代理行為地何在由於難以確定，因此，除非有例外情形，代理行為地之確定可推定如下：代理人有營業所時，原則上為營業所所在地；代理人無

營業所時，則關於不動產處分行為之代理，以不動產所在地為代理行為地；在交易所或公共市場所為之代理行為，則以交易所或公共市場所在地為代理行為地；於發行載貨證券時所為之代理行為，則以載貨證券取得地為代理行為地；代理人為船長時，則以船籍國為代理行為地。亦有認為原則上應以本人與代理人間內部關係之準據法為準據法，但如果其代理權限之有無或範圍比代理人為代理行為地之法律為狹時，應類推適用舊涉外民事法律適用法第1條第2項之規定，適用代理人所為代理行為之準據法，例如，物權行為、債權契約之準據法等。涉外民事法律適用法第18條規定：「代理人以本人之名義與相對人為法律行為時，在本人與相對人間，關於代理權之有無、限制及行使代理權所生之法律效果，依本人與相對人所明示合意應適用之法律；無明示之合意者，依與代理行為關係最切地之法律。」亦採當事人意思自主原則。當事人之意思亦指明示之意思。如當事人對此無明示之合意，則依與代理行為關係最切地之法律。法院於認定某地是否為關係最切地時，應斟酌所有主觀及客觀之因素，除當事人之意願及對各地之認識情形外，尚應包括該地是否為代理人或其僱用人於代理行為成立時之營業地、標的物之所在地、代理行為地或代理人之住所地等因素。例如A國人甲（本人）授權在B國營業之B國人乙（代理人）處分甲在C國之財產，並由C國人丙（相對人）買受，如甲、丙未明示合意定其應適用之法律，則就甲、丙之間關於乙所受授權之內容及範圍之爭議，C國法律關於保護丙之信賴具有重要之利益，可認為關係最切地之法律。

（三）代理人與第三人間之法律關係

至於代理人與第三人間之法律關係，主要涉及代理人若無代理權或越權而為代理行為時，其責任之準據法。就此，係關於定性之問題，亦即，如將之定性為侵權行為，則適用侵權行為之準據法，若定性為其他法律關係，則適用該法律關係之準據法。涉外民事法律適用法第19條規定：「代理人以本人之名義與相對人為法律行為時，在相對人與代理人間，關於代理人依其代理權限、逾越代理權限或無代理權而為法律行為所生之法律效果，依前條所定應適用之法律。」以本人與相對人間法律關係之準據法為相對人與代理人間法律關係之準據法。即採當事人意思自主原則。當事人意思亦以明示為限，如當事人無明示之意思時，亦採關係最切原則。例如A國人甲（本人）未授權B國人乙（無權代理人）處分甲在C國之財產，乙竟以甲之代理人名義予以出售，並由C國人

丙（相對人）買受之，如該代理行為因甲未予以承認而未生效，丙擬向乙請求損害賠償，則應依本人與相對人所明示合意應適用之法律，無明示之合意者，則依與代理行為關係最切地之法律，以保護丙之信賴利益。

二、國際私法會議統一公約關於代理行為之準據法之規定

1978年3月14日關於代理準據法之公約。[2]其第5條、第6條規定本人與代理人間之關係，適用當事人意思所選定之法律。如未以意思選定者，適用代理關係成立時，依代理人營業所所在地法[3]，無營業所者，適用其常居所法。但本人於代理人主要行動地有常居所者，適用該國之法律。第9條規定，不論代理關係所適用之法律為何，有關履行的方式，履行地的法律都應該被考慮。而本公約第10條則係將基於僱傭契約而產生的代理關係排除於本公約的適用範圍之外。依第11條之規定，本人與代理人之關係，代理權有無、範圍代理人為代理行為之效果，以代理人行為時營業所所在地國法為準據法。但於代理人為代理行為之國，本人有營業所或常居所，且代理人以本人名義為代理行為時，或第三人於該國有營業所或常居所者，適用該國法律。

相關考題

一、法律行為方式之準據法有何重要原則？我國國際私法之相關規定如何？
【55年律師】

二、懸掛中華民國國旗之貨船，停泊於日本神戶港口時，船上原有之甲板，因須換新，賣與該港某木材商。問，此一涉外民事法律行為之方式，依涉外民事法律適用法，應依何國法？如該貨船本身在神戶賣與當地某輪船公司時，此一法律行為之方式，依涉外民事法律適用法，又應依何國法？試分析說明之。【72年司法官】

2　池原季雄等著，同前註文。

3　依該公約第6條第3項之規定，在本人或代理人有一個以上的營業所時，本條所指之營業所指的是與代理協議有最密切關係的營業所。

第六章
因法律行爲而生之債

【關鍵字】

- 當事人意思自治原則
- 明示意思
- 默示意思
- 關係最切之原則
- 附合契約
- 勞務契約
- 消費契約

第一節　概　說

　　債之關係有基於當事人之不法行爲者，例如：侵權行爲；有基於一定事實者，例如：無因管理或不當得利。但仍以因法律行爲而生之債之關係，特別是因債權契約關係（以下簡稱爲契約）所生者爲最多，亦最爲常見。由於各國關於因法律行爲而生之債之要件與效力各不相同，因此，有爲其定準據法之必要。爲說明方便起見，以下僅就契約之準據法述之。

　　契約準據法一般分爲契約形式即契約方式之準據法與契約實質之準據法。契約方式，指契約成立生效應具備之外觀的形式。契約實質則係指契約方式以外，契約成立有效應具備之要件與契約之效力。由於涉外民事法律適用法第16條規定：「法律行爲之方式，依該行爲所應適用之法律。但依行爲地法所定之方式者亦爲有效。行爲地不同時，依任一行爲地法所定之方式者，皆爲有效。」已針對法律行爲方式之準據法有所規定，契約爲法律行爲之一種，因此，以下僅就契約實質之準據法述之。

第二節　契約實質準據法之立法主義

【案例】

在印尼經商的我國籍男子甲與亦在印尼工作的南非籍建築師乙簽訂承攬契約，約定由承攬人乙為甲在印尼建造高級別墅一棟，甲為避免觸霉頭，因而未在契約中與乙約定契約發生爭執時所應適用的準據法。不久之後，甲與乙因該承攬契約的履約問題發生爭執，甲在返台後，向我國台北地方法院起訴，試問台北地方法院因以何國法為準據法來審理本案？

關於契約實質之準據法，向有主觀主義與客觀主義之對立，茲述之如下：

一、主觀主義

主觀主義係以當事人意思為決定準據法之連繫因素。又稱為當事人意思自主原則，係從私法自治原則發展而來。私法自治原則是建立在當事人間地位平等上，而許當事人以意思選擇其私法行為之法律效果，進而，許當事人以意思選定其因法律行為所生債權債務關係所應適用之法律。

主觀說或當事人意思自主原則應否予以限制，學者間有不同見解，有認為應採取自由說之觀點，認為對於當事人自主原則不必設有任何限制。亦有採取限制說之見解，認為私法自治原則本有限制，當事人自主原則自亦應有限制，惟如何限制，仍有不同見解，有採取量的限制說者，認為當事人意思所定之法律必需與該涉外民事事件具有相當之關連如可。亦有採取質的限制說，認為當事人意思所定之法律，以任意規定為限。

二、客觀主義

客觀主義又稱爲非意思主義，係指契約準據法，無論係實質成立要件與效力，均係依據特定的客觀事實而決定。因契約實質與其他涉外民事事件相同，準據法之決定，應依據與該涉外民事事件具有一定關連之客觀事實之連繫因素。客觀主義由於所選擇之連繫因素之不同，尚可分爲以下幾種不同之立法主義：

（一）契約訂立地法主義

即指契約之實質應適用契約訂立地之法律。採此說者認爲契約訂立地簡單而明確，復爲當事人所熟知，因此，適用契約訂立地並無不妥。但契約訂立地往往具有偶然之色彩，與契約不具有實質的關連，以契約訂立地法爲準據法，並不妥適。

（二）契約履行地法主義

契約履行地法主義係指契約之實質應適用契約履行地法。採此說者認爲契約之目的在於內容之實現，履行爲契約關係之本質，因此，履行地法與契約關係最爲密切，而應適用。但履行地如果不明，或有兩個以上時，如何定其履行地法不免發生困難，因此並非妥適。

（三）契約訂立地法與履行地法之選擇適用主義

即關於契約之成立適用契約訂立地法或履行地法均無不可，凡具備其中之一所定之要件，契約即成立。此說之缺失在於契約之效力無從據以決定準據法。

（四）債務人住所地法主義

認爲債務人均屬債權債務關係之弱者，爲保護債務人，應適用債務人之住所地法。惟債務人固應保護，但債權人之權益亦應顧及，只適用債務人之住所

地法並非妥適。

（五）債務人本國法主義

指契約之實質應適用債務人之本國法，其主要之理由在於契約關係與當事人權利義務有關，只有債務人之本國方有權決定，因此，應適用當事人之本國法。但債權債務關係畢竟與屬人事項有別，屬人事項固應適用當事人之本國法，但契約之實質則未必得適用。

（六）法院地法主義

採本主義者認為，債權人選擇某國法院起訴，即表示其有服從法院地法之意思。但此說顯未不及債務人之意思，且易造成判決不一致之後果。

舊涉外民事法律適用法第6條規定：「法律行為發生債之關係者，其成立要件及效力，依當事人意思定其應適用之法律。當事人意思不明時，同國籍依其本國法，國籍不同者，依行為地法；行為地不同者，以發要約通知地為行為地，如相對人於承諾時不知其發要約通知地者，以要約人之住所地視為行為地。前項行為地，如兼跨二國以上或不屬於任何國家時，依履行地法。」兼採主觀主義與客觀主義[1]，兩者間為階段適用，即當事人間如有關於準據法選擇

---

[1]　舊涉外民事法律適用法第6條之立法理由，涉外民事法律適用法草案說明，民國41年12月9日，行政院送立法院審議，引自馬漢寶教授，前揭書，稱：「第1項：近代各國之國際私法，多承認當事人得自由決定關於債之準據法，是為『當事人意思自主之原則』，本項與原條例第23條第1項同，係依此原則而為規定，即凡足以發生債之關係之法律行為，無論其為契約，抑為單獨行為，關於成立要件及效力，均准許當事人依自己之意思，定其應適用之法律。第2項：本項係規定當事人意思不明時，所應適用之準據法。按各國立法例，雖多數規定在當事人意思不明時，應即適用法律行為地之法律，亦不免有窒礙之處，蓋外國人間之法律行為發生債之關係，係因旅經某地，而偶然為之者，不乏其例，其主觀上甚或不知行為地法為何物，若強以行為地法為準，實難期公允，故本項與原條例相同，規定當事人意思不明時，應先適用其本國法，萬一當事人國籍又不相同，各該當事人之本國可能發生歧異，始適用行為地法以為決定。本項後段規定行為地不同云云，係專指契約行為地而言，蓋法律行為發生債之關係者，不外單獨行為與契約行為兩種，在單獨行為祇需有單獨的意思表示，其行為即告成立，不致發生行為地不同之情形，至於契約，必待行為人雙方意思表示一致，始告成立，設行為人處於不同之法域，而隔地訂約，其行為地不同，即生問題，故本項後段乃有另定行為地標準之必要，原條例第23條於要約地與承諾地不同之外，於第3項規定：『行為地不同者，以發通知地為行為地。』其意似謂除契約以外，其他發生債之關係之法律行為，尚有不同行為地之情形，然基於以上說明，此種情形殊不可

之合意，則適用當事人意思所定之法律，如當事人間意思不明時，所應適用之準據法順序爲：當事人同國籍依其共同本國法，當事人國籍不同者，依行爲地法，行爲地不同者，以發要約通知地爲行爲地，如相對人於承諾時，不知其發要約通知地者，以要約人住所地視爲行爲地。行爲地，如兼跨二國以上，或不屬於任何國家時，依履行地法。

涉外民事法律適用法第20條規定：「法律行爲發生債之關係者，其成立及效力，依當事人意思定其應適用之法律。當事人無明示之意思或其明示之意思依所定應適用之法律無效時，依關係最切之法律。法律行爲所生之債務中有足爲該法律行爲之特徵者，負擔該債務之當事人行爲時之住所地法，推定爲關係最切之法律。但就不動產所爲之法律行爲，其所在地法推定爲關係最切之法律。」採兼主觀主義與客觀主義之階段適用。

不過，關於主觀主義部分，僅限於明示之意思表示。關於客觀主義部分改採關係最切之原則與特徵給付之理論。當事人意思則限於明示之意思。當事人無明示之意思時或其明示之意思依所定應適用之法律無效時，則採關係最切之原則，由法院依具體案情個別決定其應適用之法律，並在比較相關國家之利益及關係後，以其中關係最切之法律爲準據法，以兼顧當事人之主觀期待與具體客觀情況之需求。

關於關係最切之法律之認定，頗爲不易，爲兼顧當事人對於其準據法之預測可能性，乃採特徵給付理論，以法律行爲所生之債務中有足爲該法律行爲之特徵者，負擔該債務之當事人行爲時之住所地法，推定爲關係最切之法律。

具有特徵性之債務之判斷，應參考相關國家之實踐，分別就個案認定，並逐漸整理其類型，以爲法院優先考量適用之依據。法院就既已定型之案件類型，固應推定負擔該具有特徵性之債務之當事人行爲時之住所地法，爲關係最切之法律，並以其爲準據法，但如另有其他法律與法律行爲之牽連關係更密切，仍得適用之。就不動產所爲之法律行爲而言，該不動產之所在地法，與負擔具有特徵性之債務之當事人行爲時之住所地法相較，仍以該不動產之所在地法關係較切，推定其爲關係最切之法律。

【解析】

舊涉外民事法律適用法第6條第1項規定：「法律行爲發生債之關係者，其成立要件及效力，依當事人意思，定其應適用之法律。」惟本條項所指之「當

能，該項之設，近於贅文，故予刪除。」並未說明採取當事人自主原則之理由何在。

事人意思」是僅限於明示意思，亦或是包含默示意思在內，向有爭議。涉外民
事法律適用法第20條改採明示之意思表示。若採明示意思表示為限的見解，在
本案中，由於雙方當事人並未於承攬契約中明訂契約發生爭執時所應適用的準
據法，因此依第20條第2項之關係最切原則之規定，台灣台北地方法院應以印
尼法（行為地法）為準據法。蓋在本案當中，雙方當事人皆在印尼生活，而且
行為地及履約地都在印尼，因而吾人可判斷當事人與印尼關係最切，法院應以
印尼法為準據法。

第三節　當事人意思自治原則

關於因法律行為而生之債之關係，特別是因契約關係而生之債，各國均採
當事人意思自主原則，即以當事人意思所定之法律為準據法。而當事人之意
思，是否包括明示之意思及默示之意思及推定或假設之意思，尚有爭議。[2]有
認為僅以明示的意思表示為限，默示的意思表示或推定或假設的意思表示，均
不在其內。亦有認為包括明示的意思、默示的意思及推定或假設之意思。

明示的意思表示之認定固無問題，但默示的意思表示或推定或假設的意思
表示如何確定其內容，則不無問題。詳言之，在默示的意思表示之場合，當事
人雖對於契約準據法無明白之意思表示，常可自契約之文句或內容，推知當事
人對於契約準據法默示的意思。在推定或假設的意思之場合，係在當事人未明
文規定當事人選定之法律，又無從知悉當事人含蓄之意思時，法官應如何確定

---

[2] 採取肯定說者，即當事人之意思包括明示的意思、默示的意思及推定或假定之意思三者
者，例如，馬漢寶教授著，國際私法總論，頁138以下。另外，默示的意思表示能否與推定
或假設的意思表示嚴加區別，不無疑問。馬漢寶教授著，前揭書，頁140，除分別敘述當事
人默示的意思與當事人假設或推定的意思之外，於145頁更稱：「默示意思尚非意思不明，
故當事人雖無明示選定之法律，法官理應依據契約之文字、內容、性質等事實，以定當事
人默示的意思。」明白區別默示的意思與假設或推定的意思。但亦有未明白區別者，例
如，澤木敬郎著，國際私法入門稱：「當事人之指定（按指準據法之指定）亦得以默示的
意思表示為之，亦即，當事人未為準據法之明示的準據法之指定時，不直接認為意思不明
而適用行為地法，而係自契約之各種情事，推定當事人之意思，探求準據法。推定當事人
意思之基準有裁判管轄權約款、契約書所用之用語、當事人之國籍等契約之全部之情事。」
並未明確區別默示意思與推定或假設之意思。另，劉鐵錚教授著，契約準據法之研究，國
際私法論叢，頁85亦有類似之說明：「推定意思者以為法院的任務即在從契約之條款、週
遭的環境，以推定當事人如果知道有選擇法律問題時，所可能選擇之法律，依此種主張，
法院事實上乃自契約中發現一默示條款，以代表當事人共同意思。」

契約之準據法。就此有所謂個別的確定方式與一般的確定方式之區別。前者，在理論上，有兩種主義可以作為依據：

其一為當事人假設意思說，係指當事人於訂約時常有一種法律存在於意念中，可是並未予以明示或默示，法官應就當事人意念中之法律加以確定，亦即法官之任務在於確定當事人如果知道有適用法律之問題存在，所可能選擇之法律，確定準據法是依據當事人之假設意思或推定的意思，而非當事人之明示的意思或默示的意思。

其二為最真實的關係說（最重要牽連關係說）。此說係主張當事人既無明示的意思或默示的意思，自無當事人之意思可言，頂多只有假設之意思，既無當事人實在的意思，因而應審查種種客觀的事實，藉以發現與契約牽連最大的國家，進而以該國之法律為契約準據法。後者則係在當事人意思不明時，以成文法規或判例，樹立某種標準或規則，以為確定準據法之一般根據。

此又有二種不同方式，其一為非確定的規則，係依據契約類型之不同而有不同之推定，且此種推定又非絕對，而可以更強之事實予以推翻。其二為硬性的一般規則，即在當事人意思不明時，以法律明定某些標準為確定準據法之依據。舊涉外民事法律適用法第6條第2項之規定即屬之。當事人未以明示的意思為準據法之選定時，雖有主張應適用客觀的基準，確定系爭契約之準據法，惟基於國際性契約之內容千變萬化，實不宜以固定的標準確定系爭契約之準據法。至於應以假設意思或推定意思之探求，或依據最真實關係或最重要牽連，實無很大區別。

亦即，所謂探求可能具有之意思，事實上往往不外將當事人雙方視為合理的商人，然後以此種合理商人，面對當前契約內容，及訂約時之各種客觀情事，所可能有之意思，作為當事人之意思，法官在確定此種當事人之意思時，不得不考慮與契約有關連之種種事實。其與最真實關係或最重要牽連說之主張並無很大差別。[3]當然，確定當事人推定或假設之意思，或探求契約最真實之關係或最密切牽連之法律，因法官未必精於國際私法之技術，而有其實際上之困難，但一方面，國際性契約已有不少屬於特定之類型者，探求當事人假設之意思或最真實之關係或最密切之關連，並非無可能。[4]且若善加運用立法之技巧，亦可一方面減輕法院之負擔，另一方面，更可探求當事人之推定的意思、

3　參閱，馬漢寶教授著，前揭書，頁143。反對見解，參見，劉鐵錚教授著，前揭叢，頁85。

4　參閱，馬漢寶教授著，前揭書，頁144。

假設的意思或最眞實的關係或最重要的牽連。[5]

　　晚近歐洲的立法可以看出此一趨勢。例如，德國1986年之國際私法修正案，其第27條規定：「契約依當事人意思所選定之法律。選擇法律得爲明示或由契約之約定或事件之情況得充分確定者。」此之所謂由契約約定或事件情況得充分確定，並非當事人意思之推定，而係依據契約約定及其他關於事件之情況，確定當事人之實際的意思。[6]瑞士1987年國際私法，亦有相同之規定，其第116條規定：「契約適用當事人意思所選定之法律。合意選擇法律必須明示，或從契約約款或契約之各種情事可得確定。」[7]奧地利1978年國際私法之規定亦同。其第35條規定：「債務應依當事人明示或默示所選定之法律決定之。若情況顯示當事人已假定特定法律爲準據法時，則該法相當於一默示選定之法律。」[8]歐洲共同體契約準據法公約之規定則更爲詳細，其第3條規定：「契約得依據當事人選擇之意思，適用任何國家之法律。指定之意思爲明示時，或依據契約之文義及一切情事，認爲有相當確實性之指定之意思時，視爲有選擇之意思。」[9]由上所述，可知當事人默示假設或推定之意思之探求，已爲多數立法例所採，且執行上亦不致發生困難。

重要實務見解

（一）最高法院89年度台上字1788號民事判決（伊朗國防部控彰銀案）

　　查卷附兩造所不爭之1967年5月8日由被上訴人致密得蘭銀行函略稱：「彰

5　參閱，馬漢寶教授著，前揭書，頁145。

6　參閱，劉初枝教授著，西德1986年新國際私法，收於國際私法論文集，頁129～157；山内惟介譯，前揭西ドイツ國際私法改正のための政府草案（五），比較法雜誌，十八卷三號，頁150～151。

7　參閱，劉鐵錚教授等著，前揭瑞士新國際私法，頁141～143。石黑一憲著，前揭文(一)(三)。

8　參閱，陳隆修著，奧地利聯邦國際私法條款，比較國際私法，民國78年，五南圖書公司出版，頁338以下；山内惟介譯，オーストリアにおける國際私法および國際手續法の改正草案につい。

9　參閱，岡本善八著，國際契約の準據法，同志社法學（同志社大學）32卷1號，頁3、15～16。

化銀行已經被政府授權自1967年7月1日起處理外匯業務。我們確信本行於增加此項業務後，對拓展國際間的業務，將更處於有利的地位。……。若貴行客戶從事國際貿或投資，請惠予推介給本行，我們相信本行的服務一定會讓貴行及貴行的客戶滿意」等語，該函件僅簡介說明被上訴人銀行辦理外匯業務，期待與世界各銀行建立業務關係，並未具體載明所欲訂立系爭匯款契約之內容（即契約之標的），似難據此認為系爭匯款契約之要約意思表示。原審憑上開函件認定被上訴人訂立系爭匯款契約所為要約之意思表示，適用涉外民事法律適用法第6條第2項規定，以發此函件之要約通知地之中華民國法為本件之準據法，亦有可議。又按法律行為發生債之關係者，其成立要件及效力，依當事人意思定其應適用之法律，涉外民事法律適用法第6條第1項有明文規定。所謂當事人「意思」，兼指明示及默示之意思。如當事人有默示選定之法律，不可逕適用同法第2項之規定。查密得蘭銀行致被上訴人上開匯款電報係密得蘭銀行將款匯至被上訴人銀行，並指示被上訴人核對該三名受款人之簽名及護照號碼後，將匯款撥入該三名受款共同設立之外幣外匯活期存款帳戶，未用完之餘額需退還密得蘭銀行，為原審確定之事實。則系爭匯款係密得蘭銀行指示以中華民國為付款地，且上開三名受款人須至中華民國之被上訴人銀行開立外幣存款帳戶領取。是當事人間似已默示合意以付款地之中華民國法律為系爭匯款契約所生之債之準據法。原審疏未注意及之，遽以密得蘭銀行與被上訴人間未就系爭電匯契約發生爭議約定適用之準據法，逕適用涉外民事法律適用法第6條第2項之規定決定準據法，尤有未合。

（二）最高法院93年度台上字第1292號民事判決

惟按法律行為發生債之關係者，其成立要件及效力，依當事人意思定其應適用之法律；當事人意思不明時，同國籍者依其本國法，國籍不同者依行為地法，行為地不同者以發要約通知地為行為地，如相對人於承諾時不知其發要約通知地者，以要約人之住所地視為行為地；前項行為地，如兼跨兩國以上或不屬於任何國家時，依履行地法，為涉外民事法律適用法第6條第1項、第2項及第3項所明定。本件兩造間就百合花球莖之買賣，係屬國際貿易，為原判決所是認，乃原審未依前揭涉外民事法律適用法之規定，定其準據法，遽引我民法規定，以為上訴人應負損害賠償責任之法律依據，已欠允洽。

第四節　當事人意思自治原則的限制

一、附合契約之準據法

　　私法自治原則是建立在當事人間地位平等上，而許當事人以意思選擇其私法行為之法律效果，進而，許當事人以意思選定其因法律行為所生債權債務關係所應適用之法律，而私法自治原則，特別是由此衍生之契約自由原則，是建立在私法關係或契約關係之當事人之平等上，而實際上當事人是否真正的地位平等？是否有能力建立對於雙方均平等之私法關係或契約關係，是私法自治原則或契約自由原則必需面對且予以解決之問題。同樣情形，在涉外民事法律適用法，亦面臨相同且需予以解決之問題，即如當事人意思所選定之準據法實際上並非公平或妥適之法律時，是否亦承認該當事人意思所選定之準據法之效力？有無針對當事人意思自主原則予以限制？方能獲得所謂具體妥當性，特別是在所謂附從（合）契約。

　　附合契約，是否亦有當事人意思自主原則之適用，不無疑義。按附合契約係因應以大企業以大量顧客為交易對象所發展出之一種契約型態。大企業為避免因需與各個顧客議定契約內容所致之繁瑣，或基於統一之企劃與計算而進行其事業，遂針對同種類之交易作成相同內容之標準契約，作為交易之方法，而相對人只能就大企業已作成之契約表示接受與否，即所謂附合，故該種契約乃稱為附合契約[10]。

　　關於附合契約是否應予以承認，一直有爭論。有認為一般契約內容係基於雙方當事人意思之折衝、合致而成立，附合契約之內容係由居於經濟、社會地位居於優勢之大企業一方所作成，相對人之意見均無法納入契約之內容，特別是契約中往往插入對於大企業有利之條款，例如免責條款等。且，標準內容之契約條款往往使用大量之專門或技術用語，甚至以極小之印刷字體印成，一般顧客在交易時對於該契約之內容並不易了解，甚至未詳讀契約內容者有之。大企業不對顧客出示契約內容者更有之。又，作成標準契約之大企業係具有社會、經濟獨占地位者，或者雖非占有社會、經濟獨占地位者，但多數企業均使用相同之標準契約，則顧客幾無任何選擇契約內容之機會。在此等情形下，私

---

[10]　參閱：松岡博著：附合契約に準據法約款の効力，國際私法に展開中心と，阪大法學（大阪大學）72、73號，頁178～179。

法自治原則或當事人意思自主原則是否仍有適用之餘地，非無疑義。有認為附合契約，當事人僅有選擇是否訂約或當事人之自由，並無決定契約內容之自由，原則上當事人意思自主原則並無適用餘地[11]。

亦有認為對於附合契約，公權力之介入固較為明顯，但如同契約自由原則，固受到相當限制，但仍承認該原則，在國際私法，當事人意思自主原則亦應受到限制，但基本仍應予以維持[12]。

就此點而言，一般契約與附合契約準據法之決定即應有不同。亦即，是否應針對不同的契約類型，或排除當事人意思自主原則之適用，或另定其所應適用之準據法？皆有進一步檢討之必要。晚近國際私法立法不無區別私法關係或契約關係之種類，並對於其中特定類型之私法關係或契約關係，限制或排除當事人意思自主原則之適用，例如勞動契約、消費者契約等是，以下擬基於具體妥當性之觀點，僅就勞動契約與消費者契約之準據法分述之。

二、勞動契約之準據法

由於勞動契約在雙方當事人之社會與經濟力量上，並非處於平衡之地位，與一般之債之契約不同。在一般契約，向來肯定當事人意思自主原則之適用，而在勞動契約，基於勞方當事人較弱之經濟與社會地位，學者在解釋上，均認為應對於當事人意思自主原則予以限制或排除，而在晚近之立法例或學說，亦有將之獨立於一般契約關係之外，而為其選定妥適之準據法。其中，涉及若干重要問題，茲分別依據具體妥當性之觀點，加以檢討。

首先，乃涉外勞動契約之意義。關於勞動契約，為與一般契約區別，在立法或學說上均未特別就其意義詳加規定或說明。一般所稱之勞動契約係指一方當事人給付勞務而他方當事人支付報酬之契約[13]，所謂涉外性係指一方或雙方

11　折茂豐著，國際私法各論（新版），昭和47年，有斐閣出版，頁125。另關於英、美國際私法對於此一問題之態度，參閱，陳隆修著，國際私法契約評論，民國75年，五南圖書公司出版，頁189～194。

12　參閱山田鐐一著，契約の準據法，い當事者自治の原則，契約法大系，1985年，有斐閣出版，頁232、240。美國國際私法新編，第187條，註B，例3，亦認為如此。

13　晚近之國際私法立法，例如，德國1986年之新國際私法或1987之瑞士國際私法典，均未對於勞動契約規定其意義。甚至在政府提出之草案立法說明中亦未見更進一步之說明。德國國際私法部分，參閱，山內惟介譯，西ドイツ國際私法改正のための政府草案，比較法雜誌，18卷3號，頁158。瑞士國際私法部分，參閱，石黑一憲著，スイス國際私法第二草

當事人為外國人或居住於外國之人，或契約之履行地在外國者，但當事人之意思，即關於準據法約定本身，可否成為涉外性之基礎，則不無疑義[14]。

其次，乃當事人意思自主原則於涉外勞動契約有無適用之問題。按涉外勞動契約除非是在團體協約之場合，當事人之地位有可能平等外，在一般個別勞動契約，當事人地位平等之機會較不可能。因此，如許當事人依其意思選定該勞動契約所應適用之準據法，恐有不公平之情形發生，因此，對於當事人意思自主原則是否仍有適用餘地，爭論甚烈。

否定說者認為勞動契約雙方當事人地位既有不平等之情形，文明國家往往為了保護弱勢之勞方，而就各種勞動條件，設定若干法律上之基準，例如，勞工安全衛生、休假、勞動時間、解雇等，勞動契約當事人之約定，不得不達到此等法律所定之基準，否則應課以刑罰，而當事人亦僅此等法律所定之基準以上之範圍內，始有契約自由原則之適用，為免當事人特別是資方規避此等法律之適用，應不許當事人意思自主原則之適用。

肯定說者則認為勞動契約亦係契約之一種，國際私法對於此種契約並無特別排除而不適用之明文，故仍有其適用。此一問題在德國修正其國際私法之民法施行法時亦成為爭論之焦點之一。

聯邦勞工法院採肯定說，但學界反對者甚多，最後之修正案改為折衷說，而於第30條規定為：「勞動契約或勞動關係，當事人之準據法選擇，不得使勞動者喪失於未為準據法選擇時，依第二項之規定所應適用之強行規定所能獲得之保護。」其政府草案之說明稱：「第一項阻止藉由勞動契約中之準據法選擇條款，以回避強行的勞動法規之適用，藉由準據法選擇而排除適用，雖限於一定領域之強行規律，而於此領域，所選擇之法律完全欠缺勞動法之保護或欠缺與之同等價值之勞動法之保護，則被排除之法律之保護規定，均應予以強行適用，不受當事人準據法選擇之影響。但是，由於準據法之選擇仍屬有效，所選擇之法之規定中，有於被排除之法律未有保護規定之領域，設有保護規定者，仍應予以適用。

又，當事人所選擇之法律與被排除之法律，就同一領域均有保護規定，此

案（1982）について(三)，法學協會雜誌（東京大學）101卷6期，頁947。

[14] 按當事人意思選定外國法為準據法是否構成此處之涉外性，尚有爭論，且尚未有任何一說取得支配的地位。參閱米津孝司著，ドイツ連邦共和國における勞動契約の準據法──1986年改正國際私法（民法施行法第一篇第二章）を中心として，立命館法學（立命館大學）1990年3號，頁281～282。

二者當然不得依其原樣的予以累積適用，此乃不可能之事，特別是此二者規定雖有不同，但就廣範圍之事項不乏以同一或類似之手段加以規律，至少於此等案例，二者中應以何者對於勞動者較為有利，不無疑義，惟如被排除之法律比當事人所選擇之法律對於勞動者更為有利，則該部分取代當事人所選擇法律之相關部分而予以適用。」可供參考。瑞士國際私法之修正案，其第122條對於勞動契約之規定為：「勞動契約由受僱人慣常履行其工作國之法律規範，如受僱人於數國慣常履行其工作，勞動契約由僱用人有營業所所在地之法律規範，如其於該國無營業所時，適用其住所或習慣居所地之法律。當事人就勞動契約，可合意適用受僱人習慣居所地法，或僱用人營業所、居所、住所、或習慣居所地國法。」。依本章所見，兩說應以肯定說，但需附加若干限制之看法，較為可取[15、16]。

再其次，需檢討者乃當事人意思自主原則之限制問題。按以往論及當事人意思自主原則，係指當事人意思所選定之準據法，或以系爭涉外民事事件有關連者為限，或以任意法為限[17]，但於此之當事人意思自主原則之限制，則係別有所指。詳言之，於此之當事人意思自主原則係指當事人意思所選定之法律，不能使受僱人遭受比未為準據法選擇時更為不利之待遇。亦即，如當事人意思所選定之法律與當事人未為準據法之選定時應適用之法律比較，以後者對於受僱人為有利者，則以後者取代前者而適用。德國1986年國際私法第30條規定：「勞動關係與勞動契約，當事人之準據法選擇不能剝奪受僱人於未為準據法之選擇時，依本條第二項規定所應適用法律之強行規定所給予之保護。」依此規定，如當事人意思所選定之準據法，剝奪受僱人依同條第2項規定所應適用準據法強行規定所給予之保護，則該部分之準據法選擇失其效力，政府草案稱之為有利原則，而是否有利，係以系爭準據法之內容相互比較，而以對於受僱人有利之規定優先適用。因此，第30條所稱之強行規定，並非絕對的強行適用，

[15] 持否定說者，例如，折茂豐著，當事者自治の原則，昭和45年，創文社出版，頁139以下。持肯定說者，例如，山田鐐一著，涉外判例百選（增補版），昭和50年，有斐閣出版，頁228。德國法之發展，參閱，米津孝司，前揭文，頁283～284。山內惟介譯，前揭文(五)頁158。瑞士法之規定，參閱，劉鐵錚教授等著：瑞士新國際私法之研究，頁148～149。

[16] 此外，尚需檢討者乃當事人以意思定其所應適用之準據法，此之意思究何所指。按當事人之意思向有明示的意思、默示的意思與推定或假設之意思之別。此之意思是否三者均包括在內？不無疑義。德國1986年國際私法對於當事人意思表示是否包括三者在內，並無明文規定，但解釋上則包括三者在內。瑞士1987年國際私法典則僅以明示意思表示為限。

[17] 即所謂當事人意思自主原則之質的限制與量的限制。

而係相對的強行適用，且於對於受僱人有利時始有適用。而且強行規定，並不分公法或私法均有適用餘地，與公法理論或其修正無關[18]。

第四，尚需檢討者乃若當事人未以意思定其所應適用之準據法時，如何適用法律之問題？就此，學說或立法例並不一致。多數見解採勞務給付地法說，惟由於勞務給付之型態千差萬別，是否一直應以勞務給付地法爲準據法，不無疑義。德國1986年國際私法第30條第2項規定：「當事人未爲準據法之選擇時，勞動契約或勞動關係適用：若係一時派遣至他國時，勞動者就契約之履行通常爲勞動之國家之法律；若勞動者之勞動通常未於一國爲之者，適用僱入該勞動者之營業所所在地國之法律。但是，勞動契約或勞動關係與他國顯有更密切之關連時，適用該他國之法律。」在解釋上係因該勞動契約與勞務給付地具有客觀上之關連性而得以適用該勞務給付地之法律。但同時，如一時派遣海外之場合，如適用勞務給付地法自未必妥適，而仍應適用原通常爲勞務給付地國之法律，但問題在於何謂一時派遣海外，此在該法中或政府草案說明中均未提及，在解釋上，應重視者乃鑑於各種情事，通常勞務給付地是否移轉？歸來之時間是否得於某種程度預先得予以確定等。又，如勞動者之勞務給付地不限於一國時，爲避免適用勞務給付地法，致準據法有二個以上，發生彼此間之衝突矛盾情形，或勞動者選擇對於自己有利之法律適用，而發生不妥適結果，因而規定適用該勞動者受僱地之法律，但此並非指勞動契約訂立地之法律，通常係指僱用人總公司所屬之法律。又，如勞動者係在海外僱入並限在該地提供勞務，即所謂現地勞動之情形，則適用勞動地之法律。又，如在航空器給付勞務之場合，均適用該航空器所屬公司本據地或主營業所所在之法律。又，如在船舶上給付勞務，則原則上應適用船籍國法，但亦應注意權宜船籍之問題。瑞士1987年國際私法典則於第118條規定：「勞動契約適用勞動者通常爲勞務給付地之法律，勞動者通常於多數國家給付勞務時，勞動契約適用僱用人營業所之法律，無營業所時，適用其住所或習慣居所地之法律。」則僅規定兩種勞務給付之型態，即一般情形與在多數國家給付勞務之情形[19]。

由上所述，在當事人爲準據法之約定時，應適用勞務給付地之法律，爲各國立法例所贊同。在未爲此等立法時，是否亦可採取此一見解，不無疑義，但一般仍採肯定說，惟其理由構成仍有不同。詳言之，有認爲勞務給付地與系爭

18　參閱米津孝司著，前揭文，頁301～303。

19　參閱米津孝司著，前揭文，頁288～298。

勞務契約客觀上具有密切之關連，因而，在當事人未以意思表示就所應適用之準據法有所合意時，自得適用亦有認為係國際私法上公序良俗條款適用結果所致。亦有認為勞務給付地之強行規定所以得適用係因其係公法之性質所致。亦有認為勞務給付地之強行規定得以適用係因特別連結理論所致。

　　所謂公序理論，係指當事人意思所選定準據法適用結果，違反法院地法公序良俗而被排除，其要件為：

　　1. 系爭涉外民事事件與法院地具有一定之關連；

　　2. 當事人意思所定準據法為外國法；

　　3. 當事人意思所定準據法適用結果違反法院地公序良俗。

　　日本東京地方裁判所44年5月14日判決[20]即是一例。該案係關於一美國公司X以其所僱用來日本工作之美國人總經理Y業績不良為由予以解僱，依據僱用契約所定準據法之美國法，凡未定期間之勞動契約，任何時候均得不具備理由予以解僱，其解僱為有效，但依勞務給付地之日本法律及解僱權濫用法理，此一解僱為無效。法院判決該解僱為有效，且未違反法例第30條公序良俗條款，其理由略以：本件繼續勞務給付地雖為日本，但不得以日本之勞務法規為強行規定，即依據法例第30條排斥同法第7條關於當事人意思自主原則之適用。必該當事人意思所定之準據外國法適用結果，破壞日本勞動法規所欲維持之社會秩序，始屬之。在日本，依據解僱權濫用法理限制之解僱，係因日本勞動市場並非流動的，採用以長期僱用為前提之依年資長短核計薪水及多額退職金制度，如勞動者一旦被解僱，在薪水等方面，獲得同等以上條件之僱用極其困難，故因解僱而受顯著打擊。但本件Y為總經理，具有公司利益代表人之地位、獲得高額薪水、免費借用寬廣的住宅及豪華小客車，且與X締約之前已有數次轉換工作經驗，此與日本勞動法規適用前提之僱用關係完全不同，因而適用美國法律並不違反日本之公序良俗。

　　所謂公法理論係指某國為維持社會秩序、保護交易、保護經濟上弱者，制定許多強行規定，對於契約自由原則加以限制，為妥適達成此等強行規定之立法目的，雖非當事人意思選定之準據法，亦應予以適用。例如，勞務給付地之

---

[20] 判例時報568號87頁，關於本判決之評釋，參閱　場準一著，判例評論，143號，頁138；澤木敬郎著，昭和44年重要判例解說，ジュリスト456號，頁198以下；山崎良子ジュリスト457號，頁144；山田鐐一著，涉外判例百選（增補版），頁228；佐野寬著，涉外判例百選（第二版），昭和61年，有斐閣出版，頁76。

勞動基準法等關於保護勞動者之法規[21]。例如，日本東京地方裁判所40年4月
26日之裁定[22]該案係關於美國加州一家專門供應航空公司飛行員之Y公司，在
美國僱用X於日本航空公司國內航線擔任機長，因被解僱而請求假處分之事
件。法院認為兩造間關於準據法之約定適用美國加州法律為有效，但解僱之效
力應依據勞務給付地之吾國之勞動法判斷，就此點而言，法例第7條應排除其
適用。規律勞動契約關係之勞動法與規律僱用人與受僱人之契約關係之一般私
法法規不同，缺乏普遍的性格，由各國基於各自獨自的要求，而對於在該國之
勞務給付之勞動契約予以介入干涉，以獨自的方法限制其契約自由。本件，基
於其契約關係，而繼續在吾國為勞務給付，具有屬地效力之公序良俗條款之勞
動法，得限制法例第7條之當事人意思自主原則[23]。

　　所謂強行規定之特別連結理論，則係指準據法或法院地法以外之法律中之
強行規定在一定條件之下，可以適用於系爭涉外民事事件，所謂一定條件係

---

21 關於勞動契約準據法之相關理論，詳請參閱折茂豐著，當事者自治の原則，頁142以下，氏
　所引述若干學者之見解。例如，Roust認為關於勞動契約之法規，可分為補充當事人意思不
　足之法規與應強行適用之法規，前者，仍可承認當事人意思自主原則，但如當事人未以意
　思定該契約所應適用之準據法時，則應適用勞務給付地法，即所謂履行地法。後者即勞動
　之行政或警察法規，不許當事人意思自主原則之適用，而應適用契約履行地法即勞務給付
　地法。又，例如，Kromheim認為當事人意思自主原則於勞動契約仍有適用，但有例外，如
　規整勞動關係之公法，因具有屬地的性格，與當事人之意思無關，而應適用勞務給付地之
　法律，規範勞動契約之命令性質的私法，或關於公序良俗之事項，仍應排除當事人意思所
　定法律之適用。又，例如，Batiffol認為勞務給付地與該勞動契約具有最密切之關係，故應
　適用，並排除當事人意思自主原則之適用。又，例如，Gamillscheg認為勞動關係之規整可
　分為公法的規整與私法的規整，如係前者，則應適用勞務給付地法，如係後者，仍有當事
　人意思自主原則之適用。由此，可知勞動契約之準據法，以排除或限制當事人意思自主原
　則之適用為多數學者所採，且適用勞務給付地法，係基於公法理論、契約履行地法主義、
　勞動法規之屬地性或公共秩序、善良風俗等理論。又，在各國法院之判例方面，依折茂
　豐之研究，法國在1908年5月21日破毀院判決中認為1892年11月2日關於少年與婦女工廠勞
　動之法律係關於治安及安全之法律，依民法施行法第3條第1項之規定，應適用於在法國之
　外國勞動者。德國1931年7月1日帝國勞動法院之判決，認為關於身體重大障礙之勞動者之
　法律，係具有屬地的性質及公法的性質，係基於國家對於國民之實力關係所生，而不適用
　於德國公司在法國之就業者。但應注意者將勞動契約之規整分為公法與私法兩部分，致所
　應適用之法律有二者以上，易生二準據法間之衝突矛盾問題，而有必要借助調整問題處理
　之，是否妥適，尚有檢討之必要。

22 參閱山田鐐一著，國際私法（第3版），頁282～284。折茂豐著：國際私法各論，頁125以
　下；折茂豐著，當事者自治の原則，頁186以下；山本敬三著，國際契約と強行法規，收於
　契約法大系，卷九，頁115～118。

23 勞民集16卷2號頁308以下，其判例評釋，參閱澤木敬郎著，判例評論85號頁74以下。涉外
　判例百選（增補版），頁76以下。

指：

　　1. 強行法規有適用之意思；

　　2. 該涉外民事事件與該強行規定所屬國間具有相當之關連；

　　3. 該強行法規適用不違反法院地之公序良俗。

　　所謂與該涉外民事事件具有相當關連，係指該勞動契約有關之要素中全部或本質的部分，發生於該準據法所屬國。例如，受僱人之國籍、住所或勞務給付地在該準據法所屬國是[24]。

　　以上各說，援用公序良俗，適用勞務給付地法，固非無據，但公序良俗條款至多僅能獲致法院地之勞務給付地法之適用之結果，對於非法院地之勞務給付地則不能作為依據。公法理論則可能引起調整問題，故依本章所見以特別連結理論為妥。日本2007年關於法律適用之通則法（國際私法）第12條規定：「關於勞動契約之成立及效力，依第7條或第9條選擇或變更應適用之法律為與該勞動契約有最密切關係之地之法以外之法時，勞動者將該與勞動契約有最密切關係之地之法中特定強行規定應適用於該勞動契約之意旨，向僱用人為表示，該勞動契約之成立與效力，關於該強制規定所規定之事項，適用該強制規定。」可供參考。

　　從以上之說明，吾人可以得知晚近關於涉外勞動契約之準據法之大致動向。無可諱言者乃當事人意思自主原則之排除或限制，確係基於契約當事人在社會、經濟地位上實質上並不公平，為期當事人意思所選定之準據法，對於當事人雙方均係公平之考量所設，尚屬妥適。而勞務給付地之適用，無論係基於勞務給付地與系爭涉外勞動契約具有密切關連之考量，或係基於勞務給付地對於該地之勞工之保護，具有一定之政策之考量，均無不妥。但勞動契約如何確定其意義，仍有待努力，最佳之道仍係在國際私法中規定其意義，俾免再發生定性之困難或問題。

三、消費者契約之準據法

　　如同勞動契約兩造契約當事人在經濟、社會等各方面條件之不均等，致基於當事人意思表示所選定之契約準據法未必合於公平、正義，因而不適用當事

---

[24] 參閱實方正雄著，各種契約，國際私法講座，卷2，頁460以下；木多淳亮著，判例評論，185號，頁140。

人意思自主原則[25]。

　　當然，首先發生問題者乃何謂消費者契約之問題。就此，相關國家立法例並未有較為明確之規定，或各國之規定間並未見一致。例如，德國1986年民法施行法第29條規定將消費者契約規定為：「基於非可歸因於權利者（消費者）之職務活動或營業活動之目的所為之動產交付或勞務給付或其交易之融資之契約」，係以交易之目的與對象規定消費者契約之意義。歐洲1980年關於契約義務法律適用之公約，亦採取相同之規定：「以向人（消費者）提供貨物或勞務為目的之契約，而此項貨物或勞務係可被認為非供其用於業務或職業用途者，或為上述目的而提供融資之契約。」但瑞士1987年之國際私法第120條，則將消費者契約規定為「消費者為購買與其業務或商務活動無關，得供個人或家庭使用之物品而形成之契約」亦係以交易之目的與對象規定消費者契約之意義，但其另又對於交易之型態加以限制，即以物品之購買為限，而不及於勞務之供給或關於物品買賣或勞務供給之融資契約，規定顯然不一致。至於奧地利1978年之國際私法則僅規定消費者契約之準據法，而未規定消費者契約之意義[26]。

　　其次，消費者契約之準據法是否適用當事人意思自主原則，亦有疑義。詳言之，有認為應排除當事人意思自主原則之適用，亦有認為不排除當事人意思自主原則之適用，但應加以若干限制。亦即，當事人意思所選定之法律不得剝奪消費者契約在未為準據法之選擇時所應適用之法律，對於消費者所給予之保護。例如，奧地利1978年國際私法第41條規定：「契約之一方當事人依其習慣居所地國之法律，給予消費者之特別的私法保護者，如該契約係因企業或其受僱人有意在該國從事活動之結果而訂立者，適用該國之法律。在涉及該國法律強制規定之範圍內，損害消費者之準據法選擇不生效力。」原則上承認當事人意思自主原則，消費者習慣居所地國之法律，僅係當事人意思自主原則之限制。德國1986年之國際私法第29條亦採取相同之規定：「基於非可歸因於權利者（消費者）之職務活動或營業活動之目的所為之動產交付或勞務給付或其交易之融資之契約，有下列情形之一者，當事人意思所定之法律，不得剝奪消費

[25]　德國於1986年之國際私法修正案中認為另對於消費者契約規定其決定準據法之原則係基於適當的消費者保護之必要。瑞士1987年國際私法、奧地利1978年國際私法，亦同。參見，山內惟介著，前揭文(5)，頁154以下。石黑一憲著，前揭文(3)，頁947以下。陳隆修著，比較國際私法，頁354。

[26]　參閱，參見，山內惟介著，前揭文(5)，頁155。石黑一憲著，前揭文(3)，頁947。陳隆修著，比較國際私法頁355～356。

者依其習慣居所地國之強行規定應有之保護：一、訂約前在該國有明示要約或廣告，而消費者在該國已為訂約而為必要之法律上行為者。二、消費者契約之他方當事人或其代理人在該國接受消費者之訂單者。三、契約係關於商品買賣，出賣人為使消費者訂約而使消費者自該國至他國旅行，並在該他國訂約者。」瑞士1987年國際私法第120條則規定：「消費者為購買與其業務或商務活動無關，得供個人或家庭使用之物品而形成之契約，有下列情形之一者，適用消費者習慣居所地國之法律：一、出賣人在該國收到訂貨單者。二、訂立契約之要約或廣告在該國發出且消費者為訂立契約在該國完成必要的行為者。三、消費者受出賣人之影響，為訂貨而前往外國者。當事人自行選定之準據法無效。」則規定適用消費者習慣居所地國之法律之條件，但排除當事人意思自主原則之適用。與德國或奧地利之立法不同[7]。

　　最後，應注意者乃承認當事人意思自主原則之適用，如當事人未就契約之準據法為選擇時，如何決定其所應適用之準據法，各國立法例規定亦不一致。有規定應適用消費者之習慣居所之法律，亦有附加若干之限制。例如德國1986年民法施行法第29條第2項規定：「未為準據法之選擇時，在第一項所定情形下成立之消費者契約，適用消費者有習慣居所地國之法律。」同條第3項亦規定：「在第1項所定情形下成立之消費者契約，不適用本法第11條第1項至第3項之規定，其契約之方式適用消費者習慣居所地國之法律。」同條第4項規定：「第1項至第3項之規定於左列各款契約不適用之：一、運送契約。二、關於提供勞務之契約，而對於消費者所應負擔之勞務，應專門在消費者習慣居所地國以外之國家提供者。但以一筆費用包括運送與住宿之旅行契約，第1項至第3項之規定仍應適用。」[28]日本2007年關於法律適用之通則法第11條規定：「消費者（指事業或為事業所訂立之契約，其當事人以外之人，以下，關於本條同）與事業（指法人、社團、財團或事業或為事業所訂立之契約，其當事人，以下關於本條同）所訂立之契約（勞動契約除外，以下稱消費者契約），其成立及效力，雖依第7條、第9條選擇或變更應適用之法律為消費者常居所地法以外之法時，消費者就常居所地法特定之強制規定之適用，向事業為應適用之表示時，該消費者契約之成立及效力，關於該強行規定所規定之事項，適用

27　參閱，參見，山內惟介著，前揭文(5)，頁156。石黑一憲著，前揭文(3)，頁947。陳隆修著，比較國際私法頁355。

28　參閱，參見，山內惟介著，前揭文(5)，頁156。石黑一憲著，前揭文(3)，頁947。陳隆修著，比較國際私法頁355。

該強行規定。消費者契約未依第7條為選擇時，該消費者契約之成立及效力，依消費者常居所地法，不適用第8條之規定。消費者契約之成立，依第7條選擇消費者常居所地法以外之法時，就該消費者契約之方式，消費者業已將應適用消費者常居所地法中特定強行規定，向事業為表示時，關於該消費者契約之方式中該強行規定所規定之部分，僅應適用該強行規定，不適用前條第1項、第2項及第4項之規定。消費者契約之成立，依第7條之規定，選擇消費者常居所地法時，就該消費者契約之方式，消費者業已將僅應適用消費者常居所地法，向事業為表示時，該消費者契約之方式，僅應適用常居所地法，不適用前條第2項及第4項之規定。關於消費者契約之成立，未依第7條為選擇時，就該消費者契約之方式，適用消費者常居所地法，不適用前條第1項、第2項與第4項之規定。前各項之規定，於下列情形不適用之：一、事業之事業所所在，其關於消費者契約之法，與消費者常居所地法不同時，消費者前往與該事業之事業所所在地之法相同之地締結消費者契約時。但消費者係在與該事業之事業所所在地之法相同之地，受該事業之勸誘，在其常居所地訂立消費者契約者，不在此限。二、事業之事業所所在地，關於消費者契約之法，與消費者常居所地法不同時，消費者於與事業之事業所所在地法相同之地，受基於該消費者契約之債務之履行者。但消費者於與事業之事業所所在地法相同之地，就債務之全部履行，於消費者常居所地，受事業之勸誘者。三、事業於締結消費者契約當時，有相當理由不知消費者之常居所地者。四、事業於締結消費者契約當時，有相當理由誤認契約相對人非消費者。」亦可供參。

由上所述，吾人可得知晚近立法關於消費者契約準據法之大致動向。無可諱言者乃當事人意思自主原則之限制或排除確係基於當事人社會、經濟地位之顯著差別，與締約能力之不平等所為之考量，但有別於勞動契約之準據法者，乃勞務契約均係中長期之契約，或當事人之勞動關係將持續一相當之期間，因此，對於勞務給付地之法律之適用，不必考量特別適用勞務給付地之法律將違反使僱用人之正當期待，但消費者契約，一則出賣人交易之對象可能散居各處，一則此一交易關係多屬一次、零星或短期者，適用消費者習慣居所地國之法律，易超過出賣人之正當合理期待，對其反而不公平，因而附加一定之限制，此一限制又以出賣人之有意行為為常見，期能對於雙方當事人均屬公平合理[29]。

---

[29] 參閱參見，山內惟介著，前揭文(5)，頁157。石黑一憲著，前揭文(3)，頁947。陳隆修著，

重要實務見解

（一）最高法院93年度台上字第1292號民事判決

　　惟按法律行為發生債之關係者，其成立要件及效力，依當事人意思定其應適用之法律；當事人意思不明時，同國籍者依其本國法，國籍不同者依行為地法，行為地不同者以發要約通知地為行為地，如相對人於承諾時不知其發要約通知地者，以要約人之住所地視為行為地；前項行為地，如兼跨兩國以上或不屬於任何國家時，依履行地法，為涉外民事法律適用法第6條第1項、第2項及第3項所明定。本件兩造間就百合花球莖之買賣，係屬國際貿易，為原判決所是認，乃原審未依前揭涉外民事法律適用法之規定，定其準據法，遽引我民法規定，以為上訴人應負損害賠償責任之法律依據，已欠允洽。又所謂「同業利潤標準」，係由財政部各地區國稅局訂定，報請財政部備查。依所得稅法第79條及第83條規定，乃納稅義務人未依規定期限辦理結算申報，或已依規定期限辦理結算申報，於稅捐稽徵機關進行調查時，通知提示有關各種證明所得額之帳簿、文據，而未依限提示時，稽徵機關得依查得之資料或據同業利潤標準以核定其所得額。是以「同業利潤標準」係屬推定之課稅方式，其所訂利潤通常均偏高，而具懲罰之性質。

（二）最高法院85年度台上字第2487號民事判決

　　按法律行為發生債之關係者，其成立要件及效力，依當事人意思定其應適用之法律；當事人意思不明時，同國籍者依其本國法，國籍不同者依行為地法，行為地不同者以發要約通知地為行為地，涉外民事法律適用法第6條第1項、第2項前段定有明文。本件上訴人為荷蘭籍之公司，被上訴人為我國公司，上訴人依據系爭買賣契約請求給付遲延之債務不履行損害賠償，涉及外國人及外國地，為一基於國際貨物買賣契約所生之涉外民事事件，上訴人致函被上訴人之右開買賣契約確認函註記欄上雖記載準據法為荷蘭法律，然此乃上訴人單方所表示之意思，不能認係雙方當事人之約定，尚無涉外民事法律適用法第6條第1項之適用，上訴人亦係依我國民法第227條、第229條、第231條規定

比較國際私法頁355。

提起本件訴訟,而兩造對於系爭國際貨物買賣契約之發要約通知地爲我國台北,並不爭執,自應依發要約通知地即我國法爲本件國際貨物買賣契約之準據法。

(三)最高法院80年度台上字第1830號民事判決

載貨證券其背面第6款固載有:「一切海上運送事項應適用1936年4月16日生效之美國海上貨物運送條例」,但此項附記之文句,乃運送人單方所表示之意思,不能認係雙方當事人之約定,而有涉外民事法律適用法第6條第1項規定之適用。茲運送人海皇公司與託運人即證券持有人聯華公司其國籍不同,發要約通知地在高雄,則依同法第6條第2項之規定,自應以中華民國之法律爲其準據法。

(四)最高法院74年度台上字第2801號民事判決

兩造間之買賣契約係在加拿大訂立,依我國涉外民事法律適用法第6條第2項規定,自應適用加拿大法。又訟爭匯票四紙係在加拿大作成,依同法第5條第1項但書及第6條第2項規定,亦應適用加拿大法。該匯票四紙之形式與內容皆符合加拿大票據法第17條第1項規定,均合法生效。上訴人係在我國於訟爭匯票四紙正面蓋章,並記載其日期,有該匯票四紙可稽,依我國票據法第43條規定,即生承兌之效力。

(五)最高法院74年度台抗字第449號民事判決

系爭本票第5項明載:「此票受香港法律支配」(THIS NOTE SHALL BE GOVERNED BY....THE LAWS OF HONG KONG)等語,依發票人之意思,顯係依香港法律發行本票,依涉外民事法律適用法第6條第1項規定,系爭本票之成立要件及其效力,應適用香港之法律,自無我國票據法規定之適用。

(六)最高法院67年度第4次民事庭總會議決議(二)

一、涉外事件問題:載貨證券係在外國簽發,行爲地在外國,應屬涉外事件。

二、準據法問題：載貨證券附記「就貨運糾紛應適用美國法」之文句，乃單方所表示之意思，不能認係雙方當事人之約定，尚無涉外民事法律適用法第6條第1項之適用。又依該條第2項「當事人意思不明時，同國籍者依其本國法」之規定，保險公司代位受貨人憑載貨證券向運送人行使權利，受貨人與運送人雙方均為中國人，自應適用中國法。託運人在本事件訴訟標的之法律關係中並非當事人，其準據法之確定，要不受託運人不同國籍之影響。

第五節　涉外民事法律適用法之其他規定

涉外民事法律適用法對於前述附合契約、勞動契約、消費者契約均未著墨，殊為遺憾，僅於第21條規定，票據關係之準據法，第22條規定指示證券或無記名證券之準據法。其中，第21條規定：「法律行為發生票據上權利者，其成立及效力，依當事人意思定其應適用之法律。當事人無明示之意思或其明示之意思依所定應適用之法律無效時，依行為地法；行為地不明者，依付款地法。行使或保全票據上權利之法律行為，其方式依行為地法。」其立法理由：「法律行為發生票據上權利者，關於票據債務人之債務內容，現行條文未設明文規定，適用上不免發生疑問。爰參考1975年泛美匯票、本票及發票法律衝突公第3條至第5條及1979年泛美支票法律衝突公約第3條規定之精神，增訂第1項，明定法律行為發生票據上權利者，其成立及效力，依行為地法，行為地不明者，依付款地法。票據上如有關於應適用之法律之記載，該記載之效力，亦宜依本項所定之法律予以決定。同一票據上有數票據行為之記載者，頗為常見，此時各票據行為均個別獨立，其應適用之法律亦應各別判斷。即某一票據上權利依其應適用之法律不成立者，對其他依本身應適用之法律已成立之票據上權利不生影響。」亦即，仍採當事人意思自主原則，依當事人明示意思定其應適用之法律。如當事人無明示之意思或其明示之意思依所定應適用之法律無效時，依行為地法；行為地不明者，依付款地法，不採關係最切之原則。至於行使或保全票據上權利之法律行為，其方式仍依行為地法，與現行法第5條之規定相同。而第22條則規定：「法律行為發生指示證券或無記名證券之債者，其成立及效力，依行為地法；行為地不明者，依付款地法。」其立法理由：

「各國法律在票據制度之外，多設有指示證券及無記名證券之制度，以補票據制度之不足，而關於指示證券及無記名證券之規定，各國法律並非一致。爰仿票據之例，明定其成立及效力，依行為地法，行為地不明者，依付款地法。」不採當事人意思自主原則，改採行為地法主義；行為地不明時，依付款地法，與因法律行為而生債之關係或票據關係之規定不同。

相關考題

一、何謂「當事人意思自主原則」？此原則如何具體表現於我國國際私法規定中？又該原則與「私法自治原則」有無不同？請扼要說明之。【89年司法官(二)】

二、未約定準據法之債權契約，依我國「涉外民事法律適用法」（以下簡稱「涉外法」）第6條第2項及第3項規定適用，與依「最密切關聯原則」立法適用，各有何優缺點？依後一原則的適用，在選擇「最密切」之問題上，於比較法或國際立法公約之規定、原則或理論上，有什麼其他配套可減少其缺點？【94年律師】

三、主要營業所於美國加州之汽車製造商A公司，於加州與台灣買受人甲簽訂一部汽車之買賣契約，汽車運抵台北後，甲某日開車上高速公路，因煞車失靈，撞上護欄受傷，乃向台北地方法院訴請A公司應負損害賠償責任，試問：台北地方法院應如何適用法律？【91年司法官】

第七章
無因管理

【關鍵字】

- 無因管理
- 準用委任契約主義
- 債務人之常居所地法主義
- 債務人屬人法主義
- 無因管理地國法主義
- 海難救助

第一節　概　說

　　無因管理制度係管理人無為他人管理事務之義務，而為他人管理事務，核其性質為適法行為，同時，課予管理人適當管理之義務，及課予本人償還管理費用之義務，以謀求管理人與本人間之公平，並實現社會生活上相互扶助之理想。無因管理制度在大陸法系國家均承認有此一制度，但對於其成立要件與效力規定未必完全相同，在英美法系國家則不承認無因管理制度，而係依據其他法理給予個別的救濟。因此，在國際私法上，對於無法律上義務而為他人管理事務之場合，即有為其選擇準據法之必要。

　　無因管理係無法律上之義務而為他人管理事務，因此，依據委任契約或法律規定，為他人管理事務即非無因管理。例如，父母管理未成年人之財產、受任人為委任人管理財產、夫為妻管理財產、監護人為受監護人管理財產等等，均非無因管理。惟如管理人超過其與本人間之委任契約或法律規定而為管理，仍屬於無因管理。

第二節　無因管理準據法之立法主義

【案例1】

日本人甲男在台灣從事日語教學工作，常年居住於台北。其鄰居韓國籍男子乙爲外商公司暫時派駐台灣的員工，來台僅兩個多月，乙男雖爲韓國籍，但他和他的妻子則常年居住於新加坡。某日，勢逢強颱來襲，而乙恰巧於數日前返回新加坡探望妻小，甲爲避免乙所居住的房屋因颱風而受損，在未經乙委託的情況下，自掏腰包，買工具幫忙使乙之房屋的門窗能更爲牢固。若今甲、乙二人因甲向乙請求其所支出的費用而有所爭執，甲基於無因管理向台北地方法院對乙提起訴訟，試問台北地方法院要如何審理本案？

關於無因管理準據法之決定，各國立法不同，學者的見解也不盡一致，茲就各該主義分別述之如下：

一、準用委任契約主義

此項主義認爲無因管理與委任契約之法律關係近似，只是管理人實際上未受委任而已，故應準用委任契約之規定解決之[1]。

二、債務人屬人法主義

債務人屬人法主義又可分爲債務人之本國法主義及債務人之住所地法主義，其主要之理由在於：無因管理債權之債務關係，惟對於債務人有對人主權之國家之法律，始有權決定，即應適用債務人之屬人法以決定其權利義務關係。

---

[1] 參閱劉鐵錚、陳榮傳著，國際私法，修訂四版，三民書局出版，頁374。

三、債務人之常居所地法主義

有學者（如：Zitelmann）主張，無因管理應依債務人之常居所地法，其主要理由在於，債務人之常居所地與無因管理事件有最重要的牽連關係[2]。

四、無因管理地國法主義（事實發生地法）

目前世界大多數國家均以無因管理地國之法律為準據法。其理由在於無因管理制度係基於正義衡平之觀點，而賦與一定之法律效果，以維持一般公益，故適用無因管理地國法並無不妥。

舊涉外民事法律適用法第8條規定：「關於由無因管理、不當得利或其他法律事實而生之債，依事實發生地法。」採事實發生地之法律。所謂事實發生地之法律，在無因管理即係指無因管理地國之法律。而涉外民事法律適用法第8條之所以以事實發生地法為準據法，其主要之理由則在於事實發生地國之利益的維護[3]。關於無因管理地之決定，無因管理地係指事實上為管理行為之地。即管理客體所在地，而非管理效果發生地。換言之，在財產管理係以財產所在地為無因管理地，財產在數個國家時，數個國家均係無因管理地；在營業管理，營業所所在地為無因管理地。如係人之管理，則以人之停留地為無因管理地。在無因管理進行中，如管理地有變更時，有認為應以新的管理地為無因管理地，惟為維持法律關係之安定起見，仍以最初的管理地為無因管理地[4]。涉外民事法律適用法第23條修正為：「關於由無因管理而生之債，依其事務管理地法。」文義當更明確。

【解析1】

無因管理之準據法之立法主義向有準用委任契約主義、債務人屬人法主義、債務人之常居所地法主義與無因管理地國法主義等，詳如前述。就本案而言，若採第一說之觀點，則法院應直接以有關委任契約之規定解決系爭無因管理之問題。若依債務人屬人法主義，則法院應以韓國法為本案準據法。若依債務人之常居所地法主義之立場，則受訴法院應以美國法之規定審理本案。而若

2　參閱馬漢寶著，國際私法（總論各論），頁335。

3　參閱山田鐐一著，國際私法（第3版），頁296～297、頁301。

4　其詳，請參閱山田鐐一著，前揭書（第3版），頁295～297，頁316～317。

從無因管理地國法主義的角度以觀，則法院應以管理事實發生地法，即我國法，做為審理本案的依據。涉外民事法律適用法第23條規定：「關於由無因管理而生之債，依其事務管理地法。」本案的無因管理事實係發生在我國，故台北地方法院應以我國民法關於無因管理之規定審理之。

第三節　無因管理準據法之適用

無因管理準據法之適用及於無因管理之成立要件及效力等關於無因管理之問題。就無因管理之成立要件而言：
一、無因管理之目的、無因管理之意思是否必要，應適用無因管理之準據法。
二、關於無因管理之能力與法律行為無關，故不應適用行為能力之準據法而適用無因管理之準據法。
三、無因管理與因無因管理所為之行為應予區別，無因管理固應適用無因管理之準據法，而因無因管理所為之行為，則適用該行為本身之準據法，例如，物權行為適用物權行為本身之準據法，債權行為適用債權行為本身之準據法。
四、如管理人超過委任契約或法律規定而為管理，應如何定其準據法，不無疑義。有認為應適用無因管理地之法律，有認為應適用該委任契約之準據法或該法律之規定。按此等情形，就超過部分之管理而言，固屬於無因管理，但仍在契約或法律規定之延長線上，因此，兩者之準據法均應適用，如兩者準據法發生衝突時，則應依據適應問題或調整問題之理論解決，原則上並以契約準據法或法律規定優先於無因管理地之法律而適用。

重要實務見解

臺灣高雄地方法院民事判決95年度重訴字第218號

按關於由無因管理不當得利或其他法律事實而生之債，依事實發生地法；關於由侵權行為而生之債，依侵權行為地法。涉外民事法律適用法第8

條、第9條定有明文。原告主張被告Westfal-larsen & Co.AS所有之系爭船舶於93年2月1日靠泊高雄港56號碼頭作業時，發生燃油洩漏、污染港區及附近海域之狀況。被告Westfal-larsen & Co.AS為系爭船舶之登記所有人、被告丁為系爭船舶之經理人、被告Weatchart AS為系爭船舶之船舶營運人，就系爭船舶燃油洩漏所生之海洋污染，依海污法第32條之規定均有清除之義務，原告為被告清除油污因而支出費用並受有損害，依無因管理、不當得利及侵權行為法律關係為本件請求，本件被告均係註冊於挪威之外國公司，其事務所亦設在挪威，係屬外國法人，故本件有涉外因素存在，原告主張之無因管理、不當得利之事實發生地及侵權行為地均在係在我國境內（高雄港），依前述規定，本件之準據法應為我國法。

第四節　海難救助

　　海難救助，如係依據救助契約所為，當然應適用救助契約之準據法；如救助並非依據救助契約所為，鑑於海難救助係基於正義衡平觀念之公益制度，與無因管理性質相當類似，可適用無因管理之選法法則處理之，即適用救助行為地國之法律。救助行為地，如在某國領海，則以該領海所屬國為救助行為地。如不在任何國家之領海，而在公海時，救助與被救助之船舶為同船籍國時，適用共通船籍國法；如救助船舶與被救助船舶不同船籍時，有認為應適用法院地法，亦有認為應適用救助船舶船籍國法，亦有認為應適用被救助船船籍國法，亦有認為應累積適用救助船舶船籍國法及被救助船舶之船籍國法。

重要實務見解

最高法院92年度台上字第2478號民事判決

上訴人：巴商永裕航業股份有限公司
被上訴人：聖文森籍亞洲海事工程有限公司
主文：原判決廢棄，發回台灣高等法院高雄分院。
上訴人主張：

上訴人所有之巴拿馬籍船舶「海昇輪」，於民國87年7月10日因受「妮蔻兒」颱風吹襲影響，擱淺在高雄外海海域。該輪船員於同年10月12日棄船後，伊雖未受委任，且無義務，仍於同月14日前往救援，並於同月18日成功將之拖離淺灘重浮，至22日安全拖入高雄港繫泊。嗣兩造及上訴人之保險人於同月27日，達成應給付伊拖救及保管費新台幣（下同）1,400萬元之協議。因上訴人拒不依約給付，業經伊解除該契約等情，爰依修正前海商法第143條及民法第176條第1項規定，求為命上訴人給付伊報酬1,400萬元及自支付命令送達翌日（即88年5月27日）起加付法定遲延利息之判決（被上訴人於第一審請求上訴人給付2,171萬5,887元本息，其中超過1,400萬元本息部分，經第一審法院判決駁回其訴後，未據其聲明不服）。

被上訴人主張：

「海昇輪」船員並未棄船，伊對該輪既未失去管領能力，且伊非不能自救，又已拒絕被上訴人之救助，被上訴人強行拖救，顯違反伊明示之意思而非適法之無因管理，亦不符海商法規定之海難救助要件，均不得據以請求報酬。況被上訴人拖帶過程中，造成船體損害，經伊預估及支出之修理費用達3,442萬9,587元；復因被上訴人非法扣留「海昇輪」，使伊無法出租，自87年8月12日塢修完畢而得營運起，至90年6月30日止，減少營運收入4,795萬3,620元；暨其扣留該輪期間，船上及船員貴重物品被盜或遺失，計損失143萬元，抵銷結果，被上訴人仍無報酬可得請求等語，資為抗辯。

理由（節錄）

按和解有使當事人所拋棄之權利消滅及使當事人取得和解契約所訂明權利之效力，民法第737條定有明文。本件兩造曾於87年8月27日達成協議，為原審認定之事實，則依該協議約定：「被上訴人保管『海昇輪』至同年11月16日上午10時止（如雙方同意可提前交船），11月15日前在被上訴人保管期間之一切港口代理費用必需結清，16日以後之一切費用由永隆公司負責，該船進出塢之費用除外。雙方交船時應點收簽字存證。被上訴人提供酬金所必需之文件，由保險公司收到起計算三十日內按文件所載匯款。雙方同意浮揚拖救及保管費總計新台幣1,400萬元，折合美金42萬5,533元」等項，似見兩造間就拖救「海昇輪」之交船時間、手續、費用負擔、應提出之文件及報酬，已成立和解契約。倘該協議係有效成立之和解契約，並無失效之事由，揆諸首揭說明，被上訴人是否猶得本於其因和解而拋棄之修正前海商法第143條（現行法第103條第

1項）海難救助及民法第176條第1項無因管理之規定爲本件請求？非無疑義。兩造於簽訂協議書後，既各以對造違反該和解契約爲由，主張解除，原審未先就兩造所爲解除之意思表示是否合法？該和解契約是否尚有拘束兩造之效力？等項爲審認，遽准被上訴人依海難救助或無因管理之法律關係爲給付報酬之請求，即有未合。次按所謂海難救助，係指無救助契約存在，無法律上之義務，對於遭遇海難之人、船舶或船舶上財物，加以救援，使得脫險而言。苟危險已因時過境遷而不復存在，遇難之船舶或其上財物將不致續有損害發生，即無「危險」可得脫離，自無海商法有關「海難救助」規定適用之餘地。查「海昇輪」係因颱風吹襲於87年7月10日遇險受困，由船長於同月12日發出「abandon the ship」之電報，被上訴人係於同月14日開始拖救等情，既經原審所認定，即見該次颱風究止於何時？被上訴人開始拖救時之「危險」是否依然存在？均與被上訴人之拖救行爲，是否符合「海難救助」之要件，而得依修正前海商法第143條規定請求報酬，所關頗切。原審未予詳查審認，徒以上訴人曾於7月11日委請南豐公司拖救未果、「海昇輪」船長旋於7月12日發出「abandon the ship」電報，即謂被上訴人於7月14日拖救時，「海昇輪」仍處於不能自救之危險狀態，自嫌速斷。再按經以信號聯絡有正當理由拒絕拖救而強爲拖救者，不得請求報酬，爲修正前海商法第148條所明定，此所謂「信號聯絡」，無非係因海難中船舶正處於緊急危險之中，或許無暇另以書面或口頭爲拖救之拒絕，故規定僅以「信號聯絡」爲拒絕拖救之意思表示，即可發生不得請求報酬之效果。而依舉輕明重之法理，其以「信號聯絡」以外之書面或口頭方式拒絕拖救，應非法之所禁。此觀現行海商法第108條已修正爲：「經以正當理由拒絕拖救，而仍強爲拖救者，不得請求報酬」益明。原審見未及此，認定上訴人未以修正前海商法第148條所定之「信號聯絡」方式拒絕拖救，應無該條規定之適用，而爲不利於上訴人之判決，亦有可議。上訴論旨，指摘原判決不當，求予廢棄，非無理由。

第八章
不當得利

【關鍵字】

- 不當得利
- 利益受領地
- 事實發生地
- 給付型不當得利

第一節　不當得利之概念

　　不當得利係指無法律上原因，因他人之財產或勞務而受有利益，致他人受有損害，受有利益之人應將所獲得之利益償還受有損害之人，以維持當事人間之公平。由於各國對於不當得利之要件、效力如何，規定未必完全一致，因而有為不當得利選定準據法之必要。例如，德國、日本等大陸法系國家有統一的不當得利制度，法國則將非債清償與無因管理合併規定於準契約章中，在英美法系國家先則依據準契約之觀念，近來則擴大回復之制度，處理不當得利問題。

第二節　不當得利準據法之立法主義

　　關於不當得利準據法如何決定，各國立法例未必一致。一般言之，計有以下幾種類型：

一、法院地法主義

　　採此主義者認為，不當得利之規定和法庭地之公序良俗有密切關係，故應適用法院地法。

二、共通屬人法主義

此項主義無非是屬人法主義原則下進一步予以延伸，就採取本國法主義者而言，乃是認為國家法律與國民常相左右，國民既知其本國法律，即應依法行事，並應依該法而負擔行為所生之法律責任[1]。

三、債務人屬人法主義

不當得利攸關自然正義或衡平法則，受益人之獲得不當得利，有時非出於債務人自己營取或出於自願，而是在其未察覺的情形下，因符合法律成立之要件而成立法定之債，故應依債務人屬人法之正義或衡平標準判斷，因此應適用債務人之屬人法[2]。

四、履行地法主義

此說之主要理由係認為，不當得利是一種準契約，與契約不可分離或根本就是一種契約，故應依契約作成地法或契約履行地法[3]。

五、不當得利之利得完成地（不當得利事實發生地）法主義

其主要理由在於不當得利制度本身係基於衡平觀念，調整獲得利益者與受有損害者間之權利義務關係之公益制度，因此，不問當事人之國籍、住所，均適用不當得利事實發生地之法律，並無不妥。

六、原因基本關係準據法主義

採此項主義者，法院越過不當得利之定性問題，只判斷案件是否已因某種法律關係而發生之不當之損益變動，並直接將案件定性為該原因法律關係，而

1　參閱陳榮傳著，國際私法各論，五南出版社，1998年出版，頁220。

2　參閱劉鐵錚、陳榮傳著，國際私法論，修訂四版，三民書局出版，頁333。

3　同註1。

依該原因關係之準據法決定[4]。

　　一般國家之立法例均採不當得利之利得完成地（不當得利事實發生地）法主義。

　　不當得利制度固係基於衡平觀念，調整獲得利益者與受有損害者間之權利義務關係，但利得之發生通常與其不當得利原因之基本關係有密切關係，關於不當得利準據法之決定即不能不考慮該具有密切關係之基本關係。但不當得利事實發生地法主義則未考慮此等情事，因此，就理論言之，不當得利既係其基本關係之延長，除適用不當得利事實發生地法之外，更應適用其基本關係之準據法。例如，因贈與撤銷所生之不當得利，除應適用不當得利事實發生地法之外，仍應考慮贈與關係準據法之適用。又，例如，對於遺失物拾得人不當得利問題，附合、混合、加工等因添附所生不當得利問題，除應適用不當得利事實發生地法之外，更應適用物之所在地法。

　　此外，不當得利之態樣諸多，有與特定法律關係有必然結合關係者，有非如此者，因此有主張後者適用不當得利事實發生地法固無不妥，前者則以適用該特定法律關係本身之準據法較為妥適。

第三節　涉外民事法律適用法之規定與適用

【案例1】

　　我國人甲曾向美國人乙借款100萬，甲之兄與甲感情甚篤，知道這件事之後，在未告知甲的情況下為甲向乙償還借款。不久之後，甲在不知情的狀況下，亦向乙償還借款，而乙則默默收下。若甲知情後基於不當得利請求權向我國法院對乙提起訴訟，則我國法院應以何國法為本案準據法。

> ## 【案例2】
>
> 　　日本人丙和我國人丁在波蘭爲汽車買賣交易，丁將車子交付與丙之後，丙卻遲遲不給付價金，由於丁不熟悉波蘭的法律，因此回到台灣，基於不當得利請求權，向我國彰化地方法院對丙提起訴訟，請求丙返還汽車。假設彰化地方法院對本案有管轄權，則彰化地院應以何國法律爲準據法，解決系爭案件？

　　舊涉外民事法律適用法第8條規定：「關於由無因管理、不當得利或其他法律事實而生之債，依事實發生地法。」採取不當得利事實發生地法主義。嗣修正爲第24條：「關於由不當得利而生之債，依其利益之受領地法。但不當得利係因給付而發生者，依該給付所由發生之法律關係所應適用之法律。」其修正理由：「關於由不當得利而生之債，有因當事人對於不存在之債務提出給付而發生者，亦有因其他原因而發生者，凡此二種法律事實是否構成不當得利，受領人所受利益應返還之範圍等問題，均有必要明定其應適用之法律。按因當事人之給付而生之不當得利，例如出賣人爲履行無效之買賣契約，而交付並移轉標的物之所有權，其所發生之不當得利問題，實際上與該給付所由發生之法律關係，即該買賣契約之是否有效之問題，關係非常密切，其本質甚至可解爲該買賣契約無效所衍生之問題，故宜依同一法律予以解決。非因給付而生之其他不當得利，其法律關係乃因當事人受領利益而發生，法律事實之重心係在於當事人之受領利益，則宜適用利益之受領地法，以決定不當得利之相關問題。爰參考奧地利國際私法第46條、瑞士國際私法第128條、德國民法施行法第38條等立法例之精神，規定關於由不當得利而生之債，原則上應依其利益之受領地法，並於但書規定不當得利係因給付而發生者，依該給付所由發生之法律關係所應適用之法律。」可供參考。

　　關於本條之適用應注意者乃：

(一)所謂不當得利事實發生地，係指不當得利之直接原因事實行爲作成地或事實發生地。例如，非債清償之不當得利，損害發生地係指清償地。添附之不當得利，係指附合、混合、加工等事實發生地。不當得利要件如發生於

一個國家時固無問題，如發生於二個以上國家時，利得與損害之發生地不同，或不當得利原因之財產移轉開始與完成之地不同時，如何決定不當得利事實發生地，不無問題。多數見解認為在前者之情形，應以利得發生地，後者應以財產移轉完成地為不當得利事實發生地。

【解析1】

在案例1當中，利得與損害之發生地並不相同，因此在決定何地為不當得利之事實發生地上，有所疑義。惟如前所述，多數見解認為在這種利得發生地與損害發生地不同的情形時，應以利得發生地為不當得利之事實發生地。涉外民事法律適用法第24條前段亦採如是見解。因此，在本案當中，法院應以利得發生地法，即美國法，處理系爭案件。

(二)由於涉外民事法律適用法採取不當得利事實發生地法主義，而與其基本關係切離，理論上未必妥適。因此，有主張事實發生地之決定，應特別考慮其基本關係。例如，因贈與撤銷所生之不當得利，應以贈與行為地為事實發生地。又例如，對於遺失物拾得人不當得利問題，附合、混合、加工等因添附所生不當得利問題，應以物之所在地為事實發生地。亦有主張舊涉外民事法律適用法第8條之不當得利，指因當事人間給付行為以外之不當得利為限。亦即，因當事人間給付行為所生之不當得利，適用該給付行為之準據法。如非因當事人間給付行為所生之不當得利，則適用不當得利事實發生地法。亦有主張特定法律關係有必然結合關係之不當得利，適用該特定法律關係本身之準據法，例如，贈與契約撤銷之不當得利，適用贈與契約本身之準據法。如與特定法律關係無必然結合關係之不當得利，則適用不當得利事實發生地法。例如，誤信某人為債權人而為清償之非債清償之不當得利，適用不當得利事實發生地法。亦有認為在買賣契約無效或贈與契約撤銷時買賣標的物或贈與物之返還，一方面固係不當得利之問題，但另一方面亦係買賣契約或贈與契約效力或物權效力之問題，因此，可定性為二種以上法律關係，並選擇對於債權人有利之準據法而適用。涉外民事法律適用法第24條將不當得利區分為給付之不當得利與非給付之不當得利，並規定其準據法：「關於由不當得利而生之債，依其利益之受領地法。但不當得利係因給付而發生者，依該給付所由發生之法律關係所應適用之法律。」基本上可資認同。

【解析2】

在案例2當中所涉及者為給付型不當得利,關於此種類型之不當得利所應適用之準據法,向有兩種不同的看法。有認為不論是給付型不當得利或非給付型不當得利,均應適用舊涉外民事法律適用法第8條的規定;惟,亦有論者主張,因當事人間給付行為所生之不當得利,適用該給付行為之準據法。如非因當事人間給付行為所生之不當得利,則適用不當得利事實發生地法。依本書之觀點,給付型不當得利與當事人間之給付行為有密不可分的關係,因此,後者的論述較為妥當。涉外民事法律適用法第24條亦採此觀點。故在本案當中,彰化地方法院應以該買賣行為所應適用之法律為準據法。

(三)關於不當得利準據法之適用範圍,及於不當得利之成立要件與效力。不當得利之成立要件,例如,何為利得,何為損失,利得與損失間是否須有因果關係,須有何等程度之因果關係等等問題,均適用不當得利之準據法。關於不當得利之效果,例如,受有利益之人,應負何種義務,應原物返還或價額返還,返還之範圍如何,均應適用不當得利準據法。不當得利法律關係應與其原因之基本關係加以區別,例如,非債清償之不當得利,債務是否存在,應適用該債務本身之準據法,例如,依涉外民事法律適用法第20條或第24條所定之準據法。一旦債務否定其存在,再依不當得利準據法判斷是否成立不當得利。又,例如,添附所生之不當得利,添附是否發生物權移轉結果,應適用物權準據法之物之所在地法。如發生物權移轉結果,再依不當得利準據法判斷是否成立不當得利。

(四)共同海損有基於契約者,亦有非基於契約者。非基於契約之共同海損,如係涉外民事事件如何處理,不無疑義。一般均以其與不當得利制度類似,將之定性為不當得利,依涉外民事法律適用法第24條,以共同海損事實發生地法為準據法。如共同海損發生地某國領海則以該領海所屬國之法律為準據法,如共同海損事實發生地在公海,則以受損船舶之船籍國法為準據法。

重要實務見解

臺灣高等法院92年度上易字第875號民事判決

　　按我國「駐華外國機構及其人員特權暨豁免條例」第5條第4項第3款規定：駐華外國機構得享有豁免民事管轄，但因商業行為而涉訟者，不在此限。經查，本件被上訴人主張上訴人將系爭車輛出售後，復無權處分已屬被上訴人所有之系爭車輛，而受有利益，致被上訴人受有損害，爰依不當得利之法律關係請求上訴人返還利益，是上訴人出售系爭車輛並獲有利益之行為，性質上屬因商業行為而涉訟，與上訴人行使主權之行為無涉。揆之首揭說明，上訴人就本件涉訟即不得享有民事管轄之豁免，我國法院就本件訴訟自有管轄權。又，被上訴人係依不當得利之法律關係請求上訴人返還利益，而上訴人為巴拿馬共和國駐華大使館，為巴拿馬國之駐外代表機關，故本件要屬涉外案件。按涉外民事法律適用法第8條之規定：「關於由無因管理、不當得利或其他法律事實而生之債，依事實發生地法」，本件被上訴人主張上訴人無權處分其所有之系爭車輛而有不當得利，其事實發生地在我國境內，依前揭規定，應依我國民法為準據法。

相關考題

一、為中國人之遺孀，而自稱係日本人之女子甲，向臺灣臺北地方法院控告在臺北、東京及漢城，均有住所之韓國人乙不當得利，請求返還在東京交付而現在臺北之活動房屋一所。問：臺灣臺北地方法院應如何解決下列問題？
　　(一)甲有無日本國籍，應依何國法而定？
　　(二)乙在漢城有住所，應依何國法而定？
　　(三)活動屋一所係動產抑不動產，應依何國法律而定？
　　(四)不當得利之訴能否成立，應依何國法而定？【74年律師】
二、台北市民甲行經天母外僑居住之社區時，被美國人乙所飼養之狼狗咬傷，隔鄰之法國人丙誤以為係其所飼養之獒犬所為，乃負擔甲之醫藥費，次日丙獲知事實經過，向乙要求償還醫藥費，但遭乙拒絕。試分別說明在

該組事實中所涉及之國際私法問題。【84年司法官】

三、關於涉外不當得利的準據法，立法論上有哪些原則或立法主義？我國涉外民事法律適用法的規定爲何？在涉外不當得利請求返還的事件中，當事人如就不當得利的要件及效力諸問題的法律適用發生爭議，我國法院應如何適用該規定的具體內容？【92年公務人員升官等考試】

第九章
侵權行為

【關鍵字】

- 行為地法主義
- 法院地法主義
- 行為地法兼法院地法主義
- 共通本國法主義
- 商品製作人責任
- 交通事故責任
- 關係最密切原則

第一節　概　說

　　侵權行為，是債之發生原因之一，但各國關於侵權行為的成立要件、賠償範圍等規定，並不完全相同，故當一涉外侵權事件發生時，就會產生應該適用何國之法律解決系爭事件的問題。

第二節　侵權行為之準據法

　　關於侵權行為之準據法向來有侵權行為地法主義與法院地法主義之對立，此外，另有當事人共通本國法主義以及兼採行為地法及法庭地法的併用主義之立場。

一、法院地法主義

　　法院地法主義是建立在侵權行為與法院地之公序良俗有密切之關連之理論基礎上。詳言之，法院地法主義認為侵權行為與犯罪類似，具有反社會性與反倫理性，與一國之公序良俗具有重大之關係，在外國被認為侵權行為者，在內國則未必被認為侵權行為，為維持法律之安定，與內國之秩序，關於侵權行為

之成立與效力自應適用法庭地法。[1]

二、侵權行為地法主義

【案例1】

　　住在A國的甲自A國寄送毒巧克力給住在B國的乙，乙將毒巧克力攜至C國食用，進而毒發。由於C國醫療環境不佳，故乙被轉送到鄰近的D國救治，但乙最後仍然不幸在D國的醫院中往生。

　　侵權行為地法主義之理論基礎則有種種不同看法，有認為採取侵權行為地主義在於保護既得權（vested right）。亦即，某一行為在侵權行為地如構成侵權行為，即係一種既得權，應受到法院地之承認。[2]亦有認為侵權行為制度並非對於被害人之賠償而在於抑制侵權行為之發生及對於侵權行為人之制裁，故應適用侵權行為地法。[3]更有認為侵權行為是不分當事人之國籍、住所等應予一視同仁的適用之法律，故應重視侵權行為地之法律。亦有認為侵權行為與加害人之責任及被害人之救濟有密切之關係，而與侵權行為地之社會公益或公序

---

[1] 在民事責任與刑事責任未嚴格區分之年代，法院地法主義受到相當多學者之支持。但在現代僅有少數立法例採取純粹的法院地法主義。參閱，山田鐐一著，國際私法（第3版），頁310～311，而主張侵權行為與法院地之公序良俗有密切關係者，則不免於過度擴大法院地公序良俗觀念之批評，且適用法院地法，違背法律適用之安定性，使行為人無從事先預測其行為適法與否，對於行為人不利，更因不合理的限制被害人之訴權，對於被害人未能有充分之保障，判決因法院地法之介入而難期公允，且促使判決不一致之發生。參閱，劉鐵錚教授著，論侵權行為之準據法，國際私法論叢，頁314。另，關於法院地法主義在各國實務與學說之發展，請參閱折茂豐著，涉外不法行為論，頁29以下。賴來焜著：涉外侵權行為問題之研究，國立政治大學法律研究所碩士論文，民國75年。

[2] 山口弘一著，日本國際私法論（上），巖松堂出版，1927年，頁185、188；江川英文著，國際私法における不法行為，法學協會雜誌（東京大學）57卷5號，頁139；同，國際私法（新法學全集）頁244，1938年，日本評論社出版；劉鐵錚教授著，論侵權行為之準據法，前揭書，頁5。

[3] 參閱，山田三良，國際私法（現代法學全集），1931年，日本評論社出版，頁144以下。

良俗有關，因而應適用侵權行為地。亦有認為若不適用侵權行為地法，則行為人將對於其不可預知之行為結果負責，並未妥適，且被害人不能依據侵權行為地法請求損害賠償，則亦失其救濟之道，故應適用侵權行為地法方屬妥適。[4]

　　侵權行為地主義在適用最重要且最困難之問題，在於如何決定侵權行為地，而侵權行為地應如何確定，學說和各國法制不盡相同，大致可以分為以下幾種：

（一）行為作成地法說

　　依此說，則侵權行為地應為行為人做成侵權行為的地方。行為作成地說認為損害常在多處發生，且不乏出於偶然者，而非行為人或被害人始料所及，如以損害發生地為準據法而適用，不免失妥。且以行為作成地為侵權行為地，可以避免行為作成地認為侵權行為，而損害發生地卻不認為侵權行為之不妥適結果之發生。

（二）結果發生地說

　　若依此見解，則侵權行為地指的是造成損害結果之地方。損害發生地說則認為侵權行為責任之目的在於填補被害人之損害，如無損害即無賠償之問題，且影響公序良俗者，乃損害之發生與被害人之救濟，因此，侵權行為應重視損害之發生，故應以損害發生地為侵權行為地。[5]

（三）當事人自由選擇說（折衷見解）

　　依說見解，則侵權行為地是指行為作成地和結果發生地兩處，受害者得任選一地之法律，以為控訴之根據。

---

[4]　參閱，久保岩太郎著，國際私法概論，頁188；江川英文著，國際私法（改訂版）1957年，有斐閣出版，頁59以下。

[5]　劉鐵錚著，前揭書，頁4以下；山田鐐一著，前揭書（第3版），頁311～312；折茂豐著，前揭書，頁1以下；久保岩太郎著，國際私法概論，頁233以下；齋藤武生著，事務管理・不當得利・不法行為，國際私法講座，頁462。

（四）應區別侵權行爲之類型爲不同之認定

此說認爲，凡一般侵權行爲，基本上仍以過失責任爲原則，應重視行爲本身，故應以行爲作成地爲侵權行爲地。惟如公害等以塡補被害人之損害爲目的之新型態之侵權行爲，則重在被害人之救濟，應重視損害本身，故應以損害發生地爲侵權行爲地。[6]

【解析1】

就案例1而言，若以行爲作成地做爲侵權行爲地，則侵權行爲地爲甲寄出毒巧克力的A國；若以結果發生地爲侵權行爲地，則侵權行爲地應爲乙中毒之C國；而若採當事人自由選擇說，則被害人乙之家屬得以毒巧克力寄出地（A國）、毒巧克力收到地（B國）和乙中毒地（C國）之法律做爲控訴根據，A、B、C三國皆爲侵權行爲地。

三、共通本國法主義

共通本國法主義則係起源自德國1942年12月7日，所頒布之「關於德國國民於德國領域外加害行爲法律適用之命令」，其第1條第1項規定：「德國國民於德國領域外，因作爲或不作爲所生之契約外損害賠償請求權，以被害人爲德國人爲限，適用德國法。」當時，德軍已佔領法國領土全部，由於德國人相互間侵權行爲事件極多，且其民法施行法並未規定侵權行爲準據法，爲明定準據法以期裁判迅速、安定，因此，制定該命令。第二次世界大戰後聯邦法院1961年2月2日判決認爲該法仍然有效。嗣後並適用於本據在德國之公司或法人。[7]

四、侵權行爲地法兼法院地法主義

爲兼顧侵權行爲地法和法庭地法之公益，故將侵權行爲地法主義和法院地法主義予以折衷。而採侵權行爲地法主義兼法院地法主義的國家，其重視法庭地法或侵權行爲地法之程度及適用之條件，仍不無差異，而有以下三種類型的

6　參閱劉鐵錚著，前揭文，頁516。

7　參閱岡本善八著，國際私法における法定債權，同志社法學（同志社大學），頁49～50。

立法例[8]：

　(一)以侵權行為地法為準據法，惟使其受法庭地法限制之立法例。

　(二)以侵權行為地法為準據法，惟於侵權行為人為內國人時，始使其受法
　　　庭地法限制之附條件併用主義。

　(三)以法庭地法為準據法，惟兼顧侵權行為地法之併用主義。

第三節　涉外民事法律適用法之規定與適用

現行法之規定與適用

【案例2】

　　A男具有中華民國國籍，某次A男到社會風氣極為保守的甲國旅
遊，為了問路，輕碰甲國婦女B的肩頭。依甲國法律規定，非配偶或家
人碰觸女子身體，為侵權行為。事後B女憤而向中華民國法院提起訴
訟。

　　舊涉外民事法律適用法第9條規定：「Ⅰ關於由侵權行為而生之債，依侵
權行為地法。但中華民國法律不認為侵權行為者，不適用之。Ⅱ侵權行為之損
害賠償及其他處分之請求，以中華民國法律認許者為限。」嗣後修正為第25條
規定：「關於由侵權行為而生之債，依侵權行為地法。但另有關係最切之法律
者，依該法律。」其立法理由：「原條文就因侵權行為而生之債，原則上採侵
權行為地法主義，有時發生不合理之結果。爰參考奧地利國際私法第48條第1
項、德國民法施行法第41條等立法例之精神，酌採最重要牽連關係理論，於但
書規定另有關係最切之法律者，依該法律，以濟其窮。」可供參考。

8　參閱參閱劉鐵錚、陳榮傳著，國際私法，修訂四版，三民書局出版，頁347～348。

關於本條規定之適用,應注意者有:

(一)舊涉外民事法律適用法原採所謂侵權行為地法主義與法院地法主義之累積適用。無論侵權行為之成立要件或損害賠償之請求,均以侵權行為地法與法院地法均認許為限,始得為之,即所謂折衷主義或混合主義。但新涉外民事法律適用法已不採之。

(二)舊涉外民事法律適用法關於侵權行為之準據法兼採法院地法。在侵權行為要件上,如某事實在外國認為係侵權行為,但依法院地法不認為侵權行為,仍非侵權行為。所謂不認為侵權行為,係指行為事實中有不具備法院地法侵權行為之要件之一者,即非侵權行為。又關於侵權行為所侵害之權利,除侵權行為地法及權利本身之準據法肯定其為權利之外,尚須法院地法亦肯定其為權利始可。所謂法院地法肯定其為權利,不以法院地實體法肯定其為權利為限,尚包括法院地國際私法所指示之準據法肯定其為權利在內。例如,依物之所在地法成立之物權,雖非法院地實體法所肯定之物權,仍得成為侵權行為對象之物權。又,例如,外國之智慧財產權,雖因互惠主義等關係,在法院地不受保護,但依法院地國際私法所定之準據法,如肯定其為權利,即係侵權行為對象之權利。在侵權行為之效力上,須依侵權行為地法及法院地法均得請求之損害賠償或其他救濟,始得請求。若依侵權行為地法所得之請求,而依法院地法不得請求者,或依法院地法所得請求之損害賠償,而依侵權行為地法不得請求者,均不得請求。由於兼採法院地法主義問題殊多,新涉外民事法律適用法已不兼採法院地法主義。

(三)關於侵權行為準據法之適用範圍。關於侵權行為行為能力之問題,因係侵權行為之要件問題,故應適用侵權行為之準據法。行為人是否須有故意或過失,乃侵權行為主觀違法要件,亦係侵權行為之要件問題,應適用侵權行為地法。又,侵權行為以一定權利之侵害為前提,亦即加害人所侵害者須為權利,至於是否為權利,除依侵權行為地法承認其為權利外,依法院地或侵權行為地國際私法所定該權利本身之準據法亦應承認其權利。又,加害人之行為是否構成正當防衛或緊急避難,是否因而阻卻行為之違法性;被害人以受有如何範圍之損害為必要;行為與損害間是否以具有因果關係為必要,均與侵權行為之成立有關,應適用侵權行為之準據法。關於侵權行為之效力問題,例如,何人有損害賠償請求權;損害賠償之範圍與方法如何;損害賠償請求權之消滅時效如何;侵權行為債權得否讓與;得

否繼承；如係共同侵權行為，行為人之責任如何；均係侵權行為之效力問題，應適用侵權行為地法。

(四)關於船舶碰撞之問題，與侵權行為具有相當之類似性，因此，一般均將之定性為侵權行為。至於侵權行為地之認定，如碰撞發生於某國領海時，以該領海所屬國之法律為侵權行為地法。如碰撞發生於公海時，以當事船舶之船籍國法為準據法。亦即，如當事船舶為同船籍者，適用共通船籍國法。如當事船舶不同船籍者，則有不同見解。有認為應適用法院地法；有認為應以加害船舶之船籍國法為準據法；亦有認為應以被害船舶之船籍國法為準據法；亦有主張其被害人之原告自加害船舶及被害船舶之船籍國法中選擇於己有利者為準據法；亦有主張應累積適用加害船舶與被害船舶之船籍國法。應以最後一說較為可採。

【解析2】

　　舊涉外民事法律適用法第9條第1項前段規定：「關於由侵權行為而生之債，依侵權行為地法。」依題意，行為地係在甲國，而根據甲國法之規定，A碰觸B肩頭的行為是侵權行為，故A應負侵權行為責任。然而，第9條第1項但書規定：「但中華民國法律不認為侵權行為者不在此限。」A之行為從我國法之規定觀之，並不能算是侵權行為，因此，A並不須負侵權責任。惟舊涉外民事法律適用法前開規定業已修正，是否構成侵權行為專以侵權行為地法定之，不必顧慮中華民國法律之規定。

重要實務見解

（一）最高法院81年度台上字第935號民事判決

　　涉外民事法律適用法第9條第1項本章規定：「關於由侵權行為而生之債，依侵權行為地法。」所謂行為地，包括實行行為地及結果發生地。上訴人主張因被上訴人之侵權行為，致其在我國發生支出運費等之損害結果，關於此部分自應適用我國有關法律之規定。

（二）最高法院91年度台上字第1870號民事判決

　　我國涉外民事法律適用法第9條第1項就侵權行為準據法之規定，係採侵權

行爲地法及我國法之併用主義，即依我國法律之規定認爲不能成立侵權行爲時，則不論外國法之規定如何，均無成立侵權行爲之餘地。本件侵權行爲部分之準據法，仍須依據我國民法第184條之規定先予審查，且須適用我國海商法之特別規定。

第四節　比較法關於侵權行為之規定

　　與其他類型之涉外民事事件相同，侵權行爲之準據法無論採取法院地法主義、侵權行爲地法主義或折衷主義，均有相同優點，即適用簡易與符合當事人期待可能性。但缺失亦不少，最大的問題仍在於定性之困難，及單一國際私法選法規則，未能契合現代社會日益複雜之侵權行爲樣態，而有改弦更張之必要。同時，在連繫因素偶然性方面，不獨法院地法主義以原告起訴之地爲連繫因素，充滿偶然性，損害發生地與侵權行爲地亦充滿偶然色彩而有變革之必要。[9]

---

[9]　其實，不僅法院地或侵權行爲地具有偶然性之缺失，在諸多連繫因素均不無具有偶然之色彩者，如行爲地、事實發生地等。連繫因素之作用原在於在系爭涉外民事事件與特定國定之準據法間作一連繫，使該事件所適用之準據法係與該事件具有最密切之關係，因此具有偶然色彩之連繫因素所指向之準據法是否與該事件具有最密切之關係，即不無疑義，故該等具有偶然色彩之連繫因素是否再適於作爲連繫因素，即有檢討餘地。例如舊涉外民事法律適用法第5條關於法律行爲之方式採所謂「場所支配原則」，除適用舊法第6條所定之準據法外，亦適用行爲地法，此係基於當事人之便利所爲選擇適用之規定，行爲地固具有相當之偶然性，但未可厚非。至於法院地，由於全繫於原告之起訴而決定，雖裁判管轄權之決定不受原告起訴之影響，而仍應考量是否有得行使裁判管轄權之基礎，但裁判管轄權之決定所考量者，主要在於受訴法院是否爲便利之法院，而與準據法之決定與適用無關。惟在目前之現狀下，涉外民事法律適用法等國際私法，除少數公約外，莫不屬於國內法，而受訴法院對於涉外民事事件莫不適用該國之國際私法，且各國國際私法中，不但有如吾國舊涉外民事法律適用法第25條之關於公序良俗之保留條款或排除條款之規定，在準據法之選法規則，亦不無如吾國舊涉外民事法律適用法第9條等，優先適用或累積適用內國法即法院地法，如此，則法院地何在將影響準據法之選定，致原告有任擇法院之可能，因此，如何在強調法院地公序良俗之維護外，減弱法院地對於準據法選擇之影響力，有待進一步之思考。又，事實發生地係無因管理、不當得利等因事實而生債之關係者選定準據法之主要的連繫因素，舊涉外民事法律適用法第8條規定：「關於由無因管理、不當得利或其他法律事實而生之債，依事實發生地法。」其立法理由對於爲何採取事實發生地法，則未明確說明。就無因管理，事實發生地即是指管理行爲地，採所謂管理行爲地法主義。就理論而言，無因管理並非基於當事人間之契約，故無當事人意思自主原則之適用，而無因管理係基於正義衡平觀點，賦予一定法律效果，而維護公益，故適用管理行爲地法並無不當。惟

　　關於侵權行為法律關係之細分，在學說上首先見之於H. Binder 於1955年提出之論文—侵權行為準據法之柔軟化（Zur Auflockerung des Deliktsstatuts, Rabelz 20 (1955)，S.401）[10]，氏認為全部行為均係其所由發現或所定著之總體環境之一現象，其環境原則上為一定地域所具有之環境，侵權行為適用疑義之例外情形，其共通現象在於該行為之發現或定著之社會特徵要素，並非侵權行為地，而係其他情事，侵權行為地不過是一偶然現象。基於上述理由，原則上維持行為地法主義，但上述當事人社會環境比行為地具有更密切關係時，則適用該社會環境之法律。亦即，在與行為地無密切關連之侵權行為，係以上開社會環境為基準，將侵權行為法律關係細分，並分別定其準據法，例如，夫妻或親屬間之侵權行為，適用其婚姻住所地法或親屬住所地法；特定國家國民組成之旅行團、探險隊等團體，發生於團體內部之侵權行為，適用其共通本國法。發生於船舶內部之侵權行為，雖發生時，船舶航行於公海或他國領海，均適用船籍國法；發生於公海上之船舶碰撞，有共通船籍，適用共通船籍國法等；無共通船籍，適用有責船舶之船籍國法，如係互相請求時，則適用考慮海商法一般原則之法院地法。勞動災害適用適常勞務給付地法。因航空器碰撞或墜落所生損害賠償請求，如係一航空器內人員相互間之請求，適用其間契約準據法，如係不同航空器人員間請求，則適用航空器墜落地法，再輔以共通航空器登記國法或有責航空器登記國法；發生於機場外航空器上之侵權行為，且非純粹國內航線者，適用航空器登記國法。發生於外國之同國企業間之不正競爭，適用共通本國法，如競爭之一方，得主張於該外國自行獲得該權利時，適用該外國法。關於公務員公職義務違反之請求，以公務員所屬國之法律為準據法。隱私權侵害，適用被害人主要活動地法。詐欺或強迫所生侵權行為，適用加害行為地法。工作物所生責任，適用工作物所在地法律。

　　其次，國際法學會於1969年會期曾就國際私法上侵權行為債務，作成五項決議，[11]這五項決議之內容為：「一、侵權行為債務原則上適用為侵權行為地

　　管理行為地何在亦不無疑義，通常係指事實上為管理行為之地，即管理之客體所在地，並非管理之效果發生地，因此，在財產之管理，係指財產所在地，如財產分散在數個地方，則數個地方均係管理行為地，若係營業之管理，則係營業所在地，人之管理則係人之現實的所在地，而管理行為有繼續之性質時，則依最先之管理行為地法。其詳，請參閱山田鐐一著，前揭書（第3版），頁295～297，頁316～317。

10　參閱，岡本善八，前揭文，頁50～51；折茂豐著，涉外不法行為法論，頁119以下、155以下；賴來焜著，涉外侵權行為問題之研究，頁306～307。

11　參閱，折茂豐著，前揭書，頁231～235；賴來焜著，前揭文，頁343。

法。二、爲第一項之目的，某一侵權行爲，考慮自侵權行爲開始至損害發生時爲止，與該侵權行爲地有關之一切事實，應認爲係在與該事件有最密切關連之場所爲之。三、系爭問題與侵權行爲地間，不問是單數或多數，無任何實體牽連時，適用當事人或當事人與事件間所應適用之法律，構成第一項與第二項之例外。同一家族成員間之責任，適用家族共通習慣居所地法。僱用人與受僱人間或同一企業間受僱人間之責任，適用企業本據地法。車輛駕駛、所有人與其乘客間之責任，無論運送有償或無無償，及旅客相互間之責任，適用車輛登記地之法律。探險旅行過程中之侵權行爲，適用旅行組織地之法律。基於相同精神，發生於外國領海上船舶之侵權行爲，適用船籍國法。發生於航空器上侵權行爲，適用航空器登記國法。」該決議雖非法律，但頗具有啓示性。

　　前東德1975年國際私法典（關於國際民事、家族勞動法關係及國際經濟契約之法律適用之法律）[12]，其第17條規定契約外之加害行爲責任，包括人的要件及損害範圍，適用發生損害國家之法律。在公海及公海上空之船舶或航空器航行或飛行時之加害行爲，適用船籍國法或航空器登記國法。加害人與被害人爲同一國國民，或在同一國有住所時，適用該國之法律。依據同一國法律決定其地位或於同一國有本據之企業，亦同。

　　1978年奧地利關於國際私法之聯邦法律，[13]其第48條規定：「契約以外之損害賠償請求權，依據發生損害之行爲地國之法律。但當事人與另一國家法律有較強之關係時，以該國法律爲基準。不正競爭之損害賠償請求權或其他請求權，依據受該競爭影響之市場所屬國法律。」

　　1979年匈牙利國際私法[14]，其第32條規定侵權行爲之準據法依序爲加害人與被害人共通本國法、侵權行爲地法（作爲之侵權行爲）或應作爲地法（不作爲之情形）或對於被害人較爲有利之損害發生地法。惟責任能力之有無則適用加害人屬人法及侵權行爲地法。但發生於位於國家領域外船舶或航空器上之侵權行爲，則適用船籍國法或航空器登記國法。

　　南斯拉夫1982年國際私法典[15]規定侵權行爲適用侵權行爲地法與損害發生

---

[12] 參閱，笠原俊宏，國際私法立法總攬，元成元年，富山房出版，頁237以下。該法因兩德合併而不再適用。

[13] 參閱，山內惟介譯，オーストリアの國際私法典について，法學新報（中央大學）。陳隆修譯著，奧地利國際私法典，收於氏著，比較國際私法。

[14] 參見，笠原俊宏，前揭書，頁315。

[15] 參閱，笠原俊宏，前揭書，頁388。

地法中對於被害人較爲有利之法律。但違法性之認定以上開二個法律中之一予以肯定即爲已足。第29條則規定發生位於公海或公海上空船舶或航空器上之侵權行爲，以船籍國法或航空器登記國法爲準據法。

　　1987年瑞士國際私法典[16]則更爲精細，其第132條規定當事人於損害發生後任何時期，得合意適用法院地法。其第133條規定侵權行爲適用加害人與被害人共通習慣居所地法，否則即應用侵權行爲地法或加害人得預見之損害發生地法，惟若侵權行爲係侵害加害人與被害人間之特別關係，則應適用該法律關係應適用之準據法。第134條規定道路交通事故引起之損害賠償，適用海牙國際私法會議1971年4月5日關於道路交通事故準據法公約。第135條規定商品製作人責任，適用商品製作人營業地國法，若無營業地國者，適用其習慣居所地法；若商品製作人未能證明其商品未經其同意於該國行銷，則適用商品取得地國法。第136條規定不正競爭侵權行爲，適用該行爲發生損害之市場所在地國法；如該不正競爭行爲僅侵害特定競爭者之營業利益，則適用營業受影響所在地國；若加害人與被害人間原存在特別法律關係，則適用該特別關係之準據法。第137條規定限制競爭之侵權行爲，適用該限制對於被害人直接造成影響之市場所在地國法。第138條規定，因不動產有害放射物質所生之損害賠償，被害人得自不動產所在地法、該放射結果發生地國法，選擇其一適用。第139條規定：經由各種媒體侵害人格權者，被害人得自加害人得預見之被害人習慣居所地法、加害人營業所在地或習慣居所地法，加害人得預見之結果發生地國法中，選擇其一而適用。[17]

　　由上所述，可大致看出晚近侵權行爲準據法，經由法律關係之細分，妥適選定準據法之趨勢。以下擬再就商品製作人責任與道路交通事故侵權行爲損害賠償請求之準據法述之。

---

[16]　參閱，笠原俊宏，前揭書，頁131～158。

[17]　參閱，笠原俊宏，前揭書，頁148～149。劉鐵錚教授等著，瑞士新國際私法，頁157～162。作者譯，瑞士1987年12月18日關於國際私法之聯邦法典，載於法務通訊，1529期以下。

第五節　商品製作人責任

一、商品製作人責任之準據法

　　商品製作人責任，係指製造者所製造而在市場銷售之商品，因其隱藏的瑕疵，造成最後之買主，即利用者或消費者身體或財產之損害，就此等損害，商品製作人所應負之損害賠償責任稱之。

　　在現代社會，由於國際貿易發達，一商品製作人製作之商品，可能行銷許多國家，同一批商品，因同一瑕疵在許多國家發生損害，亦不難想見。由於許多買主與商品製作人間，因該商品之大量製造、大量販賣關係，並無直接之買賣等契約關係，因而有認為尚難定性為契約之法律關係，而適用涉外民事法律適用法第20條之規定，僅能定性為侵權行為，適用同法第25條之規定，適用侵權行為地法。[18]不過，亦有認為應採取保證責任說，即商品製作人對於其製品之品質、性能負一般的默示保證責任，商品製作人應負契約責任。亦有認為應採取附隨義務違反說，即商品製作人除對於其商品之使用者，負有保證其商品之品質外，基於誠實信用原則，不得有侵害該商品使用者身體、財產之情事，否則，即構成契約責任之違反。因此，商品製作人責任即應定性為契約責任，其準據法應依涉外民事法律適用法第20條定之。[19]因此，商品製作人責任基本上即發生定性之困難。

　　其次，如定性為侵權行為，則其有關之連繫因素亦比一般侵權行為為多。詳言之，在一般侵權行為，例如，涉外交通事件，行為地與損害發生地大致上均屬相同，但在商品製作人責任，商品製作人之行為地與損害發生地通常均有不同，而多屬於隔地的侵權行為之類型，因而會發生侵權行為地如何認定之問題。

　　按關於侵權行為作成地之認定有行為地說、損害發生地說及類型說等之不同，有如前述。在商品製作人責任則如何？如以行為作成地說即商品製作人製作商品之處所為侵權行為地，則瑕疵零件生產地、瑕疵零件組合成商品之地、瑕疵零件設計開發地、具體商品之生產地、商品之生產工廠所在地、商品製作人主營業所所在地中，何者屬之？又，在行為地與損害發生地外，是否另承認

---

[18]　參閱劉鐵錚著，論商品製作人責任之準據法，國際私法論叢，頁115。

[19]　參閱，川又良也著，製造物責任，國際私法の爭點，頁106～107。

其他之連繫因素？例如，海牙國際私法會議關於商品製作人責任準據法公約中原告取得商品地、原告習慣居所地、原告住所均係連繫因素。[20]

再其次，各國對於商品製作人責任規定或法理並不一致，例如，在責任基礎方面，有採取嚴格責任，亦有採取過失責任。在因而致被害人死亡方面，有採取損害賠償額限制，有不採取者，在賠償方面，是否承認懲罰性損害賠償？在責任期間方面，採取起訴期間或法定責任期間？均較一般侵權行為複雜。此亦涉及商品製作人責任問題上，究竟應保護被害人或商品製作人之根本問題。又究竟應以行為地或被害人損害發生地為侵權行為地？如以商品製作人製作商品之處所為侵權行為地，則將超過被害人之正當合理期待，如以被害人損害發生地為侵權行為地，則亦可能超過商品製作人之正當合理期待。如再加入加害人與被害人之債權人保護、保險制度與費率等因素，則考慮因素更為複雜。[21]兩者間如何求其調和，亦有疑義。

又，在商品製作人責任之判斷上，被害人是否有所謂競合之請求權，乃一極為困難之問題。於此涉及應否先就是否發生請求權競合決定其準據法之問題。按此一問題，如前所述，或有不同觀點，有認為請求權競合之前提為二個以上之請求權之存在，如無二以上之請求權存在，則無請求權之競合問題，因此，須定性之結果，承認被害人有二個以上之請求權，再討論此二個以上請求權之關係，即，是否構成請求權，如構成請求權競合則屬於何種請求權之競合。亦有認為，應先討論是否承認請求權競合，如不成立請求權競合，則不必再就二個以上之請求權定性，反之，如承認請求權競合，再分別就此二個以上之請求權定性。以上兩說，似以第二說較合於論理。[22]

綜上所述，國際私法上商品製作人責任選法問題，極其複雜，實有必要針

20　松岡博著，生產者責任の準據法，阪大法學（大阪大學）40卷，頁790。

21　關於有利於加害人或被害人之政策考量，參閱，松岡博著，前揭文，頁791～792；郭玉蘭著，國際私法上商品製作人責任，國立臺灣大學法律研究所碩士論文，民國77年6月，頁172。

22　劉鐵錚教授曾認為在商品製作人之責任之國際私法問題上，應採取請求權競合說之見解，其理由大致為：一、採取單純的請求權競合說，在用法上較為單純與便利。二、採取限制的請求權競合說在涉外民事法律適用法上尚乏依據。三、即使採取法條競合說，亦有承認涉及被害人身體、健康或生命之損害時，例外採取請求權競合說，而商品製作人之責任，諸多與被害人之生命、身體與健康之損害賠償有關，何不直接採取請求權競合說。對於是否成立請求權競合應否另為其選定準據法，採取否定說。參見，氏著前揭論商品製作人之責任之準據法，國際私法論叢，頁115～117。另參閱本章第二章第四節第四項。

對現行國際私法選法規則加以檢討，另立選法規則。[23]

此一國際性法律適用問題，自然引起國際法學界之重視，而於1973年10月2日之海牙國際私法會議，制定「關於商品製作人責任之公約」，對於商品製作人責任之準據法決定問題，有值得重視之處。[24]

首先乃何謂商品製作人責任之概念，即該公約之適用範圍。依該之規定，該公約適用製造商、成品或零件之製造商、天然產品之製造商、產品之供應者、修理者、倉庫管理者等，凡一切與商品銷售有關之人之責任之確定，皆有該公約之適用。但當事人間有契約關係存在時，即因商品所有權或使用權讓與而生之讓與人損害賠償責任，則不適用該公約之規定。產品之無償供應者或運送業者依同公約第1、3條之規定，亦不適用該公約。

所謂商品，包括天然產品與工業產品，動產或不動產皆是。但關於第16條第1項第2款之規定，簽署本公約國家得保留其適用。

損害則係指人身之損害、財產之損害與經濟之損失，但除非與其他損害有關，否則，產品本身之損害及因此所引起之經濟損失，不在其內。又損害發生，不以商品本身之瑕疵所生之損害為限，尚包括因對於商品之品質、特性與使用方法等為錯誤之記載或不適當之說明所致之損害在內。

人則指自然人與法人。依據以上之規定，在定性上可解決問題之大半。又，依該公約第8條之規定，凡損害賠償責任之成立基礎及範圍、損害賠償責任之免除、責任限制與責任之區分、何種損害應予賠償、損害賠償之方法與範圍、損害賠償債權能否讓與或繼承、損害賠償請求權人之範圍、本人或僱用人對於代理人或受僱人之責任、損害賠償責任之舉證責任分配、消滅時效或除斥期間及一切非屬於程序法之事項，均在該準據法之適用範圍，亦可解決準據法適用範圍之問題。

其次，乃關於商品製作人責任準據法之決定。公約係採取階段適用之立法方式，即依情形之不同，依次以不同之法律為準據法。依該公約第5條之規定：具有下列情形之一者，適用直接被害人習慣居所地國之法律。一、該國係應負主要賠償責任者之主要營業所所在地國。二、該國係直接被害人取得商品之所在地國。

[23] 關於商品製作人責任準據法問題之簡要說明。參閱山田鐐一著，國際私法（第3版），頁319～320。

[24] 關於此一公約之規定及評論，參閱劉鐵錚教授所著：前揭文，頁119以下；郭玉蘭著，前揭文，頁125以下。

又，依該公約第4條之規定：不符合第5條之規定而有下列情形之一者，適用損害發生地之法律：一、該國係直接被害人習慣居所地國。二、該國係被請求損害賠償之人之主要營業所在地國。三、該國係直接被害人取得商品之所在地國。

又，依該公約第6條之規定：不符合第4條或第5條所定之要件，被害人得主張應適用行爲地國之法律。如被害人不如此主張，則適用被請求負損害賠償責任者之主要營業所在地國之法律。又，上開法律，係指實體法，排除反致之適用。

從以上之簡介，吾人可得知，該公約已妥適解決定性之問題，對於連繫因素與準據法亦有妥適之規定。[25]

二、涉外民事法律適用法關於商品製作人責任之準據法之規定

【新法第26條】

因商品之通常使用或消費致生損害者，被害人與商品製造人間之法律關係，依商品製造人之本國法。但如商品製造人事前同意或可預見該商品於下列任一法律施行之地域內銷售，並經被害人選定該法律爲應適用之法律者，依該法律：

一、損害發生地法。

二、被害人買受該商品之地法。

三、被害人之本國法。

【立法理由】

立法理由認爲：「因商品之通常使用或消費致生損害者，被害人與商品製造人間之法律關係，涉及商品製造人之本國法關於其商品製造過程之注意義務

---

[25] 海牙國際私法會議雖對於商品製作人之責任之準據法適用問題，訂立統一條約，但仍有若干問題，致未能爲許多國家所接受。例如，瑞士1987年12月18日之國際私法即對於商品製作人之責任，採取與道路交通事故不同之立法方式，在道路交通事故，第134條直接以關於道路交通事故之法律適用公約作爲準據法，但在商品製作人之責任方面，則另行作不同規定。其135條規定：「基於產品瑕疵或瑕疵敘述所生之請求權，以被害人之選擇適用下列法律：一、侵權行爲人營業地國法。無營業地者，其常居所地國法。二、產品取得地國法，但侵權行爲人能證明此產品未經其同意於該國行銷，不在此限。基於產品瑕疵或瑕疵敘述所生之請求權，適用外國法者，其損害之請求應爲瑞士法所認許。」在定性與準據法之決定上均較爲簡要。依本章所見，仍以公約之規定較爲妥適。

及所生責任之規定，爰規定原則上應適用商品製造人之本國法。此一規定不問商品係經外國製造人事前同意而進口，或經由貿易商依眞品平行輸入之方式而進口者，均有其適用。如前述被害人之所以因商品之通常使用或消費而受損害，乃是因爲商品製造人之創造或增加被害人與商品接觸之機會所致，或謂其間具有相當之牽連關係者，即有特別保護被害人之必要。爰參考1973年海牙產品責任準據法公約第4條至第7條、瑞士國際私法第135條、義大利國際私法第63條等立法例之精神，於但書明定如商品製造人事前同意或可預見該商品於損害發生地、被害人買受該商品地或被害人之本國銷售者，被害人得就該等地域之法律選定其一，爲應適用之法律。

第六節　交通事故責任之準據法

　　若干國家國界相連，甚至如歐洲國家以鐵路、公路、河川航運相接，上午在一個國家，下午或晚上即到另一個國家，眞可謂係朝發夕至。發生於此等道路上之涉外交通事故，依其性質原係侵權行爲，依涉外民事法律適用法或各國國際私法之規定，多以法院地法及侵權行爲地法爲準據法，如前所述。但此等涉外道路交通事故，因具體情事不同，而有不同之型態，有一車之內發生事故者，有結伴同行發生碰撞者，亦有對向行駛發生事故者，惟無論如何，姑不論法院地係取決於原告之意思而具有偶然性，即令侵權行爲地，亦以偶然者居多，如適用法院地法或侵權行爲地法，均易與當事人之正當期待有違，且鑑於道路交通事故之頻繁，實有將之獨立於一般侵權行爲之外，並改變其準據法適用之必要。

　　基於此一原因，海牙國際私法會議於1968年第11次會期通過關於交通事故準據法之公約，具有相當特色，茲略加以簡介。[26]首先，依該公約第1條之規定，該公約之適用範圍爲：因一輛以上之機動或非機動車輛引起，在公路上或特定私人得以通行之私有道路上發生，且非契約責任之道路交通事故。又依公

---

26 參閱折茂豐著，涉外不法行爲法論，頁217，劉鐵錚著，論侵權行爲之準據法，國際私法論叢，頁25。又該公約於1975年6月3日對於比利時、法國、奧地利生效。嗣後，南斯拉夫於1975年12月16日、捷克於1976年7月11日、盧森堡於1980年12月13日，瑞士於1987年1月2日先後加入。參閱，中野俊一郎著，涉外の道路交通事故と共通屬人法の適用，神戸法學雜誌（神戸大學）41卷1號，頁138（註12）。

約第2條之規定：例如，車輛製造商、販售者及修理者之責任亦不適用該公約。若非因機動或非機動車輛所引起之事故，或非發生於公路或特定私人得以通行之私有道路或第2條所列舉之人之責任，均無公約之適用，如此，可避免定性及準據法適用時所生之問題。又，公約明定非契約責任始有該公約適用，可避免請求權競合所生之困難問題。該公約第3條明定準據法為一國之實體法（或稱國內法，Internal Law），明文排除反致條款之適用。[27]至於準據法之決定，公約第3條基本仍維持侵權行為地法主義，以事故發生地法為準據法。第4條則列舉在第5條保留下，不適用第3條之例外情形，而規定為：「A項：如僅一輛車輛肇事，且車輛登記地與事故發生地不同者，於左列被害人，適用車輛登記地國法律：如被害人係車輛駕駛人、所有權人及其他控制車輛或對於車輛有利害關係之人，而不考慮其習慣居所。如被害人係乘客，且其習慣居所不在侵權行為地者。如被害人為在事故發生地之車輛外之人，且其習慣居所在車輛登記地者。如有複數之被害人，分別適用其各自之法律。B項：如有二輛以上車輛涉及者，A之例外規定，僅於各該車輛均在同一國登記時始有適用。C項：於事故發生地有二人以上涉及事故者，A項與B項之例外，僅各該人在車輛登記地國有習慣居所時，始有適用。」[28]再其次，第7條規定事故發生地於事故發生時關於交通管理與安全之法規，應予適用而不問其準據法為何。

　　由上所述，該公約關於準據法之適用以原則與例外之方式規定，避免侵權行為地法適用所生與系爭事故未必有最密切關係之不妥適，頗值得注意。

第七節　違法競爭之侵權行為準據法

　　涉外民事法律適用法第27條規定：「市場競爭秩序因不公平競爭或限制競爭之行為而受妨害者，其因此所生之債，依該市場之所在地法。但不公平競爭或限制競爭係因法律行為造成，而該法律行為所應適用之法律較有利於被害人者，依該法律行為所應適用之法律。」其立法理由：「不公平競爭或限制競爭等違反競爭法規或公平交易法之行為，對於藉該等法規維持之市場競爭狀態或競爭秩序，均構成妨害，其因此而發生之債權債務關係，亦與該市場所屬國家

27　參閱劉鐵錚著，前揭文，頁25（註108）。

28　參閱，折茂豐著，前揭書，頁217。

之法律密切相關。爰參考奧地利國際私法第48條第2項、瑞士國際私法第136條、第137條等立法例之精神，明定其應依該市場所在地法或所屬國家之法律。不公平競爭或限制競爭行為所妨害之市場橫跨二國以上者，各該國均為市場之所在地，就該等行為在各地所生之債，應分別依各該市場之所在地法。如不公平競爭或限制競爭之行為係以法律行為（例如契約或聯合行為）實施，而該法律行為所應適用之法律較有利於被害人者，為保護被害人之利益，自應依該法律行為所應適用之法律。」，就特殊之侵權行為類型為規定，值得重視。

第八節　因媒體之侵權行為之準據法

涉外民事法律適用法第28條規定：「侵權行為係經由出版、廣播、電視、電腦網路或其他傳播方法為之者，其所生之債，依下列各款中與其關係最切之法律：

一、行為地法；行為地不明者，行為人之住所地法。

二、行為人得預見損害發生地者，其損害發生地法。

三、被害人之人格權被侵害者，其本國法。

前項侵權行為之行為人，係以出版、廣播、電視、電腦網路或其他傳播方法為營業者，依其營業地法。」其立法理由：「侵權行為係經由出版、廣播、電視、電腦網路或其他傳播方法實施者，其損害之範圍較廣，而行為地與損害發生地之認定亦較困難。為保護被害人並兼顧有關侵權行為之基本原則。爰參考瑞士國際私法第139條規定之精神，規定被害人得依與其關係最切之下列法律，而主張其權利：一、行為地法，行為地不明者，作為行為人私法生活重心之住所地法；二、行為人得預見損害發生地者，其損害發生地法；三、人格權被侵害者，為被害人人格權應適用之法律，即其本國法。法院認定某法律是否為關係最切之法律時，應斟酌包括被害人之意願及損害填補之程度等在內之所有主觀及客觀之因素，再綜合比較評定之。侵權行為之行為人，係以出版、廣播、電視、電腦網路或其他傳播方法為營業者，即公共傳播媒介業者本身為侵權行為之行為人時，該侵權行為與其營業行為密不可分，有依同一法律決定該行為之合法性及損害賠償等問題之必要。爰規定應依其營業地法，以兼顧公共傳播媒介之社會責任原則。」就特殊型態之侵權行為為規定值得重視。

重要實務見解

最高法院81年度台上字第935號民事判決

　　涉外民事法律適用法第9條第1項本章規定：「關於由侵權行為而生之債，依侵權行為地法。」所謂行為地，包括實行行為地及結果發生地。上訴人主張因被上訴人之侵權行為，致其在我國發生支出運費等之損害結果，關於此部分自應適用我國有關法律之規定。

相關考題

一、甲、乙兩人同為A國籍人，因工作關係長期居留我國台北市。今夏七月甲在歐洲駕車旅遊途經B國時，被乙所駕之休旅車撞及而受傷。甲回台後乃向台北地方法院起訴，請求損害賠償。設：

(一)兩車均有C國核發之行照，並在該國投保汽車險。

(二)A國為多法域國家，但有統一之民法和國際私法。按該國國際私法規定，侵權行為而生之債，依行為地法。

(三)B國亦為多法域國家，且係「交通事故多邊協約」之簽署國。而依該協約規定，因交通事故而發生之侵權行為損害賠償事件，依車輛登記國。

(四)C國法律規定，因侵權行為而生之債，依行為地法，但當事人同國籍時，依當事人之共同本國法；然若當事人於行為地均有住所時，則依該行為地法。

(五)A、B、C三國國際私法均有全面反致之規定，而A、B兩國之民法均繼受至C國。

　　請問法院應如何處理？又如法院對於A、B兩國民法非常陌生，而熟悉C國民法規定時，則應如何處理？【93年司法官】

二、甲、乙兩人結伴由英國愛丁堡出發，赴歐旅遊，因乙駕駛不慎，於德國發生車禍。甲當場死亡，乙傷重，三月後甦醒返台靜養，嗣後復原。甲為英國籍，乙為中華民國籍。甲夫已亡故，夫之父母丙、丁與甲同住，平日依賴甲扶養。甲夫之父母丙、丁來台，於乙住所所在地之台北地方法

院提起訴訟，請求侵權行為之損害賠償。賠償之內容包括甲之殯葬費用50萬元及丙、丁本得受甲扶養之損害賠償1000萬元。依英國與德國之法律，若子婦對夫之父母並無扶養義務，汝為地院承審法官。試問該訴訟之準據法為何？丙、丁之請求應受如何之判決。【95年司法官】

第十章
債法總論

【關鍵字】

- 金錢之債
- 金約款
- 債權讓與
- 債權人之代位權與撤銷權
- 債之消滅
- 債務承擔
- 準物權行為

第一節　概　說

　　發生債權債務關係之法律行為、不當得利、無因管理以及侵權行為等法律關係之準據法之決定問題，有如前述，關於各該法律關係之問題，自應適用各該法律關係本身準據法之。但如有前述各該法律關係之共通事項，是否亦適用各該法律關係之準據法，仍有檢討餘地。

第二節　金錢之債之準據法

　　金錢債權係以支付　定金錢為日的之債權，債務人應以何種貨幣給付，係該債權本身之問題，自應適用該債權本身之準據法。例如，關於法律行為所生之債，適用依涉外民事法律適用法第20條之規定所定之準據法。關於侵權行為之債，適用依涉外民事法律適用法第25條所定之準據法。因此，當事人於法律行為之債中，得否約定以特定國家之貨幣給付，係該法律行為之債本身之問題，應適用該法律行為本身之準據法。惟該貨幣履行時所生之問題，例如，當事人約定所指之貨幣為何，其名義上之價值如何，可否以通用貨幣取代，如可以通用貨幣取代，如何換算等問題，不應適用法律行為本身之準據法，而應適用該貨幣所屬國之法律。在當事人約定之後，履行之前，該貨幣所屬國關於貨幣之法規有變更，亦適用新貨幣法規，例如，貨幣所屬國改變其本位制，新舊

貨幣如何換算，應適用新貨幣法規。惟貨幣法規之變更如影響貨幣價值之變動，法律行爲之債之內容當然同受影響，例如，貨幣價值減少爲原來之90%，此時，債務人如依原來貨幣金額給付是否合於債務本旨，債權人有無受領義務，因係債權之實質問題，故應適用債權本身之準據法，而不適用貨幣所屬國之法律。

關於金約款之問題，例如，債權人爲保護其債權不受貨幣貶值影響，而約定其債權應以一定之金幣或一定金幣之價值爲給付。則當事人得否爲此規定，如得約定，則此一約定爲金約款或約定以採取金本位之貨幣爲給付；如係金約款，則係金幣約款或金幣價值約款，均係債權本身之問題，應適用債權本身之準據法。又，關於支付猶豫之問題，即債務人得否延後其履行期，由於此一延期影響債權之實質內容，係債權本身之問題，自應適用債權本身之準據法。

第三節　債之效力之準據法

債權之對外效力。債權原係債權人請求債務人爲一定給付之權利。債務人如不自動履行，則債權人得請求強制執行或損害賠償。債權之效力即係以此爲本體。但除此之外，債權亦影響及於第三人，各國實體法中最常見之規定即係債權人之撤銷權與代位權。

債權人之撤銷權係債權人爲保全債務人之一般財產，否認債務人之特定行爲之效力，而取回已自債務人逸出之財產，以供其債權之清償。債權人之撤銷權原係債權效力之一，亦即，特定債權人是否有撤銷權，如有撤銷權，則其要件、行使方法、行使效果及內容如何，均應適用債權本身之準據法。

惟應注意者，債權人之撤銷權係否認債務人行爲之效力，往往影響債務人行爲之相對人之權益，因此，對於該相對人之權益不能不特別考慮，因此，債務人行爲本身之準據法即應考慮其適用。亦即，應累積適用債權人債權本身之準據法與債務人所爲行爲本身之準據法。

債權人之代位權係債務人忽視其一般財產之管理，債權人爲保全債務人之財產，代爲行使債務人之權利，以防止債務人財產之減少，使債權人之債權得獲得清償。

債權人之代位權亦係債權效力之一，特定債權人是否有代位權，如有代位

權，其權利內容、行使方法及效果如何，均應依據債權本身之準據法。惟債權人之代位權係債權人代替債務人行使權利，例如，代債務人收取其債權，因此，將影響收取債權之相對人之權益，在決定債權人代位權準據法時，應特別考慮該相對人之權益。因而，債權人代位權之準據法，除債權本身之準據法外，更應累積適用債務人與相對人間權利義務關係之準據法[1]。

第四節　債權讓與之準據法

【案例】

居住在我國的日本人乙積欠我國人甲100萬元的借款，在清償期屆至前，甲將其對乙的債權讓與給同為居住在我國的韓國人丙，但甲和丙均未對乙為通知，若今乙、丙二人對該債權讓與行為的效力發生爭執，在我國法院爭訟，試問我國法院應以何國法律為準據法，該債權讓與行為是否對乙有效？

債權之移轉，有債權讓與與債務承擔。

債權讓與係指債權因債權人與第三人間之法律行為而由債權人移轉至第三人，而債務承擔則係債務因債務人與第三人間之法律行為，或第三人與債權人間之法律行為，而由債務人移轉至第三人。債權讓與除因債權人與第三人之法律行為而生者外，尚有依法律之規定而生者。例如，保證人為主債務人清償債務，債權人之債權當然移轉至保證人；又，例如，保險人為保險給付當然取得被保險人對於第三人之權利。由於債權讓與與債務承擔，各國實體法關於其要件、效力等之規定未必完全相同，因而，有為債權讓與或債務承擔定其準據法之必要。

---

[1] 參閱，劉鐵錚、陳榮傳著，國際私法論，頁353以下；溜池良夫著，國際私法講義，頁384以下。

債權讓與並未變更債權之內容，而使債權由債權人移轉至受讓人。

債權讓與在國際私法上之處理，應特別注意者有二：

其一，應區別債權讓與行為與其原因行為，詳言之，因買賣、贈與等原因而債權讓與，買賣或贈與與債權讓與即有不同。因買賣而讓與債權，買賣係原因行為，債權讓與是履行行為。訂立買賣契約之後，出賣人即對於買受人負有讓與債權之義務，此種情形與一般買賣與因買賣而移轉買賣標的物所有權並無不同，因而有將債權讓與稱為準物權行為，亦因而應區別債權讓與行為之準據法與其原因行為之準據法。原因行為之準據法並不當然成為債權讓與行為之準據法。

其二，應區別債權讓與對象債權之發生之行為，例如，因侵權行為而發生債權，進而讓與該債權，侵權行為債權係債權讓與行為之客體，因而應與債權讓與區別。侵權行為之準據法亦不當然成為債權讓與行為之準據法。

債權讓與之準據法如何決定，不無問題。舊涉外民事法律適用法第7條規定：「債權之讓與，對於第三人之效力，依原債權之成立與效力所應適用之法律。」僅規定債權讓與對於第三人之效力，似有與債權讓與在當事人間之效力加以區別之意。詳言之，在各國實體法上關於債權讓與，讓與人與受讓人之當事人間，因其間之法律行為或法律規定而成立生效，但對於第三人則須具備一定之特別行為，例如，通知等，始生效力或得對抗債務人。因此，在債權讓與準據法之決定，債權讓與行為在當事人間之效力，與對於第三人之效力，應予區別。

舊涉外民事法律適用法第7條之規定，僅係就債權讓與對於第三人之效力而為規定，債權讓與在當事人間之成立與效力，則未規定。此乃國際私法選法規則之欠缺，應依法理補充之。

至於如何補充，有不同見解。

有認為債權讓與為發生債之關係之法律行為，應適用舊涉外民事法律適用法第6條之規定，以當事人意思所定之法律或行為地法為準據法。

亦有認為債權讓與本身係準物權行為，故不適用舊涉外民事法律適用法第6條之規定，債權讓與只不過是債權人之變更，係債權本身之命運，自應適用債權本身之準據法。

債權讓與對於第三人之效力，所涉及者有二種利益之保護，其一為讓與對象債權之債務人之保護；其二為將債權作為交易對象，在交易安全上之保護。此二種保護往往居於對立之地位，亦即，如過度保護債務人，則將妨害交易安

全；如過於強調交易安全，對於債務人之保護恐有不週。因此，立法例所著重之保護不同，即有不同之規定。

有採取債務人之屬人法主義，即在意於債務人之保護。舊涉外民事法律適用法第7條之規定：「債權之讓與，對於第三人之效力，依原債權之成立與效力所應適用之法律。」採取債權本身之準據法，即是側重於交易安全之維護。鑑於債權讓與之效力應區分為讓與人與受讓人之間，及當事人與第三人之間，在當事人與第三人之間，適用債權本身之準據法，以保護交易安全，並無不妥。債權讓與在讓與人與受讓人間生效，固無疑義，惟如其擬對於第三人生效，尚須具備其他要件，例如，擬對於債務人生效，是否須有通知或債務人之同意？如須有通知或債務人之同意，應由何人於何時對於債務人為之？在為此通知或債務人同意之前，其效力如何，債務人得否拒絕清償，是否以惡意之債務人為限？債務人如清償，得否免責？又對於債務人以外之第三人方面，債權讓與是否須通知？此一通知須具備如何之形式？未通知之前，得否對抗該第三人？等等問題，均應適用債權讓與之準據法，即債權本身之準據法。

關於債權讓與準據法之適用範圍，及於債權讓與所生之一切問題。例如，債權讓與應以契約為之，或得以單獨行為為之？債權讓與有效成立是否以其原因行為有效為必要？將來之債權或附條件之債權得否讓與？債權讓與之效力自讓與時生效或須對於債務人通知或經債務人同意後始生效？因得撤銷之法律行為所生之債權是否因讓與而不得再撤銷該法律行為？等等問題，均適用債權讓與之準據法。至於該債權本身之問題，則適用債權本身之準據法，而不適用債權讓與之準據法。例如，債權是否存在？何時發生？具有如何之內容？是否得讓與？等。又，至於讓與之後所生之問題，並不當然適用債權讓與之準據法，例如，讓與後債務人陷於無資力，所讓與之債權不存在等等，因係債權讓與原因行為，例如，買賣或贈與等之權利瑕疵或物之瑕疵擔保問題，故應適用買賣或贈與等原因行為之準據法。又，例如，債權讓與，其保證關係是否隨同移轉，亦係其原因行為之問題，應適用原因行為本身之準據法，而不適用債權讓與之準據法。

債權讓與之方式，由於債權讓與亦係法律行為，故其方式問題，應適用法律行為方式之準據法，而不適用債權讓與本身之準據法。惟舊涉外民事法律適用法第5條規定：「法律行為之方式，依該行為所應適用之法律。但依行為地法所定之方式者，亦為有效。物權之法律行為，其方式依物之所在地法。」債權讓與行為之方式究應認為其係一般法律行為而依法律行為本身之準據法，或

認爲其係物權行爲而適用物之所在地法，不無疑義。依本章所見，債權讓與既具有處分行爲或準物權行爲之性質，自以適用物之所在地法爲妥。

以上所述係關於一般債權之讓與，如該債權已證券化，則應有不同之考慮。詳言之，債權如已證券化，則該債權即與證券具有不可分離之關係，債權之行使應依證券爲之，債權之讓與，非依證券不得爲之。因此，關於債權讓與之準據法，即不得依舊涉外民事法律適用法第7條之規定：「債權之讓與，對於第三人之效力，依原債權之成立與效力所應適用之法律。」以債權本身之準據法爲準據法，而應依證券所在地法，在債權讓與之讓與人與受讓人及債務人或第三人間，均係如此。易言之，涉外民事法律適用法之債權讓與，僅以記名債權爲限，如係已證券化之債權，則無適用餘地。

債權依法律規定移轉，係債權非依當事人間之法律行爲而係基於法律規定當然移轉。例如，爲他人清償債務，如具有法律上之利益，則對於債務人取得求償權，爲確保清償人之求償權，債權人原有之權利當然移轉至清償人，此即所謂清償代位。關於清償代位或其他法律規定之債權移轉，其準據法如何決定，涉外民事法律適用法並無明文規定，致有不同見解。詳言之，有主張在債權人與應取得債權之人之間，例如，爲債務人清償債務之保證人間，因係保證人所爲清償行爲之效果，故應適用債權人與應取得債權之人間之法律關係之準據法，例如，保證關係之準據法。惟亦有認爲爲保護債務人之利益起見，原債權本身之準據法仍應予以重視，因而應累積適用債權人與應取得債權之人間法律關係之準據法及原債權本身之準據法；此外，關於原債權本身之問題，亦適用原債權本身之準據法。例如，債權之內容、清償期、得否轉讓等等。

又，雖無清償之利益，經債權人同意而爲債務人清償債務，因而取得債權之情形，乃所謂任意代位之制度，由於其性質與債權讓與頗爲接近，因而，適用關於債權讓與之選法規則以決定其準據法。

涉外民事法律適用法修正，關於債權讓與，第32條規定債權讓與對於債務人之效力：「債權之讓與，對於債務人之效力，依原債權之成立及效力所應適用之法律。債權附有第三人提供之擔保權者，該債權之讓與對該第三人之效力，依其擔保權之成立及效力所應適用之法律。」其立法理由：「原條文關於「第三人」之範圍未予以限定，但債權讓與時，在讓與人及受讓人以外之所謂第三人，其範圍包括債務人及其他第三擔保人，債權讓與對此二者之效力，並各有其應適用之法律。爰將原條文第7條移列本條第1項，明定爲債權讓與對於債務人之效力之規定，並增訂第2項，明定爲債權讓與對於第三擔保人之效力

之規定。又債權之讓與人及受讓人之所以爲債權之讓與，有時係以債權契約（如債權之買賣契約）爲原因法律關係，並合意定其應適用之法律，此時如債務人亦同意適用該法律，即可兼顧當事人意思自主原則及債務人利益之保護，德國民法施行法第33條第1項、第2項、瑞士國際私法第145條、奧地利國際私法第45條等立法例亦有明文規定，然其實際上係三方同意之債之變更，不待增訂明文規定即應爲相同之處理，併此敘明。債權附有第三擔保人提供之擔保者，該第三擔保人與債權人間通常有以擔保債權爲目的之法律行爲（如訂定保證契約或設定擔保物權），此時該債權之讓與對其所附擔保權之影響或對於該第三擔保人之效力，例如該第三人得否因而免責或其擔保權是否應隨債權而由債權受讓人取得等問題，均宜依該擔保權之成立及效力所應適用之法律，始足以維持公平並保護該第三人。爰參考德國民法施行法第33條第3項規定之精神，增訂第2項。例如，A國人甲與B國人乙訂定最高限額100萬元之保證契約，擔保乙對於C國人丙之債權，而乙讓與其對丙之60萬元之債權給丁，則甲之保證債務是否隨乙之債權讓與而擔保丁所取得之60萬元債權，及甲是否另於40萬元之額度內擔保乙或丁對丙之其他債權等問題，均宜依該保證契約應適用之法律決定之。」可供參考。

　　依上開規定及其立法理由可知：

　　債權讓與之原因關係部分（如債權之買賣等債權契約），爲上開新法所未規定，依涉外民事法律適用法第20條，當事人得合意定其應適用之法律。如債務人亦同意適用該法律，即可兼顧當事人意思自主原則及債務人利益之保護，因此等情形，實際上係三方同意之債之變更。

　　關於債權讓與對於債務人之效力部分，依原債權之成立及效力所應適用之法律，與舊法之規定相同。

　　關於債權讓與對於提供擔保之第三人之效力，則適用擔保成立與效力本身之準據法。債權附有第三擔保人提供之擔保者，該第三擔保人與債權人間通常有以擔保債權爲目的之法律行爲（如訂定保證契約或設定擔保物權），此時該債權之讓與對其所附擔保權之影響或對於該第三擔保人之效力，例如該第三人得否因而免責或其擔保權是否應隨債權而由債權受讓人取得等問題，均宜依該擔保權之成立及效力所應適用之法律，始足以維持公平並保護該第三人。

【解析】

　　舊涉外民事法律適用法第32條規定：「債權之讓與，對於債務人之效力，依原債權之成立及效力所應適用之法律，債權附有第三人提供之擔保權者，該

債權之讓與對該第三人之效力，依其擔保權之成立及效力所應適用之法律。」於本案中，甲、乙二人並未明示選擇該借貸契約所應適用之準據法，因此依舊涉外民事法律適用法第20條之規定，以關係最切地之法律（我國法）為準據法。亦即，甲、丙間之債權讓與行為對於第三人乙之效力，應以我國法為準據法。根據我國民法第297條第1項之規定：「債權之讓與，非經讓與人或受讓人通知債務人，對於債務人不生效力。但法律另有規定者，不在此限。」於本案例中，甲與丙間之債權讓與，無論是讓與人甲或被讓與人丙，均未對債務人乙為通知。故，甲、丙間之債權讓與行為對乙不生效力。

重要實務見解

（一）最高法院73年度台上字第3296號民事判決

本件訴外人台○公司為依新加坡法律成立之公司，為原審認定之事實，則關於台○公司對於上訴人債權之讓與，依涉外民事法律適用法第7條之規定，其對於第三人之效力，依原債權之成立及效力所適用之法律。本件原審雖謂：張某為台○公司之董事經理（上訴人主張：張某為台○公司之總經理），依新加坡之公司法令及公司章程，為台○公司之對外代表人，惟就其代理台○公司為債權之讓與，對於上訴人之效力如何，究應適用我國法律，抑或新加坡法律，以資判斷？則未調查審認，自嫌疏略。

（二）最高法院66年度台上字第3795號民事判決

〔債權之讓與對於第三人之效力，依原債權之成立及效力所適用之法律〕涉外事件，依我國涉外民事法律適用法第6條第1項規定，應適用記載於載貨證券內之美國海上貨物運送條例，以定上訴人應否負責。縱該載貨證券以後讓與我國法人，依涉外民事法律適用法第7條規定，仍不受影響。原審僅以兩造俱為中國法人即認本件非涉外事件，而排除美國海上貨物運送條例之適用，尚有判決不備理由之違法。

第五節　債務承擔之準據法

　　債務承擔係債務因債務人與第三人間之法律行為，或第三人與債權人間之法律行為，而由債務人移轉至第三人。債務承擔除因債權人與第三人之法律行為或債務人與第三人之法律行為而生者外，尚有依法律之規定而生者。由於各國對於債務承擔之規定，實體法之關於債務承擔之要件及效力等之規定未必完全相同，因而，有為債務承擔定其準據法之必要。

　　債務承擔並未變更債權之內容，而使債務由債務人移轉至承擔人。

　　債務承擔在國際私法上之處理，應特別注意者有二：

　　其一，應區別債務承擔行為與其原因行為，詳言之，因無因管理、委任等原因而債務承擔，無因管理或委任與債務承擔即有不同。因無因管理而承擔債務，無因管理係原因行為，債務承擔是履行行為。因而，有將債務承擔稱為準物權行為，亦因而應區別債務承擔行為之準據法與其原因行為之準據法。原因行為之準據法並不當然成為債務承擔行為之準據法。其二，應區別債務承擔對象債權之發生行為，例如，因侵權行為而發生債權，進而承擔該債務，侵權行為債務係債務承擔行為之客體，因而應與債務承擔區別。侵權行為之準據法亦不當然成為債務承擔行為之準據法。

　　債務承擔之準據法如何決定，不無問題。舊涉外民事法律適用法第7條規定：「債權之讓與，對於第三人之效力，依原債權之成立與效力所應適用之法律。」僅規定債權讓與對於第三人之效力，對於債務承擔未為規定，有待補充。在各國實體法上關於債務承擔，除承擔人與債權人之當事人間，因其間之法律行為或法律規定而成立生效者外，承擔人與債務人間之承擔行為，尚須債權人具備一定之特別行為，例如，同意等，始生效力或得對抗債權人。因此，在債務承擔準據法之決定，債務承擔行為在當事人間之效力，與對於第三人之效力，應予區別。

　　至於如何補充，有不同見解。有認為債務承擔為發生債之關係之法律行為，應適用涉外民事法律適用法第20條之規定，當事人意思所定之法律或行為地法為準據法。亦有認為債務承擔本身係準物權行為，故不適用涉外民事法律適用法第20條之規定，債務承擔只不過是債權人之變更，係債權本身之命運，自應適用債務本身之準據法。債務承擔對於第三人之效力，所涉及者有二種利益之保護，其一為讓與對象債權之債務人之保護；其二為將債權作為交易對

象，在交易安全上之保護。此二種保護往往居於對立之地位，亦即，如過度保護債務人，則將妨害交易安全；如過於強調交易安全，對於債務人之保護恐有不周。因此，立法例所著重之保護不同，即有不同之規定。

有採取債務人之屬人法主義，即在意於債務人之保護。舊涉外民事法律適用法第7條之規定：「債權之讓與，對於第三人之效力，依原債權之成立與效力所應適用之法律。」採取債權本身之準據法，即是側重於交易安全之維護。修正後之涉外民事法律適用法第33條規定：「承擔人與債務人訂立契約承擔其債務時，該債務之承擔對於債權人之效力，依原債權之成立及效力所應適用之法律。債務之履行有債權人對第三人之擔保權之擔保者，該債務之承擔對於該第三人之效力，依該擔保權之成立及效力所應適用之法律。」承擔人與債務人訂立契約承擔其債務時，債權人既未參與其間承擔該債務之法律行為，即不應因該債務之承擔而蒙受不測之不利益。故規定其對於債權人之效力，應依原債權之成立及效力所應適用之法律，以保護債權人之利益。債務由承擔人承擔時，原有之債權債務關係之內容即已變更，故如第三人曾為原債權提供擔保，該第三人所擔保之債權內容亦因而有所不同，故該第三人得否因而免責或其擔保是否仍繼續有效等問題，宜依該擔保權之成立及效力所應適用之法律，以保護該第三擔保人之利益。鑑於債務承擔之效力應區分為承擔人與債務人之間，及當事人與第三人之間，在當事人與第三人之間，適用債務本身之準據法，以保護交易安全，並無不妥。債務承擔在讓與人與受讓人間生效，固無疑義。惟如其擬對於第三人生效，尚須具備其他要件，例如，擬對於債務人生效，是否須有通知或債務人之同意？如須有通知或債務人之同意，應由何人於何時對於何為之？在為此通知或債務人同意之前，其效力如何，債務人得否拒絕清償，是否以惡意之債務人為限？債務人如清償，得否免責？又對於債務人以外之第三人方面，債務承擔是否須通知？此一通知須具備如何之形式？未通知之前，得否對抗該第三人？等等問題，均應適用債務承擔之準據法，即債務本身之準據法。

關於債務承擔準據法之適用範圍，及於債務承擔所生之一切問題。例如，債務承擔應以契約為之，或得以單獨行為為之？債務承擔有效成立是否以其原因行為有效為必要？將來之債務或附條件之債務得否承擔？債務承擔之效力自承擔時生效或須對於債權人通知或經債權人同意後始生效？因得撤銷之法律行為所生之債務是否因承擔而不得再撤銷該法律行為？等等問題，均適用債務承擔之準據法。至於該債務本身之問題，則適用債務本身之準據法，而不適

用債務承擔之準據法。例如，債權是否存在？何時發生？具有如何之內容？是否得讓與？等。又，至於讓與之後所生之問題，並不當然適用債務承擔之準據法，例如，承擔後承擔人陷於無資力、所承擔之債務不存在等等，因係債務承擔原因行為，例如，買賣或贈與等之權利瑕疵或物之瑕疵擔保問題，故應適用買賣或贈與等原因行為之準據法。又，例如，債務承擔，其保證關係是否隨同移轉，亦係其原因行為之問題，應適用原因行為本身之準據法，而不適用債務承擔之準據法。

債務承擔之方式，由於債務承擔亦係法律行為，故其方式問題，應適用法律行為方式之準據法，而不適用債務承擔本身之準據法。惟涉外民事法律適用法第16條規定：「法律行為之方式，依該行為所應適用之法律。但依行為地法所定之方式者，亦為有效。第39條規定：「物權之法律行為，其方式依該物權所應適用之法律。」債務承擔行為之方式究應認為其係一般法律行為而依法律行為本身之準據法，或認為其係物權行為而適用該物權所應適用之法律，不無疑義。依本章所見，債務承擔既具有處分行為或準物權行為之性質，自以適用該物權所應適用之法律為妥。

以上所述係關於一般債務之承擔，如該債務已證券化，則應有不同之考慮。詳言之，債務如已證券化，則該債務即與證券具有不可分離之關係，債權之行使應依證券為之。債權之讓與，非依證券不得為之，債務承擔亦須就證券為之。因此，關於債務承擔之準據法，即不得適用涉外民事法律適用法第33條之規定：「承擔人與債務人訂立契約承擔其債務時，該債務之承擔對於債權人之效力，依原債權之成立及效力所應適用之法律。」以債務本身之準據法為準據法，而應依證券所在地法，在債務承擔之讓與人與受讓人及債務人或第三人間，均係如此。易言之，涉外民事法律適用法之債務承擔，僅以記名債權為限，如係已證券化之債權，則無適用餘地。

第六節　債之消滅之準據法

債權消滅之原因諸多，有因債權目的之實現者，例如，因清償而債權消滅；亦有非因債權目的之實現者，例如，抵銷、更改、免除、混同等。此外，尚有因其他原因事實，例如，契約之債，契約解除、撤銷、終止；一般債權因

消滅時效期間屆滿，因解除條件成就，因終期到來而消滅等。各國關於債權消滅之事由、要件及效力之規定均不相同，因而依國際私法有為其選定準據法之必要。

　　關於債權消滅之準據法，各國國際私法一般均認為係債權之命運，因而應適用債權本身之準據法。惟應注意者有：

(一)關於抵銷之成立要件及效力，由於涉及二個債權，其一為自動債權，即主張抵銷之債權，另一則為受動債權，即以之抵銷之債權。如二個債權本身之準據法相同時，以該準據法為準據法固無疑義。如兩者之準據法不同時，如何決定其準據法，不無疑義。就此，有認為抵銷為兩個債權消滅之事由，與該二個債權之命運有密切關係，自應適用該二個債權本身之準據法。亦有認為抵銷是以受動債權作為滿足自動債權之手段或方法，涉及受動債權之命運，自應以受動債權本身之準據法為準據法。兩說以前者為多數學說所採。涉外民事法律適用法第37條則規定：「債之消滅，依原債權之成立及效力所應適用之法律。」涉外民事法律適用法第37條規定：「債之消滅，依原債權之成立及效力所應適用之法律。」其立法理由：「債之關係存續中，當事人如以法律行為予以免除，或有其他法律所規定之原因者，債之關係均可能歸於消滅。特定之法律事實是否足以使債之關係消滅，或何種法律事實可構成債之消滅原因之問題，其本質與原債權之存續與否問題直接相關，均應適用同一法律，較為妥適，爰規定其應依原債權之準據法。」此之債之消滅事由包括抵銷在內，所謂「依原債權之成立及效力所應適用之法律」係指自動債權或受動債權，依其立法理由並不清楚。至於當事人以消滅債權為目的，另外訂定之抵銷契約，由於係發生債之關係之法律行為，自應適用舊涉外民事法律適用法第20條之規定，定其準據法。

(二)更改係指以舊債務消滅為目的，另外成立新債務之法律行為。由於更改係因法律行為而生債之關係，因此，應適用舊涉外民事法律適用法第20條，以當事人明示意思所定之法律為更改契約之準據法。當事人無明示的意思時，或其明示之意思依所定應適用之法律無效時，應適用關係最切之法律，則關於新債權之發生適用新債權之準據法，關於舊債務之消滅適用舊債務本身之準據法。

(三)免除係債權無償的消滅之事由，因與債權之命運有關，因此，應以債權本身之準據法為準據法。混同則是債權與債務歸屬於一人，致債權消滅，亦

　　因與債權之命運有關，而應適用債權本身之準據法。涉外民事法律適用法第37條之規定尚屬妥適。

(四)債權消滅時效之準據法如何，學說並不一致。有認爲此係因債權長時間不行使致債權應如何處理之問題，與債權之命運有關，因此，應適用債權本身之準據法。亦有認爲關於消滅時效之問題與一國之公共秩序及善良風俗有密切之關係，應適用該國之法律，即應以法院地法爲準據法。涉外民事法律適用法第36條規定：「請求權之消滅時效，依該請求權所由發生之法律關係所應適用之法律。」採債權本身準據法說。

第七節　多數債權人與債務人間法律關係之準據法

　　債權人或債務人之一方或雙方有多數時，就民法之規定而言，包括可分之債（可分債權、可分債務）、連帶之債（連帶債權、連帶債務），不可分之債（不可分債權與不可分債務）及共同之債（共同債權與共同債務）。

　　如屬可分之債（可分債權、可分債務），係以同一可分之給付爲標的，由數人分擔或分受其給付爲標的。債權人有多數爲可分債權，債務人有多數爲可分債務。基本上，可分債權或可分債務，給付雖屬同一，但因給付可分，對於可分債務之債權人，或對於可分債權之債務人（即所謂對外效力）而言，由各債權人或債務人分受或分擔，彼此間之債權債務關係可分而相互獨立，不生任何關係，依該債權或債務本身之準據法即可。至於多數債權人或債務人相互之間（即所謂對內效力）因彼此間應係基於一定之法律關係，例如，同一契約關係，則適用該法律關係本身之準據法即可。

　　連帶之債（連帶債權、連帶債務）原屬於可分之債之一種，只因多數債權人與債務人間，基於法律規定或一定之法律關係，例如，契約約定，而有一定之連帶關係。債權人相互間有連帶關係爲連帶債權，債務人相互間有連帶關係爲連帶債務。就連帶債權人與其債務人之關係，或連帶債務人與其債權人間之關係而言（即所謂對外效力），連帶債權人對於債務人，有如何之權利？或連帶債務人中一人或數人之行爲或其他事實，對於其他連帶債務人之效力如何，應依該債權本身之準據法定之。至於連帶債權人相互間或連帶債務人相互間之法律關係（即所謂對內效力），因各該債權人或債務人間本有一定之法律關係，使其爲連帶關係，因而應適用該法律關係之準據法。

　　不可分之債,數債權人或數債務人,負同一債務而給付不可分之債權債務
關係,債權人為多數者為不可分債權,債務人為多數者為不可分債務。就不可
分債權人與債務人間之關係(即所謂對外效力),應適用該債權本身之準據
法,就債權人相互間之關係(即所謂對內效力)而言,數債權人之所以成為不
可分債權人之關係,應有其一定之法律關係,自應適用該法律關係本身之準據
法。

　　共同之債,係指債權或債務為數人所共有,數人共有債權者為共同債
權,數人共有債務者為共同債務,共同債權人與債務人間之法律關係(即所謂
對外效力)應適用該債權本身之準據法。共同債權人相互間之法律關係(即所
謂對內效力),因各該債權人之所以成為債務之共有人,應有其一定法律關
係,自應適用該法律關係本身之準據法。共同債務,就債務人與債權人間之法
律關係(即所謂對外效力),應適用該債權本身之準據法。就債務人相互間之
關係(即所謂對內效力)而言,債務人之所以成為債務之共有人,應有其一定
之法律關係,自應適用該法律關係之準據法。

　　舊涉外民事法律適用法對於多數債權人之法律關係並未規定,新法則於第
35條規定:「數人負同一債務,而由部分債務人清償全部債務者,為清償之債
務人對其他債務人求償之權利,依債務人間之法律關係所應適用之法律。」其
立法理由:「數人負同一債務,而由部分債務人清償全部債務者,為清償之債
務人就超過其應分擔額之部分之清償,與前條關於第三人清償債務之情形類
似,清償者對其他債務人求償之權利,按理應依相同原則決定其準據法。此
外,多數債務人之所以負同一債務,可能係基於特定之法律關係(例如委任契
約或繼承),該法律關係與在債權人與債務人間之債之法律關係,性質並不相
同,亦均各有其應適用之法律,債務人內部之責任分擔或求償問題,適用前者
應適用之法律,實較妥適。爰參考瑞士國際私法第144條規定之精神增訂本
條,以為依據。」雖可供參考。惜過於簡略。詳言之,以瑞士國際私法之規定
而言,其第143條規定:「債權人對於數債務人有請求權時,其法律效果依債
權人與該債務人間法律關係之準據法定之。」第144條規定:「債務人對於其
他債務人,以該債務所應適用之準據法為限,得直接、立於債權人之地位,請
求償還。償還之執行,適用應為償還之債務人之債務本身之準據法。關於債權
人與償還請求權人間之法律關係,適用償還請求權人之債務本身之準據法。償
還請求權是否歸屬代表公務之組織,依該組織之準據法定之。償還之許可及執
行,適用第1項與第2項之規定。」

相關考題

一、日本人甲與我國商人乙簽訂一債之契約，合意以日本法爲準據法，事後甲以其對乙之債權讓與韓國人丙。我國法院應如何確定甲丙間債權移轉契約之準據法？又此一債權移轉契約對乙之效力應適用何法？【83年司法官】

二、日本人甲借款予我國人乙，甲將其債權讓與我國人丙，丙若在我國法院對乙起訴請求返還借款，法院應如何決定法律之適用？【84年律師】

三、甲、乙均爲A國人，甲向乙承攬施作旅館興建工程，於A國簽訂書面契約，並於該契約書中載明日後關於該承攬契約之紛爭訴訟時，合意以台北地方法院爲管轄法院。乙因資金週轉不靈，積欠甲報酬金美金三百萬元；甲將此承攬契約之報酬金債權讓與給丙，甲向台北地方法院提起訴訟，請求乙給付該款項。請問，台北地方法院應依據何國之法律爲準據法，以判定甲對乙的請求是否有理由？【98年律師】

第十一章
物　權

【關鍵字】

- 區別主義
- 統一主義
- 物之所在地法
- 運送中之動產
- 權宜船籍

第一節　概　說

以何種權利爲物權，物權之內容與效力如何，其得喪變更之要件如何，各國實體法均有規定，但其內容未必一致，因此，有爲物權關係選定準據法之必要。

第二節　物權關係準據法之立法主義

關於物權準據法如何決定之問題，各國立法向有二種不同的態度，即統一主義與區別主義：

（一）區別主義

區別主義係將物區別爲動產及不動產，不動產依其所在地法，動產則依其所有權人之住所地法。這是因爲自中世紀以來至19世紀，「動產隨人」（Mobilia sequuntur personam）「動產附著於人骨」（Mobilia ossibus inhaerent）的法諺普遍流行之故。而其前提則是因動產與不動產相比，顯然其所在地容易變更，如適用物之所在地法，將欠缺安定性與確實性，因此動產以所有權人之住所地法爲準據法，不動產則適用物之所在地法。

（二）統一主義

統一主義係不問標的物為動產或不動產，均以標的之所在地法為準據法。統一主義的主要依據在於：各國對於動產與不動產之區別，其標準未必相同，而徒增困擾，且動產物權以其所有權人之住所地法為準據法，則兩人以上對於一動產物權有爭執時，或二人以上共有一動產，而其住所不同時，如何定其準據法不免發生困難。又現今之動產之種類、價值均大幅增加，其所在地未必皆與所有權人之住所所在地相同，而所有權人之住所又未必具有固定性。因此，區別主義漸失去其重要性。

物權依物之所在地法之依據，學者之見解並不相同。有主張係因所有權人對於物之所在地法之任意服從；有主張係因物之所在地法對於該物具有領土主權；有主張物權與物之所在地法之公益有關；有主張物之所在地法與該物具有最密切之關連；亦有主張物權係直接利用、支配物之權利，適用物之所在地法最為自然。且物權係對於物之排他、支配之權利，與第三人之利害關係影響重大，依物之所在地法，亦最能達到保護第三人權益之立法目的。況物權往往與特定土地具有相當的從屬性，適用物之所在地法，可避免技術上之困難[1]。

第三節　涉外民事法律適用法之規定及適用

【案例1】

我國公司A於美國與美國公司B購買機器數批，A資金不足乃向美國銀行C貸款並就該批機器設定抵押權，爾後B公司委由巴拿馬籍貨輪由美國洛杉磯運送至我國基隆港，後A公司因故未能如期清償貸款，美國銀行C欲行使該抵押權而於我國法院起訴請求，我國法院應如何處理？

---

[1]　參閱，山田鐐一著，國際私法（第3版），頁258～259。久保岩太郎著，國際私法概論，頁148。

【案例2】

　　D航運公司為我國法人，為便利航運事業的運作，D將其公司的商船登記為巴拿馬籍。近年來，D公司營運不佳，曾向日本的E銀行借貸一筆為數可觀之款項，並以D公司其中一艘商船為船舶抵押。後D公司無法償還借款，E銀行欲行使抵押權而向我國高雄地方法院起訴。試問，高雄地方法院應以何國之法律為本案準據法？

　　涉外民事法律適用法第38條規定：

1. 關於物權，依物之所在地法。
2. 關於以權利為標的之物權，依權利成立地法。
3. 物之所在地如有變更，其物權之取得、喪失或變更，依其原因事實完成時物之所在地法。
4. 關於船舶之物權，依船籍國法，關於航空器之物權依航空器登記國法。

　　採取統一主義與物之所在地法主義。關於本條規定之適用應注意者有：

(1) 何種物得作為物權之標的，例如，動產、不動產、主物、從物等，是否得為物權之標的，應適用物權準據法；物權之種類與內容，均應適用物權之準據法。惟何種權利屬於物權，原係定性問題。不過，一般言之，物權係指直接使用、收益、支配特定物之排他的權利。惟船舶優先權是否屬於物權或船舶物權，應依涉外民事法律適用法第38條定其準據法？不無疑義。強制執行法第114條之3規定：「外國船舶經中華民國法院拍賣者，關於船舶之優先權及抵押權，依船籍國法。」其立法理由：「但關於船舶之優先權及抵押權，參照涉外民事法律適用法第10條第4項之規定及國際私法上相互承認其效力，准其享有優先受償之權利。」似認為船舶優先權屬於船舶物權之一。

(2) 物權適用物之所在地法，則物之所在地何在乃問題所在。如物屬於有體物，有其自然、物理的存在，其所在地之決定固較無問題，但仍有若干疑義。

(3) 首先，乃運送中之物品，由於其常常變更其所在地，致所在地或所在地法之決定往往發生困難，特別是在運送物、運送工具等場合。關於運送中之物之物權關係準據法，例如，對於運送中之物為物權行為，則該物權行為成立時，該物之所在地何在，不但難以確定，且該所在地具有相當之偶然性，適用物之所在地法是否妥適，亦有疑義，因此，關於運送中之物之物權關係準據法即有進一步檢討之必要。

　　關於運輸工具之物權，例如，船舶、航空器等，依涉外民事法律適用法第38條之規定，應適用船籍國法或航空器登記國法，固無疑問。至於運送中之物，有認為如運送係由特定船舶或航空器為之時，應以船舶或航空器物權本身之準據法為物之所在地法。一般均認為應以目的地為物之所在地，因為目的地是運送中之物最後靜止之地，物權行為於目的地始發生現實之效力，適用目的地之法律並無不妥。惟當運送中之物有停留於某國，例如，寄託於某國倉庫，如此時有物權行為，則適用物之所在地法應比適用目的地之法律較為妥適。涉外民事法律適用法第41條規定：「動產於託運期間，其物權之取得、設定、喪失或變更，依其目的地法。」依其立法理由：「託運中之動產之所在地，處於移動狀態，不易確定，其物權之準據法，向有爭議。按託運中之動產非由所有人自為運送或隨身攜帶，且其物權係因法律行為而取得、設定、喪失或變更者，該物權即與當事人之意思或期待關連甚切。爰參考義大利國際私法第52條、瑞士國際私法第103條等立法例之精神，規定依該動產之運送目的地法，以兼顧當事人期待及交易安全。至於託運中之動產非因法律行為而變動者，仍宜依物之現實所在地法，以符合實際之需求。」認為託運中之物之物權應適用目的地法。

　　又在運送中之物之物權已證券化時，亦不以目的地國之法律為其準據法。詳言之，有認為在運送中之物之物權已證券化時，其物權行為是否僅對於該證券為之即可，關於所有權、質權等物權之得喪變更，交付證券是否與物之交付有相同效力等等問題，有認為此等問題與該證券之性質及效力有關，而證券又係因運送契約而作成，因此，應以運送契約本身之準據法為其準據法。但在該運送契約本身之準據法雖承認證券之交付與物之交付有相同效力，但如物之現在的所在地不承認此等效力時，亦不發生此等效力。惟亦有認為如此一

2　瑞士國際私法第103條：「關於輸出動產所有權保留，依目的地法。」第101條規定：「因法律行為就運送中之物物權取得或喪失，依目的地法。」

來，與證券有關之利害關係人，對於因證券交付而生之權利變動問題，若不參閱運送契約本身之準據法及物現在所在地之法律，則無從明瞭，如此，將影響關於運送中之物之交易安全。因此，在現代各國均承認運送中之物證券化，證券本身成為交易對象之場合，關於運送中之物之物權問題，似應適用證券本身之所在地法。但與證券有關之債權，例如運費、運送物之交付、交付時期及其他有關證券持有人與運送人間之關係，仍適用該債權本身之準據法，即運送契約之準據法。涉外民事法律適用法第43條規定：「因載貨證券而生之法律關係，依該載貨證券所記載應適用之法律；載貨證券未記載應適用之法律時，依關係最切地之法律。對載貨證券所記載之貨物，數人分別依載貨證券及直接對該貨物主張物權時，其優先次序，依該貨物之物權所應適用之法律。因倉單或提單而生之法律關係所應適用之法律，準用前2項關於載貨證券之規定。其立法理由：「載貨證券係因運送契約而發給，但其與運送契約之法律關係截然分立，故因載貨證券而生之法律關係，其準據法應獨立予以決定，而非當然適用運送契約之準據法。海商法第77條之所以規定應依本法決定其應適用之法律，亦為此故。因載貨證券而生之法律關係，主要是運送人及其使用人或代理人對於載貨證券之持有人，應依載貨證券之文義負責之關係。故即使載貨證券之內容多為運送人及其使用人或代理人片面決定，甚或其具有僅為單方當事人之意思表示之性質，仍應承認該載貨證券關於應適用之法律之效力，以維持法律適用之明確及一致，並保護交易安全，至於無記載應適用之法律者，則應依關係最切地之法律，以示公平。爰增訂第1項，以修正現行司法實務之見解。載貨證券上關於準據法之記載，如有使運送人藉以減免責任，而對於載貨證券之持有人形成不公平情形者，仍可依法認定其記載為無效，而適用關係最切地之法律，併此說明。數人分別依載貨證券主張權利，或對證券所載貨物直接主張權利者，其所主張之權利，既各有準據法，自難決定各權利之優先次序。爰參考瑞士國際私法第106條第3項規定之精神，規定此時應適用該貨物物權之準據法，以杜爭議。至於載貨證券所記載之貨物之物權之準據法，啟運之前固為其當時之所在地法，即出發地法，啟運之後即屬第41條所規定之託運中物品，依該條規定應為其目的地法，併此說明。因倉單或提單而生之法律關係，其性質既與因載貨證券所生者類似，其所應適用之法律自宜本同一原則予以決定。爰規定其準用本第1項及第2項關於載貨證券之規定，以利法律之適用。」基本上可資贊同。

(4)關於有價證券物權，涉外民事法律適用法第44條規定：「有價證券由證券集中保管人保管者，該證券權利之取得、喪失、處分或變更，依集中保管契約所明示應適用之法律；集中保管契約未明示應適用之法律時，依關係最切地之法律。」其立法理由：「有價證券由證券集中保管人保管者，就該證券進行交易之當事人與證券集中保管人之間，均訂有證券集中保管契約以為依據，且該證券權利之取得、喪失、處分或變更，均僅透過證券業者就當事人在證券集中保管人開立之帳戶，為劃撥、交割或其他登記，當事人在證券存摺上關於證券權利變動之登記，並已取代傳統上以直接交付該有價證券之方式，而成為該證券權利變動之公示及證明方法。透過電腦網路而進行之有價證券之涉外交易，已日益頻繁，實有必要確定其準據法，以維護交易安全。爰參考2002年海牙中介者所保管之證券若干權利之準據法公約第4條至第6條之精神，規定該證券權利之取得、喪失、處分或變更，均應依集中保管契約所明示應適用之法律，集中保管契約未明示應適用之法律者，依關係最切地之法律。法院確定關係最切地之法律時，應依具體情事，參照前述公約相關規定之精神決定之。」

有價證券由證券集中保管人保管者，就該證券進行交易之當事人與證券集中保管人之間，均訂有證券集中保管契約以為依據，且該證券權利之取得、喪失、處分或變更，均僅透過證券業者就當事人在證券集中保管人開立之帳戶，為劃撥、交割或其他登記，當事人在證券存摺上關於證券權利變動之登記，並已取代傳統上以直接交付該有價證券之方式，而成為該證券權利變動之公示及證明方法。現今透過電腦網路而進行之有價證券之涉外交易，已日益頻繁，實有必要確定其準據法，以維護交易安全。因而新法第44條前段明文規定：「有價證券由證券集中保管人保管者，該證券權利之取得、喪失、處分或變更，依集中保管契約所明示應適用之法律。」。而若集中保管契約未明示應適用之法律時，新法第44條後段則規定應適用關係最切之法律。

【解析1】

在本案當中，A公司向C銀行借款，並就其所購買的機器設定抵押權。抵押權係擔保物權之一，依涉外民事法律適用法第38條第1項規定：「關於物權，依物之所在地法。」今貨物已由洛杉磯運送至基隆港，因此其情況不若運送中之動產般複雜。故依涉外民事法律適用法第38條第1項之規定，我國法院審理本案時應以中華民國法為準據法。

(5) 關於運送工具本身之物權問題，由於運送工具，例如，船舶、航空器等其所在地不易確定，且隨時在移動中，如適用其現在之所在地法，並不妥適。就此，世界各國之態度漸趨一致，即原則上適用船舶或航空器之所屬國之法律，亦即，以船籍國法或航空器登記國法爲船舶或航空器物權關係之準據法。涉外民事法律適用法第38條第4項即規定：「關於船舶之物權，依船籍國法，關於航空器之物權依航空器登記國法。」

惟觀諸海運界之發展趨勢，使用權宜船籍之情形愈漸普遍，船籍國法主義是否妥適，即有疑義。所謂權宜船籍係指船舶所有人就其所有之船舶，爲迴避在原應登記國因登記所生之不利益，而得享受在原應登記國所未能獲得之利益，所爲之船籍登記。經由外國法人等方式而爲船籍登記時，給予該便宜登記之國家爲權宜船籍國，該船舶爲權宜船籍船舶，該船舶所有之船籍爲權宜船籍，該船舶之實質所有權人爲權宜船舶所有權人。[3]所謂利益或不利益，在登記事務與費用上，傳統海運國對於船舶所有權人均要求一定資格，但權宜船籍國，在船舶登記上較爲便利，登記費用或年稅等亦較傳統海運國便宜。其次，在船舶所有方面，例如，以法人爲所有權人，在法人之設立，權宜船籍國亦較傳統海運國便利，公司所得稅免除範圍較廣，稅制上之優惠較多，對於外國投資人之盈餘分配之稅金、盈餘匯往外國之匯費較爲優惠，在盈餘保留於當地等管制亦較爲寬鬆。在船舶管理方面，權宜船籍國在船舶安全基準等實施機關，或未設置，或雖設置，但缺乏實效；對於船舶設備上，船員人數、外籍船員之比例等，在船舶修理費、保險費等各方面，權宜船籍國均較傳統海運國寬鬆。在船舶建造或營運資金提供、融資、稅捐課徵上，傳統海運國雖較爲優惠，但相對上，其所定之管制規定較爲嚴格，甚至有就人員、物品等方面之裝備，訂定最低基準，如有違反，即處以罰鍰。

權宜船籍國則在此等管制規定或管制機關上，較爲欠缺，即使有違反，亦不致受處罰。兩者之利益比較衡量後，仍以權宜船籍國較爲優惠。[4]基於以上因素考慮，許多船公司均捨船公司所有權人本國等與該公司具有較密切關連之國家，而就其他國家，登記爲船籍國，實際上，該國與船公司或船舶並無密切之關連。

---

3 山内惟介著，國際私法における便宜置船籍の問題について—アメリカ判例を中心として，(一)(二)(三)，法學新報（中央大學），82卷6、7合併號頁1以下，89合併號，頁21以下，10、11、12合併號，頁27以下；(一)，頁12。

4 參閱，山内惟介著，前揭文(一)，頁14～18。

於前述情形下，如再以船籍國法爲船舶物權之準據法，自屬不妥。對於船籍國法主義之下，權宜船籍問題應如何處理，不無疑問。按對於此一問題，或許有二個不同層面之解決方法，其一爲立法論之方法，即檢討權宜船籍作爲連繫因素之妥適性；其二，爲解釋論之方法，即在現行國際私法選法規則下，如何妥適處理權宜船籍問題。

在立法論的層次，目前仍無定論，有主張應以船籍港取代船籍國，因大部分的船籍有關事務均在船籍港進行，船籍港與該船舶具有較密切之關連，但此種論點仍有疑義[5]。又有主張應以實質的船舶所有權人主營業所在地爲連繫因素，此一連繫因素，係以關係最密切之原則爲其理論根據。至於如何判斷船舶所有權人主營業所所在地？應根據船舶所有之型態，即船舶所有權人之國籍爲何，如係外國人投資設立之公司，則應注意其股東之國籍，同時，應注意各該股東股份之持有比例。船舶所屬之營運型態，即公司負責人、主要職員之國籍爲何？公司之支配型態，即關於股份、人員、指揮系統等關係企業之型態等，判定船籍所有權人主營業所之所在。[6]

在解釋論之層面，如何處理權宜船籍？就此問題，有認爲可運用規避法律（選法詐欺）理論處理，因爲此處之船籍國係船舶所有權人爲逃避原應適用準據法，例如船舶所有權人之本國法之強行規定，故應否定該連繫因素之適格性。[7]

惟應注意者：規避法律在理論上固無疑義，但除少數不甚周延之立法外，如何取得其適用之根據，尚有疑義。亦即，有認爲應適用誠實信用，亦有認爲應適用公序良俗，作爲規避法律之依據。但有疑義。[8]規避法律是否承認，既有疑義，是否足以作爲處理權宜船籍問題之依據？更有疑義。且，規避法律之成立，以該當事人具有規避原應適用法律強行規定之意圖爲必要，[9]在權宜船籍之情形，當事人是否有此意圖，從前述之分析，尚難遽以論斷。因此，以規避法律作爲處理權宜船籍問題之依據，仍有疑問。又有主張應依據公序良俗條款作爲處理權宜船籍之依據，公序良俗款作爲排除不具有最密切關係

5　參閱，山內惟介著，前揭文(三)，頁65。

6　參閱，山內惟介著，前揭文(二)，頁69。

7　山內惟介著，便宜置籍船と法律迴避論，國際私法の爭點，頁51～52。

8　參閱，馬漢寶教授著，國際私法總論，頁237～239。池原季雄著，國際私法總論，頁284。

9　參閱，池原季雄著，前揭書，頁283。山田鐐一著，國際私法（第3版），頁137～138。

之連繫因素，並非妥適，於此以之作爲處理權宜船籍之依據，更非妥適。

由上所述，權宜船籍既不具有連繫因素之適格性，但以規避法律或公序良俗排除，又乏依據，筆者認爲，於船籍國法之適用尚未變更之前，宜斟酌與船主或船公司股東或職員之國籍、船主公司之支配型態、船公司之營業狀況等因素，決定該船之實際船籍，進而決定其船籍國法，是爲實質船籍之理論[10]。不過，反對者仍所在多有，其理由爲實質船籍理論用以解決多重船籍問題，固無不可，但用以解決權宜船籍，則有疑義[11]。其實，如以關於實效國籍之理論或當事人默示、假設或推定意思表示探求之主張，實質船籍理論適用上並無困難，與實質船舶所有權人主營業所在地之確定，所考量因素並無很大差異，其結果亦然，反對理由尚難接受。

【解析2】

涉外民事法律適用法第38條第4項前段規定：「關於船舶之物權，依船籍國法。」本案涉及者乃是船舶抵押權之問題，依第38條第4項之規定，我國法院應以船籍國法，即巴拿馬法爲本案準據法。然而，於本案當中，D公司之船舶雖登記爲巴拿馬籍，但該船舶爲權宜船，其與巴拿馬之關係甚微，法院若以巴拿馬法審理本案不甚妥當，因此有檢討之必要。惟現行涉外民事法律適用法第38條未對權宜船籍之問題爲規定，本次涉外民事法律適用法修正亦未提及，殊爲可惜。

第四節　物權準據法之適用範圍

關於涉外民事法律適用法第39至第44條之適用範圍，茲檢討如次：

一、物權之種類，即何種權利承認其爲物權，應適用物之所在地法。

二、關於物權之得喪變更，例如，關於物權行爲之要件與效力，應適用物權之準據法。但物權行爲之原因，即債權行爲之成立與效力，因非物權行爲，僅應適用債權本身之準據法。但應注意者乃在若干國家之實體法，有規定以一個法律行爲同時發生債權及物權之效果者，債權行爲與物權

10　參閱，山內惟介著，前揭文(三)，頁62～63。

11　參閱，山內惟介著，前揭文(三)，頁63。氏因而主張應以實質船舶所有權人營業所在地法爲準據法。

行為之區別並非明顯，但仍應區別其在債權方面，其在物權方面，分別適用債權本身之準據法及物權關係之準據法。例如：二個日本人就在德國之動產成立買賣契約，則當事人間是否成立買賣契約，買賣契約效力如何等關於債權之事項，即屬於該契約買賣方面之問題，應適用買賣本身之準據法。至於該買賣契約之物權方面，例如，該買賣標的物之所有權，是否不必因交付等原因事實而移轉，應適用物權本身之準據法。物權行為係債權行為之履行，如債權行為依其本身之準據法為無效，則物權行為是否因而無效，乃物權行為之無因性與否之問題，因係物權問題，應適用物權準據法。

三、物權變動係因物權行為以外之事實或事實行為時，例如，因果實分離、附合、無主物先占、遺失物拾得、埋藏物發現等，是否發生物權變動，其變動之態樣如何，均適用物權準據法。

四、物權適用物之所在地法，動產時常變更其所在，此時如何決定其準據法？涉外民事法律適用法第38條第3項規定：「物之所在地如有變更，其物權之取得、喪失或變更，依其原因事實完成時物之所在地法。」但適用上應注意者有：

(一)某物所在係由A國變更至B國，在變更之前，因某特定事實，且依A國法其已滿足物權變動之要件，則依新所在地法及該原因事實，雖未具備物權變動之要件，其物權變動仍不受影響。反之，若依A國法，尚未具備物權變動要件，而依B國法雖已具備物權變動之要件，則不發生物權變動之結果。

(二)物權變動事實並非一次即完成而係具有繼續性，則其情形與前述不同。例如，拾得遺失物應屆滿六個月始能取得所有權，〔參閱民法第807條（民國98年1月23日修正，11月23日生效）〕之規定：「遺失物自通知或最後招領之日起逾6個月，未經有受領權之人認領者，由拾得人取得其所有權。警察或自治機關並應通知其領取遺失物或賣得之價金；其不能通知者，應公告之。」在6個月之內，其所在地已變更，依新物之所在地法之規定，拾得人須滿1年無人認領始能取得遺失物所有權，則依涉外民事法律適用法第38條第3項前述規定，應適用新的物之所在地法，滿1年後，拾得人始能取得遺失物所有權。
又，例如關於動產所有權之時效取得，在要件完成之前，其所在地有變更時，如係關於時效取得期間以外之要件，例如，占有人是否善

意、占有是否公然、繼續、和平等，依涉外民事法律適用法第38條第3項前述規定，適用新所在地法。例如，依舊所在地法，時效取得以善意占有為要件依新所在地法，時效取得不以善意占有為必要，而占有人為惡意時，依此說，則因物之所在地已不要求占有人須為善意，故占有人仍能取得所有權。但亦有不同持見解者，主張仍應有適用舊所在地法之餘地，占有人既為惡意，故無從取得所有權，不因其所在地變更而受影響。

至於期間之計算，如在原所在地法所定期間未屆至前，變更物之所在地，而新舊所在地法關於期間之規定不一致時，如何計算其期間，有不同見解。有主張依涉外民事法律適用法第38條第3項前述規定，適用新所在地法。例如，依舊所在地法取得時效之期間為10年，而依新所在地法取得時效之期間為15年，在舊所在地已繼續占有5年，則依此說，占有人應再繼續占有10年，始能取得所有權，此說又稱為通算主義或合併計算主義；亦有主張應考慮舊所在地法之適用，如前述事例，占有人已占有舊所在地法所定期間之2分之1，則只要再繼續占有新所在地法所定期間之2分之1，即7年半即可取得所有權。此說又稱為比例計算主義。

(三)關於物權內容及效力，應適用物之所在地法。例如，土地租賃是否成立地上權（參閱土地法第102條），應適用物之所在地法。

五、物權的請求權，例如，所有物返還請求權、所有權妨害除去請求權等，均屬於物權之效力，自應適用物之所在地法。而與物權請求權有關之損害賠償請求權、費用償還請求權等，例如，物因可歸責於占有人之事由而滅失時，所有權人請求占有人損害賠償；或占有人於返還占有物時，請求所有權人返還其所支出之有益費用，其準據法如何決定，固有認為應適用物權準據法，但一般均認為此等權利本質上為債權，應適用債權之準據法，如侵權行為或不當得利或無因管理之準據法。（參閱涉外民事法律適用法第24條、第25條）

六、關於物權行為之能力，應適用涉外民事法律適用法第10條之規定，以當事人本國法為準據法；關於物權行為之方式，則依涉外民事法律適用法第39條之規定：「物權之法律行為，其方式依該物權所應適用之法律。」而不適用第10條之規定。

七、擔保物權之準據法抵押權、質權、留置權等擔保物權，其成立要件與效力

問題，係物權成立要件與效力之一，應依前述「物權依物之所在地法之原則」自應適用物之所在地法。惟擔保物權係債權之擔保，爲擔保債權而存在，有由當事人爲擔保一定債權而約定成立之約定擔保物權，亦有爲擔保一定債權而由法律明文規定者，是否均適用相同原則決定其準據法，不無疑義。

約定擔保物權，係基於當事人間約定而成立，因此，設定擔保物權契約之準據法爲物之所在地法。例如，何等物品得爲擔保物權之標的物，擔保物權所擔保債權之種類及範圍爲何，其效力所及標的物之範圍如何，以及擔保物權人之權利義務如何，均應適用物之所在地法。所謂擔保物權設定契約係指以直接發生擔保物權設定效力爲目的之物權契約，如係債權契約，例如，約定將來就特定標的物設定擔保物權之契約，並非此之所謂擔保物權設定契約。又擔保物權雖爲擔保債權而存在，但與其所擔保之債權，不必適用相同之準據法。易言之，擔保物權適用物之所在地法，其所擔保之債權則適用其本身之準據法，例如，發生債權債務關係之法律行爲依涉外民事法律適用法第6條所定之準據法。又，例如，擔保物權所擔保之債權是否以現存之債權爲限，乃例如最高限額抵押權等之擔保物權成立要件問題，固應適用物之所在地法。但關於其所擔保之債權之發生、內容及效力等，則適用該債權本身之準據法。又，例如，擔保物權之獨立性，乃擔保物權消滅之問題，應適用物之所在地法。但關於其所擔保債權之消滅問題，則適用該債權本身之準據法。

法定擔保物權係爲擔保特定債權而由法律所規定者，因此，法定擔保物權乃該債權效力之一，法定擔保物權與該債權具有不可分離之結合關係，法定擔保物權之成立與否，自應依據該債權本身之準據法。例如，夫對於妻之債權，就妻之財產是否有法定抵押權；又，例如，運送人對於貨主之運費請求權，對於運送物是否有留置權；又，例如，日用品供給契約，對於債務人之財產是否有優先受償之權；等等問題，均適用婚姻效力、運送契約及日用品買賣契約本身之準據法。但此等準據法之適用僅及於法定擔保物權之成立，法定擔保物權其他問題，例如擔保物權之內容及效力等，仍應適用物之所在地法。

重要實務見解

（一）最高法院65年度台上字第1140號民事判決

　　（「船舶」之物權依船籍國法，但以該船舶在水面或水中可供航行者，始有其適用）依我國涉外民事法律適用法第10條第3項之規定，關於「船舶」之物權，依船籍國法云者，乃以該船舶在水面或水中可供航行者，始有其適用。如僅爲動產性質之「貨品」，其所有權之移轉，自應適用我民法關於物權編之規定，僅以交付爲生效要件。至於被上訴人所稱賴比利亞海事法第3章第100節有關任何船舶之買賣有如何之規定，以及我國海商法第8條有關船舶讓與之規定，亦均以該船舶爲可供航行者爲前提，否則仍無上開法規之適用。系爭船舶既失航行能力，爲被上訴人所自認，且經高雄港務區鑑定屬實，依法已非船舶，自無適用海商法或涉外民事法律適用法之餘地。

（二）最高法院93年度台上字第2203號民事判決

　　按船舶優先權爲特定債權對於特定標的物有優先受償之權利，非單純債權可比，船舶優先權具有直接支配特定物、優先受償及追及效力，顯具物權之性質。而涉外民事法律適用法第10條第4項規定，關於船舶之物權，依船籍國法，系爭「萬○輪」之船籍國爲巴拿馬，自應適用巴拿馬法律。巴拿馬商法第1507條第8款規定「下列債權對船舶應有優先受償之權利，並依條文先後定其優先順序：第8款：因提供船舶給養所生到期債權。」，本案系爭油品債權屬因船舶補給需要產生之契約債權，具有船舶優先權，此優先權爲某債權對於特定標的物有優先受償之權利，此優先受償之權利並非原債權本身，其對象爲標的物，唯有對標的物行使其權利，始爲行使優先權，且此優先權具追及效力，如船舶所有權已移轉，亦可追及船舶之所在，向新船舶所有人行使權利。

（三）最高法院91年度台上字第859號民事判決

　　本件上訴人係中華民國法人，被上訴人係賴比瑞亞商，上訴人請求被上訴人因侵權行爲所負損害賠償責任，依涉外民事法律適用法第9條之規定，應以

侵權行爲地法爲準據法。而所謂行爲地，凡爲一部實行行爲或一部行爲結果發生地皆屬之，上訴人主張高雄爲本件侵權行爲之行爲地及結果發生地，應以中華民國法律爲準據法，自無不合。另上訴人請求確認其因貨物受損而生之債權，對於登記爲被上訴人所有之聖文森籍之古柏輪有船舶優先權，係屬關於船舶之物權涉訟，依涉外民事法律適用法第10條第4項規定，應適用船籍國即聖文森國之法律。

（四）最高法院87年度台上字第734號民事判決

查本件上訴人請求確認其因貨物受損而生之債權，對於登記爲被上訴人所有之聖文森籍之「古柏輪」有船舶優先權，係屬關於船舶之物權訴訟，依涉外民事法律適用法第10條第4項規定，應適用船籍國即聖文森國之法律定之。而本件上訴人請求簽發載貨證券之運送人，即第一審共同被告長宇公司賠償貨物水濕之損害部分，既經第一審法院判決上訴人勝訴確定，上訴人主張依前揭聖文森國法律，自得對於裝運系爭受損貨物之「古柏輪」行使優先權。

（五）最高法院70年度台上字第338號民事判決

強制執行法第114條之3規定：「外國船舶經中華民國法院拍賣者，關於船舶之優先權及抵押權，依船籍國法。當事人對於優先權與抵押權之存在，所擔保之債權額或優先次序有爭議者，應由主張有優先權或抵押權之人，訴請執行法院裁判；在裁判確定前，其應受償之金額，應予提存」，係民國64年4月22日修正時所增列，其立法理由謂：「外國船舶停泊於我國港口，或航行於我國領域內，依屬地主義之原則，爲我國法權所及，我國法院得予強制執行，但關於船舶之優先權及抵押權，參照涉外民事法律適用法第10條第4項之規定，及國際私法上互相承認其效力，准其享受優先受償之權利。惟優先權係不經登記之權利，而外國官署所爲抵押權登記，屬於外國政府之公法行爲，執行債務人對其存在及其所擔保之債權額或優先次序有爭議者，就本法第43條及民事訴訟法第402條之意旨觀之，該優先權及抵押權之效力，並非當然及於我國領域，故增設本條，以杜糾紛」云云。準此以觀，該條前段所定：「外國船舶經中華民國法院拍賣者，關於船舶之優先權及抵押權，依船籍國法」，僅在當事人對於優先權或抵押權之存在，所擔保之債權額或優先次序無爭執之情形，始有其

適用。如當事人對此有所爭執,則應適用同條後段之規定,於主張有優先權或抵押權之人訴請法院裁判時,法院認定其有無優先權或抵押權,仍應斟酌國際私法上相互承認之原則,即外國法如不承認依中華民國法律所定優先權或抵押權之效力,亦得拒絕適用外國法有關優先權或抵押權之規定,非謂外國法所定優先權或抵押權之效力,當然及於我國領域,否則,同條後段之規定,豈非毫無意義。上訴人對於被上訴人之抵押權及其優先次序既有爭執,依法即有同條後段之適用。」

(六) 最高法院69年度台上字第3096號民事判決

　　查強制執行法第114條之3規定:「外國船舶經中華民國法院拍賣者,關於船舶之優先權及抵押權,依船籍國法。當事人對於優先權與抵押權之存在,所擔保之債權額及優先次序有爭議者,應由主張有優先權及抵押權之人訴請法院裁判,在裁判確定前,其應受償之金額,應予提存」。係民國64年4月22日修正時所增列,其立法理由謂:「外國船舶停泊於我國港口,或航行於我國領域內,依屬地主義之原則,為我國法權所及,我國法院得予強制執行,但關於船舶之優先權及抵押權,參照涉外民事法律適用法第10條第4項之規定,及國際私法上相互承認其效力,准其享受優先受償之權利」,惟優先權係不經登記之權利,而外國官署所為抵押權登記,屬於外國政府之公法行為,執行債務人對其存在及其所擔保之債權額或優先次序有爭議者,就本法第43條及民事訴訟法第402條之意旨觀之,該優先權及抵押權之效力,並非當然及於我國領域,故增設本條,以杜糾紛」云云,準此以觀,該條前段所定:「外國船舶經中華民國法院拍賣者,關於船舶之優先權及抵押權,依船籍國法」,僅在當事人對於優先權或抵押權之存在所擔保之債權額或優先次序無爭議之情始有適用,如當事人對此有所爭執,則應適用同條後段之規定,於主張有優先權或抵押權之人訴請法院裁判時,法院認定其有無優先權或抵,仍應斟國際私法上相互承認之原則,即外國法如不承認依中華民國所定優先權或抵押權之效力,亦得拒絕適用外國法有關優先權或抵押規定,非謂外國法所定優先權或抵押權之效力,當然及於我國領域。

（七）最高法院57年度台上字第2771號民事判決

　　被上訴人向日商千○田會社承買系爭船體且在日本訂約，係一涉外民事案件，依涉外民事法律適用法第5條規定，法律行為方式，依該行為所應適用之法律，但依行為地法所定之方式者，亦為有效，而依日本商法海商編規定，船舶全部或一部之讓與，只須當事人合意，即生效力，非以書面之作成或經承買人所屬國家之駐日領事館蓋印證明為生效要件，又沈沒於海底之動產之讓與，如於當事人間有讓與書面之作成，且為授受時，則應解為已有民法上所稱之支付，是被上訴人即已取得系爭壽光丸輪船體之所有權。

相關考題

一、掛中華民國國旗之貨船停泊於日本神戶港口，因船上甲板破舊，擬重新裝修乃將其賣與港口之木材商，該法律行為所應適用之方式，應依何國法，試說明之。若該貨船本身售港口地之輪船航運公司，該法律行為所應適用之方式，應適用何國法，試說明之。【72年司法官】

二、甲國A與乙國B，就因契約關係發生之債權，合意適用中國法，嗣後A就其所有之甲國籍船舶，開往基隆時，在乙國就船舶為B設定抵押權。現關於抵押權有無及其效力涉訟於我國法院。試問我國法院應如何適用法律以解決之。【73年司法官】

三、涉外民事法律適用法第10條第3項規定：「物之所在地如有變更，其物權之得喪，依其原因事實完成時物之所在地法」。何謂「原因事實」？又何時為「原因事實完成」之「時」？試舉例說明之。【82年司法官】

第十二章
智慧財產權

【關鍵字】

- 智慧財產權
- 智慧財產權之侵害
- 關係最密切原則
- 屬地主義
- 智慧財產權之轉讓
- 權利保護國法
- 受僱人

第一節　概　說

　　智慧財產權係指人類精神活動之成果而能產生財產上之價值者，並由法律所創設之一種權利。因此，智慧財產權必須兼具「人類精神活動之成果」，以及能「產生財產上價值」之特性。就「人類精神活動之成果」之特性而言，如果僅是體力勞累，而無精神智慧之投注，例如僅作資料之辛苦蒐集，而無創意之分類、檢索，並不足以構成「人類精神活動之成果」。又此一「人類精神活動之成果」如不能「產生財產上價值」，亦無以法律保護之必要，必須具有「財產上的價值」，才有如一般財產加以保護之必要。

　　1944年「關稅暨貿易總協定」（General Agreement on Tariffs and Trade, GATT）於完成烏拉圭回合談判，並於1994年簽署包括「與貿易有關之智慧財產權協定」（簡稱TRIPS）等協定。依據該協定第2篇，被列入為智慧財產權的標的有：1. 著作權及相關權利；2. 商標；3. 產地標示；4. 工業設計；5. 專利；6. 積體電路之電路布局；7. 未經公開資訊之保護；8. 契約授權時有關反競爭行為之控制等。以我國而言，智慧財產局所主管的業務範圍至少包括專利權、商標專用權、著作權、積體電路電路布局、營業秘密及其他智慧財產權。由於智慧財產權與各國之產業政策，各國關於智慧財產權之種類與內容未必相同，但大體而言，多採屬地主義。亦即，智慧財產權僅於其成立地國發生效力。超過該國之國界即不認該智慧財產權之存在。因此，外國之智慧財產權原則上在內國不生效力。同理，內國之智慧財產權在外國亦不生效力。其結果，

智慧財產權應該沒有所謂準據法選擇的問題存在。[1]即使如此，智慧財產權之準據法問題仍可想像其存在。詳言之，亦即，外國智慧財產權權利人主張我國被告侵害其智慧財產權請求我國法院保護（排除侵害或損害賠償）時，仍有為其定準據法之必要。

關於智慧財產權的準據法，可分為關於其成立、效力與期間之權利本身的準據法、權利被侵害時的準據法和權利讓與時的準據法三方面。另，涉外民事法律適用法規定關於受僱人因職務因素取得智慧財產權之準據法。以下一併檢討之。

第二節　智慧財產權本身之準據法

關於智慧財產權本身之準據法，各國立法例與學說並不一致，主要有下列三說：

第一，內國民待遇原則說。此說求諸於國際公約上的規定之學說，認為巴黎公約第2條、伯恩公約第5條、萬國著作權公約第3條、TRIPs協定第3條所採內國民待遇原則。

第二，智慧財產權獨立原則。此說從國際公約，例如巴黎公約第4條之2項關於專利，第6條第3項關於商標之智慧財產權獨立原則來求得保護國法的根據。

第三，不從國際公約來探求其根據，從現行國際私法選法規則上面關於物權的規定，認為智慧財產權係屬排他性的支配權這點與物權類似，故得擬制其客體之所在地，類推物權的規定[2]。

相較各國立法例，國際私法學說有不同見解。有學說認為國際公約只規定若干基本原則，特別是針對非締約國仍然必須依照衝突法來解決涉外智慧財產權的問題，可以援引舊涉外民事法律適用法第10條第2項的規定：「關於以權利為標的之物權，依權利之成立地法」之規定[3]。

---

[1]　山田鐐一，國際私法（第3版），頁385。

[2]　關於學說的詳細分析，請參閱木棚照一，國際知的財產法，頁245-246，日本評論社，2009年。

[3]　曾陳明汝，智慧財產權之國際私法問題(二)《論涉外物權制度暨智財權保護之準據法》，收錄於氏著國際私法原理續集《衝突法論》，頁224，1996年。

此外，亦有學說認爲應採原始國法（本源國法）說，其理由在於權利之成立與效力，係源自於原始國的法律規定，如採請求接受保護國法說，則可能因爲各國法律不同，在原始國受保護之智慧財產權，在請求接收保護國可能不被保護，故有違既得權之尊重原則[4]。

關於智慧財產權的準據法，舊涉外民事法律適用法並無明文規定。嗣修正時增訂第42條第1項規定：「以智慧財產權爲標的之權利，依該權利應受保護地之法律」。其理由認爲「智慧財產權，無論在內國應以登記爲成立要件者，如專利權及商標專用權等，或不以登記爲成立要件者，如著作權及營業秘密等，均係因法律規定而發生之權利，其於各國領域內所受之保護，原則上亦應以各該國之法律爲準。爰參考義大利國際私法第54條、瑞士國際私法第110條第1項等立法例之精神，規定以智慧財產爲標的之權利，其成立及效力應依權利主張者認其權利應受保護之地之法律，俾使智慧財產權之種類、內容、存續期間、取得、喪失及變更等，均依同一法律決定。該法律係依主張權利者之主張而定，並不當然爲法院所在國之法律，即當事人主張其依某國法律有應受保護之智慧財產權者，即應依該國法律確定其是否有該權利。例如甲主張乙在A國侵害其智慧財產權，乙抗辯甲在A國無該權利，則我國法院應適用A國法律，而非我國法律，以解決在A國應否保護及如何保護之問題；如甲依我國法律取得智慧財產權，乙在A國有疑似侵害其權利之行爲，則我國法院應依A國法決定甲在A國有無權利之問題。」

此項修正，與各國關於涉外智慧財產準據法的主流見解相符，亦即，關於智慧財產權本身的準據法，應適用保護國法，亦即當事人所主張應受保護之國家的法律。

第三節　權利侵害的準據法

關於涉外侵害智慧財產的法律關係之性質，應定性爲侵權行爲？抑或是爲智慧財產權的效力問題？學說見解不同。多數說向來認爲此當然爲侵權行爲的問題[5]。

4　許耀明，國際智慧財產權訴訟之國際管轄權決定、準據法選擇與法律適用之問題，頁85。

5　木棚照一，前揭國際知的財產法，頁248-249。參閱曾陳明汝，「智慧財產權之國際私法問

　　有問題者，在侵權行為的準據法把權利侵害做為侵權行為的成立要件時，智慧財產權的有效性或其保護範圍等先決問題的判斷成為爭點時，例如，被告於提出權利無效的抗辯或提出反訴主張權利無效時，究竟應如何決定準據法，不無疑義。多數見解認為並非應依侵權行為的準據法，而應依智慧財產權本身的準據法決之。惟侵權行為準據法與智慧財產權本身之準據法間之關係如何，有不同見解：

一、屬地主義原則與累積適用

　　舊涉外民事法律適用法第9條第1項規定：「關於由侵權行為而生之債，依侵權行為地法。但中華民國法律不認為侵權行為者，不適用之。」採累積適用之立法。智慧財產權採屬地主義原則，在外國登記而得之智慧財產權（下稱外國智慧財產權），其效力不及於國內，該外國智慧財產權在我國法上非為智慧財產權。同理，在國內登記取得之智慧財產權亦不及於外國。我國之智慧財產權在外國亦非智慧財產權。因此，如貫徹屬地主義與舊涉外民事法律適用法第9條之累積適用，外國之智慧財產權被侵害將無從依據侵權行為之法律關係請求加害人賠償。惟涉外民事法律適用法第25條業已廢除累積適用之規定。此說應無可採。

二、先決問題與屬地主義

　　貫徹屬地主義，某國登記取得之智慧財產權既無域外效力，亦即，在登記國以外之國家均非智慧財產權，則要構成侵權行為只能依據先決問題的相關理論。詳言之，侵權行為之成立以權利被侵害為前提。因此，是否為權利即成為侵權行為之先決問題。關於先決問題固有法院地國際私法與準據法國國際私法之爭論，惟無論何者，不直接適用（即前述之累積適用）法院地法，而另為智慧財產權選擇其準據法，並以保護國法為其準據法，如此，智慧財產權既依保護國法而成為權利，如受侵害，自得以構成侵權行為。

題(三)《論事實行為發生之債暨智財權國際侵害之準據法》」，收錄於慶祝馬教授漢寶七秩華誕國際私法論文集，頁35-38，五南，1996年。

第四節　權利讓與的準據法

　　智慧財產權之權利人固得自行行使權利，亦得授權或將智慧財產權讓與他人，關於智慧財產權授權或讓與之準據法，涉外民事法律適用法並無明文規定，學說多認為應依智慧財產權本身之選法規則來決定其準據法，亦即，以保護國法為準據法。惟關於智慧財產權讓與之準物權行為與其原因關係之債權行為，是否應適用相同之準據法，則有不同見解。

　　有主張智慧財產權讓與原因之債權行為，依該債權行為之準據法，智慧財產權移轉之準物權行為，則以應受保護地之法律為其準據法。

　　亦有主張不論債權行為或準物權行為皆應一體適用單一準據法（一體適用說）。一體適用說在讓與複數國家的著作權時的確有其便利性，惟一體適用說中，應單一適用何者之法律仍有不同見解，有主張債權行為之準據法者，亦即，應依涉外民事法律適用法第20條之規定來決定準據法，在當事人之間無明示的合意時，當事人無明示之意思或其明示之意思依所定應適用之法律無效時，依關係最切之法律。並以「法律行為所生之債務中有足為該法律行為之特徵者，負擔該債務之當事人行為時之住所地法，推定為關係最切之法律。」之特徵性給付理論定其準據法。亦有主張保護國法說。因涉及讓與或授權之容許性、方式或要件等問題，自應一體適用保護國法。

第五節　受僱人與智慧財產權

　　受僱人於職務上完成之智慧財產，其權利之歸屬問題固與該權利之發生或成立密切相關，同時亦涉及當事人於該僱傭契約內之約定，惟就其法律適用問題而言，則與該僱傭契約之準據法關係較密切。涉外民事法律適用法明定受僱人於職務上完成之智慧財產，其權利之歸屬，依其僱傭契約應適用之法律，自屬可採。

第十三章
訂婚與結婚

【關鍵字】

■ 婚約	■ 當事人屬人法主義	■ 雙方障礙事由
■ 婚姻形式要件	■ 住所地法主義	■ 婚姻之財產效力
■ 婚姻實質要件	■ 婚姻之身分效力	■ 意思主義（主觀主義）
■ 婚姻形式要件	■ 一方障礙事由	■ 動產與不動產區別主義

第一節 訂 婚

婚約之準據法

　　各國是否承認婚約制度，態度並不一致。雖我國民法設有關於婚約之規定，但舊涉外民事法律適用法並未就婚約爲任何規定，致涉外婚約問題如何處理，即有疑義。

　　國際私法既對於涉外婚約問題爲任何規定，涉外婚約問題之處理，即有認爲婚約類似債權契約，因此應適用舊涉外民事法律適用法第6條之規定定其準據法，惟多數見解認爲此乃國際私法選法法則之欠缺，應予補充，並類推適用婚姻之規定。詳言之，婚約因類推適用舊涉外民事法律適用法第11條之規定：「婚姻成立之要件，依各該當事人之本國法。但結婚之方式，依當事人一方之本國法，或依舉行地法者，亦爲有效。結婚之方式，當事人一方爲中華民國國民，並在中華民國舉行者，依中華民國法律。」及舊法第12條之規定：「婚姻之效力，依夫之本國法，但爲外國人妻，未喪失中華民國國籍，並在中華民國有住所或居所，或外國人爲中華民國國民之贅夫者，其效力依中華民國法律。」之結果，婚約之方式，適用當事人一方之本國法或婚約舉行地。婚約之實質要件，分配適用各該當事人之本國法。婚約之效力適用未婚夫之本國法。婚約違反之效果，雖有認爲係侵權行爲，而適用舊涉外民事法律適用法第9條

之規定，但仍以認爲係婚約效力問題而適用未婚夫之本國法較爲妥當。新法第45條：「婚約之成立，依各該當事人之本國法。但婚約之方式依當事人一方之本國法或依婚約訂定地法者，亦爲有效。婚約之效力，依婚約當事人共同之本國法；無共同之本國法時，依共同之住所地法；無共同之住所地法時，依與婚約當事人關係最切地之法律。」值得贊同。

第二節　婚姻成立要件之準據法

【案例1】

　　我國籍男子甲與越南籍女子乙在越南依當地之儀式結婚。兩人結婚後返回台灣定居，但未向户政機關爲結婚之登記。試問其婚姻是否符合形式要件？

一、婚姻形式要件之準據法

　　關於婚姻成立要件之準據法，一般將其分爲婚姻之形式要件與婚姻實質要件，並分別爲其訂定準據法。

　　關於結婚之方式，在準據法的決定上，向有當事人屬人法主義與婚姻舉行地法主義之對立，茲分述如下：

（一）當事人屬人法主義

　　採此說者認爲，結婚之方式仍係關於人之身分與能力之事項而屬於屬人法之適用範圍，此在若干採取宗教婚之國家尤然，亦即，只要當事人之一方爲其國民，則不問當事人在內國或外國結婚均適用該國之法律。

（二）婚姻舉行地法主義

此項主義認為，依據場所支配原則，婚姻之方式自應依婚姻舉行地法決定之。關於婚姻舉行地法主義亦有不同態度，有將之視為應絕對適用者，亦即，僅具備婚姻舉行地法所定之方式，其婚姻在方式上始為有效；亦有認為應區別婚姻係在內國舉行或在外國舉行而異其結果，如係在內國舉行，則一概適用內國法即婚姻舉行地法。如係在外國舉行，則婚姻舉行地法僅係當事人一方之本國法之補充，即結婚之方式，依當事人一方之本國法為有效，依婚姻舉行地法亦為有效。

現今之國際私法基於不致因結婚方式之欠缺而影響婚姻之效力，多採取寬鬆之態度，而認為基於一方當事人之屬人法或婚姻舉行地法在方式上均為有效。

二、婚姻實質要件之準據法

【案例2】

美國籍男子丙（22歲）與我國籍女子丁（15歲）在美國結婚，試問兩人之婚姻是否符合實質要件？

所謂婚姻之實質要件係指婚姻方式以外之其他婚姻之成立要件。關於婚姻實質要件之準據法，各國立法規定不同，茲分述如下：

（一）本國法主義

採取此主義者，認為婚姻實質要件之問題係屬於身分上之屬人法事項，與本國之文化、風土民情關係密切，故應適用當事人之本國法。

（二）婚姻舉行地法主義

此主義係由來自法則區別說。此說認為婚姻為一種契約，契約之成立通常依締約地法，則婚姻也當適用婚姻舉行地法[1]。且現代社會由於婚姻制度之維護，對於婚姻大多採取公權力介入之態度，如果公權力機關所屬國家，均需調查當事人之屬人法關於婚姻之實質要件，始承認婚姻之效力，進而予以保護，將不勝其煩，因此，適用婚姻舉行地法有其便利之處。

（三）住所地法主義

此項主義認為婚姻係屬人法事項之一，而住所乃人之生活中心地，婚姻是否成立與當事人之住所地有密切關係，故應適用住所地法。而當事人雙方住所地不在同一法域，而其住所地法之規定又互異時，其解決之道約有下列三種[2]：
1. 依夫之住所地法主義；
2. 婚姻住所地法主義；
3. 當事人各該住所地主義。

但畢竟婚姻舉行地有其偶然性，以婚姻舉行地法作為準據法恐影響法律關係之安定，並非可取。而住所地變更較為容易，不無逃避不利於己之法律適用之可能。況婚姻乃當事人之身分問題，深受當事人所處社會風俗習慣、倫理觀念、宗教信仰等因素之影響，因此，適用當事人本國法，並無不當。

三、涉外民事法律適用法之規定

（一）涉外民事法律適用法關於婚姻形式要件準據法之規定

舊涉外民事法律適用法第11條第1項後段規定：「結婚之方式，依一方當事人之本國法或依舉行地法者，亦為有效。」而第11條第2項規定：「結婚之方式，當事人一方為中華民國國民，並在中華民國舉行者，依中華民國法

---

[1] 參閱劉鐵錚、陳榮傳著，國際私法論，修訂四版，三民書局，頁374。
[2] 參閱劉鐵錚、陳榮傳著，國際私法論，修訂四版，三民書局，頁374～375。

律。」原則上採取當事人本國法與婚姻舉行地法之選擇適用，例外場合，即當事人一方爲中華民國國民，且婚姻舉行地在中華民國者，適用中華民國法律。其目的在便於婚姻之成立[34]。新法第46條維持舊法第11條第1項之規定，並刪除第2項，仍採選擇適用之立法主義。

　　至於婚姻舉行地何在，學者見解並不一致，有認爲係婚姻登記聲請地者，亦有認爲係婚姻儀式舉行地者，亦有認爲係雙方當事人所在地者，亦有認爲係婚姻合意公開表示地者，不一而足。依本章所見，應以婚姻儀式舉行地爲婚姻舉行地較妥。

【解析1】

　　涉外民事法律適用法第46條後段規定：「結婚之方式，依一方當事人之本國法，或依舉行地法者，亦爲有效。」在案例1當中，甲乙係在越南依越南當地的儀式完婚，符合該國法律所規定之婚姻形式要件，故甲乙兩人之婚姻符合形式要件。

（二）涉外民事法律適用法關於婚姻實質要件準據法之規定：

　　涉外民事法律適用法第46條第1項前段規定：「婚姻之成立，依各該當事

3　舊涉外民事法律適用法第11條之立法理由稱：「婚姻成立之要件，有形式要件與實質要件之分，關於後者之準據法，各國立法例有採婚姻舉行地法，有採夫之屬人法主義，有採當事人雙方本國法主義，我國向採末一主義，本草案從之。基此規定，婚姻成立之實質要件，以結婚時各該當事人之本國法爲準。至於婚姻之形式要件，原條例第9條未加分別規定，在過去實例上，均解爲應一併依照雙方當事人之本國法，論者每病其違反「場所支配原則」之通例，且不便於適用，故本草案特增設但書規定，關於婚姻之方式，無論依照當事人一方或雙方之本國法，或舉行地法，均爲有效。」可供參考。至於其第2項之規定：「結婚之方式，當事人一方爲中華民國國民，並在中華民國舉行者，依中華民國法律。」則未述其理由何在。但立法上近於前述區別婚姻舉行地之在內國或外國而異其法律適用之立法例。其詳，請參閱，折茂豐著，國際私法各論，頁237以下；三浦正人著國際私法，頁111以下；澤木敬郎著，國際私法入門，頁109以下；杉林信義著，法例ユソメンク～ル，頁126以下；山田鐐一著，國際私法（第3版），頁342以下；歐龍雲著，國際私法講義，頁159以下；澤木敬郎、山田鐐一著，國際私法講義，頁166以下。

4　參閱，劉鐵錚教授著，婚姻成立之準據法暨相關問題之研究，國際私法論叢，頁357以下。氏認爲，婚姻舉行地法之適用對於同國籍或不同國籍之人，均無不便，蓋因若需適用共通本國法，在不同國籍之當事人，無從適用，在相同國籍當事人間，因與法院地法間易生登記等不易之不協調。採取婚姻舉行地法則可免去此等問題。而採取當事人之本國法主義，在若干採取宗教婚國家之國民，亦有便利之處。要之，折衷其間之婚姻舉行地法與當事人一方本國法之選擇適用，使婚姻關係易於成立，避免跛行婚之發生，有其可取之處。

人之本國法。」採取當事人本國法主義。關於本條之適用，應注意者有：

1. 所謂「依各該當事人之本國法」為準據法之分配適用，係將婚姻成立要件（婚姻障礙事由）分為一方要件（一方障礙事由）與雙方要件（雙方障礙事由）。如屬於一方要件（一方障礙事由）則適用該當事人之本國法。如屬於雙方要件（雙方障礙事由）則適用雙方當事人之本國法。所謂一方要件，係指與他方當事人無關之要件，例如，婚姻年齡之達到、婚姻需父母之同意等。而所謂雙方要件，係指與婚姻雙方當事人有關之要件，雙方當事人之禁婚親關係或相姦關係等均是。

2. 所謂當事人之本國法係指何時之本國法，特別是在當事人變更國籍之場合，當事人之本國法究竟指結婚時之本國法或訴訟時之本國法，非無疑義。此即所謂連繫因素之時間因素之問題。

　　一般言之，關於身分法律關係之形成者，例如，婚姻成立要件，應依成立當時之準據法，採取所謂不變更主義，以避免已成立之法律關係因所適用準據法之變更而不成立，影響當事人之正當期待與法律關係之安定。但如果是關於已成立法律關係之內容，則以訴訟時之準據法為準，採取變更主義，以與當事人間之實際情形契合。

　　婚姻成立實質要件，適用當事人結婚時之本國法，如依結婚時當事人之本國法，婚姻有效成立，則不因日後當事人變更國籍之影響。如依結婚時為無效或得撤銷之婚姻，亦不因當事人變更國籍，依當事人新本國法該婚姻為有效成立之影響。

3. 實質要件欠缺之效果，例如婚姻無效或得撤銷，如係得撤銷，其除斥期間，撤銷後有無溯及效力等，均應適用婚姻實質要件之準據法。

4. 由於適用各該當事人之本國法，則如屬雙方要件，則適用雙方當事人之本國法。此際易生雙方當事人本國法間之衝突現象。例如，關於某一雙方的要件之欠缺，應適用當事人雙方之本國法。依夫之本國法，該婚姻因欠缺此一要件而無效，依妻之本國法，該婚姻因欠缺此一要件而得撤銷，則該婚姻究竟為無效或得撤銷，不無疑義。此一問題，原係國際私法上之「適應問題」或「調整問題」，但多數學者認為應以法律效果最嚴格者為準，例如，前述事例即認為該婚姻無效。

【解析2】

　　婚姻之實質要件，依涉外民事法律適用法第46條前段之規定，分配適用當事人之本國法。結婚之法定年齡為婚姻之實質要件中之一方要件，應適用該當

事人之本國法。依我國民法第980條之規定，女未滿16歲者不得結婚。今我國籍女子丁只有15歲，未達我國民法所規定之結婚法定年齡。故丙與丁之婚姻不具備實質要件。

重要實務見解

最高法院76年度台上字第1269號民事判決

結婚之方式，當事人一方為中華民國國民，並在中華民國舉行者，依中華民國法律，涉外民事法律適用法第11條第2項定有明文。本件被上訴人為中華民國國民，在中華民國台北市老爺酒店公開舉行婚禮，被上訴人身著新娘禮服，手持鮮花，與上訴人並肩進入掛有雙喜燈及喜幛禮堂，在眾多親友前，公開互相交拜，有結婚照片27幀附卷可證，且為上訴人所不否認，自符合我國民法第982條第1項所定之結婚要件。上訴人謂應依香港婚姻條例規定結婚，始生效力，自屬誤會。

第三節　婚姻之身分效力

一、婚姻身分上效力之準據法

【案例3】

日本籍男子A與我國籍女子B結婚（B仍保留我國國籍），婚後在我國設有住所。數年後，兩人感情不睦，B離家出走，A向我國法院提起訴訟，請求B履行同居義務。試問我國法院應以何國法作為審理本案之準據法？

婚姻之身分效力，例如，夫妻間之同居義務、姓氏改變義務、日常家務代理義務等。就婚姻身分效力，各國規定未必完全相同，因而有依國際私法選定準據法之必要。

關於婚姻身分效力之準據法，學說及各國立法例約有以下幾種不同見解：

（一）法院地法主義

採此說者認為，婚姻之身分效力多與公序良俗有關，故應適用法院地法。

（二）屬人法主義

採此主義者認為，婚姻之身分效力乃最典型之身分與能力問題，自應適用當事人夫妻之屬人法。

由於屬人法主義有本國法主義與住所地法主義之對立。在採取住所地法主義國家，住所通常係指婚姻住所，其準據法之決定一般不生問題。在採取本國法說主義國家，應以何人之本國法為準據法為準，則不一致，有認為應以夫之本國法為準據法；有認為應以妻之本國法為準據法；有認為應以夫妻雙方約定之一方當事人本國法為準據法；亦有主張應累積適用雙方當事人之本國法；亦有採取階段適用之觀點，認為夫妻雙方有共通本國，則適用共通本國法，若無共通本國法，則適用共通住所地法，如亦無共通住所地法，則適用關係最密切國之法律[5]。

（三）婚姻成立地法

此主義認為婚姻關係據以成立之法律，亦得決定婚姻效力問題。

---

[5]　關於婚姻身分效力之準據法問題，詳請參閱，折茂豐著，國際私法各論，頁250以下：三浦正人著，國際私法，頁113以下；澤木敬郎，國際私法入門，頁111以下；杉林信義著，法例コンール，頁133以下；山田鐐一著（第3版），國際私法，頁349以下；歐龍雲著，國際私法講義，頁162以下；澤木敬郎、山田鐐一著，國際私法講義，頁169以下。

二、涉外民事法律適用法之規定

舊涉外民事法律適用法第12條規定：「婚姻之效力，依夫之本國法。但為外國人妻，未喪失中華民國國籍，並在中華民國有住所或居所者，或外國人為中華民國國民之贅夫者，其效力依中華民國法律。」本條之規定原則上採取夫之本國法主義，但為外國人妻而未喪失中華民國國籍者，或外國人為中華民國國民之贅夫者的情形始適用妻之本國法。本條前段之規定，可以夫本國之公序良俗之維護為其理由[6]。而本條但書之規定，其目的則係在維護中華民國國民之利益[7]。惟此種立法有認為婚姻共同生活中，夫之地位優於妻之地位，不無違反憲法男女平等原則之嫌。

舊涉外民事法律適用法第12條所規定之夫之本國法，係指何時夫之本國法，不無疑問。按此乃連繫因素之時間因素問題。繼續性法律關係如因連繫因素之變更而變更其準據法者為變更主義，如不因連繫因素變更而變更其準據法，則為不變更主義。舊涉外民事法律適用法第12條如採取變更主義，固有使夫藉變更其本國以適用對於自己有利之準據法之適用之嫌，但現在本國法之適用可與當事人目前之情況切合，與當事人關係較為密切，且舊涉外民事法律適用法第13條明文規定採取不變更主義，本條解釋上採變更主義，並無不妥。

新法第47條則改採「夫妻共通本國法」、「夫妻共通住所地法」及「夫妻婚姻關係最切地法」之階段適用。

關於婚姻身分效力準據法之適用範圍，應注意者有：

6　婚姻之效力規定，與婚姻當事人之家庭生活幸福與否有密切之關連，當事人之本國具有一定之利益。參閱，松岡博著，前揭書，頁205。

7　舊涉外民事法律適用法第12條之立法理由稱：「婚姻之效力，即婚姻之普通效力，凡因結婚而生之身分上之法律關係，皆屬之。按多數國家之法律，均規定妻從夫籍，因此，婚姻之效力，依夫之本國法，實際上即係依夫妻之本國法，惟我國現行國籍法規定，中國人為外國人妻，而未請准脫離國籍者，仍不喪失中國國籍，此時如以夫妻身分關係之爭執，在中國法院涉訟，則夫之本國法與法院地法難免不生齟齬，其有背於吾國公序良俗之事項，尤有窒礙難行之虞，因此本草案增設但書，凡為外國人妻，而未喪失中國國籍者，並在中國有住所或居所者，均依中國法定其婚姻效力，以資保護，至於外國人為中國人贅夫者，事同一例，亦應適用中國法。」可供參考。另關於婚姻之效力之準據法問題，詳請參閱，折茂豐著，國際私法各論，頁250以下；三浦正人著，國際私法，頁113以下；澤木敬郎著，國際私法入門，頁111以下；杉林信義著，法例コンメンタール，頁133以下；山田鐐一著，國際私法（第3版），頁349以下；歐龍雲著，國際私法講義，頁162以下；澤木敬郎、山田鐐一著，國際私法講義，頁169以下。

(一)夫妻間之同居義務、如有違反其效力如何等問題，屬於婚姻身分效力問題。

(二)夫妻間之扶養義務問題，固有認爲應適用涉外民事法律適用法第57條關於扶養義務準據法之規定，亦有認爲應適用第48條關於夫妻財產制準據法之規定。但一般均認爲夫妻間之扶養義務問題屬於維持婚姻生活之重要內容，爲婚姻之身分效力問題，而應適用涉外民事法律適用法第47條之規定，定其準據法。

(三)關於當事人是否因結婚而取得行爲能力，有認爲應適用行爲能力之準據法，亦有認爲此應適用婚姻身分效力之準據法。按婚姻身分效力問題，應以婚姻共同體之維持，調整夫妻間之利害關係之問題爲限，是否因婚姻而取得行爲能力，固屬於婚姻之效力之一，但與夫妻間利害關係之調整無關，故應適用行爲能力之準據法。

(四)妻是否因結婚而使其行爲能力受限制，有認爲此乃爲維持夫在家中之地位，以維持婚姻生活圓滿和諧所爲之規定，故應適用婚姻身分效力之準據法，並有涉外民事法律適用法第10條第2項規定之類推適用。但本章仍認爲此屬於行爲能力問題，應適用行爲能力之準據法爲妥。

(五)當事人日常家務代理權範圍如何，夫妻之一方基於日常家務代理權與第三人爲法律行爲，其責任如何？此一問題應認爲係夫妻間婚姻生活圓滿進行所不可或缺之制度，雖與夫妻之財產事務有關，但仍以適用婚姻身分效力之準據法爲妥。

惟關於夫妻之一方基於其夫妻日常家務代理權，而爲法律行爲之責任，如其本國法認爲其無代理權或認爲其代理權之範圍較法律行爲地之範圍爲狹時，爲保護交易之相對人，應類推適用涉外民事法律適用法第10條第2項之規定。

(六)夫妻是否因結婚而變更，以及如何變更其原來之姓氏？有認爲姓氏問題與人格權有關，因而應適用當事人之屬人法；亦有認爲姓氏問題，係婚姻後所生之效力問題，應適用婚姻身分效力之準據法。採取婚姻身分效力準據法者，對於是否因嗣後夫變更其本國而改變姓氏，亦有不同見解。諸說中似以當事人屬人法說較爲可採。

【解析3】

同居義務屬於婚姻身分效力之範圍，依舊涉外民事法律適用法第12條第1項之規定，應依夫之本國法。但如本案例所述，B仍保有我國國籍，且A、B兩

人婚後在我國設有住所，符合第12條但書之要件，因此，法院應以中華民國法律爲本案之準據法。依新法則A、B兩人無共通本國法，應適用共通住所之中華民國法律。

第四節　婚姻之財產效力（夫妻財產制）

一、婚姻之財產效力之準據法

　　婚姻之財產效力問題，一般係指夫妻財產制之問題。由於各國關於夫妻財產制之規定，例如，夫妻財產制之種類、內容、對於夫妻間及與第三人間之效力、法定夫妻財產制有無等，不盡相同，因而有爲夫妻財產制定其準據法之必要。

　　關於夫妻財產制準據法之立法例，各國之規定有以下幾種不同的態樣：

（一）意思主義（主觀主義）

　　此項主義將夫妻財產制視爲一般契約，即得由當事人合意定其準據法。如以夫妻財產制具有身分與財產雙面的性格觀之，側重夫妻財產制財產之性格，適用當事人意思自主原則，並無不妥。在夫妻間無關於夫妻財產制之約定時，亦認爲當事人間有默示的意思，而適用婚姻舉行地、婚姻住所地法或共通本國法。

（二）屬人法主義

　　此項主義認爲，夫妻財產制與夫妻之本國或住所地之風俗習慣、經濟制度、宗教信仰及倫理概念均有密切關係；夫妻財產制亦係因結婚而發生，因婚姻解消而消滅，可認爲屬於婚姻效力之範圍，而婚姻既應依當事人之屬人法決定，則夫妻財產制亦應依當事人之屬人法決定[8]。

　　至於採取屬人法主義者，有認爲應以住所地法爲準據法，亦有認爲應以本

8　參閱劉鐵錚、陳榮傳著，國際私法論，修訂四版，三民書局出版，頁389。

國法爲準據法。

（三）動產與不動產區別主義

此項主義認爲，夫及妻對其財產之權利，應區分動產和不動產。如屬於動產，適用屬人法，如屬於不動產，則適用物之所在地法。

1978年3月14日關於夫妻財產制準據法公約，其第3條關於夫妻財產制準據法，夫妻得指定指定時夫妻共通本國法、指定時夫妻一方之本國法，婚姻後夫妻最初設定之常居所國法中之一，作爲準據法。如夫妻未指定夫妻財產制準據法時，適用夫妻結婚後最初設定之常居所法，但夫妻如有共通本國時，得宣告適用其共通本國法爲準據法[9]。

二、涉外民事法律適用法之規定

舊涉外民事法律適用法第13條規定：「夫妻財產制，依結婚時夫所屬國之法。但依中華民國法律訂立財產制者，亦爲有效。外國人爲中華民國國民之贅夫者，其夫妻財產制，依中華民國法律。前二項之規定，關於夫妻之不動產，如依其所在地應從特別規定者，不適用之。」原則採取屬人法主義中之本國法主義。新法第48條則採「當事人意思自主原則」、「夫妻共通本國法」、「夫妻共通住所地法」、「夫妻婚姻關係最切地法」之階段適用。

採取屬人法之本國法主義之立法例中，又有變更主義與不變更主義與折衷主義之對立。變更主義係指夫妻財產制之準據法隨夫妻變更其國籍或住所而變更，實際上亦係適用訴訟時或原因事實發生時之夫妻之屬人法，後者則夫妻財產制之準據法不因夫妻變更其國籍或住所而變更，一直適用結婚之屬人法。折衷主義則分別情形而定其準據法，在變更國籍或住所之前取得之夫妻財產適用結婚時之法律，在變更國籍或住所後取得之財產則適用新的屬人法。依舊涉外民事法律適用法第13條第1項之規定，夫妻財產制原則上以結婚時夫所屬國之法律爲準據法，採取的是不變更主義，其主要之理由在於如此則法律關係可安

9　參閱，池原季雄等著，ハーグ海牙國際私法會議，第十三會期成果，ジュリスト635號，頁102以下。

定，而有助益於私法生活之安全[10]。

　　舊涉外民事法律適用法既採取不變更主義，無論夫如何變更其本國，均不改變其本國法。惟按夫妻財產制能否於婚後變更，各國立法例原不一致，有認為絕不許變更者，亦有認為當事人得依一定方式變更或廢止者，我國民法採後一立法例。與涉外民事法律適用法所採取之不變更主義顯有不同。因此，如何調和二者之原理原則，即不無疑義。舊涉外民事法律適用法原則上仍維持不變更主義，例外場合，允許依中華民國法律變更其夫妻財產制。新法於當事人未以明示意思表示定其準據法時，適用夫妻共通本國法，共通住所地法或關係最切地法，雖未明白採取不變更主義，但解釋上應無不同，即採不變更主義。

　　又，舊涉外民事法律適用法採取夫之本國法主義，條文不規定為結婚時夫之本國法，而規定為夫所屬國之法律，係因「法文著重之點，在結婚時夫之國籍，而不重其時之法律，故如該國法律於結婚後變更，即應適用變更後之現行法，而不適用已廢止之法。」

　　本條第2項規定：「外國人為中華民國國民之贅夫者，其夫妻財產制依中華民國法律。」其理由在於「外國人為中國人之贅夫者，應以妻之住所為住所，且其妻多未喪失中國國籍，關於夫妻財產制，如適用中國法則於其利益之保護，較能周密。」惟本條項未明文規定中華民國人為外國人之贅夫，及外國人為外國人之贅夫的情形，解釋上應認係法律應規定而未規定之法律漏洞，應類推適用同條第1項之規定[11]。新法已予刪除。

　　本條第3項規定：「前二項之規定，關於夫妻之不動產，如依其所在地法應從特別規定者，不適用之。」係夫妻財產制準據法對於不動產所在地法之讓步。其理由係基於「夫妻財產制屬於婚姻效力之一端，原則上固應依照屬人法則，從夫妻之本國法，惟財產制有關不動產之部分，尚須顧及不動產所在地之

10　舊涉外民事法律適用法第13條之立法理由稱：「第1項：本項之立法意旨，在防止夫於結婚後，任意變更國籍，改易夫妻財產關係，因影響妻或其他利害關係人之法益，故規定於結婚時所屬國之法。其所以稱結婚時所屬國之法，而不沿襲原條例第10條第2項稱夫之本國法者，蓋法文著重之點，在結婚時夫之國籍，而不重其時之法律，故如該國法律於結婚後變更，即應適用變更後之現行法，而不適用已廢止之法。又，按夫妻財產制能否於婚後變更，各國立法例原不一致，有認為結婚前所訂之財產契約，嗣後絕不許變更者，有認為當事人得於婚前或婚後，選定其財產制，並得依一定方式變更或廢止者，我國民法採後一立法例（民法第1004條以下）。依此原則，倘有於結婚後，依中國法訂立夫妻財產制者，就中國法之立場觀之，亦難否認其效力，故本草案特增設但書，以期符合我國民法之精神。」

11　參閱劉鐵錚、陳榮傳著，國際私法論，修訂四版，三民書局出版，頁394。

強制規定,以免窒礙難行。」之考量結果。

關於夫妻財產制準據法之適用範圍,檢討如次:

(一)法定夫妻財產制之問題,即是否承認法定財產制,如果承認法定財產制,則採取何種法定財產制,得否以約定排除法定財產制之適用等問題,均應適用夫妻財產制之準據法。

(二)關於婚姻有效成立、無效、撤銷與夫妻財產制之關係,因婚姻有效成立及婚姻之撤銷、無效,均為夫妻財產制之先決問題[12],應依據先決問題之理論解決之。關於先決問題,採取法院地國際私法說,則應適用涉外民事法律適用法第46條之規定解決之。但婚姻無效或撤銷對於夫妻財產制之影響,則應適用夫妻財產制之準據法。

(三)關於夫妻財產之歸屬、管理、使用、收益及處分,是否容許,如容許則其範圍、程度及要件如何,均應適用夫妻財產制之準據法。惟關於夫妻之一方基於其對於夫妻財產之權限而為法律行為,其法律效果如何,特別是夫妻財產制之準據法為外國法,而其法律效果與法院地法或行為地法不同時,為保護交易之相對人及行為地之交易安全,應類推適用舊涉外民事法律適用法第10條第2項之規定,但亦有持反對見解者。新法第49條規定:「夫妻財產制應適用外國法,而夫妻就其在中華民國之財產與善意第三人為法律行為者,關於其夫妻財產制對該善意第三人之效力,依中華民國法律。」已解法此一問題。

(四)婚姻生活費用之負擔,有認為此乃夫妻間之扶養義務問題,應適用扶養關係之準據法。有認為此係婚姻之身分效力問題,應適用婚姻身分效力之準據法,亦有認為此係夫妻財產制之問題,應適用夫妻財產制之準據法。按此乃定性問題,依本書所見,似以夫妻財產制說較為可採。

(五)關於夫妻離婚對於夫妻財產制之影響,例如,夫妻財產制是否因而消滅、夫妻財產之如何分配、清算等,應適用夫妻財產制之準據法或離婚效力之準據法,則有不同見解,有認為此乃離婚之效力問題,應適用離婚之準據法,亦有認為此係夫妻財產制之問題,應適用夫妻財產制之準據法。依本書所見似以夫妻財產制說為妥。

(六)關於夫妻財產制與繼承之關係,例如,夫妻財產制是否因夫妻之一方

---

[12] 請參閱本書總論第七章「先決問題」。

死亡而消滅，其財產如何分配與清算等問題，由於被繼承人之遺產如何，應先就夫妻財產清算，如應歸屬於死亡配偶，則屬於死亡配偶之遺產，由其繼承人繼承。因此，夫妻財產制是否因一方配偶死亡而消滅，其夫妻財產如何清算，應適用夫妻財產制之準據法。待清算確定後，再適用繼承準據法決定如何繼承。

相關考題

一、某國回教徒甲男為有婦之夫，其本國法允許一夫多妻，今與我國人乙女在我國依我國民法之規定結婚。其後，乙女在台北地方法院請求確認婚姻關係無效。問台北地方法院因如何處理？【85年司法官】

二、甲男為A國國民，信奉猶太教。乙女為我國國民，篤信佛教。兩人於留學B國期間相戀而結婚，結婚當時未宴請賓客，僅依B國法律辦理結婚登記而已。其後兩人學成，定居台北。旋不久甲男疑情別戀，另結新歡。乙女心碎之餘，遂向台北地方法院訴請離婚（按A國猶太宗教法之規定，不同信仰之人不得結婚）請問：

(1)台北地方法院可否受理本案？

(2)本案法律關係為何？

(3)本案準據法為何？【95年司法官】

三、日本人甲男與我國人乙女在日本結婚，未舉行公開儀式，僅依日本所定之結婚方式，辦理結婚申報登記。其後，甲乙定居我國。乙承襲父業，成就非凡，甲則被公司裁員，失業在家。因乙不願扶養甲，甲乃訴請乙履行扶養義務。乙抗辯結婚未舉行公開儀式，其婚姻應屬無效。試從國際私法觀點論述本案有關之法律問題。【91年司法官】

第十四章
離　婚

【關鍵字】

- 一般管轄
- 離婚原因
- 法院地法主義
- 屬人法主義
- 折衷主義
- 變更主義
- 不變更主義
- 離婚之效力
- 累積適用

第一節　概　說

離婚係指夫妻間之婚姻關係因夫妻間一定行為而消滅。由於各國是否承認離婚之制度，承認何種離婚制度，其要件及效力各如何，均有不同，因而有為涉外離婚訂定準據法之必要。又，在承認離婚制度之國家，有經由法院為之者，有由其他公權力機關為之者，因而發生由何國法院或公權力機關離婚之一般管轄權。

第二節　離婚之一般管轄權

一、離婚之一般管轄權

關於離婚之一般管轄權之問題，有本國法院說與住所地國法院說及折衷主義之對立。

本國法院說認為離婚與當事人之身分有關，應由當事人之本國法院決定。

住所地國法院說則認為婚姻之身分問題，應由生活中心所在之住所地國決定。

折衷主義則認為本國法院及住所地國法院均有一般管轄權。

　　關於離婚事件之一般管轄權，我國現行法律未爲任何規定，而只能求之於法理。多數見解認爲當事人之本國法院及住所地國法院均有一般管轄權。其理由在於：

(一)舊涉外民事法律適用法第14條規定：「離婚依起訴時夫之本國法及中華民國法律均認其原因事實爲離婚原因者，得宣告之。」離婚準據法採取本國法主義與法院地法主義之折衷主義。足見，與當事人本國關係密切，由當事人本國之法院行使一般管轄權並無不妥。

(二)民事訴訟法第568條規定：「婚姻無效或撤銷婚姻，與確認婚姻成立或不成立及離婚或夫妻同居之訴，專屬夫妻之住所地或夫、妻死亡時住所地之法院管轄。但訴之原因事實發生於夫或妻之居所地者，得由各該居所地之法院管轄。夫妻之住所地法院不能行使職權或在中華民國無住所或其住所不明者，準用第1條第1項中段及第2項之規定。夫或妻爲中華民國人，不能依前2項規定，定管轄之法院者，由中央政府所在地之法院管轄之。」離婚事件之特別管轄權專屬夫妻之住所地或夫、妻死亡時住所地之法院。如援用爲涉外離婚事件之一般管轄權之決定基準，則夫妻之住所地國或夫、妻死亡時住所地國之法院有一般管轄權，但特別管轄權之規定援爲一般管轄權之依據時，應作若干修正，即以國籍取代住所，以夫妻之本國法院行使一般管轄權。夫妻同國籍時，其共通本國法院有一般管轄權當無疑義。如夫妻之國籍不同，則基於特別管轄權之以原就被原則，應認爲被告之本國法院有一般管轄權。

(三)一般管轄權之決定，亦與離婚確定裁判在他國之承認問題有關。即離婚確定裁判在他國之承認係以判決國法院就該離婚事件有一般管轄權爲要件。此即前述之間接的一般管轄權之問題。目前多數見解認爲間接一般管轄權應採取比直接一般管轄權更爲寬鬆之態度，使離婚之裁判多獲得承認，俾不致發生「跛腳婚」，因此，特別管轄權之專屬管轄於一般管轄權之決定無援用之必要。且僅承認夫妻之共通本國法院或被告之本國法院有一般管轄權，易造成原告之夫或妻被遺棄而不得提起離婚訴訟之困境，因此，有必要承認夫妻共通住所地國法院之一般管轄權。

二、國際私法會議統一公約的相關規定

　　1970年6月1日關於離婚及分居承認之公約。[1]其第2條規定離婚與分居之承認，如離婚與分居請求當時，被告有常居所之國，或原告有常居所之國而其常居所繼續一年以上，且夫妻在該國有最後共同常居所者，或夫妻共通本國，或原告在其本國有常居所，或原告在請求離婚或同居之前二年，曾繼續在該國繼續有一年以上之常居所者，或關於離婚，原告現所在地國或夫妻最後共通常居所國不承認離婚制度時，原告本國所為分居或離婚之裁判，得予以承認。又，其第3條規定如為離婚或分居裁判之國家，取得裁判管轄權之基礎係住所者，此一住所視為第2條之常居所。

第三節　離婚準據法之決定

一、離婚原因之準據法之立法主義

【案例】

　　A國籍男子甲與B國籍女子乙結婚，婚後在我國設有住所。A國社會風氣極為保守，該國法律規定，夫或妻婚後若與配偶以外之異性有肢體上的碰觸，他方配偶得向法院訴請離婚。某日，乙與久未見面的摯友丙男擁抱，被甲撞見，甲勃然大怒，憤而向我國法院訴請離婚，試問我國法院應如何審理系爭案件。

　　關於離婚之成立要件之準據法，各國立法例並不一致，向有下列幾種主義：

---

[1]　參閱，折茂豐著，屬人法論，頁99～100。

（一）法院地法主義

法庭地法主義認爲離婚之準據法具有強行法的性質，且離婚與法院地之公序良俗有密切之關係，故關於涉外離婚之一切法律，應適用法院地法。

（二）屬人法主義

採此主義者認爲離婚與夫妻間婚姻關係之消滅有關，影響當事人身分效果極大，故應採取夫妻之屬人法主義。屬人法主義中又有住所地法主義與本國法主義之別，本國法主義中，夫妻如國籍相同，固無問題，如國籍不同，則應以何方之國籍爲準，亦不無疑義，因而又有夫之本國法主義、夫妻雙方本國法累積適用主義、夫妻最後共通本國法主義、原告一方之本國法主義等不同之主義，不一而足。又採本國法主義者，又有原因事實發生時之夫之本國法與起訴時夫之本國法之別。

（三）折衷主義

此說以離婚既影響當事人身分，又與法院地之公序良俗有密切關係，故必須當事人之本國法與法院地法均認爲係具備離婚原因時，始許宣告之[2]。

二、日本與德國國際私法在關於離婚準據法選擇上之變革

關於離婚要件與效力問題，德國民法施行法、日本法例，向採取夫之本國法主義。[3]與涉外民事法律適用法並無不同。但因受到夫之本國法主義是否違反憲法上平等原則之問題、國籍法修正承認妻得獨立取得國籍等因素之影響，已改採夫妻如有相同國籍，則適用共通本國法，如夫妻無相同之國籍而有相同常居所，則適用其共通常居所法，如無相同之常居所，則適用關係最密切之地之法律。

---

[2]　參閱馬漢寶著，國際私法總論・各論，2006年出版。

[3]　參閱德國舊民法施行法第14條、第15條、第17條；日本法例第14條、第15條與第16條、第17條。

　　詳言之，在德國[4]，於1953年4月1日，基本法第3條第2項生效，採取男女平等主義。凡與此一原則不合之法律依基本法第117第1項規定，均應於1953年4月1日失效。家族法之實體法已與1957年6月18日男女平等法相符，起初，國際私法因多數學說與判例，認為是否平等對待男女，不在於國際私法之規定而在於準據法，故無男女平等主義適用。嗣後聯邦憲法法院於1971年5月4日之判決中，則基於人均有藉國籍變更選擇準據法之自由，並進而影響法院之選擇準據法，且任何人均得感覺自己比較適於自己之屬人法，對於自己之屬人法比較熟悉，且遵照其屬人法而為行為，認為國際私法應受男女平等原則之檢驗。此後，諸多判決即認為民法施行法之規定違反男女平等原則，而有修正之必要。

　　又，日本於平成元年向國會提案，部分修正法例，其理由稱：關於婚姻之效力，夫妻財產制及離婚，現行法以夫之本國法為準據法，而改為夫妻共通本國法、共通常居所法等夫妻共通法律準據法之階段適用，期在準據法決定上與兩性平等之原則較為相符。以此等階段適用方式，依關係密切程度不同適用不同之準據法，以避免預設、單一連繫因素未必與系爭涉外民事事件有最密切關係之情事發生。

第四節　涉外民事法律適用法之規定與適用

一、離婚原因準據法之規定

　　涉外民事法律適用法關於離婚之成立要件（原因事實），於舊第14條規定：「離婚依起訴時夫之本國法及中華民國法律均認其事實為離婚原因者，得宣告之。但配偶之一方為中華民國國民者，依中華民國法律。」原則採取累積適用夫之本國法與法院地法之折衷主義，亦即依中華民國法律雖為離婚原因，但依夫之本國法非為離婚原因時，仍不得離婚；依夫之本國法雖許離婚，但若

[4]　德國法部分，參閱，桑田三郎，西ド國際私法の現狀—秩序か混亂か—，西ド國際私法改正のための諸草案，比較法雜誌，15卷3號，頁617。日本法部分，參閱，南敏文著，「婚姻及び親子に關する法例改正要綱試案の說明」，ジュリスト904號92頁。另關於法例規定與兩性平等原則之檢討，參閱，溜池良夫著國際私法と兩性平等，民商法雜誌，37卷2號3頁；鳥居淳子，わが名涉外離婚事件と兩性平等，國際法外交雜誌75卷1號1頁以下、4號57頁以下。

非為中華民國法律所許之離婚原因，亦不許當事人離婚。其理由當在於兼顧準據法與該涉外民事事件具有密切關連之妥適性和法院地之公序良俗之維護[5]。

　　涉外民事法律適用法關於離婚之準據法，規定為起訴時夫之本國法，有認為有損於他方當事人之正當期待，而應改為離婚原因發生時夫之本國法為妥。亦即，關於離婚之準據法，有所謂變更主義與不變更主義之對立。不變更主義適用結婚時之屬人法，變更主義則適用起訴時或原因關係發生時之準據法。舊涉外民事法律適用法第14條第1項規定：「離婚依起訴時夫之本國法及中華民國法律均認其原因事實為離婚原者，得宣告之。但配偶之一方為中華民國國民者，依中華民國法律。」採取變更主義、起訴時本國法主義，雖其立法理由稱：「原條例第11條對於離婚所應適用之法律，規定應以事實發生時之法律為準，惟按歐洲德國、波蘭等立法先例，均認為離婚原則上應適用當事人現時之本國法，頗可取法。蓋離婚事項與公序良俗有關，各國多設強制規定，尤以離婚之原因為然。此等重要事項，設若不顧及當事人現時之本國法，揆諸法理，即欠允洽，故本項改訂依起訴時為準。至於離婚之原因，仍本原條例之精神，規定以夫之本國法及中國法所許者，方得宣告離婚，惟配偶之一方為中國人時，即不必兼備兩國法律所定之原因，如依中國法合於離婚條件，無背於內國公益，自無不許其離婚之理，故又增設但書之規定。」僅言及係基於公序良俗之考慮，惟並未敘明採取此一立法例之理由。且採取此一立法例，當事人之一方可能因他方在離婚原因事實發生後改換國籍或住所而不利之影響，以當事人正當期待與利益保護之觀點，並非妥適。有鑑於此，新法第50條乃規定：「離婚及其效力，依協議時或起訴時夫妻共同之本國法；無共同之本國法時，依共同之住所地法；無共同之住所地法時，依與夫妻婚姻關係最切地之法律。」採與日本2007年1月1日施行之關於法律適用通則法（國際私法）之規定相符之階段適用。其理由在於「原條文關於離婚僅規定裁判離婚，而不及於兩願離婚，其關於離婚及其效力應適用之法律，規定亦非一致。爰合併原條文第14條及第15條，移列為本條，並就其內容酌予修正及補充。

　　關於離婚及其效力應適用之法律，原條文並未兼顧夫妻雙方之連結因素或連繫因素，與兩性平等原則及當前立法趨勢，均難謂合。爰修正決定準據法之原則，以各相關法律與夫妻婚姻關係密切之程度為主要衡酌標準，並規定夫妻之兩願離婚及裁判離婚，應分別依協議時及起訴時夫妻共同之本國法，無共同

5　其詳可參閱山田鐐一，國際私法（第3版），頁368～369。

之本國法時，依共同之住所地法，無共同之住所地法時，依與夫妻婚姻關係最切地之法律。」可供參考。

【解析】

關於離婚原因之準據法，舊涉外民事法律適用法第14條原則上係採取累積適用夫之本國法與法院地法之折衷主義，即依起訴時夫之本國法和中華民國法律均認其原因事實為離婚原因者，方得允許當事人離婚。在本案當中，與配偶以外之異性有肢體上的碰觸，為A國法允許的離婚原因之一，惟中華民國法律並不做相同的認定。因此，依涉外民事法律適用法第1項前段之規定，我國法院不應宣告甲、乙兩人離婚。如依新法第50條之規定，應階段適用夫妻共通本國法、夫妻共通住所地法、關係最利地法等。

二、離婚效力準據法之規定

關於婚姻之效力，舊涉外民事法律適用法第15條第1項規定：「離婚之效力，依夫之本國法。」採取夫之本國法主義，而不兼採中華民國法律。

本條第2項規定：「為外國人妻，未喪失中華民國國籍，或外國人為中華民國國民之贅夫者，其離婚之效力，依中華民國法律。」本條項採取保護主義，其目的係在維護中華民國國民之利益[6]。嗣後修正，新涉外民事法律適用法第50條乃規定：「離婚及其效力，依協議時或起訴時夫妻共同之本國法；無共同之本國法時，依共同之住所地法；無共同之住所地法時，依與夫妻婚姻關係最切地之法律。」改採階段適用夫妻共通本國法、夫妻共通住所地法、關係最切地法等。

三、離婚原因及離婚效力準據法之適用

舊涉外民事法律適用法關於離婚之原因既採取累積適用法院地法主義與夫之本國法主義之折衷主義，嗣修正為階段適用夫妻共通本國法、夫妻共通住所地法與關係最切地法等，應注意者有：

---

[6] 關於離婚之效力，各國立法例並不一致。參看折茂豐著，國際私法各論，頁401以下；三浦正人著國際私法，頁147以下；澤木敬郎著，國際私法入門，頁146以下；杉林信義著，法例コンメンタール，頁181以下；山田鐐一著，國際私法（第3版），頁440以下；歐龍雲著，國際私法講義，頁204以下；澤木敬郎、山田鐐一著，國際私法講義，頁199以下。

(一)舊涉外民事法律適用法規定中之夫之本國法及法院地法之中華民國法律，均是指起訴時者，與外國立法例採取原因事實發生時不同。此一規定固有切合當事人現況之優點，但易使夫一方或夫妻雙方有選法詐欺之行為。此點涉外民事法律適用法並未修正，有相同的問題留存。

(二)舊涉外民事法律適用法雖僅就離婚原因準據法加以規定，但其適用不以此為限。亦即，是否承認離婚，如承認離婚，則是否承認兩願（協議）離婚，亦應適用離婚之準據法。同理，如在協議離婚之外，承認基於一方意思之離婚，則應採取何種方法，例如，由宗教機關或行政機關或法院決定當事人得否離婚，亦應適用離婚之準據法。惟如夫之本國法與中華民國法律關於離婚之機關不同，則當事人由該機關同意離婚時，中華民國是否承認其離婚之效力，應視該機關與我國之法院是否具有相同地位（即所謂等價性）而定，不宜一概而論。涉外民事法律適用法修正為「離婚及其效力」，在解釋上比較不生前開問題。

(三)舊法關於離婚效力之準據法，採夫之本國法主義。此一夫之本國法指何時之夫之本國法，並未明文規定，致適用上會產生疑義。依起訴時夫之本國法，雖可能會使夫一方或夫妻雙方有選法詐欺之行為，但由於舊涉外民事法律適用法第14條及第15條並列，且都為離婚之準據法，則對於第15條本國法時期之解釋，自不應異於明文規定的第14條，故此處應解釋為依起訴時夫之本國法[7]。涉外民事法律適用法修正時明文規定「協議時或起訴時」，即不應再生疑義。

(四)涉外民事法律適用法第50條關於離婚效力準據法之規定，其適用範圍原應包括：
　1. 婚姻關係之消滅；
　2. 姓氏；
　3. 離婚之損害賠償；
　4. 扶養義務；
　5. 夫妻財產制之分割；
　6. 未成年子女之親權；
　7. 結婚取得之行為能力之消滅；
　8. 再婚禁止或限制。

---

[7]　參閱劉鐵錚、陳榮傳著，國際私法論，修訂四版，三民書局出版，頁407。

涉外民事法律適用法修正時，特別於理由中載明：「離婚之效力，係指離婚對於配偶在身分上所發生之效力而言，至於夫妻財產或夫妻對於子女之權利義務在離婚後之調整問題等，則應依關於各該法律關係之規定，定其應適用之法律，現行實務見解有與此相牴觸之部分，應不再援用，以維持法律適用之正確，併此說明。」限縮本條之適用範圍，應特別留意。

重要實務見解

最高法院82年度台上字第1888號民事判決

1. 關於判決離婚後酌定及改任監護人之訴，均屬離婚效力之一部分，其涉外事件所應適用之準據法自應依我國涉外民事法律適用法第15條規定決之。
2. 判決離婚後關於未成年子女之監護權如何分配及其分配之方法如何，係附隨離婚而生之效果，自應依離婚效力之準據法決定之。所謂關於未成年子女之監護權如何分配，不僅指夫妻經法院判決離婚後，對於其未成年子女所為應由何方監護之酌定而言，嗣後因情事變更而聲請變更任監護之人即改定監護人者，亦包含在內。至於監護人指定後，監護人與受監護人之法律關係，則屬監護問題，應依受監護人之本國法決定之。上訴論旨，謂改定監護人非屬離婚效力之問題，而係有關監護之範圍，應依我國涉外民事法律適用法第20條規定，以受監護人之本國法為準據法云云，不無誤解。又法院為准許離婚之判決時，對於未成年子女之監護人雖已為酌定，但嗣後情事有變更者，當事人非不得聲請法院變更任監護之人，此就我國民法第1055條但書規定觀之，應為當然之解釋。

相關考題

一、日本人甲男與我國人乙女在日本結婚，依日本民法規定辦理結婚申報登記，但未舉行公開儀式。婚後，甲、乙因工作關係定居台灣。甲、乙感情不睦，甲竟於公司派駐美國期間，訴請離婚。獲美國法院之離婚判決後，與我國人丙女在我國結婚，並公開宴請賓客。甲自美國返回台灣後不久，旋即死亡。乙、丙均主張其為甲之合法配偶，對甲之遺產享有繼承權，雙方關於遺產之繼承發生爭執，在我國法院提起訴訟。試從國際

　　私法之觀點論述我國法院應如何適用法律。【93年律師】
二、日本人甲男與我國人乙女為夫妻，有一未成年之子丙，三人定居於我國。甲、乙感情不睦，某日，甲與我國人丁女通姦，被乙發現。乙在我國法院訴請離婚，合併請求甲賠償其損害與給付贍養費，試從國際私法觀點論述本案有關之法律問題。【96年司法官】

第十五章
親子關係

【關鍵字】

- 子女婚生性
- 準正
- 親子關係
- 事實主義
- 收養
- 統一主義
- 認領主義
- 分配適用
- 區別主義
- 認領
- 父母與子女間之法律

第一節　婚生子女

一、概說

　　親子關係之國際私法問題，一般均將其分為親子關係成立之準據法問題與親子關係權利義務內容之準據法問題。涉外民事法律適用法亦採取類似規定，於舊涉外民事法律適用法第16條規定婚生子女關係之成立、第17條規定非婚生子女認領之準據法，第18條規定收養關係成立及終止之準據法，均與親子關係成立之準據法有關，而第19條則規定父母與子女間之法律關係之準據法，不問親子關係成立原因。

　　關於婚姻關係存續中所生之子女，推定為其婚生子女，婚生子女關係之否認須在嚴格的要件之下為之，並在婚生子女與非婚生子女間設差別待遇，為各國法制尊重婚姻制度之結果。但除父子之間推定有婚生子女關係外，母子之間是否當然成立或推定婚生子女之關係，婚生推定之範圍，婚生否認之方法，各國立法例未必完全相同，因而有依國際私法選法規則選定準據法問題。

二、子女婚生性準據法之決定

　　關於婚生子女關係之成立，向有事實主義與認領主義之對立。

（一）事實主義

事實主義又稱為日耳曼主義，原則在不發生親子關係存否問題，只有在扶養、繼承等以親子關係為前提之個別請求階段，始生親子關係存在與否之證明問題，又稱為個別證明主義。在此主義之下，以證明來處理親子關係存在與否之問題，故適用法院地法。

（二）認領主義

認領主義又稱為羅馬主義，係基於具備一定方式之認領始承認有親子關係存在，因此，親子關係存在與否應抽象、劃一的決定，並據以主張各種親子關係之法律效果。故又稱為劃一決定主義。在此主義之下，親子關係存在與否之問題，是國際私法上身分問題，為屬人法規範範圍之事項。不過，關於應如何定其屬人法，亦有不同態度，有認為應區別母與子之親子關係及父與子之親子關係，分別為定其準據法。亦有以母子間婚生子女關係之當然存在為前提，而僅就父子間之婚生子女關係規定者。

舊涉外民事法律適用法第16條規定：「子女之身分，依出生時其母之夫之本國法，如婚姻關係於子女出生前已消滅者，依婚姻關係消滅時其夫之本國法。」其前提為母子間婚生子女之關係存在為前提，而規定以「母」之夫之本國法為準據法。惟無可否認者乃涉外的母子間之婚生子女關係並不當然存在，仍有準據法選擇問題。非婚生子女與生母之法律關係，舊涉外民事法律適用法未為特別之明文規定，如適用舊涉外民事法律適用法第16條之規定，則仍係採母之夫之本國法，惟為妥適保護非婚生子女，則宜另承認子之本國法選擇適用[1]。涉外民事法律適用法亦改採選擇適用，第51條規定為：「子女之身分，依出生時該子女、其母或其母之夫之本國法為婚生子女者，為婚生子女。但婚姻關係於子女出生前已消滅者，依出生時該子女之本國法、婚姻關係消滅時其母或其母之夫之本國法為婚生子女者，為婚生子女。」其立法理由「關於子女之身分，原條文規定應依其母之夫之本國法，與當前兩性平等之思潮尚有未合，且晚近如奧地利國際私法第21條、德國民法施行法第19條第1項、義大利國際私法第33條第2項及日本法律適用通則法第28條第1項等立法例，亦有藉選

---

[1]　參閱，松岡博著，涉外判例百選（第二版），頁135。

擇適用多數國家之法律，以儘量承認子女婚生性之立法趨勢。爰將現行條文第1項及第2項合併，並修正爲應依出生時該子女、其母或其母之夫之本國法爲婚生子女者，爲婚生子女。但書關於婚姻關係於子女出生前已消滅者之規定，亦修正爲應依出生時該子女之本國法、婚姻關係消滅時其母或其母之夫之本國法。」值得贊同。

關於父子間婚生子女關係之準據法，各國立法例並不一致，茲分述如下：

1. 子女之屬人法主義

採取此主義係基於子女保護之思想。不過，在國籍法採取血統主義的國家，子女之國籍係依據父母之國籍而來，親子關係之確定，乃子女取得其父國籍之前提，因此，親子關係未確定子女即無從取得其父母之國籍，因而無從確定子女之本國法，因此，此一主義未必妥適。

2. 母之夫本國法主義

採取此主義者，認爲親子關係之問題，係指子女是否因父與母間婚姻關係所生，而與父母雙方均有關係，但由於母與子女間有出生事實，比較不會發生問題。因此，親子關係之問題即在於父子關係之確認，並藉父子關係之確認而確認父子間婚生子女關係之存在，即父與子女間婚生子女關係之推定與否認，故以母之夫之本國法爲準據法。

3. 婚姻效力準據法主義

採此主義者之理由在於 ‧旦親子關係確定存在，則該子女即成爲夫妻生活共同體之一員，因此，應以婚姻效力之準據法爲其準據法。

舊涉外民事法律適用法採母之夫本國法，嗣改採母之夫之本國法主義與母之本國法主義之選擇適用，有如前述。

三、涉外民事法律適用法之規定與適用

舊涉外民事法律適用法第16條規定：「子女之身分，依出生時其母之夫之本國法，如婚姻關係於子女出生前已消滅者，依婚姻關係消滅時其夫之本國法。」即係採取母之夫之本國法。所謂婚姻關係於子女出生前已消滅者，包括

婚姻關係因父死亡或父母離婚等情形而消滅。嗣改採母之本國法與母之夫之本國法之選擇適用，第51條規定：「子女之身分，依出生時該子女、其母或其母之夫之本國法為婚生子女者，為婚生子女。但婚姻關係於子女出生前已消滅者，依出生時該子女之本國法、婚姻關係消滅時其母或其母之夫之本國法為婚生子女者，為婚生子女。」

涉外民事法律適用法第51條關於子女身分之規定，在適用上應注意者有：

(一)關於婚生推定應適用該子女、其母或其母之夫之本國法，例如，妻於婚姻關係存續中所生之子女是否推定為夫之婚生子女，結婚後或婚姻關係消滅後所生之子女，於如何之期間內所生之子女始推定為婚姻關係存續中懷孕所生之子女，並推定為夫之婚生子女等是。

(二)婚生否認之容許性，亦即是否容許夫否認妻所生子女非為其婚生子女，是否亦容許妻或該子女為之；如容許之，則其要件為何；得為否認之期間為何，均應適用該子女、其母或其母之夫之本國法。

(三)因欠缺一定要件，致婚姻無效或得撤銷，在立法例上，有以當事人一方或雙方婚姻時為善意為限，取得婚生子女之身分；亦有不問當事人是否為善意或惡意，均取得婚生子女之身分；亦有在訂婚後所生之子女，因生父死亡不可能與生母結婚，則該子女取得婚生子女之身分者；亦有不問生父母有無婚姻關係一律使該子女取得婚生子女之身分者；亦有不同意此等子女取得婚生子女之身分者，立法例殊不一致。因此，有為其定準據法之必要。就此問題，因並無母之夫存在，故如何定其準據法，尚有疑義。

有認為婚姻無效或得撤銷時或訂婚後所生之子女，應類推適用舊涉外民事法律適用法第16條之規定：「子女之身分，依出生時其母之夫之本國法，如婚姻關係於子女出生前已消滅者，依婚姻關係消滅時其夫之本國法。前項所稱之夫為贅夫者，依其母之本國法。」以母「暫定」之夫之本國法為準據法。在其他場合均類推適用舊涉外民事法律適用法第17條之規定：「非婚生子女認領之成立要件，依該認領人被認領人認領時之本國法。認領之效力，依認領人之本國法。」

亦有認為在婚姻無效或得撤銷之場合，始類推適用舊涉外民事法律適用法第16條之規定，在其他場合均類推適用第17條之規定。

亦有認為應適用問題本身之準據法。詳言之，該子女取得婚生子女之身分，究竟具有如何意義，得享有如何之權利，即應適用該權利本身

之準據法。例如，扶養或繼承本身之準據法。

涉外民事法律適用法第51條之規定：「子女之身分，依出生時該子女、其母或其母之夫之本國法為婚生子女者，為婚生子女。但婚姻關係於子女出生前已消滅者，依出生時該子女之本國法、婚姻關係消滅時其母或其母之夫之本國法為婚生子女者，為婚生子女。」似仍未解決此之問題。

(四)涉外民事法律適用法第51條規定，子女之身分，依「出生時」其母之夫之本國法，採取不變更主義。其目的是在避免母之夫隨意變更國籍，而取得對其有利之本國法，導致子女利益受到侵害。

重要實務見解

最高法院85年度台上字第2423號民事判決

按子女之身分，依出生時其母之夫之本國法，如婚姻關係於子女出生前已消滅者，依婚姻關係消滅時其夫之本國法，涉外民事法律適用法第16條第1項定有明文。被上訴人洪○○之母洪○○於75年11月25五日與日本人外間忠男結婚，78年6月16日離婚，洪○○則於79年1月4日出生，為兩造不爭之事實，且有出生證明書、戶口名簿、戶籍謄本、離婚登記申請書、護照等影本在卷可稽，依首開規定，洪○○之子女身分，應依外間忠男之本國法即日本法律定之。日本民法第772條規定：「妻於婚姻關係受胎之子女，推定為其夫之子女。自婚姻成立之日起二百日後或自婚姻解除或撤銷之日起三百日內所生之子女，推定為婚姻中受胎之子女」。洪○○出生時間既在洪○○與外間忠男離婚之日起三百日以內，自應推定為渠等婚姻關係中受胎之子女，即為外間忠男之子。

第二節　非婚生子女（認領、準正）

一、概說

　　所謂非婚生子女，係指婚生子女以外，基於自然血統而生的子女。非婚生子女雖亦係基於自然血統而生，但必須經過一定程序或方式，才能取得婚生子女之身分。這些程序或方式包括認領和準正在內。關於認領，各國立法例有所不同，有國家甚至根本否認此一制度，而在承認認領制度的國家當中，由於各國關於認領之要件與效力之立法，亦有不同，因此，有為其選定準據法之必要。

二、認領要件之準據法

【案例】

　　美國籍男子甲與我國籍女子乙交往，交往半年後，乙懷有了兩人愛的結晶，數月後，乙在台灣產下男嬰丙。甲是知名偶像藝人，乙為了甲的演藝事業著想，刻意隱瞞，遲遲未和甲完婚，直到五年後才被八卦雜誌揭發。今若甲願意認領丙，則在認領之要件上，應適用何國之法律？

　　在採取認領主義之國家，由於各國關於認領之要件與效力之立法，亦有不同，因此，有為其選定準據法之必要。

　　關於認領要件之準據法，各國立法例並不一致，約可分為以下兩種類型：

（一）區別主義

在生母與子女之間，有採取母之屬人法，有採取子之屬人法，亦有累積適用母及子之屬人法，更有法院地法採取者；在生父與子女之間，有採取生父之屬人法，有採取子之屬人法，亦有採取父之屬人法，更有採取生父與子之屬人法之累積適用者。

（二）不區別主義

此說任為不應區分生父或生母與子女間之關係，一概適用認領者之屬人法或被認領者之屬人法。其主要理由，在於此等人利益之保護，特別是對於父或母而言，非婚生子女取得婚生子女之身分，對於家族利益或家族和平有相當程度之影響，對於子女而言，則係其重要權利之取得[2]。

舊涉外民事法律適用法第17條第1項規定：「非婚生子女認領之成立要件，依各該認領人、被認領人認領時之本國法。」係以認領人及被認領人之本國法之分配適用為準據法。亦即，關於認領要件中一方要件（一方障礙事由），適用該方當事人之本國法，如係認領之雙方要件（雙方障礙事由），則適用雙方當事人之本國法。此乃因認領對於認領人及被認領人之權益均有重大影響之故。至於應適用當事人何時之本國法，由於認領係婚姻外成立婚生子女關係之方法之一，因此，其要件應於婚生子女關係成立時存在，自應以認領時認領人與被認領人本國法為準據法。若胎兒為被認領人時，由於胎兒無本國，應以認領時母之本國為胎兒之本國法[3]。涉外民事法律適用法修正第53條規定：「非婚生子女之認領，依認領時或起訴時認領人或被認領人之本國法認領成立者，其認領成立。前項被認領人為胎兒時，以其母之本國法為胎兒之本國法。認領之效力，依認領人之本國法」其立法理由：「非婚生子女之認領，所確認者為自然血親關係而非法定血親關係，其方式有任意認領及強制認領等二種。現行條文關於非婚生子女認領之成立，採認領人與被認領人本國法並行適用主義，易誤會認領為類似收養行為之身分契約，並不利於涉外認領之有效成

2　參閱，折茂豐著，國際私法各論，頁336以下；歐龍雲著，國際私法講義，頁187以下。

3　舊涉外民事法律適用法第17條之立法理由稱：「認領係確定非婚生子女與生父之身分關係，依通例均應以當事人之本國法為準據法。本草案從之，規定認領之成立要件，應依各該認領人被認領人認領時之本國法，以期雙方之利益可以兼顧。」可供參考。

立，影響非婚生子女之利益至鉅。爰刪除「之成立要件」等字，並改採認領人或被認領人本國法選擇適用主義，以儘量使非婚生子女取得婚生地位，並保護被認領人之利益。被認領人在出生前以胎兒之身分被認領者，其國籍尙無法單獨予以認定，爰明定以其母之本國法爲胎兒之本國法，以利認領準據法之確定。」

關於認領要件準據法之適用範圍，應注意者有：

1. 在認領之要件方面，除任意認領外，是否允許強制認領；通姦或亂倫所生子女是否得認領；認領是否須有被認領人之承諾；是否得以遺囑認領；對於死亡之子女得否認領，如允許死後認領，則其期間爲何；對於胎兒得否認領；強制認領之期間、起訴權人；被認領人之年齡限制等等，均應適用認領要件之準據法。

2. 認領要件欠缺，其效力爲無效或得撤銷，如係得撤銷，則其撤銷期間如何，均應適用認領要件之準據法。

3. 關於採取事實主義之下，是否因出生而取得婚生子女之身分，應類推適用舊涉外民事法律適用法第17條之規定，定其準據法。但有認爲涉外民事法律適用法只適用於認領之場合，因出生事實所生之婚生子女關係有無問題，應考慮父或母本國法之適用，即父子間有無婚生子女關係，適用父之本國法；母子間有無婚生子女之關係，應適用母之本國法。涉外民事法律適用法修正後應適用第51條之規定：「子女之身分，依出生時該子女、其母或其母之夫之本國法爲婚生子女者，爲婚生子女。但婚姻關係於子女出生前已消滅者，依出生時該子女之本國法、婚姻關係消滅時其母或其母之夫之本國法爲婚生子女者，爲婚生子女。」

【解析】

依題意，丙爲甲之非婚生子女。又，因其不在美國出生，且其母具有中華民國國籍，依我國國籍法第2條之規定，丙爲中華民國人。今甲願意認領丙，關於認領的要件，涉外民事法律適用法第53條第1項規定，非婚生子女之認領，依認領時或起訴時認領人或被認領人之本國法認領成立者，其認領成立。前項被認領人爲胎兒時，以其母之本國法爲胎兒之本國法。故本案關於認領要件的部分，應適用美國法及中華民國法之結果，認領成立者，即應認認領之成立。

三、認領方式之準據法

　　關於認領之方式，涉外民事法律適用法並未爲特別規定，致適用上仍有疑義。對此，在適用上，有主張應適用舊涉外民事法律適用法第17條之規定，採取認領人與被認領人本國法之分配適用。亦有認爲應適用法律行爲方式之準據法，即舊涉外民事法律適用法第5條之規定：「法律行爲之方式，依該行爲所應適用之法律。但依行爲地法所定之方式者亦爲有效。」

　　惟涉外民事法律適用法第5條之規定，似係指財產法律行爲方式準據法之規定，適用於認領方式之主張，並不妥適。然而，鑑於不希望認領因方式欠缺而無效，便利認領人對於被認領人爲認領以及保護非婚生子女之利益，實宜援用第5條之立法意旨，以認領要件之準據法或認領行爲地之法律爲準據法，均無不可。涉外民事法律適用法修正，仍未解決此一問題。

四、認領效力之準據法

　　關於認領之效力，舊涉外民事法律適用法第17條第2項規定：「認領之效力，依認領人之本國法。」以認領人之本國法爲準據法。涉外民事法律適用法修正：「認領之效力，依認領人之本國法。」仍採認領人本國法主義。

　　此一規定主要著眼於認領效力之發生係因認領人之認領行爲所致。此觀之於第17條之立法說明：「至認領之效力，則依認領人之本國法，蓋因認領之效力係由認領之行爲而生，自應以認領人之本國法爲準，方屬切當也。」甚明。不過，此之認領效力係指認領之直接效力，例如，自何時取得婚生子女之身分，係溯及於出生時，或自認領時；非婚生子女取得之婚生子女之身分是否與本來之婚生子女相同等等。至於非婚生子女取得婚生子女之身分後，其與父母間之具體的權利義務，則適用涉外民事法律適用法第55條之規定。

五、準正之準據法

　　準正係基於一定事實，即生父與生母於子女出生後結婚之事實，使原來之非婚生子女成爲婚生子女。由於各國對於準正之要件，例如，生父需否有認領之意思、是否有時間之限制、是否對於任何人均得準正，以及準正之效力，例

如，是否發生婚生子女之關係，其與本來之婚生子女是否有相同之地位等等，規定均不一致，因而有爲其選定準據法之必要。

關於準正之準據法，各國立法例固不一致，惟仍以當事人本國法爲準據法者居多，舊涉外民事法律適用法就此未無明文規定，解釋上應類推適用舊涉外民事法律適用法第16條之規定。惟應注意者乃時間因素之問題。換言之，非婚生子女之因準正取得婚生子女之身分，如係因婚姻所致（婚姻準正），則以結婚時母之夫之本國法爲其準據法。如係因結婚後之認領（認領準正），則以認領時母之夫之本國法爲其準據法。涉外民事法律適用法第52條規定：「非婚生子女之生父與生母結婚者，其身分依生父與生母婚姻之效力所應適用之法律。」採婚姻效力之準據法。其立法理由：「非婚生子女之生父與生母結婚者，該非婚生子女是否因準正而取得與婚生子女相同之身分之問題，原爲各國立法政策之表現，並與其生父及生母婚姻之效力息息相關。爰參照奧地利國際私法第22條及日本法律適用通則法第30條等立法例之精神，規定其亦應適用該婚姻之效力所應適用之法律。」可供參考。

重要實務見解

最高法院82年度台上字第1835號民事判決

1. 我國民法規定，非婚生子女經生父認領者視爲婚生子女；至於生母與非婚生子女間，因出生之事實，視爲婚生子女，無須認領。又非婚生子女認領之成立要件，依各該認領人被認領人認領時之本國法，爲我國涉外民事法律適用法第17條第1項所明定。準此以觀，戴○妮在未經其生父即上訴人認領，取得義大利國籍之前，自應適用我國民法之規定，認戴○妮與其生母即被上訴人間之關係，因出生之事實而視爲婚生子女，無須認領。此一母女關係，不因戴○妮嗣後經上訴人認領或被上訴人未依義大利國民法規定辦理認領手續，而歸於消滅。

2. 兩造曾於75年8月14日訂立協議書，約定戴○妮由被上訴人監護，撫養至成年，該協議書經台灣台北地方法院認證在案。雖依義大利國民法之規定，父母對監護人之協議本身不具任何效力，惟可由法官（未介入協議）視爲裁決時之一項有用因素；又未婚生子女倘經父母雙方承認，而父母未共同生活者，其對未成年子女之權利，應由與子女共同生活之一方行使，此有司法院

（81）台廳1字第07394號函檢送我國駐義大利代表處義（81）字第090號函可稽。被上訴人與戴○妮共同生活達七年之久，彼此親情極爲深厚，無法須與分離，自應認戴○妮以歸由被上訴人監護爲適當。

第三節　收　養

一、概說

收養係使原來無血緣關係者，因而創設血緣關係之一種制度。亦係自古以來即存在之制度之一。惟各國立法中，有不承認此一制度者，有承認此一制度，但其規範態樣與法律構成極其不同，故有依國際私法爲其選定準據法之必要。

二、收養事件之一般管轄權

關於收養之一般管轄權，涉外民事法律適用法未明文規定。一般認爲收養人或被收養人之本國或住所所在地國之法院均有一般管轄權，其理由在於養父母之本國或住所地國將來係其與養子女經營生活之所在，養子女本國或住所地國則對於養子女之是否宜被收養，有充分之了解與利益，均應有一般管轄權。

三、收養實質要件之準據法

關於收養關係實質要件之準據法，各國立法不同，有採取法院地法主義者，亦有採取屬人法主義者，其中以屬人法主義者居多。而採屬人法主義之立法例又可分爲養親之屬人法主義、養子女之屬人法主義，兩者之併用主義，及兩者之累積適用主義等，不一而足。著重之點則分別爲養親及家庭之利益或養子女之利益，而有不同之認知所致。此外，關於本國法亦有以慣常居所地法取而代之者。

舊涉外民事法律適用法第18條規定：「收養之成立及終止，依各該收養

者、被收養者之本國法。」採取分配適用收養人與被收養人之本國法主義[4]。涉外民事法律適用法第54條:「收養之成立及終止,依各該收養者被收養者之本國法。收養及其終止之效力,依收養者之本國法。」維持舊涉外民事法律適用法收養人與被收養人之本國法主義之分配適用之規定。

所謂分配適用,係將收養之實質要件區分為一方要件(一方障礙事由)與雙方要件(雙方障礙事由)。如係一方要件,適用該方當事人之本國法。如係雙方要件,適用雙方當事人之本國法。例如,關於收養人是否應有一定年齡等資格,乃收養人之一方要件,應適用收養人之本國法。而被收養人是否應有行為能力、是否應經父母之同意、是否應有年齡等一定之資格、可否由他人代為收養之意思表示等等要件,係關於被收養人之一方要件,應適用被收養人之本國法。又例如,收養人與被收養人間是否應有或不得有一定之親屬關係、收養人與被收養人是否應有一定之年齡差距等等,均係關於收養之雙方要件,應適用收養人與被收養人之本國法。至於收養是否應經一定機關之同意或許可,固有認為屬於收養之一方要件者,但多數見解認為係屬於收養之雙方要件,應適用收養人與被收養人雙方之本國法。

四、收養形式要件之準據法

收養關係形式要件即收養方式,係指收養之外觀形式,例如,收養之訂立書面、向有關機關申報等等。至於收養方式之準據法,舊涉外民事法律適用法並未明文規定。有認為收養方式應屬收養之要件問題,且係雙方要件,適用雙方當事人之本國法。亦有認為收養亦係法律行為之一種,應適用舊涉外民事法律適用法第5條之規定,以雙方當事人之本國法或收養行為地法均無不可。惟鑑於舊涉外民事法律適用法第5條所稱之法律行為一般係指財產上之法律行為,不包括身分上之法律行為在內,自無適用於收養方式之餘地。但為不使收養因方式欠缺而無效,宜援用涉外民事法律適用法第5條之法理,以符合當事人一方之本國法或收養行為地之法律所定之方式即可。涉外民事法律適用法修

---

[4] 舊涉外民事法律適用法第18條之立法理由稱:「本條係仿自目本法例第19條,蓋以收養之成立乃擬制血親關係之開始,而收養中止,又為此種關係之消滅,性質重要,為兼顧雙方利益,宜依當事人各該本國法,方屬允當。至於在收養存續中,基於親子關係而生之各種法律效果,例如養子女是否取得養親之國籍,是否改從養親之姓氏,以及對養親之遺產如何繼承等問題,均以養親為主體,其應依照養親之本國法,亦屬理所當然。」

正似仍未解決此之問題。

五、收養效力之準據法

收養之效力，係指收養人與被收養人因收養成立養父母與養子女之親子關係。例如，養子女是否取得婚生子女之身分，何時取得婚生子女之身分，養子女與養父母之親屬間是否發生親屬關係等，不包括親子關係之權利義務在內。如係親子關係之權利義務內容，則應依舊涉外民事法律適用法第19條定其準據法。

關於收養之效力，舊涉外民事法律適用法第18條第2項規定：「收養之效力，依收養者之本國法。」其理由依據舊涉外民事法律適用法第18條第2項之立法說明：「至於在收養存續中，基於親子關係而生之各種法律效果，例如養子女是否取得養親之國籍，是否改從養親之姓氏，以及對養親之遺產如何繼承等問題，均以養親爲主體，其應依照養親之本國法，亦屬理所當然。」尚非無據。涉外民事法律適用法第54條規定：「收養及其終止之效力，依收養者之本國法。」仍維持收養者本國法主義。其立法理由：「一、條次變更，本條爲原條文第18條移列。二、原條文第1項未修正，移列本條第1項。三、原條文第2項僅就收養之效力，規定應依收養者之本國法，然收養終止之效力，亦有依同一法律決定之必要，爰予以增列，以利法律之適用。」可供參考。

所謂收養效力依收養者之本國法，係指收養成立時收養者之本國法。

六、國際私法會議統一公約的相關規定

1965年11月15日通過之關於收養之機關管轄權、準據法及裁判承認公約。[5]其第3條規定收養人之本國及常居所國之機關有管轄權，並適用其國內法。第4條及第5條則規定在一定條件下，應顧慮收養人及被收養人之本國法。至於收養無效及撤銷，第7條則規定，由養父母及養子女之常居所國之機關或爲收養許可之國家機關行使管轄權，並適用爲收養許可之機關所屬國法律，或在一定條件下，適用養父母及養子女之本國法。

5　參閱，川上太郎編，前揭書，頁166。

第四節　父母與子女間之法律關係

一、概說

　　親子間之法律關係所擬處理之問題，係指依據涉外民事法律適用法第51、52、53、54條確定後之婚生子女關係，非婚生子女之認領後之婚生子女關係及收養關係爲前提。該親子在財產或身分上究竟具有如何之權利或義務，此即親子關係之效力問題。亦即，涉外民事法律適用法第51條並非關於婚生子女效力之規定；第52條並非關於準正後效力之規定，第53條並非關於婚生子女認領後之效力之規定；第54條並非關於收養效力之規定。

二、父母與子女間之關係之準據法

　　關於親子關係之準據法，各國立法例不同。由於親子間之關係，包括父母對於子女之監護、教育等身分上之權利義務，及父母對於子女財產之管理、使用及收益權等問題。主張統一主義者認爲對於前述兩種權利義務，不應加以區別，而適用同一準據法。統一主義者又可分爲以下幾種不同的主義：

（一）父之屬人法主義

　　主張父之屬人法主義者認爲，親子關係之權利義務，與父之權利義務有關，所以應適用父之屬人法。

（二）子女之屬人法主義

　　主張子女之屬人法主義者認爲，爲保護子女之利益，應以子女之屬人法爲準據法。

（二）父與子女之共通屬人法主義

　　主張親子共通屬人法主義者認爲此與父或子女之權利義務均有關係，因此

應適用父與子女之共通屬人法主義。

（四）父與子女最後共通屬人法主義

父與子女最後共同準據法與父及子女間之權利義務關係最爲密切，因此因適用之。

主張區別主義者則認爲，應將親子關係區別爲財產關係或身分關係而分別適用不同之準據法。

三、涉外民事法律適用法之規定

舊涉外民事法律適用法第19條規定：「父母與子女間之法律關係，依父之本國法，無父或父爲贅夫者，依母之本國法，但父喪失中華民國國籍，而母及子女仍爲中華民國國民者，依中華民國法律。」採統一主義及親之本國法主義。而同條之立法理由稱：「父母與子女間之法律關係，兼指認領子女、收養子女及婚生子女三者而言，原條例第15條仿日本法例及歐陸各國立法先例，規定原則上依父之本國法，本草案從之，至於無父（即父已死或未經生父認領）或父爲贅夫者，依母之本國法，乃屬例外。原條例對於父爲贅夫之情形，未加規定，本草案爲符合民法第1059條第2項與第1060條第2項之立法精神，爰予補訂。又父原爲中國人，嗣後喪失中國國籍，而母及子女仍爲中國人時，在事實上，其親子間之法律關係亦難適用外國法律，故復增設但書之規定，以示例外。」並未述其理由，縱有之，亦側重親之利益，固非無據，但與晚近各國，乃至中華民國在親子法上側重於子女利益之保護，甚至認爲親子問題爲兒童福利問題之立法趨勢未合，有予以修正之必要[6]。嗣涉外民事法律適用法修正，其第55條規定：「父母與子女間之法律關係，依子女之本國法。」立法理由：「一、條次變更，本條爲原條文第19條移列。二、關於父母與子女間之法律關係，原規定以依父或母之本國法爲原則，參諸1989年聯合國兒童權利保護公約及1996年海牙關於父母保護子女之責任及措施之管轄權、準據法、承認、執行

6　關於父母子女間之法律關係之問題，詳請參閱，折茂豐著，國際私法各論，頁377以下。三浦正人著，國際私法，頁140以下；澤木敬郎著，國際私法入門，頁138以下；山田鐐一著，國際私法（第3版），頁423以下；歐龍雲著，國際私法講義，頁194以下；澤木敬郎、山田鐐一著，國際私法講義，頁191以下。

及合作公約所揭示之原則，已非適宜。爰參考日本法律適用通則法第32條、瑞士國際私法第82條等立法例之精神，修正為依子女之本國法，並刪除但書之規定，以貫徹子女之本國法優先適用及保護子女利益之原則。本條所稱父母與子女間之法律關係，是指父母對於未成年子女關於親權之權利義務而言，其重點係在此項權利義務之分配及行使問題，至於父母對於未成年子女之扶養義務之問題、已成年子女對於父母之扶養義務、父母與子女間彼此互相繼承之問題等，則應分別依扶養權利義務及繼承之準據法予以決定，併此說明。」可供參考。

重要實務見解

最高法院82年度台上字第1835號民事判決

1. 我國民法規定，非婚生子女經生父認領者視為婚生子女；至於生母與非婚生子女間，因出生之事實，視為婚生子女，無須認領。又非婚生子女認領之成立要件，依各該認領人被認領人認領時之本國法，為我國涉外民事法律適用法第17條第1項所明定。準此以觀，戴○妮在未經其生父即上訴人認領，取得義大利國籍之前、自應適用我國民法之規定，認戴○妮與其生母即被上訴人間之關係，因出生之事實而視為婚生子女，無須認領。此一母女關係，不因戴○妮嗣後經上訴人認領或被上訴人未依義大利國民法規定辦理認領手續，而歸於消滅。

2. 兩造曾於75年8月14日訂立協議書，約定戴○妮由被上訴人監護，撫養至成年，該協議書經台灣台北地方法院認證在案。雖依義大利國民法之規定，父母對監護人之協議本身不具任何效力，惟可由法官（未介入協議）視為裁決時之一項有用因素；又未婚生子女倘經父母雙方承認，而父母未共同生活者，其對未成年子女之權，應由與子女共同生活之一方行使，此有司法院（81）台廳1字第07394號函檢送我國駐義大利代表處義（81）字第090號函可稽。被上訴人與戴○妮共同生活達七年之久，彼此親情極為深厚，無法須與分離，自應認戴○妮以歸由被上訴人監護為適當。

相關考題

一、涉外民事法律適用法第16條規定：「子女之身分，依出生時其母之夫之本國法，如婚姻關係於子女出生前已消滅者，依婚姻關係消滅時其夫之本國法。前項所稱之夫爲贅夫者，依其母之本國法。」試分析說明此項立法的立論根據。【71年律師】

二、義大利籍男子甲與我國籍女子乙在台北賃屋同居，於民國83年4月4日生下一女丙。甲、乙於同年8月8日以書面約定丙由甲監護。民國90年12月3日甲經義大利法院判決認領丙之後，以遵照義大利法院之命令，應將丙帶回義大利接受教育爲由，請求乙交付丙女，遭乙拒絕。甲遂向台北地方法院起訴乙交付丙女。請問法院應如何處理？（註：義大利民法規定，非婚生子女須經生母認領始與生母發生親子關係；婚生子女經父母雙方認領，而父母未共同生活者，應由與子女共同生活之一方行使對於子女之權利。又父母關於子女監護之協議無法律力，但得作爲法官裁決的考量因素。）【92年司法官】

三、甲爲A國國民，住所在B國，乙是我國籍女子。甲、乙雙方結婚後，乙取得A國國籍，住所也設在B國，但仍保有中華民國國籍。甲、乙育有B國籍而住所在B國的丙，後來因爲感情不睦，經B國法院裁判離婚，並由甲行使對丙的監護權，乙則將住所遷回台中。乙後來趁甲不在B國期間，前往探視丙，並未經甲之同意，將丙帶回台中養育。甲數度向乙要求將丙送返B國就學未果，在台中地方法院（簡稱台中地院）訴請返還被監護人，乙則以甲已再婚生子爲理由，請求台中地院改定其爲行使親權之人，雙方並就本案究應如何定性及應適用何國法律等問題，發生爭執。

請問：

(一)如關於本案之爭議，S國法院認爲是離婚問題，B國法院認爲是監護問題，台中地院就本案應如何定性？

(二)台中地院就本案應適用何國法律？【94年司法官】

第十六章
扶　養

【關鍵字】

- 扶養義務
- 法院地法主義

- 扶養權利人之屬人法主義
- 扶養義務人之屬人法主義

- 累積適用扶養權利人與扶養義務人之屬人法主義

一、概說

　　扶養義務係對於無能力得自己維持生活者給予適當的扶助之制度。大致可區分為公的扶養制度與私的扶養的制度。公的扶養制度，屬於社會救助或社會保險之範圍，不生國際私法問題，亦無適用法律之可能。

　　私的扶養義務有數種型態，在非親屬間，有基於贈與或終身定期金等契約者，有基於遺囑設定扶養關係者，亦有基於侵權行為要求侵權行為人負擔者。此等扶養之準據法均適用贈與或終身定期金等契約之準據法、繼承關係之準據法及侵權行為之準據法。

　　在親屬間之扶養義務，有屬於夫妻間者，有屬於離婚配偶間者（例如贍養費），有屬於父母與未成年子女間者，亦有屬於父母與成年子女間者，亦有屬於兄弟姐妹間者，更有在父母以外之直系血親間者。其準據法如何決定，不無疑義。各國立法例亦不相同，因此在國際私法上，有討論其準據法之必要。

二、扶養義務之準據法

　　扶養義務之準據法，有以下幾種不同的主義：

（一）法院地法主義

　　採取此主義者認爲扶養義務與法院地之公序良俗有密切關係，故應採取法院地法主義。

（二）扶養權利人之屬人法主義

　　扶養權利之所以須要扶養，非單純因個人原因所致，其須受扶養之程度，也須從社會、物質等其他條件加以考量，故應受扶養權利人之屬人法規範[1]。

（三）扶養義務人之屬人法主義

　　此主義認爲扶養關係重在有扶養義務之人，在某一情形依義務人之本國法而不認其負扶養義務者，自無法課以責任。故以義務人之本國法爲準，而符合

---

[1]　參閱劉鐵錚、陳榮傳著，國際私法論，修訂四版，三民書局出版，頁451。

扶養義務人之國情[2]。

（四）累積適用扶養權利人與扶養義務人之屬人法主義

採此主義者認為，扶養同時涉及扶養權利人與扶養義務人之權益，為兼顧當事人之利益，故應累積適用扶養權利人與扶養義務人之屬人法。

三、海牙國際私法會議統一公約中有關扶養義務之準據法的規定

（一）1956年10月24日對於子之扶養義務之準據法公約

該公約第1條規定子有無扶養請求權？對於何人有扶養請求權？有何等程度之扶養請求權？於何等期間之扶養請求權？應以子之常居所法定之。

第2條規定，如扶養請求係在子與被請求者有共通國籍之國家提出，且被請求者於該國有常居所時，適用該常居所國之國內法。

（二）1973年10月3日關於扶養義務準據法公約[3]

本公約第4條規定應以扶養權利人常居所國之國內法為準據法。但扶養權利人未於該常居所受扶養，且扶養權利人與扶養義務人（被請求人）有共通本國時，適用該共通本國法。

（三）1973年10月20日關於扶養義務裁判之承認及執行公約[4]

關於扶養義務裁判之承認與執行要件之裁判管轄權，係屬於扶養權利人及扶養義務人訴訟當時有常居所之國家之機關。

---

[2]　參閱馬漢寶著，國際私法總論‧各論，2006年版。

[3]　參閱，高桑昭，成人に對する扶養義務準據法に關する條約について，法曹時報25卷。

[4]　參閱，高桑昭著，前揭文。

四、涉外民事法律適用法關於扶養義務準據法之規定

　　舊涉外民事法律適用法第21條規定：「扶養之義務，依扶養義務人之本國法。」採取扶養義務人之本國法主義。其立法說明稱：「扶養義務乃基於親屬互助之倫理觀念而生，東方國家素重倫理，故其法律規定扶養義務之範圍遠較西方國家爲廣。原條例第16條仿日本法例，對扶養之義務特設專條，規定依扶養義務人之本國法，蓋所以適合扶養義務人之國情也，而免畸輕畸重之弊，本草案亦從之。惟原條例另設但書謂：「但扶養權利之請求爲中國法所不許者，不在此限。」在實際上，似無必要，蓋扶養權利之請求，若因違反公序良俗爲中國法律所不許，則另有排除條款，可資適用（見原條例第1條，本草案第25條）。若其權利請求僅爲中國法律所未規定，並無背於公序良俗，更限制其適用之理由，故本草案予以刪除。」可供參考。涉外民事法律適用法嗣後修正，其第57條規定：「扶養，依扶養權利人之本國法。」改採扶養權利人之本國法主義。其立法理由：「關於扶養之權利義務，原條文規定應依扶養義務人之本國法，參諸1973年海牙扶養義務準據法公約及1989年泛美扶養義務公約所揭示之原則，已非合宜。爰參考1973年海牙扶養義務準據法公約第4條之精神，修正爲應依扶養權利人之本國法。」可供參考。

　　由於扶養義務若存在於一定親屬之間，其準據法之決定與該親屬關係之準據法本身之關係如何，不無疑義。

　　有認爲在夫妻間、離婚配偶間或親子關係間之扶養義務問題，應適用夫妻婚姻身分效力之準據法（亦有認爲屬於夫妻財產制問題，應適用夫妻財產制之準據法）、離婚效力之準據法以及親子關係之準據法，因爲此等親屬關係之扶養義務爲其身分關係之直接效果，屬於生活保持義務。至於在父母與成年子女間、兄弟姐妹間、父母以外直系血親相互間，則應依據涉外民事法律適用法第57條之規定：「扶養，依扶養權利人之本國法。」定其準據法，因此等義務並非此等身分關係之直接效果，而係在必要範圍內對於生活之扶助扶養義務之故。

　　亦有認爲夫妻間、離婚配偶間、親子間及其他親屬間均適用涉外民事法律適用法第57條規定：「扶養，依扶養權利人之本國法。」定其扶養關係之準據法。其理由在於如此等關係之扶養義務均適用其各自法律關係之準據法，則涉外民事法律適用法第57條將失其存在意義。

　　亦有認爲夫妻間、離婚夫妻間、父母與子女間（不區別成年或未成年）適用各該法律關係之準據法，以外之親屬間則適用扶養關係之準據法。

　　亦有認爲夫妻間、離婚夫妻間之扶養義務適用各該法律關係之準據法，以外之親屬間則適用扶養關係之準據法。其所以將親子關係之扶養納入扶養義務準據法之適用範圍，係基於親子間之扶養與親子間之監護本質不同之故。

　　似以第一說較爲可採。

【解析】

　　依我國民法第1116條之1的規定，夫妻間互負扶養之義務。關於夫妻間扶養義務之問題所應適用之準據法爲何，向有爭議，有認爲應適用婚姻身分效力之準據法者，亦有認爲應適用扶養關係之準據法者。筆者以爲，夫妻間之扶養義務屬於夫妻婚姻身分關係之直接效果，屬於生活保持義務，故應適用關於婚姻身分效力之準據法。在本案當中，甲、乙兩人結婚後，乙仍保留我國國籍，且甲乙二人在我國設有住所，故關於兩人婚姻身分效力之問題，依涉外民事法律適用法第47條但書的規定，應以中華民國法律爲準據法。

　　關於扶養準據法之適用範圍，應注意者有：扶養權利人得否請求扶養，其方法、程度與順位如何；對於何人得請求扶養等關於扶養權利之要件，均應適用扶養關係之準據法。但關於請求扶養之程序應適用法院地法。何人爲扶養義務人，其順位及程度如何，亦應適用扶養關係之準據法。

重要實務見解

（一）臺灣高等法院高雄分院94年度重上字第18號民事判決

　　依我國民法第192條第2項規定，不法侵害他人致死者，被害人對於第三人負有法定扶養義務時，加害人對於該第三人始應負損害賠償責任。若被害人對於第三人並未負有法定扶養義務，加害人對於該第三人自不負損害賠償責任。而涉外民事法律適用法第21條規定「扶養之義務，依扶養義務人之本國法」，本件扶養義務人係譚嘉茵，譚嘉茵係香港居民，其本國法即香港法律，而依香港法律規定，子女對父母並無扶養義務，爲兩造所不爭，並有我國行政院大陸委員會香港事務局94年9月7日港局綜字第0654號函附卷可稽，已如前述，故被害人譚嘉茵對被上訴人並無扶養之義務，被上訴人依我國民法第192條第2項規定，請求上訴人賠償扶養費之損害，即不應准許。又我國民法親屬編關於直系

血親相互間之扶養義務，僅適用於我國國民，於非我國國民間並非當然適用，而我國民法債編侵權行為之規定，並無關於非我國國民間之扶養義務之規定，自應適用上開涉外民事法律適用法第21條之規定，因此譚嘉茵對被上訴人並無扶養義務之認定，係適用侵權行為地法即我國法之結果，上訴人主張應依我國民法親屬編之規定，認譚嘉茵對被上訴人有扶養義務云云，自不足探。

（二）最高法院96年度台上字第1804號民事判決

按某一民商法律關係（下稱主法律關係）往往由數個不同之次法律關係組合而成，因涉外民商法之關係極為複雜多樣而具有多元之聯繫因素，倘由數個不同之次法律關係所組合成之主法律關係，僅適用單一之衝突法則決定其準據法，恐有違具體妥當性之要求，故不妨分割該主要法律關係為數個平行之次法律關係，以適用不同之衝突法則來決定準據法，用以追求個案具體之妥當性。次按侵權行為法之理想，在給予被害人迅速及合理之賠償，務使其能獲得通常在其住所地可得到之保障及賠償。本件因被害人譚嘉茵是否對於上訴人負有法定扶養義務，並非侵權行為（主要法律關係）不可分割之必然構成部分，並無一體適用單一之衝突法則決定其準據法之必要，是以關於被上訴人應否負侵權行為損害賠償責任部分，應依涉外民事法律適用法第9條第1項規定以侵權行為地法（即我國法）為其準據法；關於損害賠償事項，即被害人譚嘉茵是否對上訴人負有扶養義務部分，既非侵權行為不可分割之必然構成部分，且對於扶養義務之歸屬，各國法律有迥然不同之規定，故就此部分應依涉外民事法律適用法第21條規定，以扶養義務人之本國法（即香港法）為其準據法。查依香港法律規定，子女對於父母並無扶養義務，上訴人受香港政府扶養之權利，不因其女譚嘉茵死亡而喪失。故上訴人縱未受扶養費之賠償亦難謂其未受合理之賠償。況如依我國法判決給予扶養費之賠償，則上訴人就扶養費部分將受有雙重利益，已逾損害賠償之目的。從而原審就上訴人請求賠償扶養費部分為其敗訴之判決，理由雖有未盡，結果並無二致，仍非不可維持。

相關考題

一、有住所於台北之美國籍丈夫甲與中華民國籍妻子乙，無子女。甲單獨收養

韓國人丙爲長子，並約定由丙負擔甲乙生活。嗣甲以丙違背約定，向台灣台北地方法院提起履行扶養義務之訴，而丙則辯以當初收養不成立，無扶養義務。試扼要說明台灣台北地方法院應如何適用法律，以解決紛爭。【78年律師】

二、中華民國人甲與美國女子乙結婚後，在美國德州生子丙，兩人隨後移居台北。甲乙辛苦將丙養大成人，並完成高等教育後（斯時丙已年滿23歲）竟棄養雙親於不顧，致兩老年老力衰無力維生，兩人乃向台北地方法院院提起丙應履行扶養義務之訴訟。問台北地方法院應如何適用法律？【89年司法官】

第十七章
監　護

【關鍵字】

- 監護
- 一般管轄權
- 本國法院說
- 住所地國說
- 準據法
- 受監護人之本國法
- 受監護人之住所地法
- 法院地法
- 海牙保護未成年之管轄權與準據法公約
- 常居所地法

第一節　概　說

　　監護是對於因身心狀況未成熟或有欠缺，致認知能力尚有不足之人，給予身分及財產之保護之制度，其與未成年人受父母之親權保護，具有相同之作用。

　　關於監護制度，各國立法例並不一致，有認為應與親權嚴格區別者，有認為應包括在親權之概念者。監護之要件及效果，各國立法又不一致，因此，有為其選定準據法之必要。

　　又，監護係藉由公權力之行使，對於認知能力不足之人，經由監護人之選任及職務執行，給予適當的保護，因此，由何國選任監護人即不無問題，因而發生監護之一般管轄權問題。易言之，關於監護之國際私法問題主要涉及一般管轄權與準據法二個問題。

第二節　監護事件之一般管轄權

　　在一般管轄權方面，由於涉外民事法律適用法或其他法律並未為明文，只能求之於一般管轄權之決定基準，就此，亦有本國法院說與住所地國法院說之對立。

一、本國法院說

採取本國法院說者認為監護涉及受監護人之身分與能力之事項，自應由受監護人之本國法院行使為妥。

二、住所地國說

採取住所地國說者則認為監護除在於保護受監護人之外，更應重視與該受監護人為法律行為之相對人在交易上安全之保護，如由受監護人之本國行使一般管轄權未免緩不濟急，因而，由受監護人住所或居所之法院行使一般管轄權較為妥適。

舊涉外民事法律適用法第20條規定：「監護依受監護人之本國法，但在中華民國有住所或居所之外國人，有左列情形之一者，其監護依中華民國法律：一、依受監護人之本國法有應置監護人之原因而無人行使監護之職務者。二、受監護人在中華民國受禁治產宣告者。」嗣修正為第56條：「監護，依受監護人之本國法。但在中華民國有住所或居所之外國人有下列情形之一者，其監護依中華民國法律：一、依受監護人之本國法，有應置監護人之原因而無人行使監護之職務。二、受監護人在中華民國受監護宣告。輔助宣告之輔助，準用前項規定。」僅作文字修正。

所謂其監護依中華民國法律，即係指得由中華民國法院依中華民國法律為在中華民國有住所或居所之外國人設置監護人，亦即，中華民國法院就一定要件下之外國人有置監護人之一般管轄權。此一般管轄權係本國法院之一般管轄權之例外。

第三節　監護之準據法

【案例】

　　德國籍男子甲年輕時即隻身來台，從事傳教工作，居住在台北逾40年，但未曾取得我國國籍，亦未結婚。一年前，甲被醫生診斷罹患阿茲海默症。最近幾個月，甲之病情逐漸惡化，甚至到無法自行料理生活起居的程度，檢察官得知甲之情形後，向法院聲請監護宣告，法院從之。甲之胞弟乙聽聞兄之情況，心甚不忍，來台向我國台北地方法院訴請成為乙之監護人。試問，台北地方法院應以何國法律為本案之準據法？

一、監護之準據法之立法主義

　　監護準據法如何決定，向有以下不同見解，茲述之如下：

（一）受監護人之本國法主義

　　採此說者認為，監護涉及受監護人之身分與能力之事項，自應以該受監護人之本國法為準據法。

（二）受監護人之住所地法主義

　　採此說者認為，監護除保護受監護人之外，尚應注意與受監護人為法律行為之相對人之交易安全，特別是監護制度涉及受監護人之行為能力與法定代理等問題，在行為能力之國際私法問題上，為保護交易安全，行為地法說亦漸受重視，在監護制度上亦應採取相同見解。

（三）法庭地法主義

　　採法庭地法主義者，例如英國，由於監護人須經由法院命令或指定，因此應適用法庭地法決定之[1]。

二、國際私法會議統一公約的相關規定

　　1961年10月15日海牙保護未成年之管轄權與準據法公約：

　　公約第18條第1項規定，在締約國之間的關係中，本公約代替1902年6月12日在海牙簽訂的未成年人監護公約。本公約係以受監護人之常居所地為連繫因素，其目的係為保護受監護人居住地之社會利益，公約第1條即明定，未成年人的常居所地國的司法機關和行政機關，除本公約第3、4條及第5條第3款規定外，有權採取措施，以保護未成年人人身及其財產[2]。

第四節　涉外民事法律適用法之規定及其適用

　　舊涉外民事法律適用法第20條規定：「監護依受監護人之本國法，但在中華民國有住所或居所之外國人，有左列情形之一者，其監護依中華民國法律：一、依受監護人之本國法有應置監護人之原因，而無人行使監護之職務者。二、受監護人在中華民國受禁治產之宣告者。」採取折衷之見解，原則上以受監護人本國法為準據法，例外時，始以中華民國法律為準據法。依據該條之立法說明：「本條與原條例第18條相同，僅略作文字之修正。按監護制度係為保護欠缺行為能力人之利益而設，而人之行為能力，依其本國法，又為多數國家之通例，是以監護之法律關係，適用受監護人之本國法，自屬一貫之理論，惟本條但書對此原則仍設下列兩種例外：

(一)在中國有住所或居所之外國人，依其本國法有應置監護人之原因，而無人行使監護職務者，此時關於監護人之指定、監護之權限及監護之終止等問題，均依中國法辦理。

1　參閱劉鐵錚、陳榮傳著，國際私法論，修訂四版，三民書局出版，頁441。

2　詳請參照海牙國際私法會議統一公約（HCCR）官方網站：http://hcch.e-vision.nl

(二)在中國有住所或居所之外國人並在中國受禁治產宣告者，此時監護之開始乃禁治產宣告之結果，依本草案第3條之規定，其宣告之效力應依中國法，本條但書亦採取同一原則，以與該條規定之精神相呼應。又，原條例第19條規定，保佐準用監護之規定，惟現行法已無保佐制度，原條文已失其作用，故予刪除。」雖未明言其立法理由，但既係基於與該法第3條之理由，亦可得知係在於保護居住國之社會公安與外國人之法益。此觀之於第3條第2項之立法說明：「本（第二項）規定禁治產宣告之效力依中國法，即宣告國法，係採學者之通說。蓋內國對於外國人既認有宣告禁治產之必要，則其宣告之效果，必須使之與內國人受禁治產宣告者完全相同，始足以維護公益，而策交易之安全。原條例對於外國人在內國宣告禁治產之效力，未加規定，不免疏漏，故增列本項。」嗣文字修正為第56條：「監護，依受監護人之本國法。但在中華民國有住所或居所之外國人有下列情形之一者，其監護依中華民國法律：一、依受監護人之本國法，有應置監護人之原因而無人行使監護之職務。二、受監護人在中華民國受監護宣告。輔助宣告之輔助，準用前項規定。」

關於本條之適用應注意者有：

1. 所謂「在中華民國有住所或居所之外國人，有依受監護人之本國法有應置監護人之原因而無人行使監護之職務者。」究何所指，不無疑義。就此有不同見解。有認為係指該外國人在任何國家均未設置監護人之情形，此乃因監護人之設置權限在受監護人之本國，中華民國得為受監護設置監護人實屬例外，應從嚴解釋之故；亦有認為此一規定旨在於保護中華民國之公益與交易安全，只要該外國人在中華民國無監護人可以行使監護權即可為其設置監護人，並無限制一定在任何國家均無監護人之必要。二說以第二說較為可採。惟此一監護人應於該外國人繼續設置監護人之原因事實消滅時，或該外國人本國所設置之監護人得以在中華民國行使監護權時即應撤銷。

2. 應設置監護人之人，以無行為能力人或限制行為能力人為限。惟某人有無行為能力，應適用行為能力之準據法。何人為無行為能力人或限制行為能力人之法定代理人，亦應適用行為能力之準據法。

3. 關於親權與監護之關係，固有不同見解。惟一般均認為未成年人之監護為親權之延長，因此，如依親權之準據法有得行使親權之人，則無依監護準據法為其設置監護人之必要。如依親權之準據法無監護人

者，始有依監護準據法爲其設置監護人之必要。

4. 關於監護與禁治產宣告之關係，亦有不同見解。惟多數見解仍認爲舊涉外民事法律適用法第12條既規定：「凡在中華民國有住所或居所之外國人，依其本國及中華民國法律同有受監護、輔助宣告之原因者，得爲監護、輔助宣告。前項監護、輔助宣告，其效力依中華民國法律。」而監護、輔助宣告之準據法，適用於監護、輔助宣告之原因事實、要件及效力。所謂監護、輔助宣告之效力包括受監護、輔助宣告人行爲之無效，受監護、輔助宣告應否開始監護。至於何人爲監護人，則不適用監護、輔助宣告之準據法而適用監護關係之準據法。此觀之該條之立法說明：「在中國有住所或居所之外國人並在中國受禁治產宣告者，此時監護之開始乃禁治產宣告之結果，依本草案第3條之規定，其宣告之效力應依中國法，本條但書亦採取同一原則，以與該條規定之精神相呼應。」甚明。

5. 關於監護準據法之適用範圍包括監護開始之原因、監護之機關、監護人之種類、型態（指定監護人、法定監護人及選任監護人，僅有財產或身分監護權限之監護人，或有財產及身分監護權限之監護人）監護人之消極資格、監護人之職權、監護人之權利義務、監護人之監督、監護之終了。

6. 法律適用條例原有關於保佐準據法之規定，後來因民法無保佐之制度而於制定涉外民事法律適用法時刪除。但外國法仍不乏有保佐之規定者，故本條之監護仍包括保佐在內。（按：保佐係爲準禁治產而設之制度）

【解析】

　　關於監護之準據法之立法例，向有受監護人之本國法主義、受監護人之住所地法主義以及法庭地法主義等不同類型。我國涉外民事法律適用法第56條採的是折衷之見解，即原則上以受監護人本國法爲準據法，例外時，始以中華民國法律爲準據法。在本案當中，甲爲受監護人，依涉外民事法律適用法第20條前段之規定，法院應以受監護人之本國法（即德國法）爲準據法。但依題意，甲係在我國受禁治產宣告，故依同條但書之規定，法院應以中華民國法律處理本案。

重要實務見解

臺灣高等法院花蓮分院97年度家上字第8號民事判決

　　涉外案件的定性，是以案例事實為對象，將案例事實所顯示之要素，涵攝於選法規則所採用之歸類概念。就我國涉外民事法律適用法第19條以及第20條而言，前者規定「父母與子女間之法律關係」，後者規定「監護」，前者以「父之本國」為連繫因素，後者以「受監護人之本國」為連繫因素，揆諸前述保護未成年的立法趨勢，顯然是以受監護人之本國與有關子女親權之行使有較為密切之關連。而從兩項選法規則所使用之歸類概念而言，主要的內容都是對於子女或者受監護人的保護教養。而涉外民事法律適用法制訂於民國42年，依照當時有效的民法，其中第1055條規定「判決離婚者，關於子女之監護，適用第1051條之規定」，同法第1051條也規定「兩願離婚後，關於子女之監護，由夫任之」。顯見涉外民事法律適用法第20條之「監護」，並不限於無父母之未成年人或者是禁治產人的監護，也包含父母離婚後對於未成年人之照顧教養權利義務之歸屬在內。至於同法第15條第1項之離婚效力，則係指夫妻間財產上以及身份上關係之事項而言，與子女監護權之歸屬無涉。從而，對於父母親權之禁止與否，也應屬於涉外民事法律適用第20條所規範的事項。

相關考題

一、甲為A國國民，住所在B國，乙是我國籍女子。甲、乙雙方結婚後，乙取得A國國籍，住所也設在B國，但仍保有中華民國國籍。甲、乙育有B國國籍而住所在B國的丙，後來因感情不睦，經B國法院裁判離婚，並由甲行使對丙的監護權，乙則將住所遷回台中。乙後來趁甲不在B國期間，前往探視丙，並未經甲之同意，將丙帶回台中養育。甲數度要求乙將丙送返B國就學未果，在台中地方法院（簡稱台中地院）訴請返還被監護人，乙則以甲已再婚生子為理由，請求台中地院改定其為行使親權之人，雙方並就本案究應如何定性及應適用何國法律等問題，發生爭執。請問：

(一)如關於本案之爭議，A國法院認為是離婚案件，B國法院認為是監護問題，台中地院就本案應如何定性？

(二)台中地院就本案應適用何國之法律？【94年司法官】

二、中巴混血幼童吳憶樺之監護權糾紛，於涉外事件的訴訟上，引起與國際私法問題之關係有哪些？試論述之。【90年司法官】

第十八章
繼　承

【關鍵字】

■ 繼承	■ 場所支配原則	■ 遺產所在地法
■ 分割主義	■ 遺囑人遺囑成立時之屬人法	■ 遺囑之實質要件
■ 統一主義		■ 遺囑之形式要件
■ 遺囑	■ 遺囑人死亡時之屬人法	■ 遺囑之效力
■ 遺囑行為地法		■ 遺囑之撤回

第一節　繼　承

一、概說

　　被繼承人死亡後，其所遺留之身分或財產由配偶或一定親屬繼承之制度，世界各國均有之。但繼承究竟重視身分或財產繼承，由何人繼承，其繼承之順位、比例等，各國之制度均有不同。大陸法系國家大多採取概括繼承主義，被繼承人之積極財產由繼承人繼承，消極財產則進行清算，是爲清算主義。反之，在英美法系國家，被繼承人之遺產，特別是動產並不當然移轉予繼承人，而係移轉至人格代表人身上，人格代表人以遺囑或由法院選任，再由法院介入，依嚴格的程序進行遺產之清算，如有積極財產則人格代表人對於繼承人或受遺贈人負交付遺產之義務。如僅有消極財產，則繼承人或受遺贈人不負以自己財產清償之義務。因此，遺產之管理與遺產所有權之移轉即有不同，此與大陸法系國家遺產管理與遺產所有權移轉並未區別之制度顯然有別，因而有依涉外民事法律適用法爲其定準據法之必要。

二、繼承關係準據法之立法主義

【案例1】

　　法國籍男子甲和英國籍女子乙爲夫妻，婚後因工作的關係，在我國桃園設有住所，兩人未有子嗣。某日，甲出了車禍，急救數日後仍宣告不治。甲身後在台留有銀行存款500萬台幣，並在英國有一棟別墅。試問，此繼承之準據法爲何國法？

　　關於繼承關係之準據法，各國立法例不同，向有分割主義與統一主義之對立，茲述之如下：

（一）分割主義（又稱區別主義）

　　採取分割主義者，重視財產之繼承，將遺產分爲動產與不動產。不動產適用不動產所在地法，動產適用被繼承人住所地法或本國法。此一立法主義係受法則區別說認爲繼承法則爲物法之影響，不僅在十九世紀仍保有其影響力，在英美法系國家及少數大陸法系國家仍被維持。

（二）統一主義

　　採取統一主義者認爲，繼承係以身分關係爲中心之遺產及身分之繼承，應適用被繼承人屬人法，而不問遺產何在，亦不問遺產爲動產或不動產。此一主義係自十九世紀開始始受重視，現今大陸法系國家及中南美洲國家仍採取此一立法例。

　　依統一主義，不問財產所在地及種類，均適用被繼承人之屬人法，不似區別主義依遺產之種類與所在地之不同而異其準據法，致生複雜的繼承關係不同。亦即，統一主義由於重視身分與財產之概括繼承，對於繼承人或被繼承人

之保護亦較為周延。但分割主義重視財產所在地法律秩序等公益之維護，亦有其優點。如以法律適用而言，統一主義僅適用單一的被繼承人之屬人法，自較分割主義為簡便，但被繼承人屬人法易與財產所在地法發生衝突，特別是遺產係在採取分割主義之國家，更屬不可避免之現象，亦係統一主義之缺失所在。分割主義固有法律關係複雜之缺失，但適用財產所在地法較具實效性，乃其優點所在。易言之，統一主義與分割主義之優劣尚難斷言。

除分割主義與統一主義外，晚近有重視被繼承人之意思者，採取限制的當事人意思自主原則，即當事人得在其屬人法、財產所在地法中指定其一為準據法。

三、涉外民事法律適用法之規定及其適用

舊涉外民事法律適用法第22條規定：「繼承依被繼承人死亡時之本國法。但依中華民國法律，中華民國國民應為繼承人者，得就其在中華民國之遺產繼承之。」原則採取統一主義及被繼承人之本國法主義。其立法說明稱：「關於繼承之準據法各國立法例頗不相同，在英美等國認為動產之繼承，應以被繼承人之住所地法為準據法，不動產之繼承，則以物之所在地法為其準據法，在歐洲德國等國家則無論對於動產或不動產之繼承，均依被繼承人之本國法。原條例第20條採後一立法例，惟對被繼承人死亡後，發生法律變更，如何定其本國法，未為明定。本草案增列「死亡時」一語，以期明確。」可供參考。

其次，關於但書之規定：「但依中華民國法律，中華民國國民應為繼承人者，得就其在中華民國之遺產繼承之。」其立法說明稱：「又按英美等國匪特不採本國法主義，且其繼承法律多與我國大相逕庭，例如我國有特留分之規定，而英美則無之，一任遺囑人自由處分其遺產。自中外通商以後，我國人民僑居英美及其屬地者為數甚眾，彼等定居國外，擁有資產，多數已脫離祖籍，而其親屬則不乏留居國內，並未喪失中國國籍者，一旦脫籍之華僑死亡，發生繼承之爭執，倘一律依照被繼承人之本國法，則其華籍親屬之特留分及其他法律上之權利，即有遭受剝奪之虞，故本法參酌實際之需要，增設但書之規定，以資保護。」不過，此一但書規定與本章間之關係問題頗多。詳言之，繼承關係之準據法既為被繼承人死亡時之本國法，則無論繼承人之國籍為何，均得就被繼承人在中華民國以外之遺產，適用被繼承人之本國法定繼承之順序及應繼分。同理，無論繼承人之國籍為何，均得就被繼承人在中華民國之財產，適用

中華民國法律，定其繼承順序與應繼分[1]。

涉外民事法律適用法第58條，上開條文內容並未更動。

關於準據法之適用範圍，應注意者有：

1. 凡繼承開始之原因（是否以被繼承人死亡時當然開始繼承、死亡宣告是否為繼承開始之原因）、時期（在死亡宣告時，係自失蹤時起或死亡宣告時起開始繼承）、場所、關於遺產之費用，均應適用繼承關係之準據法。

2. 繼承權人（如非婚生子女是否有繼承權？）及其應繼分及順位、代位繼承（例如，是否承認代位繼承之制度？何人有代位繼承權？其要件如何？）、是否得以遺囑指定繼承人？如得以遺囑指定繼承人，則其要件及效果如何？繼承能力、受遺贈能力、繼承權之喪失及要件亦應適用繼承關係之準據法。

3. 遺產如何構成？是否得移轉？如果得移轉，係當然移轉或需繼承人之意思表示？亦應適用繼承關係之準據法。至於依繼承關係之準據法，構成遺產之各個財產，如依財產所在地法，不認為係遺產之一部分時，仍非遺產。遺產是否得以分割？如得分割，則其要件與效力如何？適用繼承關係之準據法。惟關於遺產分割如採取裁判之方式，則有一般管轄權之問題。一般言之，凡被繼承人之本國或遺產所在地國，均有一般管轄權，但關於不動產遺產之分割，宜認為僅不動產所在地國有一般管轄權。

4. 是否承認限定繼承之制度，如承認，則其要件與效力如何？是否得拋棄繼承，其要件與效力如何？均應適用繼承關係之準據法。但如繼承關係準據法不承認拋棄繼承，而繼承人本國法承認拋棄繼承，是否允許拋棄繼承？有認為有權決定繼承人之權利義務者，僅其本國法，因此，如繼承人本國法允許拋棄繼承，雖繼承關係準據法不承認拋棄繼承，繼承人亦得拋棄繼承；反之，如繼承人本國法不允許拋棄繼承，則雖繼承關係之準據法允許拋棄繼承，亦不許拋棄繼承。但有認為凡繼承問題均適用繼承關係準據法，拋棄繼承亦然，因此，是否得拋棄繼承，應以繼承關係準據法為準，而不問繼承人本國法之規定如何。

由於拋棄繼承，許多國家相關法律均規定應向法院或其他機關為意思表示，因此，有一般管轄權之問題。一般而言，被繼承人本國法院或遺產所在地國之法院均有一般管轄權。至於拋棄繼承之表示方法為拋棄繼承之方法，應適用涉外民事法律適用法第16條之規定，以繼承關係準據法或拋棄行為地之法

1　不同見解參見劉鐵錚、陳榮傳，國際私法論，頁528～529。

律爲準據法。

5. 關於遺產管理是否適用繼承關係之準據法，有不同見解，茲分述如下：

(1) 繼承關係之準據法主義：

遺產之管理，指繼承人之搜尋、遺產之管理清算，乃至遺產最後之歸屬等，均係繼承關係之性質，應適用涉外民事法律適用法第58條之規定，以被繼承人死亡時之本國法爲準據法。

(2) 遺產管理地法主義：

繼承人之搜尋、遺產之清算管理乃至遺產最後之歸屬等問題均屬遺產之管理問題，不在繼承關係準據法之適用範圍，而應依涉外民事法律適用法第1條之規定：「涉外民事，本法未規定者，適用其他法律之規定；其他法律無規定者，依法理。」以遺產管理地之法律爲準據法。其理由係鑑於遺產管理行爲之性質與機能，應注重遺產管理之實效性。

(3) 折衷主義：

在確定繼承人不存在之前，關於繼承人之搜尋方法、公告之手續、公告期間、繼承人失權之要件等乃繼承之實質內容，應依繼承關係之準據法定之。確定繼承人不存在後，關於遺產之最後處理，則應依遺產管理地法。

至於遺產管理人之選任，亦有一般管轄權問題，就此問題，有不同見解：

(1) 本國法院說：

原則上由被繼承人之本國法院行使裁判管轄權，而依該本國法，財產所在地有裁判管轄權時，始由財產所在地法院行使裁判管轄權。至於其根據則在於並行原則，即因本案之準據法爲被繼承人之本國法，故由該本國法院行使裁判管轄權。

(2) 本國法院與遺產所在地國說：

原則上仍由被繼承人之本國法院行使裁判管轄權，例外時始基於遺產保全之必要，由遺產所在地之法院行使裁判管轄權。其理由在於被繼承人之繼承人或其他利害關係均在其本國之故，而基於遺產保全之必要，並保護利害關係人，遺產所在地國之法院亦不妨有裁判管轄權。

(3) 最後住所地國與遺產所在地國說：

最後住所地國往往是與被繼承人有關之法律關係最多、利害關係人最多之處，故除基於前述理由，由遺產所在國行使裁判管轄權外，被繼承人之最後住所地國亦有裁判管轄權。

(4) 遺產所在地國說：

其理由與被繼承人最後住所地國說相同。

依本書所見，被繼承人死亡時之本國、最後住所地國有就任何遺產，有一般的裁判管轄權，遺產所在地國就該遺產亦有裁判管轄權。如係由有一般管轄權之法院選任之遺產管理人，則應承認其選任之效力，且其效力及於任何遺產，而不問其遺產所在地何在，因此，不必再次選任遺產管理人。惟如外國選任之遺產管理人效力不及於我國，則中華民國法院仍得為被繼承人選任遺產管理人。

6. 遺囑之執行問題屬於繼承問題，應適用繼承關係之準據法。因此，遺囑執行人之指定、選任及權限，均適用繼承關係之準據法。由於遺囑執行人除由被繼承人指定外，一般均由法院或其他機關選任，因而有一般管轄權問題，且由被繼承人住所地國或遺產所在地國行使一般管轄權。

7. 繼承人確定不存在時，遺產歸屬於國庫或其他公共團體，為各國法制所同。但其性質如何，有不同見解。有採取法定繼承說，認為此種情形屬於遺產之法定繼承，應依繼承關係之準據法定之。有採取國家主權之無主物先占說者，認為依物之所在地法定之。至於適用物之所在地法之理由，有認為係因舊涉外民事法律適用法第10條之規定之故，亦有認為此為涉外民事法律適用法所未規定，應依法理而以物之所在地法為準據法，亦有認為係遺產權利歸屬問題，而以權利本身之準據法為準據法。

8. 不論是否有繼承人，在無繼承人時，不論是否歸於國庫或其他公共團體，有若干國家法制規定某些人有基於特別原因之遺產請求權。其準據法如何決定，有不同見解，有認為應適用繼承關係之準據法，因此請求權具有繼承關係之性質之故；亦有認為應適用遺產管理地法，其理由在於此一問題與確定繼承人不存在後遺產之處理同其性質，而屬於遺產之管理問題，應依遺產管理地法；亦有認為應適用遺產所在地法說，其理由在於此並非遺產之管理問題，而係遺產確定繼承人不存在後之歸屬問題，應依遺產所在地法。

9. 繼承關係準據法與夫妻財產制準據法之關係頗為困難。詳言之，有所謂定性問題，特別是配偶之一方對於他方配偶遺產之權利究竟屬於夫妻財產制問題或繼承問題，定性上頗為困難；亦有所謂先決問題，即須先確定遺產之範圍始有如何繼承之問題，而確定遺產須先處理夫妻財產制中夫妻財產之歸屬；最後，有所謂調整問題或適應問題。其詳見前述關於適應問題或調整問題之說明。

10. 個別準據法破除概括準據法之原則：例如，依據繼承關係準據法即被繼承人之本國法，繼承人取得遺產之所有權，但，依遺產本身之物權準據法，繼承人僅取得該遺產所有權之請求權，兩準據法間發生衝突與矛盾，應優先適用遺產本身物權準據法[2]。

【解析1】

　　關於繼承準據法之立法例，向來有分割主義和統一主義之對立。就本案而言，若從分割主義之立法例觀之，則甲在銀行的存款應依被繼承人之本國法（法國法）或住所地法（中華民國法）為準據法，而甲遺留下來的別墅，應以不動產所在地法（英國法為準據法）；而若從統一主義之立法例觀之，繼承應適用被繼承人屬人法（法國法），而不問遺產何在，亦不問遺產為動產或不動產。涉外民事法律適用法第58條前段規定：「繼承依被繼承人死亡時之本國法」原則採取統一主義及被繼承人之本國法主義，故法院應以當事人死亡時之本國法，即法國法為本案之準據法。

重要實務見解

臺灣高等法院86年度家抗字第120號民事判決

　　按繼承開始時，繼承人有無不明，而無親屬會議或親屬會議未於一個月內選定遺產管理人者，利害關係人得聲請法院選任遺產管理人，並由法院依公示催告程序，定六個月以上之期限，公告繼承人，命其於期限內承認繼承，民法第1178條第2項固定有明文；惟外國人死亡，其繼承應依被繼承人之本國法，

---

[2] 關於個別準據法破除總括準據法之原則，立法例不乏加以規定者。例如，德國1896年國際私法典第18條規定：「第15條、第19條、第24條第1項與第25條之規定，如有標的物不存在於應適用此等規定之國家領土內，依物之所在地法應另為規定者，不適用之。」另，久保岩太郎著，國際私法構造論，頁228以下，認為國際私法之選法規則之衝突可分為積極衝突與消極衝突，積極衝突係指兩個以上之國際私法選法規則，均規定應適用其國際私法之特定的選法規則，進而應適用其本身之實體法，而此二以上準據法內容彼此有衝突、矛盾之情形，消極衝突則係指二以上之國際私法選法規則均規定應適用其國際私法之特定的選法規則，進而不適用自己之實體法而適用他國之實體法。在積極衝突，各國立法並未針對其現象訂立普遍適用之規定，而僅於個別場合定其解決方法。此又可分為二種類型，其一為規定特定國際私法之選法規則應絕對適用。例如，1865年義大利民法第8條規定：「關於繼承，不問為法定繼承或遺囑繼承，遺產、繼承之範圍與處分之內部效力，不問其財產之種類與所在地如何，均適用被繼承人之本國法。」其二，則規定應適用其他國家國際私法選法規則，前述之德國民法施行法第28條即是。消極衝突之解決則依據反致理論定之。

如其在中華民國遺有財產，必依其本國法為無人繼承之財產者，始得依我國法律處理之，此觀涉外民事法律適用法第22條、第23條規定自明。

第二節　遺囑之準據法

一、概說

遺囑是遺囑作成人以死後發生一定法律效果為目的所為之無相對人之單獨的意思表示。遺囑制度係尊重遺囑人意志表現的一種制度，使遺囑人在生前仍得就身後之事務預為妥適安排。惟各國遺囑制度不盡相同，因而有為遺囑定準據法之必要。國際私法上，遺囑所處理之問題與遺囑本身之問題不同，遺囑所處理之問題，例如，指定繼承人、就遺囑之繼承比例為指定，多與繼承有關，但並不以此為限，遺囑尚得為其他法律行為，例如，捐贈、收養等。遺囑本身之問題則因遺囑本身為意思表示，因而有關於遺囑成立及效力之問題。關於遺囑之成立問題，一般區分為遺囑之形式要件與遺囑之實質要件，分別定其準據法。遺囑之實質要件係指遺囑方式以外關於遺囑成立生效所應具備之要件。

二、遺囑之實質要件

【案例2】

A國籍男子丙今年13歲，同父母居住於我國新竹市。由於甲個性早熟，小小年紀即已體會人生無常，因此即自書遺囑全文，記明日期並親自簽名（設A國並未對遺囑能力設有規定），試問該遺囑是否具備實質要件？

遺囑實質要件之準據法，英美法系國家和大陸法系國家所採取之立法例有所不同，茲略述如下：

（一）英美法系國家

英美法系國家就遺囑實質要件之準據法所採的立法例係分割主義，亦即關於動產之遺囑，適用遺囑人死亡時之住所地法，關於不動產之遺囑，則適用不動產所在地法。

（二）大陸法系國家

大陸法系國家在遺囑實質要件之準據法所採的立法例上態度不一致，有依據場所支配原則，適用遺囑行為地法；亦有認為遺囑屬於遺囑人之屬人法事項，應適用遺囑人遺囑成立時之屬人法；亦有認為應適用遺囑人死亡時之屬人法；亦有重視遺囑關於繼承方面之效力，以遺產所在地法為準據法。採取遺囑人屬人法者，尚可分為遺囑人之本國法主義與遺囑人住所地法主義。

舊涉外民事法律適用法第24條規定：「遺囑之成立要件及效力，依成立時遺囑人之本國法。」採取遺囑人本國法主義。其立法說明稱：「本條與原條例第21條相同。其第1項所謂遺囑之成立要件及效力，係指遺囑文件本身是否有效成立而言，至於遺囑內容之個別法律行為，例如，以遺囑為認領，收養、指定繼承份或遺贈額等行為，則應依各該行為準據法之，不在本項規定範圍以內。又，遺囑依其成立時遺囑人之本國法，蓋在避免因嗣後遺囑人國籍變更，而影響原遺囑之效力。」可供參考。涉外民事法律適用法第60條規定：「遺囑之成立及效力，依成立時遺囑人之本國法。」僅修正舊法之文字。

關於本條之適用應注意者乃：

1. 遺囑能力，係指得為遺囑之資格。由於遺囑為身分上之法律行為，因此，關於遺囑能力即應依據身分上法律行為行為能力之原理原則，認其為遺囑之實質要件，適用遺囑實質要件之準據法。
2. 遺囑之意思表示如係因被詐欺、強暴、脅迫等為之時，係遺囑之有效成立與否之問題，應適用遺囑實質要件之準據法。
3. 得否共同遺囑亦係遺囑有效成立之問題，亦應適用遺囑實質之準據法。

【解析2】

依我國民法第1186條第2項但書之規定，未滿十六歲，不得為遺囑。故若

從我國民法的角度觀之，由於丙只有十三歲，未達法定年齡，因此其所立之遺囑不具備遺囑之實質要件。但我國涉外民事法律適用法第24條第1項規定：「遺囑之成立要件及效力，依成立時遺囑人之本國法。」依題意，遺囑成立時遺囑人之本國法（即A國法）並未對遺囑能力有規定，故丙所立之遺囑不因此欠缺實質要件。

三、遺囑之形式要件（方式）

遺囑之方式，則指遺囑成立所必須具備之外觀的形式。其準據法，涉外民事法律適用法第60條第1項僅規定：「遺囑之成立及效力，依成立時遺囑人之本國法。」並未另外作特別規定，致其準據法如何決定，尚有疑義。如認為遺囑之方式屬於遺囑要件，自應適用涉外民事法律適用法前開規定。惟鑑於不使遺囑因方式欠缺無效而無效，及便利遺囑人成立遺囑起見，宜類推適用涉外民事法律適用法第16條之規定，以遺囑要件之準據法或遺囑行為地法所定之方式均無不可。海牙國際私法會議1961年10月5日通過關於遺囑方式之法律衝突之公約，認為遺囑方式符合遺囑人為遺囑行為地法、遺囑人為遺囑時或死亡時之本國法或住所地法或慣常居所地法，不動產所在地法（關於不動產之遺囑）所定之方式者均為有效，便利於遺囑之成立，可供立法上之參考[3]。涉外民事法律適用法第61條之規定：「遺囑及其撤回之方式，除依前條所定應適用之法律外，亦得依下列任一法律為之：一、遺囑之訂立地法。二、遺囑人死亡時之住所地法。三、遺囑有關不動產者，該不動產之所在地法。」可資贊同。

四、遺囑之效力

遺囑之效力係指遺囑本身之效力，並非因遺囑所為之法律行為之效力，因此，遺囑之效力適用成立時遺囑人之本國法。因遺囑所為之法律行為則適用該法律行為本身之準據法。例如，遺囑收養，遺囑之效力適用遺囑效力之準據法，收養之效力則適用收養之準據法。同理，遺囑指定繼承，指定繼承之效力亦適用繼承之準據法。

---

[3]　參閱川上太郎著，遺言の方式の準據法に關するハーグ（1960年）の形成過程，民商法雜誌49卷。

五、遺囑之撤銷

　　遺囑是否得因意思表示之瑕疵而撤銷，如允許撤銷，應具備如何之方式，均屬遺囑之實質要件問題。遺囑撤銷之效力則係指遺囑因意思表示之瑕疵所生效果之消滅問題，應適用遺囑效力之準據法。因此，此之遺囑之撤銷實係指遺囑非因意思表示之瑕疵之撤銷，實與遺囑之撤回無異。舊涉外民事法律適用法第24條第2項，特就遺囑之撤回規定：「遺囑之撤銷，依撤銷時遺囑人之本國法。」適用時應特別注意。涉外民事法律適用法第61條已將舊法之「撤銷」修正為「撤回」。

重要實務見解

72年5月2日司法院第三期司法業務研究會

　　僑居日本多年之華僑某甲，逝世時仍屬中華民國國籍，其於逝世前，曾在東京法務局所屬三堀博辦事處，依日本民法第969條規定，作成公證證書遺言，此項遺囑之效力如何？

研討意見：

甲說：

　　按繼承依被繼承人死亡時之本國法，遺囑之成立要件及效力，依成立時遺囑人之本國法，涉外民事法律適用法第22條前段，第24條第1項分別定有明文，本題被繼承人亦即遺囑人某甲，雖僑居日本多年，但逝世時仍屬中華民國國籍，則關於因某甲死亡而開始之繼承，及某甲所為遺囑是否合法成立，及其效力如何，依前開法條規定，自應適用我國民法第五編繼承之規定，以為判斷，查依民法第1189條之規定，遺囑係屬要式行為，須依法定之方式為之，始有效力，否則依民法第73條前段規定，應屬無效。某甲於生前在東京法務局所屬三堀博辦事處，雖依日本民法第969條規定作成公證證書，惟我國民法第1191條第1項所謂公證人，係指我國之公證人而言，雖僑居在中華民國領事駐在地為遺囑時，依同條第2項規定，得由駐在地之我國領事執行同條第1項所定公證人職務，但某甲所為前開遺囑，並未依此規定，由駐在日本東京之我國亞東關係協會東京辦事處執事（中日斷交後實質上執行有關領事職務），執行該

條第一項所定公證人職務，似難謂已具備該條所規定之公證遺囑之成立要件（最高法院71年度台上字第1805號民事判決）。但遺囑是由某甲自己書寫才拿去公證，仍有自書遺囑之效力。

乙說：

依涉外民事法律適用法第24條：「遺囑之成立要件及效力，依成立時遺囑人之本國法。」再依同法第5條第1項，法律行為之方式，依行為地法所定之方式者亦為有效，遺囑之作成亦為法律行為，故依行為地法——日本法，該遺囑仍為有效，甲依日本民法第969條規定作成公證遺囑，應為有效。

丙說：

依甲說不是公證遺囑，但遺囑之製作，是口述，由官員書寫，應為代筆遺囑。

研討結論：

不能成立公證遺囑，但遺囑仍有效，應視其製作方式究為代筆或自書遺囑，而認其效力。

司法院第一廳研究意見：同意研討結論。

相關考題

一、美國人甲，設住所於台北，以遺囑指定中國人乙為繼承人，並以另一遺囑將在台北之不動產及銀行存款給予乙。後甲歸化中國，不久死亡，其美國籍妻丙與女丁向台北地方法院提起訴訟，認甲分配財產之遺囑並非真正，且認甲指定乙為繼承人無效，台北地方法院受理該訴訟後，問應如何適用法，以解決各項爭議？【76年司法官】

二、甲男為A國人，乙女為B國人，丙女為C國人。甲、乙十年前在A國結婚，五年前在我國簽訂離婚協議書，甲於兩年前在D國與丙舉行結婚儀式。甲生前未訂立遺囑，最後的住所在C國，今年五月在我國死亡，在A國與我國遺有銀行存款及動產。乙、丙對於應如何繼承甲的遺產發生爭議，乙在我國法院起訴，請求確認丙無繼承權，在訴訟中，乙、丙對於甲的合法配偶是否含丙在內的問題，亦發生爭議，並請求先予以判定。假設：A國和C國的法律均容許一夫二妻的家庭關係，並規定離婚僅得由法院以判決予以宣告；A國及C國國際私法規定，動產之繼承應依被繼承人死亡時之住所地法，結婚之方式應依舉行地法；甲、丙結婚的儀式未符合C國及

D國法律的規定，但符合A國法律的規定。請問：我國法院關於繼承權的問題，應如何適用法律？我國法院關於丙是否為甲合法配偶的問題，應如何適用法律？【93年司法官】

附錄
涉外民事法律適用法修正草案總說明

　　涉外民事法律適用法（以下簡稱本法）自民國42年6月6日公布施行以來，迄今已逾50年。其間我國政治環境、社會結構、經濟條件乃至世界局勢，均已發生重大變化，而本法原來所參考之立法例與學說理論，亦迭有變動，證諸長期間之適用經驗及學術探討，本法確有若干未盡妥適之處，應予增刪修正。有鑑於此，司法院乃邀請國際私法學者及實務專家，組成涉外民事法律適用法研究修正委員會，確定修正方向及基本原則，再委託學者專家研擬修正條文，提交委員會逐條討論。草案初稿完成後，經廣徵相關學者、實務界及機關意見，審慎考量各種因素後，幾經規定架構及內容，終成本修正草案。本法現行條文共31條、草案修正28條、刪除1條（合併2條文為1條）、增訂33條，並規定條文之順序，變動幅度甚鉅。關於此等變動，仍待補充說明者包括：草案規定之範圍，非以狹義之涉外民事為限，關於涉外商事之問題，適合於本法規定者，亦納入於草案之中；外國法院判決、外國仲裁判斷及內國法院之國際管轄權等問題，雖亦屬於國際私法之領域，晚近外國立法例並有將其與法律適用問題合併，而以單一法規予以整體規定之趨勢，惟衡諸我國當前法制環境之各種因素，草案仍維持本法之既有格局，以涉外民事之法律適用問題為規範重點；涉外民事之法律適用問題，其範圍甚廣，草案亦盡可能予以增訂及修正，以期提高法律適用之明確度及合理性，但就實務及學說尚無定見之問題，例如定性問題及先決或附隨問題等，為保留其未來之發展空間，仍不設明文規定；草案所含之各條文，其內容均係依本法之名稱，就法律適用問題而設之個別規定，其中性質接近之條文經集結成章後，亦未改變其屬於法律適用範圍之本質，故各章僅取特定範圍法律關係之類屬名稱為名，未再將「法律適用」重覆冠於章名之中。本法修正後之架構分為8章，第1章「通則」8條、第2章「權利主體」7條、第3章「法律行為之方式及代理」4條、第4章「債」18條、第5章「物權」7條、第6章「親屬」13條、第7章「繼承」4條及第8章「附則」2條，條文合計63條。茲將修正之要點分別列述如下：

壹、第一章「通則」

一、增訂章名。

本法所涵蓋之條文，可依其性質適度區分為數章，以確立整體架構。爰將其中關於法律適用之基本問題之規定，集為一章，並定名為「通則」。

二、現行條文第30條移列第1條。

現行條文第30條，移列第1條，以明本法重視各項法源之旨。（修正條文第1條）

三、現行條文第26條移列第2條，並修正之。

依本法應適用當事人本國法，而當事人有多數國籍時，無論其國籍取得之先後順序如何，均宜依其關係最切之國籍定其本國法，較為合理。爰參考國際慣例修正之。此外，中華民國賦予當事人國籍而生之法律適用之利益，既得一併於各國之牽連關係之比較中，予以充分衡量。爰刪除但書優先適用中華民國法律之規定。（修正條文第2條）

四、現行條文第27條第1項前段移列為第3條，並酌為文字修正。

現行條文第27條第1項前段所規定者，為無國籍人之本國法問題，其餘部分則規定當事人之住所地法問題，體例上宜分條規定之。爰將其前段單獨移列修正條文第3條，其餘部分移列第4條，並將「依」其住所地法，修正為「適用」其住所地法，使條文之前後互相呼應。（修正條文第3條）

五、現行條文第27條第2項前段、第1項後段、第3項移列第4條，並酌為文字修正。

現行條文第27條未移列為第3條之部分，移列為第4條，並比照第3條酌為

文字修正。此外，「關係最切之住所地法」之原則已可兼顧中華民國法律適用之利益。爰刪除現行條文第2項但書之規定。（修正條文第4條）

六、修正一國數法之規定。

依本法適用當事人本國法時，現行條文第218條就其國內各地方之不同法律，直接明定其應適用之地方法律，惟該國法律除因地域之劃分而有不同外，亦可能因其他因素而不同，且此等國家對其國內之法律衝突，通常亦自有其法律上之對策。爰參考義大利國際私法第18條規定之精神，就其國內法律不同之原因，修正為地域或其他因素，並對當事人本國法之確定，改採間接指定原則及關係最切原則，規定依該國關於法律適用之規定，定其應適用之法律，該國關於法律適用之規定不明者，適用該國與當事人關係最切之法律。（修正條文第5條）

七、修正反致之規定。

現行條文第29條移列第6條，並刪除「依該其他法律更應適用其他法律者，亦同」，及增列「其本國法或」等文字，蓋外國立法例多已修正反致條款，揚棄複雜之全部反致而改採較單純之部分反致。爰刪除中段「依該其他法律更應適用其他法律者，亦同」，以限縮反致之種類，簡化法律之適用；直接反致之規範在現行條文之依據，學說上頗有爭議。爰於但書增列「其本國法或」等文字，俾直接反致及間接反致，均得以本條但書為依據。（修正條文第6條）

八、增訂規避法律之規定。

涉外民事事件原應適用中華民國法律，但當事人巧設連結因素或連繫因素，使其得主張適用外國法，而規避中華民國法律之強制或禁止規定之適用，並獲取原為中華民國法律所不承認之利益者，該連結因素或連繫因素已喪失真實及公平之性質，其法律之適用亦難期合理，實有適度限制其適用之必要。爰明定經認定為此種情形者，不應適用依變更後之連結因素或連繫因素所定應適用之法律，而仍適用中華民國之強制或禁止規定，以維持正當適用中華民國法

律之利益。（修正條文第7條）

九、修正外國法牴觸內國公序良俗之規定。

關於外國法適用之限制，現行條文第25條係以「其規定」有背於中華民國公共秩序或善良風俗為要件，惟其限制適用外國法之具體理由，仍待進一步予以明確界定。爰將「其規定」一詞修正為「其適用之結果」，以維持內、外國法律平等適用之原則，並彰顯本條為例外規定之立法原意。（修正條文第8條）

貳、第二章「權利主體」

一、增訂章名。

法律上之權利主體為人，而無論自然人或法人之能力及地位等問題，各國法律之規定均未一致，並發生法律衝突之現象。爰就現行條文酌予修正、增訂數條，並集為一章，而以「權利主體」為章名。

二、增訂人之權利能力之規定。

現行條文關於人之一般權利能力，並未規定其應適用之法律，關於人之權利能力之始期及終期等問題，難免發生法律適用之疑義。衡諸權利能力問題之性質，仍以適用當事人之屬人法為當。爰參考德國民法施行法第7條第1項關於權利能力應適用之法律之規定，增訂本條，明定其應依當事人之本國法。（修正條文第9條）

三、修正行為能力準據法之規定。

人之行為能力之準據法所據以決定之連結因素或連繫因素，依現行條文第1條第1項規定應以行為時為準，但如當事人依其舊國籍所定之本國法已有行為

能力，而依行為時之國籍所定之本國法卻無行為能力或僅有限制行為能力，仍不宜容許該當事人以其無行為能力或僅有限制行為能力為抗辯。爰參考德國民法施行法第7條第2項規定之精神，增訂第2項，表明「既為成年，永為成年」之原則。（修正條文第10條）

四、修正死亡宣告準據法之規定。

現行條文第4條，移列第11條第1項及第2項，並增訂第3項，明定死亡宣告之效力依中華民國法律，俾能呼應第1項之原則。（修正條文第11條）

五、現行條文第3條移列第12條，並修正用語及增訂輔助宣告之準用規定。

現行條文第3條，移列第12條。因民法總則編與親屬編於97年5月23日修正公布，將禁治產宣告修正為監護宣告，並增訂輔助宣告之制度，爰依此項修正之意旨，規定第1項、第2項有關禁治產為監護之文字；並配合增訂第3項，規定輔助之宣告準用前2項規定，即關於輔助之原因，準用第1項，關於輔助宣告之效力，準用第2項之規定。（修正條文第12條）

六、修正法人屬人法之規定。

按內、外國之法人均有應依其屬人法決定之事項（詳如修正條文第14條所列），現行條文第2條僅就外國法人予以規定，並以經中華民國認許成立為條件，漏未規定內國法人及未經中華民國認許成立之外國法人之屬人法，實有擴大規範範圍之必要。現行條文規定外國法人以其住所地法為其本國法，至於依中華民國法律設立之中華民國法人，則依法理以中華民國法律為其本國法，二者所依循之原則不同，而有使其一致之必要。爰參考1979年泛美商業公司之法律衝突公約第2條及義大利國際私法第25條第1項等立法例之精神，均採法人之設立準據法主義，明定所有法人均以其所據以設立之法律，為其本國法。（修正條文第13條）

七、增訂法人屬人法適用範圍之規定。

　　法人依修正條文第13條所定之屬人法，其主要適用之範圍，乃法人之內部事務，至其具體內容，則因包含甚廣，難以盡列。爰參考瑞士國際私法第155條及義大利國際私法第25條第2項等立法例之精神，就外國法人之內部事務於第1款至第8款爲例示性之規定，再輔以第9款之補充規定，以期完全涵括。（修正條文第14條）

八、增訂外國法人在內國之分支機構之特別規定。

　　外國法人依中華民國法律設立分支機構者，該分支機構在法律上雖仍爲該外國法人之一部分，其設立卻是該外國法人在中華民國境內營業或爲其他法律行爲之必要條件，實務上並有直接以其爲權利主體或行爲主體之例，故亦有必要就該分支機構，單獨決定其內部事項應適用之法律。此等分支機構性質上固非屬於中華民國法人，但因其乃依據中華民國法律設立，關於該分支機構本身之內部事項，自宜適用中華民國法律。爰增訂明文規定以應實際需要。（修正條文第15條）

參、第三章「法律行爲之方式及代理」

一、增訂章名。

　　因法律行爲而發生涉外法律關係者，與該法律行爲有關之涉外問題，通常依其性質規定於各該法律關係專章之中（例如債、物權、親屬及繼承等），然各種法律行爲亦有其共同之問題，而適合以通則規定予以規範者，例如法律行爲之方式及代理等問題是。現行條文有關法律行爲方式之規定，係在同一條文之中，將一般法律行爲之方式及特別法律行爲之方式，併予處理，體例上仍可再予以細分。爰取其關於一般法律行爲方式之規定，酌予修正，再增訂關於代理之規定數條，並集爲一章，而以「法律行爲之方式及代理」爲章名。

二、修正法律行為方式準據法之規定。

　　現行條文第5條規定之各類法律行為，性質本不相同，其方式問題宜配合各該法律行為之成立要件及效力予以規定，較為妥適。爰將其第1項有關一般法律行為（主要為債權行為）之規定，移列第16條，並增訂行為地不同時，依任一行為地法所定之方式者，皆為有效，以貫徹立法旨意。（修正條文第16條）

三、增訂代理權授與行為準據法之規定。

　　代理權之授與，與其原因法律關係（如委任契約）本各自獨立，並各有其準據法。本條係針對代理權授與之行為，明定其應適用之法律，至其原因法律關係應適用之法律，則宜另依該法律關係（如委任契約）之衝突規則決定之。代理權係以法律行為授與者，本人及代理人常可直接就其相關問題達成協議。爰參考1978年海牙代理之準據法公約第5條、第6條規定之精神，明定代理權之成立及在本人與代理人間之效力，應依本人及代理人明示之合意定其應適用之法律，以貫徹當事人意思自主原則。（修正條文第17條）

四、增訂本人與相對人間法律關係之準據法之規定。

　　本人因代理人代為法律行為，而與相對人發生之法律關係，與代理權之授與及代理人代為之法律行為，關係均甚密切。爰參考1978年海牙代理之準據法公約第11條至第14條規定之精神，規定在本人與相對人間之法律關係，原則上應依本人與相對人所明示合意應適用之法律，如其對此無明示之合意，則依與代理行為關係最切地之法律。（修正條文第18條）

五、增訂相對人與代理人間法律關係之準據法之規定。

　　代理人欠缺代理權或逾越代理權限，仍以本人之名義為法律行為者，其相對人與代理人因此所生之法律關係，例如就其所受損害請求賠償之問題等，亦有決定其準據法之必要。爰參考1978年海牙代理之準據法公約第15條規定之精神，規定應與前條所定之法律關係適用相同之準據法。（修正條文第19條）

肆、第四章「債」

一、增訂章名。

涉外民事事件之性質為債權債務之法律關係者，其準據法之決定原則，亦可集為一章。爰增訂章名為「債」，並將我國民法及其特別法上之債權債務問題，取其包含涉外因素之部分，一併予以納入。

二、修正當事人意思自主原則之規定。

關於債權行為應適用之法律，仍維持當事人意思自主原則。現行條文第6條第2項係以硬性之一般規則，規定「當事人意思不明」時之準據法，除未能涵蓋當事人意思無效之情形外，有時亦發生不合理情事。爰修正其適用範圍為「當事人無明示之意思或其明示之意思依前項所定應適用之法律無效」，並參考德國民法施行法第28條規定之精神，於本條第2項改採關係最切之原則，由法院依具體案情比較相關國家之利益及關係，而以其中關係最切之法律為準據法。為具體落實關係最切原則，並減少第2項適用上之疑義，本條第3項參考1980歐洲共同體契約之債準據法公約（即羅馬公約）第4條之精神，規定法律行為所生之債務中有足為該法律行為之特徵者，負擔該債務之當事人行為時之住所地法，推定為關係最切之法律，就不動產所為之法律行為，亦推定該不動產之所在地法，為關係最切之法律。（修正條文第21條）

三、增訂票據行為之準據法之規定。

法律行為發生票據上權利者，關於票據債務人之債務內容，現行條文未設明文規定，適用上不免發生疑問。爰參考1975年泛美匯票、本票及發票法律衝突公約第3條至第5條及1979年泛美支票法律衝突公約第3條規定之精神，增訂第1項，明定法律行為發生票據上權利者，其成立及效力，依行為地法，行為地不明者，依付款地法，並將現行條文第5條第3項，移列為本條第2項。（修正條文第21條）

四、增訂指示證券或無記名證券之法律行為之準據法之規定。

各國法律在票據制度之外，多設有指示證券及無記名證券之制度，以補其不足，而關於指示證券及無記名證券之規定，各國法律並非一致。爰仿票據之例，明定其成立及效力，依行為地法，行為地不明者，依付款地法。（修正條文第22條）

五、修正無因管理準據法之規定。

現行條文第8條就關於由無因管理、不當得利或其他法律事實而生之債，固明定應依事實發生地法，本法對於法律行為及侵權行為而生之債，均單獨規定其應適用之法律。但無因管理及不當得利之法律事實之性質未盡一致，有對其個別獨立規定之必要。爰將現行條文第8條關於由無因管理而生之債之規定移列第23條，關於由不當得利而生之債之規定移列為第24條，並衡酌無因管理之法律事實之重心，參考奧地利國際私法第47條、德國民法施行法第39條等立法例之精神，修正其應適用之法律，為其事務管理地法。（修正條文第23條）

六、修正不當得利準據法之規定。

關於由不當得利而生之債，有因當事人對於不存在之債務提出給付而發生者，亦有因其他原因而發生者，凡此2種法律事實是否構成不當得利，受領人所受利益應返還之範圍等問題，均有必要明定其應適用之法律。爰參考奧地利國際私法第46條、瑞士國際私法第128條、德國民法施行法第38條等立法例之精神，規定關於由不當得利而生之債，原則上應依其利益之受領地法，並於但書規定不當得利係因給付而發生者，依該給付所由發生之法律關係所應適用之法律。（修正條文第24條）

七、修正侵權行為準據法之規定。

現行條文第9條就因侵權行為而生之債，原則上採侵權行為地法主義，但有時發生不合理之結果。爰參考奧地利國際私法第48條第1項、德國民法施行

法第41條等立法例之精神，酌採最重要牽連關係理論，於但書規定另有關係最切之法律者，依該法律，以濟其窮，並配合刪除第2項之規定。（修正條文第25條）

八、增訂商品製造人責任準據法之規定。

因商品之通常使用或消費致生損害者，被害人與商品製造人間之法律關係，涉及商品製造人之本國法關於其商品製造過程之注意義務及所生責任之規定。爰規定原則上應適用商品製造人之本國法。但如前述被害人之所以因商品之通常使用或消費而受損害，乃是因為商品製造人之創造或增加被害人與商品接觸之機會所致，或謂其間具有相當之牽連關係者，即有特別保護被害人之必要。爰參考1973年海牙產品責任準據法公約第4條至第7條、瑞士國際私法第135條、義大利國際私法第63條等立法例之精神，於但書明定如商品製造人事前同意或可預見該商品於損害發生地、被害人買受該商品地或被害人之本國銷售者，被害人得就該等地域之法律選定其一，為應適用之法律。（修正條文第26條）

九、增訂不公平競爭及限制競爭而生之債準據法之規定。

不公平競爭或限制競爭等違反競爭法規或公平交易法之行為，對於藉該等法規維持之市場競爭狀態或競爭秩序，均構成妨害，其因此而發生之債權債務關係，亦與該市場所屬國家之法律密切相關。爰參考奧地利國際私法第48條第2項、瑞士國際私法第136條、第137條等立法例之精神，明定其應依該市場所屬國家之法律，並規定如不公平競爭或限制競爭之行為係以法律行為（例如契約或聯合行為）實施，而該法律行為所應適用之法律較有利於被害人者，適用該法律行為所應適用之法律，以保護被害人。（修正條文第27條）

十、增訂經由媒介實施之侵權行為準據法之規定。

侵權行為係經由出版、廣播、電視、電腦網路或其他傳播方法實施者，其損害之範圍較廣，而行為地與損害發生地之認定亦較困難，為保護被害人並兼顧有關侵權行為之基本原則。爰參考瑞士國際私法第139條規定之精神，規定

被害人得依與其關係最切之下列法律，而主張其權利：1.行爲地法，行爲地不明者，作爲行爲人私法生活重心之住所地法；2.行爲人得預見損害發生地者，其損害發生地法；3.人格權被侵害者，爲被害人人格權應適用之法律，即其本國法。如公共傳播媒介業者本身爲侵權行爲之行爲人時，該侵權行爲與其營業行爲密不可分，有依同一法律決定該行爲之合法性及損害賠償等問題之必要。爰規定應依其營業地法，以兼顧公共傳播媒介之社會責任原則。（修正條文第28條）

十一、增訂被害人直接請求保險給付之準據法之規定。

　　侵權行爲人投保責任保險者，被害人並非保險契約之當事人，保險人非爲侵權行爲之債之當事人，被害人得否直接向保險人請求給付，有認爲應依該保險契約之準據法者，也有認爲應依侵權行爲之準據法者。惟爲保護被害人之利益，宜使被害人得選擇適用此二準據法，以直接向保險人請求給付，較爲妥當。爰參考德國民法施行法第41條第4項、瑞士國際私法第141條等立法例之精神，規定侵權行爲之被害人對賠償義務人之保險人之直接請求權，依保險契約所應適用之法律；但依該侵權行爲所生之債應適用之法律得直接請求者，亦得直接請求。（修正條文第29條）

十二、現行條文第8條關於由其他法律事實而生之債之規定移列第31條。

　　債之關係傳統上固以因法律行爲、侵權行爲、無因管理或不當得利而發生者爲主，但由於科技發展及社會活動日新月異，債之發生原因必將日趨多樣性，爲免掛一漏萬。爰將現行條文第8條有關其他法律事實之規定，移列第31條，並酌作文字修正，以資涵蓋。（修正條文第31條）

十三、增訂當事人關於非因法律行為而生之債合意適用中華民國法律之規定。

　　當事人就非因法律行爲而生之債涉訟者，法院亦多盼當事人能達成訴訟上和解，如未能達成和解，其在訴訟中達成適用法院所在地法之合意者，對訴訟

經濟亦有助益，當爲法之所許。爰參考德國民法施行法第42條、瑞士國際私法第132條等立法例之精神，規定當事人於起訴後合意適用中華民國法律者，即以中華民國法律爲準據法。（修正條文第31條）

十四、修正債權讓與準據法之規定。

現行條文第7條關於「第三人」之範圍未予以限定，但債權讓與時，在讓與人及受讓人以外之第三人，其範圍包括債務人及其他第三擔保人，債權讓與對此二者之效力，並各有其應適用之法律。爰將第1項明定爲債權讓與對於債務人之效力之規定，並增訂第2項，規定債權附有第三擔保人提供之擔保者，該債權之讓與對其所附擔保權之影響或對於該第三擔保人之效力，均依該擔保權之成立及效力所應適用之法律，以維持公平並保護該第三人。（修正條文第32條）

十五、增訂債務承擔之準據法之規定。

承擔人與債務人訂立契約承擔其債務時，債權人既未參與其間承擔該債務之法律行爲，即不應因該債務之承擔而蒙受不測之不利益。爰規定其對於債權人之效力，應依原債權之成立及效力所應適用之法律，以保護債權人之利益；債務由承擔人承擔時，原有之債權債務關係之內容即已變更，故如第三人曾爲原債權提供擔保，該第三人所擔保之債權內容亦因而有所不同，故該第三人得否因而免責或其擔保是否仍繼續有效等問題，宜依該擔保權之成立及效力所應適用之法律，以保護該第三擔保人之利益。（修正條文第33條）

十六、增訂第三人求償權之準據法之規定。

第三人因特定法律關係而爲債務人清償債務者，例如保證人或其他擔保人代債務人清償債務時，該第三人是否得承受或代位行使原債權人對債務人之權利或向債務人求償之問題，所涉及者主要爲原債權人及繼受人間之利益衡量，其與第三人所據以清償之法律關係（保證契約）之準據法關係密切。爰參考德國民法施行法第33條第3項、瑞士國際私法第146條等立法例之精神，明定應依該特定法律關係所應適用之法律。（修正條文第34條）

十七、增訂共同債務人求償權之準據法之規定。

數人負同一債務，而由部分債務人清償全部債務者，為清償之債務人就超過其應分擔額之部分之清償，與修正條文第34條關於第三人清償債務之情形類似，清償者對其他債務人求償之權利，按理應依相同原則決定其準據法。此外，多數債務人之所以負同一債務，可能係基於特定之法律關係（例如委任契約或繼承），該法律關係與在債權人與債務人間之債之法律關係，性質並不相同，亦均各有其應適用之法律，債務人內部之責任分擔或求償問題，適用前者應適用之法律，實較妥適。爰參考瑞士國際私法第144條規定之精神增訂本條，以為依據。（修正條文第35條）

十八、增訂請求權消滅時效準據法之規定。

請求權之消滅時效，因各國關於其法律效果之規定不同，國際私法上有認定其為實體問題者，亦有以其為程序問題者。消滅時效規定於我國實體法，本法亦認定其為實體問題，並規定其準據法決定之問題。由於消滅時效係針對特定之請求權而發生，而請求權又為法律關係效力之一部分。爰參考瑞士國際私法第148條規定之精神，規定消滅時效之問題，應依其請求權所由發生之法律關係之準據法。（修正條文第36條）

十九、增訂債之消滅之準據法之規定。

債之關係存續中，當事人如以法律行為予以免除，或有其他法律所規定之原因者，債之關係均可能歸於消滅。特定之法律事實是否足以使債之關係消滅，或何種法律事實可構成債之消滅原因之問題，其本質與原債權之存續與否問題直接相關，均應適用同一法律，較為妥適。爰規定其應依原債權之準據法。（修正條文第37條）

伍、第五章「物權」

一、增訂章名。

　　涉外民事事件之性質為物權關係者，關於決定其準據法之條文，可集為一章。爰增訂章名為「物權」，並將我國民法及其特別法上之物權，取其包含涉外因素者之法律適用問題，一併予以納入。

二、現行條文第10條移列第38條，並修正之。

　　現行條文第10條移列第38條，惟因現行條文第3項「得喪」為「取得、喪失」之簡稱，不足以完全涵括其變動情形。爰依民法之用語，將其修正為「取得、喪失或變更」。（修正條文第38條）

三、增訂物權行為方式之準據法之單獨條文。

　　物權之法律行為之方式，現行條文僅於第5條第2項規定應依物之所在地法，然此一規定僅能適用於以物為標的物之物權，至於前條第2項及第4項之物權，其物權行為之方式，則宜依各該物權所應適用之法律。爰將其移列增訂為單獨條文，並依此意旨予以修正，俾能適用於各種類型之物權行為。（修正條文第39條）

四、增訂關於自外國輸入之動產之規定。

　　動產經移動致其所在地前後不同時，動產物權即應依其新所在地法。此1原則有時與保護已依其舊所在地法取得之物權之原則，難以配合。自外國輸入中華民國領域之動產，於輸入前已依其所在地法成立之物權（例如動產擔保交易之擔保利益），權利人如欲在中華民國境內行使該物權，即須先在我國境內依法承認其仍有效，並決定其具體之權利內容。為使在外國成立之該物權，得以轉換為內國之物權之形式，在內國被適度承認其效力，並保護內國財產之交易安全。爰規定該物權之效力，應依中華民國法律。（修正條文第41條）

五、增訂託運中之動產之物權準據法之規定。

　　託運中之動產之所在地，處於移動狀態，不易確定，其物權之準據法，向有爭議。按託運中之動產非由所有人自爲運送或隨身攜帶，且其物權係因法律行爲而取得、設定、喪失或變更者，該物權即與當事人之意思或期待關連甚切。爰參考義大利國際私法第52條、瑞士國際私法第103條等立法例之精神，規定依該動產之運送目的地法，以兼顧當事人期待及交易安全。（修正條文第41條）

六、增訂智慧財產權之準據法之規定。

　　智慧財產權，無論在內國應以登記爲成立要件者，如專利權及商標專用權等，或不以登記爲成立要件者，如著作權及營業秘密等，均係因法律規定而發生之權利，其於各國領域內所受之保護，原則上亦應以各該國之法律爲準。爰參考義大利國際私法第54條、瑞士國際私法第101條第1項等立法例之精神，規定以智慧財產爲標的之權利之成立及效力，應依權利主張者認其權利應受保護之地之法律，俾使智慧財產權之種類、內容、存續期間、取得、喪失及變更等，均依同一法律決定。該法律係依主張權利者之主張而定，並不當然爲法院所在國之法律，即當事人主張其依某國法律有應受保護之智慧財產權者，即應依該國法律確定其是否有該權利。又受僱人於職務上完成之智慧財產，其權利之歸屬問題固與該權利之發生或成立密切相關，同時亦涉及當事人於該僱傭契約內之約定，就其法律適用問題而言，則與該僱傭契約之準據法關係較密切。爰規定受僱人於職務上完成之智慧財產，其權利之歸屬，依其僱傭契約應適用之法律。（修正條文第42條）

七、增訂載貨證券相關問題準據法之規定。

　　載貨證券係因運送契約而發給，但其與運送契約之法律關係截然分立，故因載貨證券而生之法律關係，其準據法應獨立予以決定，而非當然適用運送契約之準據法。載貨證券之內容即使多爲運送人及其使用人或代理人片面決定，甚或其具有僅爲單方當事人之意思表示之性質，仍應承認該載貨證券關於應適

用之法律之效力，以維持法律適用之明確及一致，並保護交易安全，至於無記載應適用之法律者，則應依關係最切地之法律，以示公平；數人分別依載貨證券主張權利，或對證券所載貨物直接主張權利者，其所主張之權利，既各有準據法，自難決定各權利之優先次序。爰參考瑞士國際私法第106條第3項規定之精神，規定此時應適用該貨物物權之準據法，以杜爭議；因倉單或提單而生之法律關係，其性質既與因載貨證券所生者類似，其所應適用之法律自宜本同一原則予以決定。爰規定其應準用關於載貨證券之規定，以利法律之適用。（修正條文第43條）

八、增訂集中保管之有價證券權利變動之準據法之規定。

有價證券由證券集中保管人保管者，就該證券進行交易之當事人與證券集中保管人之間，均訂有證券集中保管契約以為依據，且該證券權利之取得、喪失、處分或變更，均僅透過證券業者就當事人在證券集中保管人開立之帳戶，為劃撥、交割或其他登記，當事人在證券存摺上關於證券權利變動之登記，並已取代傳統上以直接交付該有價證券之方式，而成為該證券權利變動之公示及證明方法。透過電腦網路而進行之有價證券之涉外交易，已日益頻繁，實有必要確定其準據法，以維護交易安全。爰參考2002年海牙「中介者所保管之證券若干權利之準據法公約」之精神，規定該證券權利之取得、喪失、處分或變更，均應依集中保管契約所明示應適用之法律，集中保管契約未明示應適用之法律者，依關係最切地之法律。（修正條文第44條）

陸、第六章「親屬」

一、增訂章名。

涉外民事事件之性質為親屬關係者，關於決定其準據法之條文，可集為一章。爰增訂章名為「親屬」。

二、增訂婚約之成立及效力之準據法之規定。

婚約在實體法上為結婚以外之另一法律行為，其成立所應適用之法律，亦有必要予以明文規定。爰參考現行條文關於婚姻之成立之規定，明定原則上應依各該當事人之本國法，但婚約之方式依當事人一方之本國法或依婚約訂立地法者，亦為有效；婚約之效力及違反婚約之責任問題，其準據法之決定宜與婚姻之效力採類似之原則。爰明定如婚約當事人同國籍者，依其本國法，國籍不同而住所地同者，依其住所地法，國籍及住所地均不同者，依與婚約當事人關係最切地之法律。（修正條文第45條）

三、現行條文第11條移列第46條，並酌為文字修正。

現行條文第11條移列第46條，並將婚姻「成立之要件」，修正為婚姻「之成立」。（修正條文第46條）

四、修正婚姻效力之準據法之規定。

關於婚姻之效力，現行條文第12條專以夫或妻單方之本國法為準據法，與兩性平等原則之精神並不符合。爰參考德國民法施行法第14條、日本法律適用通則法第25條、義大利國際私法第29條等立法例之精神，修正為應依夫妻共同之本國法，無共同之本國法時，依共同之住所地法，無共同之住所地法時，則由法院綜合考量攸關夫妻婚姻之各項因素，而以其中關係最切地之法律，為應適用之法律，俾能符合兩性平等原則及當前國際趨勢。（修正條文第47條）

五、修正夫妻財產制之準據法之規定。

現行條文第13條關於夫妻財產制應適用之法律，未能平衡兼顧夫妻雙方之屬人法，有違當前兩性平等之世界潮流，且其中關於嫁娶婚及招贅婚之區別，已不合時宜，有合併該條第1項及第2項並修正其內容之必要。爰合併現行條文第13條第1項及第2項，參考1978年海牙夫妻財產制準據法公約、德國民法施行法第15條、日本法律適用通則法第26條、義大利國際私法第31條、瑞士國際私

法第52條等立法例之精神,規定夫妻財產制得由夫妻合意定其應適用之法律,但以由夫妻以書面合意適用其一方之本國法或住所地法之情形為限;夫妻無前項之合意或其合意依前項應適用之法律無效時,其夫妻財產制應適用之法律,仍應與夫妻之婚姻關係具有密切關係。爰規定其應依夫妻共同之本國法,無共同之本國法時,依共同之住所地法,無共同之住所地法時,依與夫妻婚姻關係最切地之法律。(修正條文第48條)

六、增訂保護善意第三人之準據法之規定。

夫妻財產制應適用之法律,原應適用於所有涉及夫妻財產之法律關係,但夫妻處分其夫妻財產給相對人(第三人)時,如相對人不知該準據法之內容,即可能受到不測之損害。為保護內國之財產交易安全,對於夫妻財產制之準據法為外國法,被處分的特定財產在中華民國境內,而該外國法之內容為相對人(第三人)所不知時,實宜適度限制該準據法對相對人(第三人)之適用範圍。爰規定夫妻財產制應適用外國法,而夫妻就其在中華民國之財產與善意第三人為法律行為者,關於其夫妻財產制對該善意第三人之效力,依中華民國法律。(修正條文第49條)

七、修正離婚及其效力之準據法之規定。

現行條文關於離婚僅規定裁判離婚,而不及於兩願離婚,其關於離婚及其效力應適用之法律,規定亦非一致。爰合併現行條文第14條及第15條,移列為第51條,並就其內容酌予修正及補充;關於離婚及其效力應適用之法律,現行條文並未兼顧夫妻雙方之連結因素或連繫因素,與兩性平等原則及當前立法趨勢,均難謂合。爰修正決定準據法之原則,以各相關法律與夫妻婚姻關係密切之程度為主要衡酌標準,並規定夫妻之兩願離婚及裁判離婚,應分別依協議時及起訴時夫妻共同之本國法,無共同之本國法時,依共同之住所地法,無共同之住所地法時,依與夫妻婚姻關係最切地之法律。(修正條文第51條)

八、修正子女身分之準據法之規定。

關於子女之身分,現行條文規定應依其母之夫之本國法,與當前兩性平等

之思潮尚有未合，且婚姻之效力所應適用之法律，乃是以婚姻之有效為基礎之其他法律關係之根本。爰將現行條文第16條第1項及第2項合併，並參照奧地利國際私法第21條規定之精神，修正為應依出生時該子女、其母及其母之夫之本國法為婚生子女者，為婚生子女，如婚姻關係於子女出生前已消滅者，依出生時該子女之本國法、婚姻關係消滅時其母或其母之夫之本國法，為婚生子女者，為婚生子女。（修正條文第51條）

九、增訂準正之準據法之規定。

非婚生子女之生父與生母結婚者，該非婚生子女是否因準正而取得與婚生子女相同之身分之問題，原為各國立法政策之表現，並與其生父及生母婚姻之效力息息相關。爰參照奧地利國際私法第22條、德國民法施行法第21條及日本法律適用通則法第31條等立法例之精神，規定其亦應適用該婚姻之效力所應適用之法律。（修正條文第52條）

十一、修正非婚生子女認領之成立及效力之準據法之規定。

非婚生子女之認領所確認者為自然血親關係而非法定血親關係。現行條文第17條關於非婚生子女認領之成立，採認領人與被認領人本國法並行適用主義，令人誤會認領為類似收養行為之身分契約，亦不利於涉外認領之有效成立，影響非婚生子女之利益至鉅。爰改採認領人、被認領人之本國法之選擇適用主義，以儘量使非婚生子女取得婚生地位，並保護被認領人之利益。被認領人在出生前以胎兒之身分被認領者，其國籍尚無法單獨予以認定。爰明定以其母之本國法為胎兒之本國法，以利認領準據法之確定。（修正條文第53條）

十一、修正收養之成立及終止之準據法之規定。

現行條文第18條第2項僅就收養之效力，規定應依收養者之本國法，然收養終止之效力，亦有依同一法律決定之必要。爰予以增列，以利法律之適用。（修正條文第54條）

十二、修正父母子女法律關係之準據法之規定。

　　關於父母與子女間之法律關係，現行規定以依父或母之本國法爲原則，參諸1989年聯合國兒童權利保護公約及1996年海牙關於父母保護子女之責任及措施之管轄權、準據法、承認、執行及合作公約所揭示之原則，已非適宜。爰參考日本法律適用通則法第32條、瑞士國際私法第82條等立法例之精神，修正爲依子女之本國法，並刪除但書之規定，以貫徹子女之本國法優先適用及保護子女利益之原則。（修正條文第55條）

十三、現行條文第21條移列第56條，並修正用語及增訂輔助宣告中有關輔助之準用規定。

　　現行法第21條，移列第56條，並依法制作業通例，刪除各款之「者字」，且將「左列」修正爲「下列」。另爲配合民法總則編與親屬編之修正，將第2款「禁治產之宣告」規定爲「監護之宣告」，並增訂第2項輔助宣告之關於輔助準用監護之規定。（修正條文第56條）

十四、修正扶養之準據法之規定。

　　關於扶養之權利義務，現行條文第21條規定應依扶養義務人之本國法，參諸1973年海牙扶養義務準據法公約及1989年泛美扶養義務公約所揭示之原則，已非合宜。爰參考1973年海牙扶養義務準據法公約第4條之精神，修正爲應依扶養權利人之本國法。（修正條文第57條）

柒、第七章「繼承」

一、增訂章名。

　　涉外民事事件之性質爲繼承關係者，關於決定其準據法之諸條文，可集爲一章。爰增訂章名爲「繼承」。

二、現行條文第22條移列第58條。

現行條文第22條未修正，移列第58條。（修正條文第58條）

三、修正無人繼承遺產之準據法之規定。

現行條文就外國人死亡，而在中華民國遺有財產之情形，規定如依其本國法爲無人繼承之財產者，即依中華民國法律處理之，惟此時仍應考慮中華民國國民得依中華民國法律爲繼承人之規定。爰將現行條文「依其本國法」，修正爲「依前條應適用之法律」，以符合立法本旨。（修正條文第59條）

四、現行條文第24條移列第61條，並修正用語。

現行條文第2項關於遺囑之「撤銷」，在實體法上爲遺囑之「撤回」。爰修正爲「撤回」，以統一用詞。（修正條文第61條）

五、增訂遺囑訂立及撤回之方式之準據法之規定。

關於遺囑之訂立及撤回之方式，晚近立法例均採數國法律選擇適用之原則，以利遺囑之有效成立及撤回，並尊重遺囑人之意思。爰參考1961年海牙遺囑方式之法律衝突公約第1條及第2條、德國民法施行法第216條規定之精神，增訂明文規定。（修正條文第61條）

捌、第八章「附則」

一、增訂章名。

本章規定本法修正及增訂條文之施行問題，並仿國內法規之例，增訂章名爲「附則」。

二、增訂本法增修條文之適用不溯及既往原則之規定。

本法增修條文之適用以不溯及既往爲原則。爰規定在本法修正施行前發生之涉外民事，不適用本法修正施行後之規定；本法之增修條文適用上之不溯及既往，原則上係以法律事實發生日爲準，例如法律行爲成立日或侵權行爲實施日等，但對於持續發生之法律效果，例如結婚之效力、父母子女間之法律關係等，則依系爭法律效果發生時爲準。爰參考瑞士國際私法第196條之精神，增訂明文規定。（修正條文第62條）

三、修正本法施行日期之規定。

本次修正，變動現行條文之程度甚鉅，立法作業上相當於制定新法，對法院審理涉外民事事件亦有重大影響，允宜加強宣導，充分準備，以利施行。爰規定修正後之新法自公布日後一年施行。（修正條文第63條）

「涉外民事法律適用法」修正條文對照表
中　華　民　國 99 年　5　月　26　日
總統華總1義字第09900125551號令公布

修正條文	現行條文	說明	備註 （本書作者評論）
第1章　通　則		1.新增章名。 2.本法所涵蓋之條文，可依其性質適度予以區分爲數章，以確立整體架構。爰將其中關於法律適用之基本問題之規定，集爲一章，並定名爲「通則」。	如果以總則內容觀之，本法關於總則之規定稍嫌不足。亦即，第3條、第4條並非總則之規定，而係屬人法之規定。
第1條 涉外民事，本法未規定者，適用其他法律之規定；其他法律無規定者，依法理。	第31條 涉外民事，本法未規定者，適用其他法律之規定，其他法律無規定者，依法理。	條次變更。	
第2條 依本法應適用當事人本國法，而當事人有多數國籍時，依其關係最切之國籍定其本國法。	第26條 依本法應適用當事人本國法，而當事人有多數國籍時，其先後取得者，依其最後取得之國籍定其本國法。同時取得者依其關係最切之國之法。但依中華民國國籍法，應認爲中華民國國民者，依中華民國法律。	1.條次變更。 2.依本法應適用當事人本國法，而當事人有多數國籍時，現行條文規定依其國籍係先後取得或同時取得之不同，而分別定其本國法，並於先後取得者，規定一律依其最後取得之國籍定其本國法。此一規定，於最後取得之國籍並非關係最切之國籍時，難免發生不當之結果，且按諸當前國際慣例，亦非合宜。爰參考義大利1995年第218號法律（以下簡稱義大利國際私法）第19條第2項規定之精神，明定當事人有多數國籍之情形，一律依其關係最切之國籍定其本國法，俾使法律	日本關於法律適用通則法（以下簡稱日本法律適用通則法）第38條之規定：「當事人二個以上國籍，而於其中一國有常居所時，以該國法，或當事人於各該國，均無常居所時，以有最密切關係之國法爲其本國法。」在判斷當事人之本國法可能比較便利。另德國國際私法第5條：「具有多重國籍的自然人應以與其有最密切聯繫的，尤其是有其慣常居所或住所的國家的法律作爲其本國法。當事人同時具有德國國籍的，則以德國法作爲其本國法。」瑞士國際私法第23條：「自然人取得瑞士國籍，同時又擁有外國國籍的，應以其瑞士國籍作爲確定法院管

		適用臻於合理、妥當。至於當事人與各國籍關係之密切程度，則宜參酌當事人之主觀意願（例如最後取得之國籍是否爲當事人眞心嚮往）及各種客觀因素（例如當事人之住所、營業所、工作、求學及財產之所在地等），綜合判斷之。此外，中華民國賦予當事人國籍，因此而生之法律適用之利益，既得1併於各國牽連關係之比較中，予以充分衡量，已無單獨規定適用中華民國法律之必要，爰刪除但書之規定。	轄權的依據。當事人擁有幾個國籍的，除本法另有規定外，以與當事人有最密切聯繫的國家的國籍作爲確定所適用法律的依據。當事人擁有幾個國籍的，當需要承認和執行外國法院判決時，只要其中任何一個國籍使承認條件得到滿足，就可以得到瑞士法院的承認。」亦可供參考。 至於義大利國際私法第19條第2項之規定：「如某人有一個以上的國籍，則應適用與其有最密切關係國家的法律。如該人同時具有義大利國籍，則義大利國籍應當優先。」仍維持內國國籍優先原則。
第3條 依本法應適用當事人本國法，而當事人無國籍時，適用其住所地法。 第4條　依本法應適用當事人之住所地法，而當事人有多數住所時，適用其關係最切之住所地法。 當事人住所不明時，適用其居所地法。 當事人有多數居所時，適用其關係最切之居所地法；居所不明者，適用現在地法。	第27條 依本法應適用當事人本國法，而當事人無國籍時，依其住所地法，住所不明時，依其居所地法。 當事人有多數住所時，依其關係最切之住所地法，但在中華民國有住所者，依中華民國法律。 當事人有多數居所時，準用前項之規定，居所不明者，依現在地法。	1.條次變更。 2.現行條文第27條第1項前段係規定無國籍人之本國法之問題，其餘部分則規定當事人之住所地法問題，體例上宜分條規定之。爰將其前段單獨移列第3條，其餘部分移列第4條，並將「依」其住所地法，修正爲「適用」其住所地法，使條文之文字前後呼應。 3.現行條文第27條第2項前段、第1項後段、第3項，分別移列第4條第1項至第3項，並均比照第3條酌爲文字修正。此外，「關係最切之住所地法」之原則已可兼顧中華民國法律適用之利益，爰刪除現行條文第2項但書之規定。	本法背於國際立法趨勢，捨「常居所」而仍維持「住所」作爲屬人法之連繫因素，有檢討之必要。

第5條 依本法適用當事人本國法時，如其國內法律因地域或其他因素有不同者，依該國關於法律適用之規定，定其應適用之法律；該國關於法律適用之規定不明者，適用該國與當事人關係最切之法律。	第28條 依本法適用當事人本國法時，如其國內各地方法律不同者，依其國內住所地法，國內住所不明者，依其首都所在地法。	1.條次變更。 2.依本法適用當事人本國法時，現行條文就其國內各地方之不同法律，直接明定其應適用之法律，惟該國法律除因地域之劃分而有不同外，亦可能因其他因素而不同，且該國對其國內各不同法律之適用，通常亦有其法律對策。爰參考義大利國際私法第18條規定之精神，就其國內法律不同之原因，修正爲地域或其他因素，並對當事人本國法之確定，改採間接指定原則及關係最切原則，規定依該國關於法律適用之規定，定其應適用之法律，該國關於法律適用之規定不明者，適用該國與當事人關係最切之法律。	日本法律適用通則法第40條之規定：「當事人之本國爲因地而異其法律之國時，以該國所定之法（如無該規定時，以關係最密切之法）爲其本國法。當事人之本國爲因人而異其法律之國時，以該國所定之法（如無該規定時，以關係最密切之法）爲其本國法。前項之規定於當事人之常居所地爲因人而異其法律之常居所地時，於依第25條（包含第26條及第27條之準用之情形）、第26條第2項第2款、第32條、第38條第2項之規定而適用常居所地法時，及以與夫妻關係最密切而適用常居所地法時，準用之。」較諸本法之規定精緻許多。 義大利國際私法第18條：「如果所指定法律所屬國就地域、人而言存在非統一的法律制度，則應當依據該國法律制度的標準來確定準據法。」 2.如經證實無法確定此類標準，則適用與特定案件有最密切關係的法律制度。」亦可供參考。
第6條 依本法適用當事人本國法時，如依其本國法就該法律關係須依其他法律而定者，應適用該其他法律。但依其本國法或該其他法律應適用中華民國	第29條 依本法適用當事人本國法時，如依其本國法就該法律關係須依其他法律而定者，應適用該其他法律，依該其他法律更應適用其他法律者亦同。但	1.條次變更。 2.現行條文關於反致之規定，兼採直接反致、間接反致及轉據反致，已能充分落實反致之理論，惟晚近各國立法例已傾向於限縮	是否應限縮「反致」之適用範圍非無爭議。日本法律適用通則法第41條：「應適用當事人之本國法，而依該法應適用日本法時，適用日本法。但關於第25條（包含

| 法律者，適用中華民國法律。 | 依該其他法律應適用中華民國法律者，適用中華民國法律。 | 反致之範圍，以簡化法律之適用，並有僅保留直接反致之例。爰刪除現行條文中段「依該其他法律更應適用其他法律者，亦同」之規定，以示折衷。
3.直接反致在現行條文是否有明文規定，學說上之解釋並不一致。爰於但書增列「其本國法或」等文字，俾直接反致及間接反致，均得以本條但書為依據。 | 第26條及第27條之準用之情形）及第32條之適用，不在此限。」只認「直接反致」並設有例外。但德國國際私法第4條：「根據本法規定應適用某一外國國家的法律的，應包括適用該國的衝突規範。如果依該國法律規定反致德國法的，則應適用德國的實體法。」則包括直接反致、間接反致與轉據反致。瑞士國際私法第14條則規定：「當所適用的外國法反致瑞士法或轉致另一國家的法律時，只有當本法有規定時，才考慮接受反致或轉致。有關公民的身分問題，外國法的反致予以接受。」以各論有特別規定時才准許直接反致或轉據反致。義大利國際私法第13條規定：「1.在以下條文中指向外國法時，對外國國際私法向另一國家現行法律的反致應予考慮，如果：(1)依據該國法律接受反致；(2)反致指向義大利法律。2.第1款應不適用於(1)本法規定根據有關當事人的法律選擇而適用外國法的情況；(2)行為的法定形式；(3)與本篇第11章規定有關的情況。3.對於第33條、第34條和第35條中提到的情況，只有當所指向的法律允許確定父母子女關係時，對此反致才應予考慮。 |

			4.在本法規定可以適用國際公約的任何情況下，公約中採用的關於反致問題的解決方式應予適用。
第7條 涉外民事之當事人規避中華民國法律之強制或禁止規定者，仍適用該強制或禁止規定。		1.本條新增。 2.涉外民事事件原應適用中華民國法律，但當事人巧設連結因素或連繫因素，使其得主張適用外國法，而規避中華民國法律之強制或禁止規定之適用，並獲取原為中華民國法律所不承認之利益者，該連結因素或連繫因素已喪失真實及公平之性質，適用之法律亦難期合理，實有適度限制其適用之必要。蓋涉外民事之當事人，原則上雖得依法變更若干連結因素或連繫因素（例如國籍或住所），惟倘就其變更之過程及變更後之結果整體觀察，可認定其係以外觀合法之行為（變更連結因素或連繫因素之行為），遂行違反中華民國之強制或禁止規定之行為者，由於變更連結因素或連繫因素之階段，乃其規避中華民國強制或禁止規定之計畫之一部分，故不應適用依變更後之連結因素或連繫因素所定應用之法律，而仍適用中華民國之強制或禁止規定，以維持正當適用中華民國法律之利益。現行條文對此尚無明文可據，爰增訂之。	雖「規避法律」為國際私法重要問題，但此一條文為我國所特有。日本、德國、義大利與瑞士等國之國際私法均未見有類似規定。規避法律在理論上指當事人規避原應適用之法律，不是規避法院地之中華民國法律，本法之規定有再檢討之必要。

第8條	第25條		
依本法適用外國法時，如其適用之結果有背於中華民國公共秩序或善良風俗者，不適用之。	依本法適用外國法時，如其規定有背於中華民國公共秩序或善良風俗者，不適用之。	1.條次變更。 2.按關於外國法適用之限制，現行條文係以「其規定」有背於中華民國公共秩序或善良風俗爲要件，如純從「其規定」判斷，難免失之過嚴，而限制外國法之正當適用。爰將「其規定」1詞修正爲「其適用之結果」，以維持內、外國法律平等之原則，並彰顯本條爲例外規定之立法原意。	
第2章 權利主體		1.新增章名。 2.法律上之權利主體爲人，而無論自然人或法人之能力及地位等問題，各國法律之規定均未一致，並發生法律衝突之現象。爰就現行條文酌予修正、增訂數條，並集爲1章，而以「權利主體」爲章名。	
第9條 人之權利能力，依其本國法。		1.本條新增。 2.現行條文關於人之一般權利能力，並未規定其應適用之法律，關於人之權利能力之始期及終期等問題，難免發生法律適用之疑義。衡諸權利能力問題之性質，仍以適用當事人之屬人法爲當。爰參考德國民法施行法第7條第1項關於權利能力應適用之法律之規定，增訂本條，明定應依當事人之本國法。	本法之規定是否有其必要，規定是否妥適，容有疑義。德國國際私法規定：「1.自然人的權利能力和行爲能力依其所屬國家的法律。通過結婚擴大的行爲能力也適用本規定。」規定與本法相近，日本法律適用通則法未規定，瑞士國際私法第314條規定：「自然人的民事權利能力適用瑞士法。自然人的權利能力旳產生和終止，適用規定民事權利關係的法律。」亦非採取本國法主義。

			按權利能力的問題通常不會發生（即一般權利能力），而係與某人是否享有特定權利時始發生（即特別權利能力），且適用該權利本身之準據法。
第10條 人之行為能力依其本國法。 有行為能力人之行為能力，不因其國籍變更而喪失或受限制。 外國人依其本國法無行為能力或僅有限制行為能力，而依中華民國法律有行為能力者，就其在中華民國之法律行為，視為有行為能力。 關於親屬法或繼承法之法律行為，或就在外國不動產所為之法律行為，不適用前項規定。	第1條 人之行為能力依其本國法。 外國人依其本國法無行為能力或僅有限制行為能力，而依中華民國法律有行為能力者，就其在中華民國之法律行為，視為有行為能力。 關於親屬法或繼承法之法律行為，或就在外國不動產所為之法律行為，不適用前項規定。	1.條次變更。 2.現行條文第1條，移列本條第1項、第3項及第4項。 3.人之行為能力之準據法所據以決定之連結因素或連繫因素，依第1項規定應以行為時為準，但如當事人依其舊國籍所定之本國法已有行為能力，而依行為時之國籍所定之本國法卻無行為能力或僅有限制行為能力，仍不宜容許該當事人以其無行為能力或僅有限制行為能力為抗辯。爰參考德國民法施行法第7條第2項規定之精神，增訂第2項，表明「既為成年，永為成年」之原則。	本法增訂第2項規定：「有行為能力人之行為能力，不因其國籍變更而喪失或受限制。」與德國國際私法第7條之規定：「獲得或喪失德國國籍並不影響該自然人過去已經取得的權利能力和行為能力。」瑞士國際私法第35條第2項之規定：「自然人已經取得行為能力的，並不因其習慣居所地的變更而受影響。」相近。日本法律適用通則法則未規定。
第11條 凡在中華民國有住所或居所之外國人失蹤時，就其在中華民國之財產或應依中華民國法律而定之法律關係，得依中華民國法律為死亡之宣告。 前項失蹤之外國人，其配偶或直系血親為中華民國國民，而現在中華民國有住所或居所者，得因其聲請依中華民國法律為死亡之宣告，不受前項之限制。	第4條 凡在中華民國有住所或居所之外國人失蹤時，就其在中華民國之財產或應依中華民國法律而定之法律關係，得依中華民國法律為死亡之宣告。 前項失蹤之外國人，其配偶或直系血親為中華民國國民，而現在中華民國有住所或居所者，得因其聲請依中華民國法律為死亡之宣告，不受前項之限制。	1.條次變更。 2.現行條文第4條，移列本條第1項及第2項。 3.中華民國法院對外國人為死亡之宣告者，現行條文未規定其效力應適用之法律。由於該死亡之宣告依第1項規定係依中華民國法律所為，其效力亦應依同一法律，較為妥當。爰增訂第3項，明定其效力依中華民國法律，以	本法規定與瑞士國際私法第41條：「失蹤人失蹤前在瑞士有住所的，其最後住所地的瑞士法院對失蹤宣告案件具有管轄權。此外，為保護某項特殊利益的需要，瑞士法院有權作出失蹤宣告。宣告失蹤的條件和效力適用瑞士法律。」相近，與德國國際私法第9條：「死亡宣告、死亡和死亡時刻的確定以及生命和死亡推測，依

前2項死亡之宣告，其效力依中華民國法律。		杜爭議。	已知失蹤者還活著的最後時刻所在國家的法律。如果失蹤者在這個時刻是一外國公民，內國對此又存在某種正當利益，則可依德國法宣告其死亡。」則不同。日本法律適用通則法第6條之規定：「法院就於最後生存時點，在日本有住所或有日本國籍之失蹤人，外國人失蹤時，得為失蹤宣告。前項以外情形，失蹤人於日本有財產，就該財產，或有應依日本法定之之法律關係，或依該法律關係之性質或當事人之住所等情事，該法律關係與日本有關時，就該法律關係，法院得依日本法為失蹤宣告。」比本法規定精緻。另瑞士國際私法第12條之規定：「外國法院作出失蹤或死亡宣告的，若宣告由失蹤人或死者住所地國家或國籍所屬國家作出時，瑞士予以承認。」值得參酌。
第12條 凡在中華民國有住所或居所之外國人，依其本國及中華民國法律同有受監護、輔助宣告之原因者，得為監護、輔助宣告。 前項監護、輔助宣告，其效力依中華民國法律。	第3條 凡在中華民國有住所或居所之外國人，依其本國及中華民國法律同有禁治產之原因者，得宣告禁治產。 前項禁治產宣告，其效力依中華民國法律。	1.條次變更。 2.民法總則編與親屬編甫於97年5月23日修正公布，將禁治產宣告修正為監護宣告，並增訂輔助宣告之制度，爰依此項修正之意旨，規定第1項、第2項有關禁治產為監護之文字，並配合增訂第3項，規定輔助之宣告準用前2項規定，即關於輔助之原因，準用第1項，	德國國際私法第8條規定：「在外國有慣常居所的德國人或如果在外國沒有慣常居所而在內國有其慣常居所的外國人可依德國法宣告禁治產。」日本法律適用通則法第5條：「法院就在日本有住所或居所或有日本國籍之成年被監護人、被保佐人、被輔助人，得依日本法為監護開始、保佐開始或輔助開始之裁

		關於輔助宣告之效力，準用第2項之規定。 3.民法總則編與親屬編之修正條文將於98年11月23日施行，如本條之修正條文於該期日之前即已施行，於該期日之前，解釋上仍宜將條文中之監護，規定爲禁治產，以利法律之適用。	判（以下簡稱監護開始之裁判）。」均包括在外國有常居所之本國人，該國法院有權宣告禁治產。此爲本法所無。
第13條 法人，以其據以設立之法律爲其本國法。	第2條 外國法人，經中華民國認許成立者，以其住所地法爲其本國法。	1.條次變更。 2.按內、外國之法人均有應依其屬人法決定之事項（詳如第14條所列），本條所規定者即爲法人之屬人法。現行條文僅就外國法人予以規定，並以經中華民國認許成立爲條件，漏未規定中華民國法人及未經中華民國認許成立之外國法人之屬人法，顯有不足，實有擴大規範範圍之必要。現行條文規定外國法人以其住所地法爲其本國法，至於依中華民國法律設立之中華民國法人，則依法理以中華民國法律爲其本國法，2者所依循之原則不同，而有使其一致之必要。爰參考1979年泛美商業公司之法律衝突公約第2條及義大利國際私法第25條第1項等立法例之精神，均採法人之設立準據法主義，明定所有法人均以其所據以設立	瑞士國際私法第155條規定：「除本法第156條至第161條之的規定，規定公司問題的法律，可以適用於下述事項：(1)公司的法律性質；(2)公司的設立和撤銷；(3)公司的權利能力和行爲能力；(4)公司的名稱和字型大小；(5)公司的組織機構；(6)公司內部的關係如公司與公司成員的關係；(7)違反公司法規定所應承擔的責任；(8)公司債務；(9)爲公司進行活動的人員的代表權限。」第156條規定：「因通過公告等方式發行公債而提出的索賠，適用規定公司的法律或公債發行地國家的法律。」第157條規定：「對於在瑞士商務登記處登記註冊的瑞士公司的名稱或字型大小的保護，適用瑞士法律。公司在瑞士商務登記處沒有登記註冊的，其名稱或字型大小的保護適用規定不正當競爭或侵害公司權益的法律。」

		之法律，爲其本國法。	第158條規定：「與第三者進行的法律活動，公司不得推諉已經對公司機構的代表權限或代表人的許可權作出限制，來拒絕適用第三者的住所地或習慣居所地法律。」比本法之規定精緻許多。至於義大利國際私法第25條之規定：「1.以公有或私有體制爲基礎的公司、社團、基金會及其他機構，即便尙不具備社團的特徵，應由其成立地所在國的法律支配。但是如果其總部位於義大利或主要工作機構位於義大利，則應適用義大利法律。2.支配特定機構的法律尤其適用於：(1)法律性質；(2)商業或社團名稱；(3)成立、轉讓及解散；(4)能力；(5)組織的編制、權力及運作方式；(6)機構；(7)取得或喪失組織成員資格的方式以及由此產生的權利和義務；(8)企業負債的法律責任；(9)違反法律或公司章程的後果。3.企業註冊辦公地向另一國家的遷移以及註冊辦公地位於不同國家的企業之間的兼併，只有依據上述國家的法律進行方具有效力。」可供參考。
第14條 外國法人之下列內部事項，依其本國法： 1.法人之設立、性質、權利能力及行爲能力。		1.本條新增。 2.外國法人依前條所定之屬人法，其主要適用之範圍，乃該法人之內部事務，至其具體內	

2.社團法人社員之入社及退社。 3.社團法人社員之權利義務。 4.法人之機關及其組織。 5.法人之代表人及代表權之限制。 6.法人及其機關對第三人責任之內部分擔。 7.章程之變更。 8.法人之解散及清算。 9.法人之其他內部事項。		容，則因包含甚廣，難以盡列。爰參考瑞士國際私法第155條及義大利國際私法第25條第2項等立法例之精神，就外國法人之內部事務於第1款至第8款為例示性之規定，再輔以第9款之補充規定，以期完全涵括。	
第15條 依中華民國法律設立之外國法人分支機構，其內部事項依中華民國法律。		1.本條新增。 2.外國法人依中華民國法律設立分支機構者，例如外國公司經中華民國政府認許而設立在中華民國之分公司之情形，該分支機構在法律上雖仍為該外國法人之一部分，其設立卻是該外國法人在中華民國境內營業或為其他法律行為之必要條件，實務上並有直接以其為權利主體或行為主體之例，故亦有必要就該分支機構，單獨決定其內部事項應適用之法律。此等分支機構性質上固非屬於中華民國法人，但因其乃依據中華民國法律設立，關於該分支機構本身之內部事項，自宜適用中華民國法律。爰增訂明文規定，以應實際需要。本條規定僅適用於外國法人在內國之分支機構依前條所定之	瑞士國際私法之規定，第159條：「一家依照瑞士法律設立、並在瑞士境內經營業務的外國公司，以公司名義進行活動的責任，適用瑞士的法律。」第161條之規定：「一家外國公司在瑞士設立分公司，該分公司的活動適用瑞士法律。這類分公司的代表權適用瑞士法律。被任命為該公司的代表人員應在瑞士設立住所，並向瑞士商務登記處登記註冊。瑞士聯邦委員會有權決定登記註冊的方式。」第161條之規定：「如果規定公司關係的外國法律允許、公司不經過解散和重新設立即可適用瑞士法律。但是公司應該符合該外國法律規定的條件，並符合瑞士法律有關公司組織形式的規定。雖然不完全符合外國法律規定的條件，但是瑞士聯邦委員會同意這種法律地位的變

| | | 內部事項,如為該分支機構之外部事項或對外法律關係(例如與第三人訂定契約所生之問題等),因該外部事項或對外法律關係另有其應適用之法律,自非本條之適用範圍;至於外國法人依內國法律設立另一內國法人之情形,例如外國公司轉投資而依中華民國法律設立中華民國之子公司等,其內部事項乃具有單獨人格之該中華民國法人(子公司)本身之問題,亦非屬本條之適用範圍。 | 更,尤其是涉及瑞士公司的重大利益時,亦同。」第162條之規定:「在瑞士商務登記處登記註冊的公司,自從它將業務中心遷至瑞士,並在瑞士商務登記處登記註冊後,即開始適用瑞士法律。沒有在瑞士商務登記處登記註冊的公司,只要它明確聲明自願受瑞士法律約束,並與瑞士有充分聯繫的,在它表示接受瑞士法律後,可以適用瑞士法律。外國公司在瑞士登記註冊之前,應擬制一份資產報告,說明其資產符合瑞士法律的規定,報告應由經瑞士聯邦委員會認可的委託人提交。」第163條:「一家受瑞士法律支配的公司,在不經過重新設立的情況下,只能提供下述證據,同樣可以適用外國法律:(1)符合瑞士法律規定的註冊條件的;(2)按照外國法律可以繼承存在的;(3)已經通過公告方式將公司的代表和公司法律地位的變更情況通知債權人的。根據1982年10月8日關於國家經濟供給的聯邦立法第611條的規定,發生國際衝突時有關採取保護措施的條款予以保留。」第164條規定:「一家在瑞士商務登記處登記註冊的外國公司,債務人聲明還沒有還清債務或還沒有提供擔保的,或債權人不 |

			同意其註銷的，不得註銷。如果公司的債權還未償還，或沒有提供擔保的，可以在瑞士對其進行追索。」比本法之規定精緻細密許多。
第3章 法律行為之方式及代理		1.新增章名。 2.因法律行為而發生涉外法律關係者，與該法律行為有關之涉外問題，通常依其性質規定於各該法律關係專章之中（例如債、物權、親屬及繼承等），然各種法律行為亦有其共同之問題，而適合以通則方式予以規定者，例如法律行為之方式及代理等問題是。現行條文有關法律行為方式之規定，係在同一條文之中，將一般法律行為之方式及特別法律行為之方式，併予處理，體例上仍可再予以細分。爰取其關於一般法律行為方式之規定，酌予修正，再增訂關於代理之規定數條，並集為一章，而以「法律行為之方式及代理」為章名。	
第16條 法律行為之方式，依該行為所應適用之法律。但依行為地法所定之方式者，亦為有效；行為地不同時，依任一行為地法所定之方式者，皆為有效。	第5條 法律行為之方式，依該行為所應適用之法律，但依行為地法所定之方式者，亦為有效。 物權之法律行為，其方式依物之所在地法。 行使或保全票據上權	1.條次變更。 2.現行條文第5條規定之各類法律行為，性質本不相同，其方式問題宜配合各該法律行為之成立要件及效力予以規定，較為妥適。爰將其第1項有關一般法律行為（主要為	日本法律適用通則法第10條之規定：「法律行為之方式，依該法律行為成立所應適用之法（法律行為依前條規定變更時，其變更前之法）依行為地所定之方式，亦為有效，不受前項之限制。

利之法律行為，其方式依行為地法。		債權行為）之規定，移列為本條，並增訂行為地不同時，依任一行為地法所定之方式者，皆為有效，以貫徹立法旨意。	關於前項規定之適用，對於因地而異其法律之人為意思表示時，以發通知地為行為地。因地而異其法律之人為契約時，不適用前2項之規定，此等情形，以合於發要約通知地或發承諾通知地法所定之方式者，亦為有效，不適用第1項之規定。前3項之規定，於就動產或不動產或其他應登記之權利為設定或處分之法律行為，不適用之。」可供參考。
第17條 代理權係以法律行為授與者，其代理權之成立及在本人與代理人間之效力，依本人及代理人所明示合意應適用之法律；無明示之合意者，依與代理行為關係最切地之法律。		1.本條新增。 2.代理權之授與，與其原因法律關係（如委任契約）本各自獨立，並各有其準據法。本條係針對代理權授與之行為，明定其應適用之法律，至其原因法律關係應適用之法律，則宜另依該法律關係（如委任契約）之衝突規則決定之。代理權係以法律行為授與者，本人及代理人常可直接就其相關問題達成協議。爰參考1978年海牙代理之準據法公約第5條、第6條規定之精神，明定代理權之成立及在本人與代理人間之效力，應依本人及代理人明示之合意定其應適用之法律，以貫徹當事人意思自主原則。至於當事人無明示之合意者，則	本法之規定比較接近瑞士國際私法之規定，而與1978年海牙代理之準據法公約相去甚遠。瑞士國際私法第126條規定：「代理契約中，代理人與被代理人的關係適用代理契約的準據法。代理人所從事的與被代理人、締約第三人有聯繫的活動條件適用代理人的營業機構所在地法律；如果代理人沒有營業機構或締約第三人不承認的，適用代理人主要活動地法律。如果代理人與被代理人的聯繫產生于勞動契約，代理人沒有自己的營業機構的，被代理人的營業機構即被推定為代理人的營業機構；本條第2款的規定同樣適用于代理人與第三人之間的代理權的效力問題。」

		由法院就具體個案中之各種主觀、客觀因素及實際情形，比較代理行為及相關各地之間之關係，而以其中與代理行為關係最切地之法律，為應適用之法律。例如A國人甲（本人）授權在B國營業之B國人乙（代理人）處分甲在B國之財產，甲、乙未明示合意定其應適用之法律，則就甲、乙之間關於其授權之內容及範圍之爭議，B國法律乃關係最切地之法律。	
第18條 代理人以本人之名義與相對人為法律行為時，在本人與相對人間，關於代理權之有無、限制及行使代理權所生之法律效果，依本人與相對人所明示合意應適用之法律；無明示之合意者，依與代理行為關係最切地之法律。		1.本條新增。 2.本人因代理人代為法律行為，而與相對人發生之法律關係，與代理權之授與及代理人代為之法律行為，關係均甚密切。爰參考1978年海牙代理之準據法公約第11條至第14條規定之精神，規定在本人與相對人間之法律關係，原則上應依本人與相對人所明示合意應適用之法律，如其對此無明示之合意，則依與代理行為關係最切地之法律。法院於認定某地是否為關係最切地時，應斟酌所有主觀及客觀之因素，除當事人之意願及對各地之認識情形外，尚應包括該地是否為代理人或其僱用人於代理行為成立時之	本法引述1978海牙代理之準據法公約條文順序有誤，該公約第5條以下之規定如下：「本人和代理人選擇的國內法應支配他們之間的代理關係。選擇必須是明示的，或者是從當事人間的協議以及案件的事實中合理而必然地可以推定的。」（第5條）「在沒有根據第5條選擇法律的情況下，適用的法律應是在代理關係成立時，該代理人設有營業所的國家的國內法，或者如果沒有營業所，則是其慣常居所地國家的國內法。但如果本人在代理人主要活動地國設有營業所，或雖無營業所但在該國設有慣常居所，則該國國內法應予以適用。在本人或代理人有一個以上的營業所時，本條涉及

		營業地、標的物之所在地、代理行為地或代理人之住所地等因素。例如A國人甲（本人）授權在B國營業之B國人乙（代理人）處分甲在C國之財產，並由C國人丙（相對人）買受，如甲、丙未明示合意定其應適用之法律，則就甲、丙之間關於乙所受授權之內容及範圍之爭議，C國法律關於保護丙之信賴具有重要之利益，可認為關係最切地之法律。	的營業所係指與代理協議有最密切聯繫的營業所。」（第6條）「如果代理關係的創設並非協議的唯一目的，第5和第6條規定的法律只有在下列情況下予以適用：1.代理關係的創設是協議的主要目的；2.代理關係是可以分割出來的。」（第7條）「根據第5和第6條可以適用的法律應支配代理關係的成立及其效力、雙方當事人的義務、履行的條件、不履行的後果以及此項義務的消滅。該項法律特別應適用於：1.代理權的存在和範圍，變更或終止，代理人逾越許可權或濫用代理權的後果；2.代理人指定替補代理人、分代理人或增設代理人的權利；3.在代理人和本人之間存在潛在的利益衝突的場合，代理人以本人名義訂立契約的權利；4.非競爭性營業的條款和信用擔保條款；5.在顧客中樹立的信譽的補償；6.可以獲得賠償的損害的種類。（第8條）「無論可適用於代理關係的是什麼法律，有關履行方式應考慮履行地法。」（第9條）「在代理關係由於雇傭契約而產生的場合，不應適用本章規定。」（第10條）

第19條 代理人以本人之名義與相對人爲法律行爲時，在相對人與代理人間，關於代理人依其代理權限、逾越代理權限或無代理權而爲法律行爲所生之法律效果，依前條所定應適用之法律。		1.本條新增。 2.代理人欠缺代理權或逾越代理權限，仍以本人之名義爲法律行爲者，其相對人與代理人因此所生之法律關係，例如就其所受損害請求賠償之問題等，亦有決定其準據法之必要。爰參考1978年海牙代理之準據法公約第15條規定之精神，規定應與前條所定之法律關係適用相同之準據法。例如A國人甲（本人）未授權B國人乙（無權代理人）處分甲在C國之財產，乙竟以甲之代理人名義予以出售，並由C國人丙（相對人）買受之，如該代理行爲因甲未予以承認而未生效，丙擬向乙請求損害賠償，則應依本人與相對人所明示合意應適用之法律，無明示之合意者，則依與代理行爲關係最切地之法律，以保護丙之信賴利益。	本法關於1978年海牙代理之準據法公約條文順序引用有誤。該公約規定如下「在本人和第三人之間，代理權的存在、範圍以及代理人行使或打算行使其許可權所產生的效力，應依代理人作出有關行爲時的營業所所在地國家的國內法。但在下列情況下，應依代理人行爲地國家的國內法：1.本人在該國境內設有營業所，或雖無營業所但設有慣常居所，而且代理人以本人名義進行活動；2.第三人在該國境內設有營業機構，或雖無營業所但設有慣常居所；3.代理人在交易所或拍賣行進行活動；4.代理人無營業所。在當事人一方有數營業所的場合，本條係系指與代理人的有關行爲有最密切聯繫的營業所。（第11條）「爲適用第11條第1款，如果根據其與本人之間的僱傭契約而進行活動的代理人沒有營業所，則該代理人應視爲住所隸屬的本人的營業所所在地設有營業所。」（第12條）「爲適用第11條第2款，如果代理人在一國境內通過信件、電報、電傳打字、電話或其他類似手段與在他國境內的第三人通訊聯繫，則應視爲在其營業所所在地從事此類代理活動，如沒有這一機構，則應視爲在其慣

			常居所所在地活動。」（第13條）「雖有第11條的規定，如果本人或第三人已就第11條涉及的問題適用法律作了書面規定，且此項規定已爲另一方當事人所接受，則以此種方式規定的法律應適用於此類問題。」（第14條）「根據本章應適用的法律亦應支配代理人和第三人之間因代理人行使其代理權、超越其代理權或無權代理所產生的關係。」（第15條）
第4章　債		1.新增章名。 2.涉外民事事件之性質爲債權債務之法律關係者，其準據法之決定原則，亦可集爲1章。爰增訂章名爲「債」，並將我國民法及其特別法上之債權債務問題，取其包含涉外因素之部分，1併予以納入。	
第21條 法律行爲發生債之關係者，其成立及效力，依當事人意思定其應適用之法律。 當事人無明示之意思或其明示之意思依所定應適用之法律無效時，依關係最切之法律。 法律行爲所生之債務中有足爲該法律行爲之特徵者，負擔該債務之當事人行爲時之住所地法，推定爲關係最切之法律。但就不動產所爲之法律行爲，其所在地法推定爲關係最切之法律。	第6條 法律行爲發生債之關係者，其成立要件及效力，依當事人意思定其應適用之法律。 當事人意思不明時，同國籍者依其本國法，國籍不同者依行爲地法，行爲地不同者以發要約通知地爲行爲地，如相對人於承諾時不知其發要約通知地者，以要約人之住所地視爲行爲地。 前項行爲地，如兼跨2國以上或不屬於任何國家時，依履行地法。	1.條次變更。 2.現行條文第6條第1項，移列本條第1項，維持當事人意思自主原則，並爲配合本法用語之統一，將「成立要件」一詞修正爲「成立」。 3.現行條文關於債權行爲適用之法律，於當事人意思不明時係以硬性之一般規則予以決定，有時發生不合理情事。爰參考德國民法施行法第28條規定之精神，於本條第2項改採關係最切	1.本法引述德國國際私法時，似有違誤。其第27條之規定如下：「1.契約依當事人選擇的法律。法律選擇必須是明示的，或者可以從案件的具體情況中作出明確的推定的。當事人可爲整個契約或只爲契約的某個部分選擇法律。2.當事人可隨時商定契約應適用的其他法律，以代替根據以前的法律選擇或根據本法的其他規定確定的對它曾適用的法律。

之原則，由法院依具體案情個別決定其應適用之法律，並在比較相關國家之利益及關係後，以其中關係最切之法律為準據法，以兼顧當事人之主觀期待與具體客觀情況之需求。此外，為減少本條適用上之疑義，現行條文第2項關於「當事人意思不明」之用語，亦修正為「當事人無明示之意思或其明示之意思依所定應適用之法律無效」，以重申第1項當事人之意思限定於明示之意思，且當事人就準據法表示之意思，應依其事實上已表示之準據法，決定其是否有效成立之問題。

4.本條第2項關係最切之法律之認定，各國法院常有漫無標準之困擾，為兼顧當事人對於其準據法之預測可能性。爰參考1980年歐洲共同體契約之債準據法公約（即羅馬公約）第4條之精神，規定法律行為所生之債務中有足為該法律行為之特徵者，負擔該債務之當事人行為時之住所地法，推定為關係最切之法律。至於具有特徵性之債務之判斷，則宜參考相關國家之實踐，分別就個案認定，並逐漸整理其

契約締結後更改適用法律的規定不影響第11條有關契約方式的有效性和第三者權利。3.如果與案件有關的一切因素集中於某個國家，且該國的法律規定不允許通過契約來違背其法律的，則當事人在選擇外國的法律時，無論是否徵得法院的許可，都不得違反該國法律的規定（強制規定）。4.當事人就應適用法律的協議的成立和效力適用第11條、第12條、第29條第3款和第31條。第28條規定：「當事人未作選擇時的法律適用，1.假如對契約適用的法律沒有依第27條進行協商，則契約適用與其有密切聯繫的國家的法律。如果契約的一部分同契約的其餘部分可以分開，而這一部分同另一國家有密切聯繫，則這一部分可例外地適用與之有密切聯繫的另一國家的法律。2.可以推定契約同應支付特定款項的當事人在締約時有慣常居所的國家，或者，如果涉及公司、協會或法人則與其主要經營管理機構所在地的國家有最密切的關係。如果契約是為當事人從事的職業或行業的工作而締結

| | | 類型，以為法院優先考量適用之依據。法院就既已定型之案件類型，固應推定負擔該具有特徵性之債務之當事人行為時之住所地法，為關係最切之法律，並以其為準據法，但如另有其他法律與法律行為之牽連關係更密切，仍得適用之，其應說明比較此二法律與法律行為之牽連關係，乃屬當然。就不動產所為之法律行為，該不動產之所在地法，與負擔具有特徵性之債務之當事人行為時之住所地法相較，仍以該不動產之所在地法關係較切，爰於但書推定其為關係最切之法律。
5.現行條文第6條第3項原係配契約條第2項之規定而設，現因本條第2項已改採關係最切之原則，爰配合予以刪除。 | 的，則可以推定契約與其有主要分公司所在地的國家，或如果按契約由另一分公司作為主要分公司支付款項的，則與另一分公司所在地國家有最密切的聯繫。如果不能確定支付特定款項，則不能適用這一款。3.如果契約對地產有物權或使用權，就可推定契約表示與地產所在地國家有最密切的聯繫。4.在財產運送契約中，可以推定它們同承運人在締約時有主要營業處的國家的最密切的聯繫，只要這個國家同時也是裝貨地或卸貨地或托運人主要營業處所在地。作為財產運送契約的單一航程的租船契約和以財產運送作為主要事務的其他契約也適用本款。5.根據總的情況來看，如果契約同另一國家有更為密切聯繫的，則可以不適用第2款、第3款和第4款的規定。」
2.本法規定勿寧比較接近瑞士國際私法之規定。其第116條規定：「契約適用當事人所選擇的法律。當事人選擇法律應採用明示方法，或從契約條款及有關情況中作出肯定的判斷。當事人隨時都可以選擇法律或對其作出修 |

			正。如果在締結契約時已選定所適用的法律的，該法律從契約成立之日起支配該契約。第三者的權利予以保留。第117條規定：「對於契約所適用的法律，當事人沒有作出選擇的，則契約適用依可知的情況中與其有最密切聯繫的國家的法律。與契約有最密切聯繫的國家，是指特徵性義務履行人的習慣居所地國家，如果契約涉業務活動或商務活動的，指營業機構所在地國家。以特徵性義務履行人來決定最密切聯繫的關係時，下述契約的特徵性義務履行人分為：(一)贈與契約中，贈與人；(二)財產使用契約中，給予使用的一方當事人；(三)勞務契約中，提供勞務的一方當事人；(四)倉儲契約中的保管人；(五)擔保契約中的擔保人。」第119條規定：「有關不動產及其使用契約，適用不動產所在地國家的法律。當事人可以選擇所適用的法律。但是契約形式適用不動產所在地法律，不動產所在地法律規定適用其他法律的除外。動產位於瑞士境內的，契約的形式適用瑞士法律。」日本法

| | | | 律適用通則法之規定，亦值得參考。第7條規定：「法律行為之成立及效力，依法律行為當時，當事人意思所選擇之地之法。未依前條規定為選擇時，以法律行為當時與該法律行為有最密切關係之地之法。前項情形，於法律行為一方當事人為特徵給付時，推定該當事人之常居所地法（該當事人於其事業所所在地為給付時，該事業所在地法；該當事人有二個以上之事業所時，其主事業所在地法）為關係最密切之法。第一項之情形，於以不動產為標的物之法律行為，推定該不動產所在地法為關係最密切之法。當事人得變更法律行為所應適用之法。但其變更有害於第三人之權利時，不得對抗該第三人。」
3.各國國際私法關於因法律行為而生之債，多規定消費者契約與勞動契約之特別規定，惟本法卻未規定，不無遺珠之憾。德國國際私法第29條規定：「消費契約：1.在不以買主的職業和行業活動為目的的動產交易或勞務契約中，以及在為這類交易供給資金的契約中，當事人的 |

			法律選擇不允許規避買主有其慣常居所地國家的法律關於保護的強制規定：(1)如果當事人爲締結消費契約已經在該國作出特定的要約或廣告的，以及買主在該國已做了締結契約的一切準備的，或(2)如果消費契約賣方當事人或其代理人在這個國家已經接受買主訂貨，或(3)如果契約涉及貨物銷售，且買主由一國行至另一國家，並在那裡提出訂貨要求，而他從一國至另一國的旅行完全是賣主爲使他購買貨物而特意安排的。2.在無法律選擇情況下的消費契約以及符合第1款內容所成立的消費契約依買主慣常居所地國家的法律。3.對於符合第1款內容締結的消費契約不適用第11條第1款至第3款。契約形式依買主慣常居所地國家法律。4.上述條款不適用於(1)運輸契約，(2)勞務契約，只要這項爲買主提供的勞務必須在買主有慣常居所的國家內履行。但是如果契約規定，對於提供運輸和倉儲的服務，一次給付清總費用的，可以適用上述規定。」第30條規定「僱傭契約1.在僱傭契約中，當事

			人選擇法律時不得取消僱傭契約的所依據的法律中保護雇員的強制規定，當事人沒有作出選擇的，適用本條第2款的規定。2.在無法律選擇情況下，僱傭契約適用下述國家的法律：(1)雇員在履行契約時依其慣常工作的這個國家的法律，即使他被臨時派到另一國家，或(2)雇傭雇員的機構所在的國家的法律，即使雇員在該國尚未完成其工作。如果根據一般情況僱傭契約與另一國家存在著更為密切的聯繫時，可以適用該另一國家的法律。」日本法律適用通則法第11條規定：「消費者（指事業或為事業所訂立之契約，其當事人以外之人，以下，關於本條同）與事業（指法人、社團、財團或事業或為事業所訂立之契約，其當事人，以下關於本條同）所訂立之契約（勞動契約除外，以下稱消費者契約），其成立及效力，雖依第7條、第9條選擇或變更應適用之法律為消費者常居所地法以外之法時，消費者就常居所地法特定之強制規定之適用，向事業為應適用之表示時，該消費者契約之成立及

			效力，關於該強行規定所規定之事項，適用該強行規定。消費者契約未依第7條為選擇時，該消費者契約之成立及效力，依消費者常居所地法，不適用第8條之規定。消費者契約之成立，依第7條選擇消費者常居所地法以外之法時，就該消費者契約之方式，消費者業已將應適用消費者常居所地法中特定強行規定，向事業為表示時，關於該消費者契約之方式中該強行規定所規定之部分，僅應適用該強行規定，不適用前條第1項、第2項及第4項之規定。消費者契約之成立，依第7條之規定，選擇消費者常居所地法時，就該消費者契約之方式，消費者業已將僅應適用消費者常居所地法，向事業為表示時，該消費者契約之方式，僅應適用常居所地法，不適用前條第2項及第4項之規定。關於消費者契約之成立，未依第7條為選擇時，就該消費者契約之方式，適用消費者常居所地法，不適用前條第1項、第2項與第4項之規定。前各項之規定，於下列情形不適用之：一、事業之事業所所在，其關於消費

			者契約之法，與消費者常居所地法不同時，消費者前往與該事業之事業所所在地之法相同之地締結消費者契約時。但消費者係在與該事業之事業所所在地之法相同之地，受該事業之勸誘，在其常居所地訂立消費者契約者，不在此限。二、事業之事業所所在地，關於消費者契約之法，與消費者常居所地法不同時，消費者於與事業之事業所所在地法相同之地，受基於該消費者契約之債務之履行者。但消費者於與事業之事業所所在地法相同之地，就債務之全部履行，於消費者常居所地，受事業之勸誘者。三、事業於締結消費者契約當時，有相當理由不知消費者之常居所地者。四、事業於締結消費者契約當時，有相當理由誤認契約相對人非消費者。」第12條規定：「關於勞動契約之成立及效力，依第7條或第9條選擇或變更應適用之法律為與該勞動契約有最密切關係之地之法以外之法時，勞動者將該與勞動契約有最密切關係之地之法中特定強行規定應適用於該勞動契約之意旨，向僱用人

| | | | 爲表示，該勞動契約之成立與效力，關於該強制規定所規定之事項，適用該強制規定。關於前項規定之適用，依該勞動契約提供勞務地之法（提供勞務地不能特定時，爲僱用該勞動者之事業所在地法，次項規定同）。推定爲與該勞動契約有最密切關係之地之法。勞動契約之成立及效力未依第7條之規定爲選擇時，關於該勞動契約之成立及效力，依該勞動契約提供勞務之地之法，推定爲與該勞動契約有最密切關係之地之法，不適用第8條第2項之規定。」瑞士國際私法第120條規定：「消費者爲購買與其業務或商務活動無關的、專供個人或家庭使用的而形成的消費契約，適用消費者習慣居所地國家的法律。(一)如果供貨人在該國收到訂貨單；(二)如果締結契約的要約或廣告在該國發出、且消費者爲締結契約而完成了必要的；或(三)消費者受供貨人的鼓勵，爲訂貨而來到外國的。不允許當事人自行選擇所適用的法律。第121條規定：「勞動契約適用勞動者通常進行勞動地方的國家的 |

			法律。如果勞動者在整個國家進行勞動時，勞動契約適用營業機構所在地國家的法律，或雇主的住所地或習慣居所地國家的法律。 當事人可以選擇適用勞動者習慣居所地國家的法律，或雇主的營業機構所在地、住所地或習慣居所地國家的法律。」均足供參考。
第21條 法律行為發生票據上權利者，其成立及效力，依當事人意思定其應適用之法律。 當事人無明示之意思或其明示之意思依所定應適用之法律無效時，依行為地法；行為地不明者，依付款地法。 行使或保全票據上權利之法律行為，其方式依行為地法。	第5條 法律行為之方式，依該行為所應適用之法律，但依行為地法所定之方式者，亦為有效。 物權之法律行為，其方式依物之所在地法。 行使或保全票據上權利之法律行為，其方式依行為地法。	1.條次變更。 2.法律行為發生票據上權利者，關於票據債務人之債務內容，現行條文未設明文規定，適用上不免發生疑問。爰參考1975年泛美匯票、本票及發票法律衝突公約第3條至第5條及1979年泛美支票法律衝突公約第3條規定之精神，增訂第1項，明定法律行為發生票據上權利者，其成立及效力，依行為地法，行為地不明者，依付款地法。票據上如有關於應適用之法律之記載，該記載之效力，亦宜依本項所定之法律予以決定。同一票據上有數票據行為之記載者，頗為常見，此時各票據行為均個別獨立，其應適用之法律亦應各別判斷。即某一票據上權利依其應適用之法律不成立者，對其他依本身	

		應適用之法律已成立之票據上權利不生影響。 3.現行條文第5條第3項,移列爲本條第2項。	
第22條 法律行爲發生指示證券或無記名證券之債者,其成立及效力,依行爲地法;行爲地不明者,依付款地法。		1.本條新增。 2.各國法律在票據制度之外,多設有指示證券及無記名證券之制度,以補票據制度之不足,而關於指示證券及無記名證券之規定,各國法律並非一致。爰仿票據之例,明定其成立及效力,依行爲地法,行爲地不明者,依付款地法。	
第23條 關於由無因管理而生之債,依其事務管理地法。 第24條 關於由不當得利而生之債,依其利益之受領地法。但不當得利係因給付而發生者,依該給付所由發生之法律關係所應適用之法律。	第8條 關於由無因管理,不當得利或其他法律事實而生之債,依事實發生地法。	1.條次變更。 2.現行條文第8條有關無因管理之部分移列第23條,關於不當得利之部分,移列第24條,並修正其內容。 3.本法對於法律行爲及侵權行爲而生之債,均單獨規定其應適用之法律。現行條文第8條就關於由無因管理、不當得利或其他法律事實而生之債,固明定應依事實發生地法,但無因管理與不當得利之法律事實之性質未盡一致,有對其個別獨立規定之必要。爰將現行條文第8條關於由無因管理而生之債部分移列第23條,關於由不當得利而生之債部分移列第24條,並衡酌無因管理之法律事實之重心,參考奧	日本法律適用通則法第14條:「關於因無因管理或不當得利所生之債,其成立與效力依原因事實發生地法。」第15條:「關於因無因管理或不當得利所生之債,其成立與效力,如原因事實發生當時,其當事人有相同之常居所時,或因與當事人間有關之契約而爲無因管理時,或參照與不當得利有關之其他情事,顯有比依前條所定應適用之法律所屬之地關係更爲密切之地時,依該地之法律。無因管理或不當得利之當事人,得於事實發生後,就無因管理或不當得利之成立與效力,變更其應適用之法。但其變更有害於第三人之權利時,不得對抗該第三人。」奧地利國際私法第46條規定:「不

| | | 地利國際私法第47條、德國民法施行法第39條等立法例之精神，修正其應適用之法律，爲其事務管理地法。
4.關於由不當得利而生之債，有因當事人對於不存在之債務提出給付而發生者，亦有因其他原因而發生者，凡此二種法律事實是否構成不當得利，受領人所受利益應返還之範圍等問題，均有必要明定其應適用之法律。按因當事人之給付而生之不當得利，例如出賣人爲履行無效之買賣契約，而交付並移轉標的物之所有權，其所發生之不當得利問題，實際上與該給付所由發生之法律關係，即該買賣契約之是否有效之問題，關係非常密切，其本質甚至可解爲該買賣契約無效所衍生之問題，故宜依同一法律予以解決。非因給付而生之其他不當得利，其法律關係乃因當事人受領利益而發生，法律事實之重心係在於當事人之受領利益，則宜適用利益之受領地法，以決定不當得利之相關問題。爰參考奧地利國際私法第46條、瑞士國際私法第128條、德國民法施行法第38條等立法例之精神，規定 | 當得利的求償權，依不當得利發生地國家的法律。但在履行法律義務或關係的過程中發生的不當得利，依支配該法律義務或關係的國家的實體規則；本規定類推適用於他人對花費提出的補償請求權。」第47條規定：「無因管理依此種管理行爲完成地的法律；但如與另一法律義務或關係有密切聯繫，類推適用第45條的規定。」均可供參考。 |

		關於由不當得利而生之債，原則上應依其利益之受領地法，並於但書規定不當得利係因給付而發生者，依該給付所由發生之法律關係所應適用之法律。	
第25條 關於由侵權行為而生之債，依侵權行為地法。但另有關係最切之法律者，依該法律。	第9條 關於由侵權行為而生之債，依侵權行為地法。但中華民國法律不認為侵權行為者，不適用之。 侵權行為之損害賠償及其他處分之請求，以中華民國法律認許者為限。	1.條次變更。 2.現行條文第9條移列本條，並修正其內容。 3.現行條文就因侵權行為而生之債，原則上採侵權行為地法主義，有時發生不合理之結果。爰參考奧地利國際私法第48條第1項、德國民法施行法第41條等立法例之精神，酌採最重要牽連關係理論，於但書規定另有關係最切之法律者，依該法律，以濟其窮。此外，本法對因特殊侵權行為而生之債，於第26條至第28條規定其應適用之法律，其內容即屬本條但書所稱之關係最切之法律，故應優先適用之。 4.涉外侵權行為之被害人，於我國法院對於侵權行為人，請求損害賠償及其他處分時，其準據法之決定既已考量各法律之牽連關係之程度，中華民國法律之適用利益及認許範圍，亦當已於同一過程充分衡酌，無須再受中華民國法律認許範圍之限制，爰刪除現	本法似採瑞士國際私法立法例，第132條規定：「侵權行為發生後，當事人可以隨時協商選擇適用法院地法律。」第133條規定：「有關侵權行為的訴訟，如果加害人與受害人在同一國家具有共同習慣居所的，適用該國的法律。如果加害人與受害人在同一國家沒有共同習慣居所的，訴訟適用侵權行為實施地國家的法律。然而，如果侵權結果發生於另一國家，並且加害人應當預見結果發生的，適用該另一國家法律。儘管如此，但是如果侵權行為侵害了當事人之間的某一法律關係的，有關侵權行為的訴訟，適用規定該法律關係的法律。」第134條規定：「因交通運輸事故而提出的索賠，適用1971年5月4日《關於交通運輸事故法律適用的海牙公約》的規定。」第135條規定：「因產品存在瑕疵或缺陷而提出的索賠適用：(一)被告主要營業機構所在地或習慣居所地國家的法律；(二)取得產品的國家的法

| | | 行條文第2項。 | 律，除非被告能證明該產品通過商業管道進入該國並未經過他的同意；如果對產品存在瑕疵或缺陷而提起的訴訟適用外國法律的，在瑞士提出的補救請求，只能根據瑞士法律的規定實行處理。」第136規定：「因不正當競爭而提出的損害賠償，適用發生損害結果的市場所在地國家的法律。不正當競爭造成當事人的商業利益或工業利益損害的，適用受損害人營業機構所在地國家的法律。本法第133條的規定予以保留。」第137條規定：「妨礙競爭，適用直接給受損害人以影響的市場所在地的法律。如果該訴訟適用外國法律的，在瑞士提出的補救請求，只能根據瑞士法律的規定予以處理。」第138條規定：「對於不動產排放物造成損害所提起的訴訟，原告有權選擇適用不動產所在地法律或損害結果發生地法律。」第139條規定：「受印刷品、無線電、電視或其他大眾傳播工具的誹謗而提出的損害賠償訴訟，原告可以在下述幾項法律中選擇所適用的法律：(一)受害人的習慣居所地國家的法律；(二)加害人的主要營業機構所在地或習慣居所地國家的法律；(三)侵權結果發生地國家的法 |

			律。定期播放的廣播的侵權行為，適用播放地國家的法律。」第140條「如果侵權行為人為數人的，各侵權行為人，不論是主要當事人還是同夥，都適用各自的法律。」第141條規定：「如果規定侵權行為的法律或規定擔保契約的法律有規定的，受害人可直接向擔保人提起損害賠償的訴訟。」第142條規定：「規定侵權行為的法律可以適用于侵權行為能力、責任的範圍和承擔責任的條件以及責任人等問題。為確定當事人的責任，可以考慮適用擔保地的法律。」
第26條 因商品之通常使用或消費致生損害者，被害人與商品製造人間之法律關係，依商品製造人之本國法。但如商品製造人事前同意或可預見該商品於下列任一法律施行之地域內銷售，並經被害人選定該法律為應適用之法律者，依該法律： 1.損害發生地法。 2.被害人買受該商品地之法。 3.被害人之本國法。		1.本條新增。 2.因商品之通常使用或消費致生損害者，被害人與商品製造人間之法律關係，涉及商品製造人之本國法關於其商品製造過程之注意義務及所生責任之規定，爰規定原則上應適用商品製造人之本國法。此一規定不問商品係經外國製造人事前同意而進口，或經由貿易商依真品平行輸入之方式而進口者，均有其適用。如前述被害人之所以因商品之通常使用或消費而受損害，乃是因為商品製造人之創造或增加被害人與商品接觸之機會所致，或謂其間具有相當	

		之牽連關係者，即有特別保護被害人之必要。爰參考1973年海牙產品責任準據法公約第4條至第7條、瑞士國際私法第135條、義大利國際私法第63條等立法例之精神，於但書明定如商品製造人事前同意或可預見該商品於損害發生地、被害人買受該商品地或被害人之本國銷售者，被害人得就該等地域之法律選定其一，爲應適用之法律。	
第27條 市場競爭秩序因不公平競爭或限制競爭之行爲而受妨害者，其因此所生之債，依該市場之所在地法。但不公平競爭或限制競爭係因法律行爲造成，而該法律行爲所應適用之法律較有利於被害人者，依該法律行爲所應適用之法律。		1.本條新增。 2.不公平競爭或限制競爭等違反競爭法規或公平交易法之行爲，對於藉該等法規維持之市場競爭狀態或競爭秩序，均構成妨害，其因此而發生之債權債務關係，亦與該市場所屬國家之法律密切相關。爰參考奧地利國際私法第48條第2項、瑞士國際私法第136條、第137條等立法例之精神，明定其應依該市場所在地法或所屬國家之法律。不公平競爭或限制競爭行爲所妨害之市場橫跨2國以上者，各該國均爲市場之所在地，就該等行爲在各地所生之債，應分別依各該市場之所在地法。如不公平競爭或限制競爭之行爲係以法律行爲（例	

		如契約或聯合行為）實施，而該法律行為所應適用之法律較有利於被害人者，為保護被害人之利益，自應依該法律行為所應適用之法律。	
第28條 侵權行為係經由出版、廣播、電視、電腦網路或其他傳播方法為之者，其所生之債，依下列各款中與其關係最切之法律： 1.行為地法；行為地不明者，行為人之住所地法。 2.行為人得預見損害發生地者，其損害發生地法。 3.被害人之人格權被侵害者，其本國法。 前項侵權行為之行為人，係以出版、廣播、電視、電腦網路或其他傳播方法為營業者，依其營業地法。	·	1.本條新增。 2.侵權行為係經由出版、廣播、電視、電腦網路或其他傳播方法實施者，其損害之範圍較廣，而行為地與損害發生地之認定亦較困難。為保護被害人並兼顧有關侵權行為之基本原則。爰參考瑞士國際私法第139條規定之精神，規定被害人得依與其關係最切之下列法律，而主張其權利：1.行為地法，行為地不明者，作為行為人私法生活重心之住所地法；2.行為人得預見損害發生地者，其損害發生地法；3.人格權被侵害者，為被害人人格權應適用之法律，即其本國法。法院認定某法律是否為關係最切之法律時，應斟酌包括被害人之意願及損害填補之程度等在內之所有主觀及客觀之因素，再綜合比較評定之。 3.侵權行為之行為人，係以出版、廣播、電視、電腦網路或其他傳播方法為營業者，即公共傳播媒介業者本身	

		為侵權行為之行為人時，該侵權行為與其營業行為密不可分，有依同一法律決定該行為之合法性及損害賠償等問題之必要。爰規定應依其營業地法，以兼顧公共傳播媒介之社會責任原則。	
第29條 侵權行為之被害人對賠償義務人之保險人之直接請求權，依保險契約所應適用之法律。但依該侵權行為所生之債應適用之法律得直接請求者，亦得直接請求。		1.本條新增。 2.侵權行為人投保責任保險者，被害人並非保險契約之當事人，保險人非為侵權行為之債之當事人，被害人之得否直接向保險人請求給付，有認為應依該保險契約之準據法者，也有認為應依侵權行為之準據法者。惟為保護被害人之利益，宜使被害人得就此二準據法選擇適用，以直接向保險人請求給付，較為妥當。爰參考德國民法施行法第41條第4項、瑞士國際私法第141條等立法例之精神，規定侵權行為之被害人對賠償義務人之保險人之直接請求權，依保險契約所應適用之法律；但依該侵權行為所生之債應適用之法律得直接請求者，亦得直接請求。	
第31條 關於由第21條至前條以外之法律事實而生之債，依事實發生地法。	第8條 關於由無因管理，不當得利或其他法律事實而生之債，依事實發生地法。	1.條次變更。 2.債之關係傳統上固以因法律行為、侵權行為、無因管理或不當得利而發生	

		者爲主，但由於科技發展及社會活動日新月異，債之發生原因必將日趨多樣性，爲免掛一漏萬。爰將現行條文第8條有關其他法律事實之規定，移列本條，並酌作文字修正，以資涵蓋。	
第31條 非因法律行爲而生之債，其當事人於中華民國法院起訴後合意適用中華民國法律者，適用中華民國法律。		1.本條新增。 2.當事人就非因法律行爲而生之債涉訟者，法院多盼當事人能達成訴訟上和解，如未能達成和解，其在訴訟中達成適用法院所在地法之合意者，對訴訟經濟亦有助益，當爲法之所許。爰參考德國民法施行法第42條、瑞士國際私法第132條等立法例之精神，規定當事人於中華民國法院起訴後合意適用中華民國法律者，即以中華民國法律爲準據法。	
第32條 債權之讓與，對於債務人之效力，依原債權之成立及效力所應適用之法律。 債權附有第三人提供之擔保權者，該債權之讓與對該第三人之效力，依其擔保權之成立及效力所應適用之法律。	第7條 債權之讓與，對於第三人之效力，依原債權之成立及效力所適用之法律。	1.條次變更。 2.現行條文關於「第三人」之範圍未予以限定，但債權讓與時，在讓與人及受讓人以外之所謂第三人，其範圍包括債務人及其他第三擔保人，債權讓與對此二者之效力，並各有其應適用之法律。爰將現行條文第7條移列本條第1項，明定爲債權讓與對於債務人之效力之規定，並增訂第2項，明定爲債權讓與對於第三擔保人之效力之規	奧地利國際私法第45條之規定：附從的法律行爲凡其效力在概念上是附從於一既存的義務的法律行爲，依支配該義務的國家的實體規則。這一規則特別適用於目的在給義務提供擔保或變更該義務的法律行爲。第38條第1款的規定因此而受到影響。」似與本法之規定無關。瑞士國際私法之規定，第145條規定：「契約的轉讓，適用當事人選擇的法律。當事人沒有選擇的，適用規定受

		定。又債權之讓與人及受讓人之所以為債權之讓與，有時係以債權契約（如債權之買賣契約）為原因法律關係，並合意定其應適用之法律，此時如債務人亦同意適用該法律，即可兼顧當事人意思自主原則及債務人利益之保護，德國民法施行法第33條第1項、第2項、瑞士國際私法第145條、奧地利國際私法第45條等立法例亦有明文規定，然其實際上係三方同意之債之變更，不待增訂明文規定即應為相同之處理，併此敘明。 3.債權附有第三擔保人提供之擔保者，該第三擔保人與債權人間通常有以擔保債權為目的之法律行為（如訂定保證契約或設定擔保物權），此時該債權之讓與對其所附擔保權之影響或對於該第三擔保人之效力，例如該第三人得否因而免責或其擔保權是否應隨債權而由債權受讓人取得等問題，均宜依該擔保權之成立及效力所應適用之法律，始足以維持公平並保護該第三人。爰參考德國民法施行法第33條第3項規定之精神，增訂第2項。例如A國人甲與B國人乙訂	讓的債權關係的法律。債務人對轉讓人和受讓人所選擇的法律不得提出異議。勞動者轉讓債權時選擇所適用的法律的，必須符合本法第121條第3款有關勞動契約的規定才有效。契約轉讓的方式，排他地適用規定規定轉讓的法律。轉讓人與債權人的內部關係適用規定轉讓關係的法律。」 第146條規定：「合法轉讓適用規定原債務人和新債務人關係的法律，沒有這種關係的，適用規定債權關係的法律。本條規定不適用於保護債務人的規定。」與本法之規定仍有若干差異。另德國國際私法第33條之規定：「1.在轉讓債權時，原債權人和新債權人之間的義務適用契約所依據的法律。2.支配債權轉讓的法律，適用於債權的可轉讓性，債權受讓人和原債務人之間的關係，債務人對轉讓債務提出異議的條件，以及債務人是否可以通過給付行為而解除債務的問題。3.如果第三人代替債務人向債權人履行的債務，則第三人是否可以就債權人對債務人所享有的債權，取得部分或全部的代位原追索權，依支配第三人為債權人履行債務的法律。如果第三人為數人，且其中有人為債權人履

		定最高限額1百萬元之保證契約，擔保乙對於C國人丙之債權，而乙讓與其對丙之61萬元之債權給丁，則甲之保證債務是否隨乙之債權讓與而擔保丁所取得之61萬元債權，及甲是否另於41萬元之額度內擔保乙或丁對丙之其他債權等問題，均宜依該保證契約應適用之法律決定之。	行了債務的，適用上述同樣的規定。」可供參
第33條 承擔人與債務人訂立契約承擔其債務時，該債務之承擔對於債權人之效力，依原債權之成立及效力所應適用之法律。 債務之履行有債權人對第三人之擔保權之擔保者，該債務之承擔對於該第三人之效力，依該擔保權之成立及效力所應適用之法律。		1.本條新增。 2.承擔人與債務人訂立契約承擔其債務時，債權人既未參與其間承擔該債務之法律行為，即不應因該債務之承擔而蒙受不測之不利益。爰規定其對於債權人之效力，應依原債權之成立及效力所應適用之法律，以保護債權人之利益。 3.債務由承擔人承擔時，原有之債權債務關係之內容即已變更，故如第三人曾為原債權提供擔保，該第三人所擔保之債權內容亦因而有所不同，故該第三人得否因而免責或其擔保是否仍繼續有效等問題，宜依該擔保權之成立及效力所應適用之法律，以保護該第三擔保人之利益。例如A國人甲與B國人乙訂定最高限額1百萬元之保證契約，擔保乙對於C	

		國人丙之債權，如丁承擔丙對乙之60萬元之債務，則甲之保證契約是否轉而擔保丁對乙承擔之60萬元債務所對應之債權，及甲是否仍應擔保丙對乙之其他債務所對應之債權等問題，均宜依該保證契約應適用之法律決定之。	
第34條 第三人因特定法律關係而為債務人清償債務者，該第三人對債務人求償之權利，依該特定法律關係所應適用之法律。		1.本條新增。 2.第三人因特定法律關係而為債務人清償債務者，例如保證人或其他擔保人代債務人清償債務時，該第三人是否得承受或代位行使原債權人對債務人之權利或向債務人求償之問題，所涉及者主要為原債權人及繼受人間之利益衡量，其與第三人所據以清償之法律關係（保證契約）之準據法關係密切。爰參考德國民法施行法第33條第3項、瑞士國際私法第146條等立法例之精神，明定應依該特定法律關係所應適用之法律。	瑞士國際私法第146條之規定：「合法轉讓適用規定原債務人和新債務人關係的法律，沒有這種關係的，適用規定債權關係的法律。本條規定不適用於保護債務人的規定。」似與本條規定無關。本法之引述有誤。
第35條 數人負同一債務，而由部分債務人清償全部債務者，為清償之債務人對其他債務人求償之權利，依債務人間之法律關係所應適用之法律。		1.本條新增。 2.數人負同一債務，而由部分債務人清償全部債務者，為清償之債務人就超過其應分擔額之部分之清償，與前條關於第三人清償債務之情形類似，清償者對其他債務人求償之權利，按理	瑞士國際私法第144條規定：「債務人向其他共同債務人的求償權，只有當規定他們雙方關係的法律有規定時，才可以進行直接求償或代位求償。向共同債務人提出求償，適用規定共同債務人債務的法律。僅涉及債務人向

		應依相同原則決定其準據法。此外，多數債務人之所以負同一債務，可能係基於特定之法律關係（例如委任契約或繼承），該法律關係與在債權人與債務人間之債之法律關係，性質並不相同，亦均各有其應適用之法律，債務人內部之責任分擔或求償問題，適用前者應適用之法律，實較妥適。爰參考瑞士國際私法第144條規定之精神增訂本條，以為依據。	債權人提出求償的問題，適用規定債權人債務的法律。承擔共同責任的機構所提出的求償，適用規定該機構的法律。求償的可接受性，適用本條前兩款的規定。」可供參。
第36條 請求權之消滅時效，依該請求權所由發生之法律關係所應適用之法律。		1.本條新增。 2.請求權之消滅時效，因各國關於其法律效果之規定不同，國際私法上有認定其為實體問題者，亦有以之為程序問題者。消滅時效規定於我國實體法，本法亦認定其為實體問題，並規定其準據法決定之問題。由於消滅時效係針對特定之請求權而發生，而請求權又為法律關係效力之一部分，爰參考瑞士國際私法第148條規定之精神，規定消滅時效之問題，應依其請求權所由發生之法律關係之準據法。	瑞士國際私法第148條規定：「債權的消滅，包括時效，適用規定債權關係的法律。通過償付方式消滅債權的，適用進行償付的法律。債務的重新發生、債務的更新和償付，適用規定契約關係的法律。」
第37條 債之消滅，依原債權之成立及效力所應適用之法律。		1.本條新增。 2.債之關係存續中，當事人如以法律行為予以免除，或有其他法律所規定之	

		原因者，債之關係均可能歸於消滅。特定之法律事實是否足以使債之關係消滅，或何種法律事實可構成債之消滅原因之問題，其本質與原債權之存續與否問題直接相關，均應適用同一法律，較爲妥適，爰規定其應依原債權之準據法。	
第5章　物　權		1.新增章名。 2.涉外民事事件之性質爲物權關係者，關於決定其準據法之條文，可集爲一章。爰增訂章名爲「物權」，並將我國民法及其特別法上之物權，取其包含涉外因素者之法律適用問題，一併予以納入。	
第38條 關於物權依物之所在地法。 關於以權利爲標的之物權，依權利之成立地法。 物之所在地如有變更，其物權之取得、喪失或變更，依其原因事實完成時物之所在地法。 關於船舶之物權依船籍國法，航空器之物權，依登記國法。	第1條 關於物權依物之所在地法。 關於以權利爲標的之物權，依權利之成立地法。 物之所在地如有變更，其物權之得喪，依其原因事實完成時物之所在地法。 關於船舶之物權依船籍國法，航空器之物權，依登記國法。	1.條次變更。 2.物權因法律事實而變動者，除當事人因而取得或喪失物權之外，該物權亦有可能因而變更。現行條文第3項「得喪」爲「取得、喪失」之簡稱，不足以完全涵括其變動情形。爰依民法之用語，將其修正爲「取得、喪失或變更」。	
第39條 物權之法律行爲，其方式依該物權所應適用之法律。	第5條 法律行爲之方式，依該行爲所應適用之法律，但依行爲地法所定之方式者，亦爲有效。 物權之法律行爲，其方式依物之所在地法。	1.條次變更。 2.物權之法律行爲之方式，現行條文僅於第5條第2項規定應依物之所在地法，然此一規定僅能適用於以物爲標的物之物權，至於前條第2項及第4項	

	行使或保全票據上權利之法律行為，其方式依行為地法。	之物權，其物權行為之方式，則宜依各該物權所應適用之法律。爰將其移列增訂為單獨條文，並依此意旨予以修正，俾能適用於各種類型之物權行為。	
第41條 自外國輸入中華民國領域之動產，於輸入前依其所在地法成立之物權，其效力依中華民國法律。		1.本條新增。 2.動產經移動致其所在地前後不同時，動產物權即應依其新所在地法。此一原則有時與保護已依其舊所在地法取得之物權之原則，難以配合。自外國輸入中華民國領域之動產，於輸入前已依其所在地法成立之物權（例如動產擔保交易之擔保利益），權利人如欲在中華民國境內行使該物權，即須先在我國境內依法承認其仍有效，並決定其具體之權利內容。為使在外國成立之該物權，得以轉換為內國之物權之形式，在內國被適度承認其效力，並保護內國財產之交易安全，爰規定該物權之效力，應依中華民國法律。	
第41條 動產於託運期間，其物權之取得、設定、喪失或變更，依其目的地法。		1.本條新增。 2.託運中之動產之所在地，處於移動狀態，不易確定，其物權之準據法，向有爭議。按託運中之動產非由所有人自為運送或隨身攜帶，且其物權係因法律行為而取得、	瑞士國際私法第101條規定：「運輸途中的貨物，其物權的取得與喪失適用貨物送達地國家的法律。」第102條規定：「當一項動產從國外帶入瑞士，在國外沒有發生物權的取得與喪失的，在瑞士即被認為

		設定、喪失或變更者，該物權即與當事人之意思或期待關連甚切。爰參考義大利國際私法第52條、瑞士國際私法第103條等立法例之精神，規定依該動產之運送目的地法，以兼顧當事人期待及交易安全。至於託運中之動產非因法律行為而變動者，仍宜依物之現實所在地法，以符合實際之需求。	這一行為已經完成。保證人在國外取得的對動產的物權，即使不符合瑞士法律規定的條件，在動產帶入瑞士後的三個月內，他所取得的權益仍然保留有三個月的效力。對善意第三者在國外取得的物權，不得提出異議。第103條規定：「由瑞士運往國外的貨物，當貨物仍在瑞士境內時，其留置權的有效性和效力適用送達地國家的法律。」似與本法規定有間。
第42條 以智慧財產為標的之權利，依該權利應受保護地之法律。 受僱人於職務上完成之智慧財產，其權利之歸屬，依其僱傭契約應適用之法律。		1.本條新增。 2.智慧財產權，無論在內國應以登記為成立要件者，如專利權及商標專用權等，或不以登記為成立要件者，如著作權及營業秘密等，均係因法律規定而發生之權利，其於各國領域內所受之保護，原則上亦應以各該國之法律為準。爰參考義大利國際私法第54條、瑞士國際私法第110條第1項等立法例之精神，規定以智慧財產為標的之權利，其成立及效力應依權利主張者認其權利應受保護之地之法律，俾使智慧財產權之種類、內容、存續期間、取得、喪失及變更等，均依同一法律決定。該法律係依主張權利者之主張而定，並不當然為法院所在國之	瑞士國際私法第110條規定：「智慧財產權，適用提起智慧財產權保護訴訟的國家的法律。因侵權行為而提起的訴訟，在侵權行為發生後，當事人可以協議選擇適用法院地法律。有關智慧財產權契約的問題，適用本法有關契約的條款（第122條）。似與本法之規定有間。

		法律，即當事人主張其依某國法律有應受保護之智慧財產權者，即應依該國法律確定其是否有該權利。例如甲主張乙在A國侵害其智慧財產權，乙抗辯甲在A國無該權利，則我國法院應適用A國法律，而非我國法律，以解決在A國應否保護及如何保護之問題；如甲依我國法律取得智慧財產權，乙在A國有疑似侵害其權利之行為，則我國法院應依A國法決定甲在A國有無權利之問題。 3.受僱人於職務上完成之智慧財產，其權利之歸屬問題固與該權利之發生或成立密切相關，同時亦涉及當事人於該僱傭契約內之約定，惟就其法律適用問題而言，則與該僱傭契約之準據法關係較密切。爰明定受僱人於職務上完成之智慧財產，其權利之歸屬，依其僱傭契約應適用之法律。	
第43條 因載貨證券而生之法律關係，依該載貨證券所記載應適用之法律；載貨證券未記載應適用之法律時，依關係最切地之法律。對載貨證券所記載之貨物，數人分別依載貨證券及直接對該貨物主張物權時，其優		1.本條新增。 2.載貨證券係因運送契約而發給，但其與運送契約之法律關係截然分立，故因載貨證券而生之法律關係，其準據法應獨立予以決定，而非當然適用運送契約之準據法。海商法第77條	

先次序，依該貨物之物權所應適用之法律。 因倉單或提單而生之法律關係所應適用之法律，準用前2項關於載貨證券之規定。		之所以規定應依本法決定其應適用之法律，亦為此故。 因載貨證券而生之法律關係，主要是運送人及其使用人或代理人對於載貨證券之持有人，應依載貨證券之文義負責之關係。故即使載貨證券之內容多為運送人及其使用人或代理人片面決定，甚或其具有僅為單方當事人之意思表示之性質，仍應承認該載貨證券關於應適用之法律之效力，以維持法律適用之明確及一致，並保護交易安全，至於無記載應適用之法律者，則應依關係最切地之法律，以示公平。爰增訂第1項，以修正現行司法實務之見解。載貨證券上關於準據法之記載，如有使運送人藉以減免責任，而對於載貨證券之持有人形成不公平情形者，仍可依法認定其記載為無效，而適用關係最切地之法律，併此說明。 3.數人分別依載貨證券主張權利，或對證券所載貨物直接主張權利者，其所主張之權利，既各有準據法，自難決定各權利之優先次序。爰參考瑞士國際私法第106條第3項規定之精神，規定此時應適用該貨

		物物權之準據法，以杜爭議。至於載貨證券所記載之貨物之物權之準據法，啓運之前固爲其當時之所在地法，即出發地法，啓運之後即屬第41條所規定之託運中物品，依該條規定應爲其目的地法，併此說明。 4.因倉單或提單而生之法律關係，其性質既與因載貨證券所生者類似，其所應適用之法律自宜本同一原則予以決定。爰規定其準用本第1項及第2項關於載貨證券之規定，以利法律之適用。	
第44條 有價證券由證券集中保管人保管者，該證券權利之取得、喪失、處分或變更，依集中保管契約所明示應適用之法律；集中保管契約未明示應適用之法律時，依關係最切地之法律。		1.本條新增。 2.有價證券由證券集中保管人保管者，就該證券進行交易之當事人與證券集中保管人之間，均訂有證券集中保管契約以爲依據，且該證券權利之取得、喪失、處分或變更，均僅透過證券業者就當事人在證券集中保管人開立之帳戶，爲劃撥、交割或其他登記，當事人在證券存摺上關於證券權利變動之登記，並已取代傳統上以直接交付該有價證券之方式，而成爲該證券權利變動之公示及證明方法。透過電腦網路而進行之有價證券之涉外交易，已日益頻	

		繁，實有必要確定其準據法，以維護交易安全。爰參考2002年海牙中介者所保管之證券若干權利之準據法公約第4條至第6條之精神，規定該證券權利之取得、喪失、處分或變更，均應依集中保管契約所明示應適用之法律，集中保管契約未明示應適用之法律者，依關係最切地之法律。法院確定關係最切地之法律時，應依具體情事，參照前述公約相關規定之精神決定之。	
第6章　親　屬		1.新增章名。 2.涉外民事事件之性質為親屬關係者，關於決定其準據法之條文，可集為一章，爰增訂章名為「親屬」。	
第45條 婚約之成立，依各該當事人之本國法。但婚約之方式依當事人1方之本國法或依婚約訂定地法者，亦為有效。 婚約之效力，依婚約當事人共同之本國法；無共同之本國法時，依共同之住所地法；無共同之住所地法時，依與婚約當事人關係最切地之法律。		1.本條新增。 2.婚約在實體法上為結婚以外之另一法律行為，其成立要件應適用之法律，亦有必要予以明文規定。爰參考現行條文關於婚姻成立要件之規定，明定原則上應依各該當事人之本國法，但婚約之方式依當事人一方之本國法或依婚約訂立地法者，亦為有效，以利婚約之成立。 3.婚約之效力及違反婚約之責任問題，其準據法之決定宜與婚姻之效力採類	

		似之原則。爰明定依婚約當事人共同之本國法；無共同之本國法時，依共同之住所地法；無共同之住所地法時，依與婚約當事人關係最切地之法律。至於各地與婚約當事人關係密切之程度，則應綜合考量各當事人之居所、工作或事業之重心地、財產之主要所在地、學業及宗教背景、婚約之訂定地等各項因素判斷之。	
第46條 婚姻之成立，依各該當事人之本國法。但結婚之方式依當事人一方之本國法，或依舉行地法者，亦爲有效。	第11條 婚姻成立之要件，依各該當事人之本國法。但結婚之方式依當事人一方之本國法，或依舉行地法者，亦爲有效。 結婚之方式，當事人之一方爲中華民國國民，並在中華民國舉行者，依中華民國法律。	1.條次變更。 2.現行條文關於法律行爲之成立要件，有規定爲「之成立」者，有「成立之要件」者，爰統一採用前者，以求其一致。 3.晚近各國國際私法之立法例，關於結婚之方式已有自由化之傾向，現行條文第11條第2項有過度強調內國法律之適用之嫌。爰予以刪除，以符合國際趨勢。	本法與日本法律適用通則法第24條之規定：「婚姻之成立，依各該當事人之本國法。結婚之方式，依舉行地法。但依當事人一方之本國法所定之方式者，亦爲有效。」相同。與瑞士國際私法第44條之規定：「婚姻的實質要件適用瑞士法律。婚姻雖不具備瑞士法律規定的條件，但只要其中一方當事人的住所地國家的法律或本國法律認爲有效的，瑞士承認其效力。在瑞士締結的婚姻，其方式適用瑞士法律。」第45條之規定：「在國外締結的婚姻，如果當事人其中一方爲瑞士人，或雙方在瑞士都有住所的，瑞士承認其有效。但如果明顯違反瑞士法律的強行規定的，瑞士不予承認。」差異較大。

第47條 婚姻之效力，依夫妻共同之本國法；無共同之本國法時，依共同之住所地法；無共同之住所地法時，依與夫妻婚姻關係最切地之法律。	第12條 婚姻之效力依夫之本國法，但為外國人妻未喪失中華民國國籍，並在中華民國有住所或居所，或外國人為中華民國國民之贅夫者，其效力依中華民國法律。	1.條次變更。 2.關於婚姻之效力，現行條文第12條專以夫或妻單方之本國法為準據法，與兩性平等原則之精神並不符合。爰參考德國民法施行法第14條、日本法律適用通則法第25條、義大利國際私法第29條等立法例之精神，修正為應依夫妻共同之本國法，無共同之本國法時，依共同之住所地法，無共同之住所地法時，則由法院綜合考量攸關夫妻婚姻之各項因素，包括夫妻之居所、工作或事業之重心地、財產之主要所在地、家庭成員生活重心之地、學業及宗教背景等，而以其中關係最切地之法律，為應適用之法律，俾能符合兩性平等原則及當前國際趨勢。	本法之規定與日本法律適用通則法第25條之規定：「婚姻之效力，依夫妻共同之本國法；無共同之本國法時，依夫妻共同之常居所地法；無共同之常居所地法時，依與夫妻婚姻關係最切地之法律。」相同。與瑞士國際私法第48條之規定：「婚姻的效力，適用配偶雙方共同住所地的法律。配偶雙方的住所地不在同一國家的，婚姻的效力適用與之有更密切聯繫的住所地法律。」及第49條之規定：「夫妻間的扶養義務，適用1973年10月2日《關於扶養義務法律適用的海牙公約》規定。」不同。
第48條 夫妻財產制，夫妻以書面合意適用其一方之本國法或住所地法者，依其合意所定之法律。 夫妻無前項之合意或其合意依前項之法律無效時，其夫妻財產制依夫妻共同之本國法；無共同之本國法時，依共同之住所地法；無共同之住所地法時，依與夫妻婚姻關係最切地之法律。 前二項之規定，關於夫妻之不動產，如依	第13條 夫妻財產制依結婚時夫所屬國之法。但依中華民國法律訂立財產制者，亦為有效。外國人為中華民國國民之贅夫者，其夫妻財產制依中華民國法律。 前2項之規定，關於夫妻之不動產，如依其所在地法，應從特別規定者，不適用之。	1.條次變更。 2.現行條文第13條關於夫妻財產制應適用之法律，未能平衡兼顧夫妻雙方之屬人法，有違當前兩性平等之世界潮流，且其中關於嫁娶婚及招贅婚之區別，已不合時宜，有合併該條第1項及第2項並修正其內容之必要。關於夫妻財產制之實體法在平衡夫妻間之權利義務之外，亦應兼顧保護交易第三人	

其所在地法，應從特別規定者，不適用之。		之原則，而國際私法上亦應有相關規定。爰合併現行條文第13條第1項及第2項，並參考1978年海牙夫妻財產制準據法公約第3條、第4條、德國民法施行法第15條、日本法律適用通則法第26條、義大利國際私法第31條、瑞士國際私法第52條等立法例之精神，規定夫妻財產制得由夫妻合意定其應適用之法律，但以由夫妻以書面合意適用其一方之本國法或住所地法之情形爲限。 3.夫妻無本條第1項之合意或其合意依本條第1項應適用之法律無效時，其夫妻財產制應適用之法律，仍應與夫妻之婚姻關係具有密切關係。爰規定其應依夫妻共同之本國法，無共同之本國法時，依共同之住所地法，無共同之住所地法時，依與夫妻婚姻關係最切地之法律。關於與夫妻婚姻關係最切地之認定標準，可參考第47條之說明。 4.現行條文第3項不修正，移列爲本條第3項。	本法與日本法律適用通則法第26條之規定：「前條之規定於夫妻財產制準用之。夫妻以簽名並記載期日之書面，約定適用以下之法之一者，其夫妻財產制適用該法：一、夫妻之一方之本國法。二、夫妻之一方之常居所地法。三、關於不動產之夫妻財產制，該不動產所在地法。依前二項之規定，應適用外國法之夫妻財產制，關於在日本之法律行爲及在日本之財產，不得對抗善意第三人。此際，關於與第三人間之關係，夫妻財產制適用日本法。依第1項與第2項之規定，應適用外國法之夫妻財產制，已於日本登記時，得對抗第三人，不受前項規定之限制。」相近。另瑞士國際私法第52條之規定：「婚姻財產適用配偶雙方共同選擇的法律。配偶雙方可以選擇他們的共同住所地國家的法律、結婚後準備居住的國家的法律、或配偶一方的本國法律。但本法第23條第2款的規定除外。」、第53條之規定：「當事人選擇所適用的法律應採用書面協議，或在婚約的具體條款中作出明確規定。當事人可以隨時選擇所適用的法律。當事人所選擇的法律，從結婚之日起即約束當事人。但協

			議另有規定的除外。配偶雙方一旦選擇某國法律，且沒有對此作出變更或撤銷的，則一直以該法律作為所適用的法律。」第54條之規定：「如果配偶雙方沒有有效選擇所適用的法律的，婚姻財產適用：(一)配偶共同住所地國家的法律；(二)他們最後共同住所地國家的法律。如果配偶雙方在同一時期、同一國家沒有共同住所的，婚姻財產適用他們的共同本國法律。如果配偶雙方在同一時期、同一國家沒有共同住所，婚前又沒有共同國籍的，則適用瑞士法律。」及第55條之規定：「配偶雙方移居其他國家的，適用他們新的住所地國家的法律。新法的效力溯及至婚姻成立之時。但是配偶一方採用書面形式通知另一方，自願選擇他們先前住所地國家法律的除外。在住所變更以前，配偶雙方已簽訂的婚約中沒有對所適用的法律作出選擇的，則締結婚約時規定婚姻財產關係的法律，在婚約有效期間或配偶重新選擇新的法律之前，一直有效。」第57條之規定：「婚姻財產的效力，涉及配偶一方與第三者關係的，適用該關係產生時該配偶一方的住所地法律。但是當這種關係產生

			時，第三者知道或應該知道規定婚姻財產的法律的，適用該法律。」亦可供參考。
第49條 夫妻財產制應適用外國法，而夫妻就其在中華民國之財產與善意第三人爲法律行爲者，關於其夫妻財產制對該善意第三人之效力，依中華民國法律。		1.本條新增。 2.夫妻財產制應適用之法律，原應適用於所有涉及夫妻財產之法律關係，但夫妻處分夫妻財產時，如其相對人（第三人）不知該準據法之內容，即可能受到不測之損害。爲保護內國之財產交易安全，對於夫妻財產制之準據法爲外國法，被處分之特定財產在中華民國境內，而該外國法之內容爲相對人（第三人）所不知時，實宜適度限制該準據法對相對人（第三人）之適用範圍。爰規定夫妻財產制應適用外國法，而夫妻就其在中華民國之財產與善意第三人爲法律行爲者，關於其夫妻財產制對該善意第三人之效力，依中華民國法律。蓋關於其夫妻財產制對該善意第三人之效力，即善意第三人與夫妻財產制間之關係，與內國之交易秩序實關係密切，應適用中華民國法律，以維護內國之交易秩序。	

第50條	第14條		本法之規定與日本法
離婚及其效力，依協議時或起訴時夫妻共同之本國法；無共同之本國法時，依共同之住所地；無共同之住所地法時，依與夫妻婚姻關係最切地之法律。	離婚依起訴時夫之本國法及中華民國法律，均認其事實爲離婚之原因者，得宣告之。但配偶之1方爲中華民國國民者，依中華民國法律。 第15條 離婚之效力，依夫之本國法。爲外國人妻未喪失中華民國國籍或外國人爲中華民國國民之贅夫者，其離婚之效力依中華民國法律。	1.條次變更。 2.現行條文關於離婚僅規定裁判離婚，而不及於兩願離婚，其關於離婚及其效力應適用之法律，規定亦非一致。爰合併現行條文第14條及第15條，移列爲本條，並就其內容酌予修正及補充。 3.關於離婚及其效力應適用之法律，現行條文並未兼顧夫妻雙方之連結因素或連繫因素，與兩性平等原則及當前立法趨勢，均難謂合。爰修正決定準據法之原則，以各相關法律與夫妻婚姻關係密切之程度爲主要衡酌標準，並規定夫妻之兩願離婚及裁判離婚，應分別依協議時及起訴時夫妻共同之本國法，無共同之本國法時，依共同之住所地法，無共同之住所地法時，依與夫妻婚姻關係最切地之法律。本條所稱離婚之效力，係指離婚對於配偶在身分上所發生之效力而言，至於夫妻財產或夫妻對於子女之權利義務在離婚後之規定問題等，則應依關於各該法律關係之規定，定其應適用之法律，現行實務見解有與此相牴觸之部分，應不再援用，以維持法律適用之正確，併此說明。	律適用通則法第27條之規定：「第25條之規定於離婚準用之。但夫妻之一方於日本有常居所地之日本人，得依日本法離婚。」相近。

第51條 子女之身分，依出生時該子女、其母或其母之夫之本國法爲婚生子女者，爲婚生子女。但婚姻關係於子女出生前已消滅者，依出生時該子女之本國法、婚姻關係消滅時其母或其母之夫之本國法，爲婚生子女者，爲婚生子女。	第16條 子女之身分，依出生時其母之夫之本國法，如婚姻關係於子女出生前已消滅者，依婚姻關係消滅時其夫之本國法。 前項所稱之夫爲贅夫者，依其母之本國法。	1.條次變更。 2.關於子女之身分，現行條文規定應依其母之夫之本國法，與當前兩性平等之思潮尚有未合，且晚近如奧地利國際私法第21條、德國民法施行法第19條第1項、義大利國際私法第33條第2項及日本法律適用通則法第28條第1項等立法例，亦有藉選擇適用多數國家之法律，以儘量承認子女婚生性之立法趨勢。爰將現行條文第1項及第2項合併，並修正爲應依出生時該子女、其母或其母之夫之本國法爲婚生子女者，爲婚生子女。但書關於婚姻關係於子女出生前已消滅者之規定，亦修正爲應依出生時該子女之本國法、婚姻關係消滅時其母或其母之夫之本國法。	本法與日本法律適用通則法第28條之規定：「依夫妻之一方之本國法，子女爲婚生子女者，爲婚生子女。夫於子女出生前死亡者，夫死亡時之本國法，視爲前項夫之本國法。」相近。
第52條 非婚生子女之生父與生母結婚者，其身分依生父與生母婚姻之效力所應適用之法律。		1.本條新增。 2.非婚生子女之生父與生母結婚者，該非婚生子女是否因準正而取得與婚生子女相同之身分之問題，原爲各國立法政策之表現，並與其生父及生母婚姻之效力息息相關。爰參照奧地利國際私法第22條及日本法律適用通則法第31條等立法例之精神，規定其亦應適用該婚姻之效力所應適用之法律。	

第53條 非婚生子女之認領，依認領時或起訴時認領人或被認領人之本國法認領成立者，其認領成立。 前項被認領人爲胎兒時，以其母之本國法爲胎兒之本國法。 認領之效力，依認領人之本國法。	第17條 非婚生子女認領之成立要件，依各該認領人被認領人認領時之本國法。 認領之效力，依認領人之本國法。	1.條次變更。 2.非婚生子女之認領，所確認者爲自然血親關係而非法定血親關係，其方式有任意認領及強制認領等2種。現行條文關於非婚生子女認領之成立，採認領人與被認領人本國法並行適用主義，易誤會認領爲類似收養行爲之身分契約，並不利於涉外認領之有效成立，影響非婚生子女之利益至鉅。爰刪除「之成立要件」等字，並改採認領人或被認領人本國法選擇適用主義，以儘量使非婚生子女取得婚生地位，並保護被認領人之利益。 3.被認領人在出生前以胎兒之身分被認領者，其國籍尚無法單獨予以認定，爰明定以其母之本國法爲胎兒之本國法，以利認領準據法之確定。	本法與日本法律適用通則法第29條之規定：「非婚生子女親子關係之成立，關於其與父之關係適用出生時父之本國法，關於其與母之關係，適用其與母之本國法。此等情形，關於因認領而成立之婚生子女關係，依子女之本國法，以得子女或第三人之承諾或同意爲認領之要件時，應具備該要件。子女之認領，除適用依前項規定應適用之法外，依認領時認領之人及子女之本國法。此等場合，依認領之人之本國法時，準用前項後段之規定。父於子女出生前死亡者，父死亡時之本國法，視爲第一項父之本國法。前項規定之人於子女出生前死亡者，其死亡時之本國法，視爲前項之人之本國法。」差異甚大。
第54條 收養之成立及終止，依各該收養者被收養者之本國法。 收養及其終止之效力，依收養者之本國法。	第18條 收養之成立及終止，依各該收養者被收養者之本國法。 收養之效力，依收養者之本國法。	1.條次變更。 2.現行條文第1項未修正，移列本條第1項。 3.現行條文第2項僅就收養之效力，規定應依收養者之本國法，然收養終止之效力，亦有依同一法律決定之必要，爰予以增列，以利法律之適用。	

第55條 父母與子女間之法律關係，依子女之本國法。	第19條 父母與子女間之法律關係，依父之本國法，無父或父為贅夫者，依母之本國法。但父喪失中華民國國籍而母及子女仍為中華民國國民者，依中華民國法律。	1.條次變更。 2.關於父母與子女間之法律關係，現行規定以依父或母之本國法為原則，參諸1989年聯合國兒童權利保護公約及1996年海牙關於父母保護子女之責任及措施之管轄權、準據法、承認、執行及合作公約所揭示之原則，已非適宜。爰參考日本法律適用通則法第32條、瑞士國際私法第82條等立法例之精神，修正為依子女之本國法，並刪除但書之規定，以貫徹子女之本國法優先適用及保護子女利益之原則。本條所稱父母與子女間之法律關係，是指父母對於未成年子女關於親權之權利義務而言，其重點係在此項權利義務之分配及行使問題，至於父母對於未成年子女之扶養義務之問題、已成年子女對於父母之扶養義務、父母與子女間彼此互相繼承之問題等，則應分別依扶養權利義務及繼承之準據法予以決定，併此說明。	本法與日本法律適用通則法第32條之規定：「父母與子女間之法律關係，子女之本國法與父母之本國法（父母之一方死亡或不詳者，依該一方之本國法）相同時，依子女之本國法。不同時，依子女之常居所地法。」有所不同。
第56條 監護，依受監護人之本國法。但在中華民國有住所或居所之外國人有下列情形之一者，其監護依中華民國法律： 1.依受監護人之本國	第21條 監護，依受監護人之本國法。但在中華民國有住所或居所之外國人有左列情形之一者，其監護依中華民國法律： 1.依受監護人之本國	1.條次變更。 2.現行條文第21條，移列本條，並依法制作業通例，刪除各款之「者」字，並將「左列」修正為「下列」。另為配合民法總則編與	本法與日本法律適用通則法第35條之規定：「監護、保佐或輔助（以下稱監護等），依受監護人、受保佐人或受輔助人（以下稱受監護人等）之本國法。

法，有應置監護人之原因而無人行使監護之職務。 2.受監護人在中華民國受監護宣告。 輔助宣告之輔助，準用前項規定。	法，有應置監護人之原因而無人行使監護之職務者。 2.受監護人在中華民國受禁治產之宣告者。	親屬編之修正，將第2款「禁治產之宣告」規定爲「監護之宣告」，並增訂第2項輔助宣告之關於輔助準用監護之規定。 3.民法總則編與親屬編關於監護宣告及輔助宣告之修正條文將於98年11月23日施行，如本條之修正條文於該期日之前即已施行，於該期日之前，解釋上仍宜將監護之宣告規定爲禁治產宣告，以利法律之適用。	外國人爲受監護人等時，下列情形，監護人、保佐人或輔助人之選任或其他關於監護等事項之審判，依日本法。一、依該外國人之本國法，有應置監護人等之原因而於日本無人行使監護等之職務。二、受監護人在日本開始監護之審判。」相同。
第57條 扶養，依扶養權利人之本國法。	第21條 扶養之義務，依扶養義務人之本國法。	1.條次變更。 2.關於扶養之權利義務，現行條文規定應依扶養義務人之本國法，參諸1973年海牙扶養義務準據法公約及1989年泛美扶養義務公約所揭示之原則，已非合宜。爰參考1973年海牙扶養義務準據法公約第4條之精神，修正爲應依扶養權利人之本國法。	
第7章　繼　承		1.新增章名。 2.涉外民事事件之性質爲繼承關係者，關於決定其準據法之諸條文，可集爲1章，爰增訂章名爲「繼承」。	
第58條 繼承，依被繼承人死亡時之本國法。但依中華民國法律中華民國國民應爲繼承人者，得就其在中華民國之遺產繼承之。	第22條 繼承，依被繼承人死亡時之本國法。但依中華民國法律中華民國國民應爲繼承人者，得就其在中華民國之遺產繼承之。	條次變更。	日本法律適用通則法第36條之規定：「繼承，依被繼承人死亡時之本國法。」

第59條 外國人死亡時，在中華民國遺有財產，如依前條應適用之法律爲無人繼承之財產者，依中華民國法律處理之。	第23條 外國人死亡時，在中華民國遺有財產，如依其本國法爲無人繼承之財產者，依中華民國法律處理之。	1.條次變更。 2.現行條文就外國人死亡，而在中華民國遺有財產之情形，規定如依其本國法爲無人繼承之財產者，即依中華民國法律處理之，惟此時仍應考慮中華民國國民得依中華民國法律爲繼承人之規定。爰將現行條文「依其本國法」，修正爲「依前條應適用之法律」，以符合立法本旨。	
第60條 遺囑之成立及效力，依成立時遺囑人之本國法。 遺囑之撤回依撤回時遺囑人之本國法。	第24條 遺囑之成立要件及效力，依成立時遺囑人之本國法。 遺囑之撤銷依撤銷時遺囑人之本國法。	1.條次變更。 2.現行條文第1項移列本條第1項，並配合本法用語之統一，將「成立要件」一詞修正爲「成立」。 3.現行條文第2項關於遺囑之「撤銷」，在實體法上爲遺囑之「撤回」。爰修正爲「撤回」，以統一用詞。	日本法律適用通則法第37條之規定：「遺囑之成立及效力，依成立時遺囑人之本國法。遺囑之撤回依撤回時遺囑人之本國法。」
第61條 遺囑及其撤回之方式，除依前條所定應適用之法律外，亦得依下列任一法律爲之： 1.遺囑之訂立地法。 2.遺囑人死亡時之住所地法。 3.遺囑有關不動產者，該不動產之所在地法。		1.本條新增。 2.關於遺囑之訂立及撤回之方式，晚近立法例均採數國法律選擇適用之原則，以利遺囑之有效成立及撤回，並尊重遺囑人之意思。爰參考1961年海牙遺囑方式之法律衝突公約第1條及第2條、德國民法施行法第26條規定之精神，增訂本條。	德國民法施行法第26條之規定：「遺囑繼承1.遺囑，即使由數人共同訂立簽署，如果它符合下列形式要件，遺囑形式有效。(1)遺囑人在立遺囑時或死亡時所屬國家的法律，毋需考慮第5條第1款規定，(2)遺囑人在立遺囑時所在地的法律，(3)遺囑人在立遺囑時或死亡時有住所或慣常居所的國家的法律，(4)如果涉及不動產，則依不動產所在地的法律，或(5)因死亡之繼承適

			用的法律或執行遺囑時適用的法律。立遺囑人在某一地區是否有住所的問題，依該地的法律決定。通過立第二個遺囑來廢除原先的遺囑的，依本條第1款的規定。如果依第1款被廢除的遺囑曾是有效的，而廢除原遺囑的方式又符合這些法律規定，則該廢除遺囑的行為有效。對立遺囑方式的限制，以及有關立遺囑人的年齡、國籍和其他資格的規定，同樣適用於那些應具有為遺囑有效而作證的必要的證人資格。其他遺囑繼承類推適用本條第1款至第3款的規定。此外，遺囑訂立的有效性和遺囑的廢除適用立遺囑時支配繼承關係的法律。取得和喪失德國國籍不影響當事人的遺囑能力。
第8章　附　則		1.新增章名。 2.本章規定本法修正及增訂條文之施行問題，並仿國內法規之例，增訂章名為「附則」。	
第62條 涉外民事，在本法修正施行前發生者，不適用本法修正施行後之規定。但其法律效果於本法修正施行後始發生者，就該部分之法律效果，適用本法修正施行後之規定。		1.本條新增。 2.本法增訂及修正條文之適用，以法律事實發生日為準，原則上不溯及既往。爰於本章規定涉外民事，在本法修正施行前發生者，不適用本法修正施行後之規定。例如因法律行為或侵權行為而生之涉外民事法律關係，	

		即應以該法律行為之成立日或侵權行為之實施日等為準，其在本法修正施行前發生者，原則上即不適用本法修正施行後之規定。對於持續發生法律效果之涉外民事法律關係，例如夫妻在本法修正施行前結婚者，其結婚之效力，或子女在本法修正施行前出生者，其父母子女間之法律關係等，即使其原因法律事實發生在本法修正施行之前，亦不宜一律適用本法修正施行前之規定。此等法律關係，應以系爭法律效果發生時為準，就其於本法修正施行後始發生之法律效果，適用本法修正施行後之規定，其於此前所發生之法律效果，始適用本法修正施行前之規定。爰參考瑞士國際私法第196條之精神，於但書規定其法律效果於本法修正施行後始發生者，該部分之法律效果，適用本法修正施行後之規定。	
第63條 本法自公布日後1年施行。	第31條 本法自公布日施行。	1.條次變更。 2.本次修正，變動現行條文之程度甚鉅，立法作業上相當於制定新法，對法院審理涉外民事事件亦有重大影響，允宜加強宣導，充分準備，以利施行，爰規定修	

		正後之新法自公布日後1年施行。新法施行前，仍應妥善適用現行條文，併此說明。	

國家圖書館出版品預行編目資料

涉外民事法律適用法／李後政著．－－二版．
－－臺北市：五南，2014.06
　面；　公分
ISBN 978-957-11-7609-3 (平裝)
1.國際民法
579.93　　　　　　　　103007031

1S93

涉外民事法律適用法

作　　者 ― 李後政（97.2）

發 行 人 ― 楊榮川

總 編 輯 ― 王翠華

主　　編 ― 劉靜芬

責任編輯 ― 宋肇昌

封面設計 ― P.Design視覺企劃

出 版 者 ― 五南圖書出版股份有限公司

地　　址：106台北市大安區和平東路二段339號4樓

電　　話：(02)2705-5066　　傳　　真：(02)2706-6100

網　　址：http://www.wunan.com.tw

電子郵件：wunan@wunan.com.tw

劃撥帳號：01068953

戶　　名：五南圖書出版股份有限公司

台中市駐區辦公室/台中市中區中山路6號

電　　話：(04)2223-0891　　傳　　真：(04)2223-3549

高雄市駐區辦公室/高雄市新興區中山一路290號

電　　話：(07)2358-702　　傳　　真：(07)2350-236

法律顧問　林勝安律師事務所　林勝安律師

出版日期　2010年10月初版一刷
　　　　　2014年 6 月二版一刷

定　　價　新臺幣620元